Werner Rau

MOBIL REISEN

SPANIEN NORD

Mit Jakobsweg

Werner Rau

MOBIL REISEN

SPANIEN NORD

Mit Jakobsweg

MOBILE TOURING HIGHLIGHTS

Mit Wohnmobil, Caravan oder Van-Camper
unterwegs auf den schönsten Reiserouten
in Spaniens Norden

Mit vor Ort ermittelten GPS-Koordinaten

WERNER RAU VERLAG

Idee, Layout, Text, Karten, Stadtpläne und Fotos (falls nicht anders gekennzeichnet): Werner Rau
Titelgestaltung: HitzArtworks, 72667 Schlaitdorf

Titelfoto: Castillio de Loarre, Aragón (Region Aragonien)

5. komplett neu bearbeitete, aktualisierte Auflage 2021/2022

Herstellung: Druckerei & Verlag Steinmeier, 86738 Deiningen
Printed in Germany

ISBN 978-3-926145-91-8

Geo Nr. 663 10192

INHALT

Zum Kennen Lernen

Anreise

Mobil Reisen: SPANIEN NORD – Die Touren

Costa Brava

Grüner Norden

Auf dem Jakobsweg nach Santiago de Compostela

Von den Rías durch Kastilien ins Ebro-Tal

Praktische und nützliche Informationen von A – Z

Extra Infos

Karten und Stadtpläne

EIN KURZPORTRÄT SPANIENS

Reino de España, das Königreich Spanien im Südwesten Europas gelegen, umfasst mit seinem Festlandteil annähernd vier Fünftel der Iberischen Halbinsel. Zusammen mit dem Nachbarstaat Portugal umfasst das Territorium der Iberischen Halbinsel rund 581.000 qkm.

Spanien grenzt im Norden an den atlantischen Golf von Biscaya, im Nordosten an Frankreich, im Osten an das Mittelmeer, im Süden an die Costa del Sol, an die Strasse von Gibraltar, sowie an den atlantischen Golf von Cádiz, und im Westen schließlich an Portugal und an den Atlantischen Ozean.

Zum **Staatsterritorium** Spaniens gehören die Inselgruppen der Balearen (Mallorca, Menorca, Ibiza und Formentera) und der Kanaren (Gran Canaria, Teneriffa, Fuerteventura, Lanzarote, La Palma, La Gomera und Hierro), sowie die spanischen Enklaven in Marokko: Ceuta und Melilla.

Größe des Landes: Spanien umfasst (einschließlich der Balearen und der Kanaren) ein Gebiet von 505.970 qkm und ist somit das drittgrößte Land Europas (nach dem europäischen Teil Russlands und Frankreich). Das reine Festlandsterritorium Spaniens umfasst ein Gebiet von 493.484 qkm.

Spanien hat auf der Iberischen Halbinsel einen Küstenanteil von annähernd 4.000 km.

Einwohnerzahl: Im Lande leben rund 46,7 Millionen Menschen, das entspricht einer Bevölkerungsdichte von etwas mehr als 92 Einwohnern pro Quadratkilometer. In der Bundesrepublik leben zum Vergleich durchschnittlich knapp 232 Einwohner pro Quadratkilometer.

Von den Bewohnern Spaniens lebt eine große Mehrheit (fast 70%) in Kastilien. 2,8 Mio. der Einwohner zählen zur Volksgruppe der Gallegos im nordwestspanischen Galicien, rund 7,5 Mio. zur Volksgruppe der Katalanen und rund 2,1 Mio. zur Volksgruppe der Basken.

Erhebungen in Spanien haben ergeben, dass der Trend großer Teile der Bevölkerung nach wie vor anhält, aus dem strukturschwachen Landesinneren an die Küsten abzuwandern. Ausnahmen bilden lediglich die großen Städte, in denen sich eine fortschreitende Industrialisierung und Urbanisierung entwickelte.

Hauptstadt ist **Madrid** mit rund 3,2 Mio. Einwohnern. Madrid ist Residenz des Königs und Sitz der Staatsregierung. Und in Madrid befinden sich die obersten Instanzen der Gesetzgebung (Senat und Abgeordnetenhaus) und der Gerichtsbarkeit.

Zweitgrößte Stadt ist Barcelona mit ca. 1,6 Mio. Einwohnern. In der Größenordnung folgen València (ca. 790.000 Einw.), Sevilla (ca. 690.000 Einw.), Zaragoza (ca. 661.000 Einw.), Málaga (ca. 569.000 Einw.) und Bilbao (ca. 345.000 Einw.).

Religion: Annähernd 92% der Bevölkerung gehören der katholischen Glaubensrichtung an. Die spanische Verfassung gewährt Religionsfreiheit.

Sprache: Allgemeine Amts- und Umgangssprache ist Spanisch (eigentlich *Castellano*, Kastilisch). Darüberhinaus sind als Umgangssprachen im Gebrauch: *Catalán* in Katalonien, *Euskara* im Baskenland und in wesentlich geringerem Masse *Gallego* (Galicisch) im nordwestlichsten Teil Spaniens.

Spaniens Landschaften

Spanien, das den größten Teil der Iberischen Halbinsel einnimmt und zwischen zwei Meeren liegt, bietet eine Vielfalt an Naturräumen und Landschaften. Spanien ist ein recht bergiges Land und es ist ein relativ hoch gelegenes Land (im Durchschnitt über 650 m). Weit über 15% des spanischen Territoriums liegen über 1.000 m hoch. Der annähernd 500 km lange und bis über 3.400 m hohe Bergzug der **Pyrenäen** riegelt das Land gewissermaßen nach Nordosten zu seinen europäischen Nachbarn ab.

Spanien ist ein Land von enormer Vielfalt und großen Kontrasten, geographisch, klimatisch aber auch landschaftlich betrachtet. So verhindern die hohen Bergzüge in Küstennähe z. B., dass das in Meeresnähe gewöhnlich mildere ozeanische Klima in die Hochflächen des Kernlandes vordringen kann. Als Folge herrscht dort ein Klima mit stark kontinentalen Zügen, sprich eiskalten Wintern und glühend heißen Sommern.

In Spanien trifft man auf leicht zugängliche Küsten mit feinsandigen Stränden ebenso, wie auf schneebedeckte Berggipfel, auf ausgedehnte Feuchtgebiete und Ödflächen sowie auf weite Flusstäler und grüne Berglandschaften.

Die **Landesnatur** wird geprägt von Gebirgszügen, zwischen denen sich Hochebenen und weite Beckenlandschaften ausdehnen. Zu den größten Gebirgen zählen das **Kantabrische Gebirge** (Picos de Europa 2.648 m) im Norden, das **Iberische Randgebirge** (Moncayo 2.315 m) im Nordosten, das zentrale **Kastilische Scheidegebirge** (bis 2.592 m hoch), dann die **Montes de Toledo** im Westen, die **Sierra Morena** im Südwesten und schließlich die **Betischen Kordilleren** oder Andalusischen Kordilleren im Süden. Letztere umfassen auch die **Sierra Nevada**. Dort findet man Spaniens höchsten Berg, den 3.482 m hohen Mulhacén.

Zwischen diesen Gebirgen erstrecken sich **Hochflächen** wie die Zentrallandschaft der zwischen 600 und 1.000 m hohen **Meseta** in Kastilien, oder weite **Flussbecken** und Täler, wie die des Río Ebro im Nordosten, des Río Duero oder Río Tajo im Westen, des Río Júcar im Osten und des Río Guadalquivir im Süden.

Westlich der Pyrenäen werden die Provinzen des **Baskenlandes, Kantabriens** und **Asturiens**, die sich im Norden entlang der Atlantikküste erstrecken, geprägt von den imposanten Massiven des Kantabrischen Gebirges, das sich nahe der Küste erstreckt und mit den eindrucksvollen Gipfeln der Picos de Europa (Nationalpark) über 2.600 m erreicht.

Ganz anders als die Mittelmeerküste, klimatisch wie landschaftlich gesehen, präsentiert sich die Nordküste Spaniens am Kantabrischen Meer, hinter dem sich unmittelbar das Massiv des Kantabrischen Gebirges erhebt, mehr als grüner, feuchter Landstrich, der aber vor allem im Sommer für viele ein begehrtes Urlaubsziel ist. Gepflegte Strände findet man hier vor allem bei Gijon, bei Santander und bei Donostia-San Sebastián.

Weiter nach Westen hin verflacht sich das Land in der Hügellandschaft **Galiciens**. Auch wenn im Südosten Galiciens einzelne Höhen noch fast 2.000 m erreichen, wie der 1.778 m hohe Manzaneda oder der 2.124 m hohe Peña Trevinca an der Grenze zu Kastilien, steigt die Durchschnittshöhe des Landes kaum über 500 Meter.

Markant an der galicischen Küste sind die weit ins Land reichenden, fjordartigen Buchten der **Rías** um Pontevedra. Das grüne und etwas abseits – zumindest des touristischen Geschehens – gelegene Galicien ist bekannt für seinen Niederschlagsreichtum und seine auch in den Wintermonaten moderaten Temperaturen.

Komplett andere klimatische Gegebenheiten findet man auf der **Meseta,** der schier endlos erscheinenden Hochebene in den zentralspanischen Provinzen **Kastilien und León** und **Kastilien-La Mancha** sowie im Bereich der Hauptstadt **Madrid**. Die Winter auf der Meseta, Europas größter Hochebene, sind sprichwörtlich klirrend kalt und die Sommer sind oft glühend heiß. Dann verwischt sich der weite Horizont in der flirrenden Hitze. Aber trotz dieser klimatischen Extreme der Meseta, die übrigens fast die Hälfte der Iberischen Halbinsel einnimmt, wird eine ausgeprägte Land- und Viehwirtschaft betrieben. Der Anbau von winterharten Sorten von Weizen und Gerste und Olivenwirtschaft findet allenthalben statt. Bedeutsam sind aber auch die Viehzucht und die Zucht von Kampfstieren. Und in der La Mancha werden vorzügliche Weine produziert.

Durch ein aufwendiges Wasserbauprogramm, das u. a. die Stauung des Oberlaufs des Río Guadiana und einiger seiner Zuflüsse einschließt, wird ein geregelter Wasserhaushalt sichergestellt, was eine Aufforstung des Landes und eine ertragreichere Landwirtschaft möglich macht.

Während die Regionen entlang der **Mittelmeerküste**, von der felsigen, zerklüfteten Costa Brava bis zu den Sandstränden der Costa Dorada und Costa Blanca bei Alicante, von einem typischen Mittelmeerklima profitieren, können die Winter im Hinterland erstaunlich kalt werden. Verantwortlich dafür ist das Katalanische Randgebirge. Es schirmt das Hinterland von den mäßigenden Einflüssen des Mittelmeers ab.

An der klimatisch moderaten Mittelmeerküste wechseln sich sandige Ebenen, sumpfiges Schwemmland und Lagunen (Mar Menor bei Murcia, Albufera bei València) ab mit steilen Felsküsten wie z. B. der Costa Brava oder bei La Nao.

Dank moderner Bewässerungsnetze kann eine fruchtbare Landwirtschaft betrieben werden. Heute werden nicht nur Weizen, Wein und Oliven angebaut, sondern auch in großem Maße Gemüse und Zitrusfrüchte.

Die Gestade des „mare nostrum“, des Mittelmeeres, sind seit Generationen ein Anziehungspunkt für Touristen aus aller Welt. Aber ist das bei durchschnittlich 300 Sonnentagen im Jahr und einem milden Klima mit Temperaturen zwischen 18 Grad und 30 Grad ein Wunder?

Nationalparks im nördlichen Spanien

Nationalpark Picos de Europa – Mit einer Ausdehnung von über 64.000 ha ist er einer der größten Nationalparks nicht nur in Spanien, sondern in Europa. Das Gebiet erstreckt sich über Teile der Autonomen Verwaltungsregionen Asturien, Kantabrien und Kastilien-León.

Nationalpark Ordesa und Monte Perdido – Dieser Naturpark ist in den südlichen Ausläufern der Pyrenäen in der Region Aragonien zu finden. Das rund 15.600 ha umfassende Gebiet schließt interessante Landschaften wie den Talkessel von Pineta mit seinen Gletschern ebenso ein, wie die Karstschluchten von Añiscola oder die reizvollen Talengen von Escuain.

Nationalpark Aigües Tortes und Lago de San Mauricio – In den nach Katalonien hinein reichenden Ausläufern der Pyrenäen liegt dieser kaum 10.000 ha große Nationalpark. Besonders reizvoll sind die herrlichen Seen und die Flusstäler der Gegend.

Wirtschaft

Spaniens Wirtschaft hatte noch ausgangs des 20. Jh. eine rasante, durchweg positive Entwicklung erlebt. Alleine in 2016 stieg das Bruttoinlandsprodukt um stattliche 3,2 Prozent. Gleichzeitig sank die ehemals sehr hohe Arbeitslosigkeit in erheblichem Maße. Zeitweise entstanden jedes Jahr mehr als 400.000 neue Arbeitsplätze! Dennoch lag die Arbeitslosigkeit zuletzt noch um die 15 Prozent. Eine starke Binnennachfrage und eine überbordende Immobilienwirtschaft ließen Spanien lange im konjunkturellen Aufwind segeln. Zeitweise lag das Bruttoinlandsprodukt damals über EU-Durchschnitt.

Allerdings sind diese Traumzahlen seit der geplatzten Immobilienblase und der Bankenkrise in den Jahren 2010/2011 längst wieder gesunken. Die Arbeitslosenquote lag lange Zeit bei über 25 Prozent, in manchen Provinzen sogar um 30 Prozent. Mit Hilfe der 2012 bei der Europäischen Union beantragten Finanzhilfe zeigt der wirtschaftliche Trend Spaniens nun wieder nach oben. 2018 sank die Quote auf 15,2 Prozent.

Wirtschaftliche Schwerpunkte bilden vor allem die Landwirtschaft, dann Montan-, Stahl- und verarbeitende Industrie und der Tourismus, der dem Land einen starken Devisenzustrom bringt und für die Zahlungsbilanz von erheblicher Bedeutung ist. In den letzten Jahren erreichten die Einnahmen aus dem Geschäft mit dem Tourismus jährlich fast 40 Mrd. US-Dollar.

Jedes Jahr kommen über 75 Mio. Touristen aus aller Welt nach Spanien, darunter ca. 10 Mio. aus Deutschland.

Und nach wie vor hält Spanien den Spitzenplatz in der Rangliste der beliebtesten Urlaubsländer der Deutschen.

54 Prozent des spanischen Territoriums werden landwirtschaftlich genutzt. Die wichtigsten landwirtschaftlichen Erzeugnisse sind Oliven (größter europäischer Produzent), Wein, Zuckerrüben, Zitrusfrüchte, Gemüse, Reis, Getreide und Milchprodukte. Interessant ist in diesem Zusammenhang, dass für die Landwirtschaft insgesamt rund 68% des Süßwassers benötigt werden, während die privaten Haushalte nur 13% des Süßwassers verbrauchen.

Schafzucht und Hochseefischerei (Vigo ist Spaniens größter Hochseefischereihafen) sind ebenfalls von Bedeutung. Spaniens Fischereiflotte zählt zu den größten der Welt.

Forstindustrie spielt keine erwähnenswerte Rolle, da Spanien eines der waldärmsten Länder Europas ist. Um der starken Erosion in weiten Bereichen des Landes Einhalt zu gebieten, sind umfangreiche Aufforstungen vorgesehen. Bislang können lediglich 84.000 qkm des spanischen Festlandes als „bewaldet" bezeichnet werden.

Die wichtigsten Zweige der Bergbauindustrie sind die Gewinnung von Quecksilber (weltweit an zweiter Stelle), Steinkohle, Eisenerz, Blei, Schwefel und Kali.

Hütten- oder Petroindustrien findet man vor allem in den nordspanischen Industriezentren um Bilbao, Santander und Gijón, aber auch bei Tarragona, Escombreras und Puertollano in der Provinz Ciudad Real. Gewerbliche Ballungsgebiete sind außerdem die Gegenden um Madrid und Barcelona.

Ferner sind Fahrzeug- und Schiffbau (bei Cádiz), Papiergewinnung und Elektrotechnik bedeutende Industriezweige. Spanien zählt zwischenzeitlich mit zu den größten Pkw-Herstellern der Welt.

Staats- und Regierungsform

Spanien hat als **Staatsform** die Konstitutionelle Monarchie auf der Grundlage eines sozialen und demokratischen Rechtsstaats gewählt. Kraft Verfassungsänderung vom Dezember 1978 ist es eine Parlamentarische Erbmonarchie. **Staatsoberhaupt** ist der König.

Ab November 1975 amtierte SM König Juan Carlos I. Der König und seine Gemahlin Sofia genießen in der Bevölkerung nach wie vor sehr hohes Ansehen. Der Mehrzahl der Spanier galt König Juan Carlos als verlässlicher Garant der demokratischen Verfassung. Am 2. August 2020 ging der König ins Exil.

Seit Juni 2014 ist Felipe VI., Sohn von Juan Carlos I. und Königin Sofia, König von Spanien. Felipe VI. heiratete 2004 die bürgerliche ehemalige Journalistin Letizia Ortiz.

Nach der Franco-Zeit und vor dem Verfassungsreferendum von 1978 war Spanien durch die Zusammenarbeit der maßgebenden politischen Parteien mit König Juan Carlos I. zu einer demokratisch-parlamentarischen Monarchie (konstitutionelle Monarchie mit demokratischer Verfassung) geworden.

Das gesetzgebende Organ und die Vertretung des Volkes ist die **„Cortes Generales"**, das spanische Parlament. Es ist ein Zweikammerparlament, bestehend aus **Congreso de los Dipudados** (Abgeordnetenhaus), dem mindestens 300 Mitglieder angehören, und dem **Senado** (Senat), dem höchstens 400 Mitglieder angehören dürfen. Die Mitgliederzahl im Senat schwankt je nach Regierung. Über 200 Senatsmitglieder werden in freier Wahl direkt gewählt, der Rest wird ernannt. Die Cortes wird alle vier Jahre neu gewählt. Allgemeines Wahlrecht ab 18 Jahren.

Der Regierung steht der Ministerpräsident (Regierungspräsident) vor. Als Regierungspräsident amtiert seit Juni 2018 Pedro Sánchez.

Spanien ist Mitglied der EU, der Nato, OECD, OSZE, UNO und der WEU.

Verwaltungstechnisch gliedert sich Spanien in **17 Comunidades (Autonome Verwaltungsregionen).** Die spanische Verfassung billigt den Comunidades ein bestimmtes Maß an Regierungskompetenz zu. Bei Konflikten zwischen Staatsverwaltung und

Regionalverwaltung kann das Verfassungsgericht angerufen werden.

Die autonomen Regionen wiederum unterteilen sich in **Provincias (Provinzen)**:

Andalucía (Andalusien) mit den Provinzen Córdoba, Jaén, Huelva, Cádiz, Sevilla, Granada, Almería und Málaga. Größe der Region: 87.266 qkm mit annähernd 7 Mio. Einwohnern.

Aragón (Aragonien) mit den Provinzen Huesca, Zaragoza und Teruel. Größe der Region: 47.670 qkm mit annähernd 1,22 Mio. Einwohnern.

Principado de Asturias (Fürstentum Asturien) mit der Provinzhauptstadt Oviedo. Größe der Region: 10.565 qkm mit annähernd 1,1 Mio. Einwohnern.

Cantabria (Kantabrien) mit der Provinzhauptstadt Santander. Größe der Region: 5.282 qkm mit annähernd 0,53 Mio. Einwohnern.

Castilla y León (Kastilien und León) mit den Provinzen León, Zamora und Salamanca, sowie den Provinzen Palencia, Burgos, Valladolid, Soria, Segovia und Ávila, die ehemals (zusammen mit den Provinzen Santander und La Rioja) die Region **Altkastilien** bildeten. Größe der Region: 94.147 qkm mit annähernd 2,6 Mio. Einwohnern.

Castilla-La Mancha (Kastilien-La Mancha) mit den Provinzen Guadalajara, Cuenca, Toledo, Ciudad Real und Albacete. Zusammen mit Madrid bildeten diese Provinzen einst die Region **Neukastilien**. Größe der jetzigen Region: 79.226 qkm mit annähernd 1,7 Mio. Einwohnern.

Cataluña (Katalonien) mit den Provinzen Lleida/Lérida, Girona/Gerona, Barcelona und Tarragona. Größe der Region: 31.929 qkm mit annähernd 6,2 Mio. Einwohnern.

Euskadi/País Vasco (Baskenland) mit den Provinzen Vizcaya, Guipúzcoa und Álava. Größe der Region: 7.260 qkm mit annähernd 2,11 Mio. Einwohnern.

Extremadura (Estremadura) mit den Provinzen Cáceres und Badajoz.

Größe der Region: 41.600 qkm mit annähernd 1,06 Mio. Einwohnern.

Galicia (Galicien) mit den Provinzen A Coruña/La Coruña, Lugo, Pontevedra und Ourense/Orense. Größe der Region: 29.500 qkm mit annähernd 2,8 Mio. Einwohnern.

Comunidad Autonóma de Madrid mit der Hauptstadt Madrid und Umgebung. Größe der Region: 7.998 qkm mit annähernd 5,1 Mio. Einwohnern.

Región de Murcia mit der Provinzhauptstadt Murcia. Größe der Region: 11.315 qkm mit annähernd 1,06 Mio. Einwohnern.

Comunidad Foral de Navarra mit der Provinzhauptstadt Iruñea/Pamplona. Größe der Region: 10.422 qkm mit annähernd 655.000 Einwohnern.

La Rioja mit der Provinzhauptstadt Logroño. Größe der Region: 5.032 qkm mit annähernd 270.000 Einwohnern.

Comunidad València mit den Provinzen Castellón, València und Alicante. Größe der Region: 23.305 qkm mit annähernd 3,9 Mio. Einwohnern.

Dazu kommen noch die Provinzen der **Kanaren** und der **Balearen**.

Höchster Berg: **Mulhacén** in der südspanischen Sierra Nevada, 3.482 m hoch.

Zu den **wichtigsten Flüssen** des Landes, die in ihrer Wasserführung allerdings recht unterschiedlich sind, zählen der wasserreiche Río Ebro, der Río Duero, der über 1.000 km lange Río Tajo, der Río Guadalquivir und der wasserarme Río Guadiana.

Südlichster Punkt: Das **Kap Punta Marroqui** bei Tarifa, am Südende Spaniens, ist gleichzeitig der südlichste Punkt des europäischen Festlandes. Das Kap ist nur durch die knapp 15 km breite Strasse von Gibraltar von der nordafrikanischen (marokkanischen) Küste getrennt.

KUNST UND GESCHICHTE IN STICHWORTEN

Schon vor 25.000 Jahren war zumindest der Norden der Iberischen Halbinsel bewohnt. Zeugen aus jener frühen Zeit sind die erstaunlich kunstfertig ausgeführten Wand- und Deckenmalereien in den Höhlen von Altamira in der Nähe von Santillana del Mar an der Kantabrischen Küste im Norden Spaniens.

Etwa in der **Eiszeit** (ca. 18. Jh. v. Chr.) kommen Iberer und Basken aus Afrika ins heutige Spanien.

Vom 8. Jh. v. Chr. bis ins 1. Jh. v. Chr. erfährt die iberische Kultur zum einen Impulse durch Kelten, die über die Pyrenäen auf die Halbinsel kommen, zum andern aus dem Mittelmeerraum durch Phönizier, die in Spanien Handel treiben **(Keltiberer).**

Etwa ab dem 6. Jh. v. Chr. kontrollieren die **Karthager** die Handelswege im westlichen Mittelmeer.

3. Jh. v. Chr. – Der Karthager **Hannibal** landet in Sagunt, was den Zweiten Punischen Krieg (218 – 201) zwischen Karthagern und Römern um die Herrschaft im westlichen Mittelmeer auslöst.

Die **Römer** erobern von den Karthagern die ehemals griechische Kolonie Ampurien an der katalonischen Küste bei Girona/Gerona.

1. – 5. Jh. n. Chr. – Die römische Herrschaft auf der Iberischen Halbinsel geht mit dem Einfall der Vandalen und Sueben zu Beginn des 5. Jh. zu Ende.

414 n. Chr. fallen erstmals **Westgotenstämme** in Spanien ein, die bald über die ganze Halbinsel herrschen. Hauptstadt der Westgoten wird Mitte des 6. Jh. Toledo.

8. Jh. – Mauren, arabische und berberische Stämme mohammedanischen Glaubens aus Nordafrika, besiegen unter dem Almoravidenfürsten Jussuf Ben Taschfine al Tarik im Jahre 711 den Gotenkönig Roderich bei Jerez de la Frontera und dehnen ihr Reich auf Spanien aus. Die Christen werden in den Nordwestteil Spaniens zurückgedrängt. Nur noch Provinzen wie Galicien oder Asturien werden weiter von christlichen Herrschern regiert. Und eben dieser spanische Norden sollte später die Keimzelle der Reconquista werden.

Manche Christen im Süden des Landes nehmen die Sprache und Gebräuche der Mauren an (Mozaraber).

778 führt Karl der Große einen Feldzug südlich der Pyrenäen durch, der für die kaiserlichen Truppen bei Roncesvalles mit einer furchtbaren Niederlage endet.

9. – 10. Jh. – Der Frankenkönig und spätere Kaiser Ludwig der Fromme, Sohn Karls des Großen, befreit 801 Katalonien von den almoravidischen Mauren und besetzt Barcelona.

997 unternimmt der maurische Feldherr al-Mansur Feldzüge bis nach Santiago de Compostela.

Obwohl sich noch im 10. Jh. das Maurische Reich ausdehnt, gründen im Norden christliche Könige neue Reiche. Es entstehen Aragón, Kastilien, Navarra und León, Galicien und Asturien.

Die **Reconquista**, der gemeinsame Kampf der christlichen Könige gegen die muselmanischen Mauren, formiert sich und mit ihr erstarkt das spanische Nationalgefühl. Der Heerführer Rodrigo Diaz de Vivar, genannt **El Cid**, wird – obwohl zunächst nicht von allen christlichen Königen akzeptiert und vom kastilischen Hof sogar verbannt – zum Nationalhelden im Kampf gegen die Mauren.

Vor allem die Königreiche Kastilien und León festigen ihre Macht im Norden Spaniens. Leóns Herrschaftsgebiet umfasst auch die Provinz **Portucale** an der Atlantikküste.

1093 vermacht Alfonso VI., König von Kastilien und León, die Provinz seiner Tochter Teresa. Deren Sohn Afonso Henrique betreibt die Loslösung Portucales von León und ernennt sich zum König eines selbständigen Portugals.

Nicht nur in machtpolitischer Hinsicht, auch auf geistiger und religiöser Ebene wird ein Gefühl der Einheit wach, das sich über Spanien ausdehnt.

Nicht zuletzt der Pilgerweg **Camino de Santiago**, der von den Pyrenäen durch Nordspanien zum Grab des Heiligen Jakobus in Galicien führt und auf dem man Gläubige aus ganz Europa ziehen sieht, festigt nicht nur die religiösen Bindungen, sondern fördert auch das Empfinden für eine gemeinsame Kunstrichtung.

Der **romanische Baustil** ist wohl kaum irgendwo anders ausgeprägter zu finden als in den Kirchen und Klöstern entlang des Jakobsweges.

1195 – In der Schlacht bei Alarcos gelingt es den arabischen Truppen der Almohaden, den Vormarsch der christlichen Heere noch einmal zu stoppen.

Ausgangs des 12. Jh. erfährt die spanische Baukunst eine Bereicherung durch den **Mudéjarstil**. Er ist eine ganz spezifisch spanisch-maurische Richtung der Architektur, die Bautechniken und Gestaltungselemente der maurischen Handwerker mit einbezieht. Vor allem werden z. B. Ziegel und Gips zur Ornamentgestaltung verwendet, Holzdecken werden nach islamischem Brauch mit geometrischem Dekor (Artesonado-Decken), Wände und Böden mit herrlich gemusterten Kacheln, den Azulejos, geschmückt.

Im Gegensatz dazu entwickelt sich vor allem in maurisch beherrschten Gebieten der sog. **mozarabische Stil**. Hier fließen in maurisch-arabische Stilrichtungen Gestaltungselemente aus der Architektur der Christenwelt ein.

13. Jh. – Die Almohaden werden 1212 in der Schlacht bei Navas de Tolosa besiegt.

Ferdinand III., der Heilige (1217 – 1252), vereinigt die Königreiche Kastilien und León.

Über Frankreich kommt der **gotische Baustil** nach Spanien, der vor allem am Hof Kastiliens aufgenommen wird. Die Kathedralen von León, Burgos oder Toledo sind Beispiele für die frühe spanische Gotik, die sich bald über das ganze Land erstreckt, alle Stilwandlungen mitmacht und in der Spätgotik eigene Wege geht, z. B. mit dem **Isabellinischen Stil**, nach Königin Isabella von Kastilien. In den Kirchen und Kathedralen aus jener Zeit findet man wunderschöne und oft überaus kostbar geschmückte Flügelaltäre (Triptychen) und Altarrückwände (Retabel).

1469 – Heirat der Erbin Kastiliens, Isabella I., mit dem Erben Aragóns, Ferdinand II.

1474 – Isabella I. folgt ihrem Bruder Heinrich IV. auf dem Thron Kastiliens. Allerdings hat Isabella in ihrer Nichte Johanna, der in der spanischen Geschichte legendären Beltraneja, eine vehemente Widersacherin, die ihr den Thron streitig macht.

1489 – Vereinigung der Königreiche Kastilien und Aragón und **Begründung des Spanischen Königreiches**, über das Isabella I. und Ferdinand II. als **„Los Reyes Católicos"** (Die Katholischen Könige) bis 1504 regieren. Dieser Titel war ihnen 1494 von Papst Alexander VI. verliehen worden.

1486 – **Inquisitionsgerichte** werden etabliert. Diese Einrichtung der katholischen Kirche zur Reinhaltung ihrer Lehren, die nicht selten Renegaten mit zweifelhaften Methoden und Folter zu Geständnissen brachte, wurde in Spanien erst 1808 wieder aufgehoben.

1492 – Granada, die letzte maurische Hochburg der islamischen Kalifen, wird von den Spaniern erobert. Ende der Reconquista. Am 2. Januar ziehen die Katholischen Könige Isabel und Ferdinand in Granada ein.

Unter dem Einfluss der Inquisition werden die Juden aus Aragón und Kastilien vertrieben.

Kolumbus entdeckt im Auftrag der spanischen Krone die „Neue Welt", die erst 15 Jahre später den Namen Amerika – nach dem aus Florenz stammenden Entdecker Amerigo Vespucci – erhält.

1494 – Spanien und Portugal legen im Vertrag von Tordesillas die Aufteilung der Neuentdeckungen in Nord- und Südamerika fest. Die Trennungslinie verläuft 370 Seemeilen westlich der Kapverdischen Inseln. Das Gebiet östlich dieser Nord-Süd-Linie (darunter Brasilien) soll Portugal, das Territorium westlich davon (darunter Mexiko) soll Spanien zufallen.

Gewaltige Mengen an Gold und Edelmetallen aus den mittelamerikanischen Kolonien werden vor allem in den Häfen Cádiz und Sevilla angelandet. Nicht zuletzt auf diesem Reichtum baut Spanien seine Vorherrschaft in Europa auf.

1497 – Philipp der Schöne, Sohn und Erbe Kaiser Maximilians I., wird mit Johanna der Wahnsinnigen, Tochter der Katholischen Könige, verheiratet. Diese Verbindung vereinigt auch die spanischen und österreichisch-habsburgischen Besitzungen.

1500 – Karl V., späterer König von Spanien und deutscher Kaiser, wird am 24. Februar als erster Sohn Philipps des Schönen und Johannas der Wahnsinnigen in Gent geboren.

1519 – Maximilian I., Kaiser des Hl. Römischen Reiches, stirbt. Sein Nachfolger wird Karl V. (1500 – 1558). Karl V. regiert über Spanien (als Karl I.), über Spaniens überseeische Kolonien und über das Hl. Römische Reich, insgesamt über ein Reich also, „in dem die Sonne nie untergeht".

1527 – Die kaiserlichen Truppen Karls V. plündern Rom. Um seine Vormachtstellung in Europa zu festigen, führt Karl V. auch Krieg gegen Frankreich und dessen König Franz I., den er vier mal besiegt und 1525 in Pavia sogar gefangen nimmt. Auch gegen Heinrich II. von Frankreich, der Franz I. auf dem Thron folgt, führt Karl V. jahrelang Krieg.

1556 – 1598 – Regentschaft Philipps II., Sohn und Nachfolger des abgedankten Kaisers Karl V. Der gichtkranke Karl V. zieht sich in das Kloster Yuste in der Sierra de Gredos zurück.

Das spanische Weltreich wird geteilt. Die Habsburgische Dynastie trennt sich in eine spanische und eine österreichische Linie. An Philipp II. fallen neben Spanien mit seinen Kolonien auch Ländereien wie Burgund und Italien. Spanien erlangt unter Philipp II. den Höhepunkt seiner Macht. Er verlegt 1561 die Hauptstadt nach Madrid.

Philipp II. konzentriert seine Politik in erster Linie auf Spanien und auf die Festigung des Katholizismus. 1555, kaum ein Jahr vor seiner Thronbesteigung hatte sein Vater, Kaiser Karl. V., im Augsburger Religionsfrieden den Protestanten nämlich Glaubensfreiheit zugestehen müssen.

Der **Renaissance-Stil** wird in Spaniens Architektur vor allem durch den von Philipp II. protegierten Baumeister Juan de Herrera eingeführt (El Escorial bei Madrid). Eines der Merkmale der Früh-Renaissance ist der sog. **Platereskstil**. Die Bezeichnung kommt vom spanischen „platero" für Silber- oder Goldschmied und bezieht sich auf die fast schon filigrane Ornamentik des Fassadenschmucks dieser Stilrichtung. Eines der herausragendsten Beispiele für den Plateresksti ist die Eingangsfassade an der alten Universität in Salamanca.

El Greco, der Maler aus Kreta, lässt sich in Toledo nieder und arbeitet dort an seinen bedeutendsten Werken.

Große spanische Maler des 16. und 17. Jh. sind Francisco Ribalta, José Ribera, Murillo, Zurbarán oder Diego Velázquez u. a.

1571 – Siegreiche Seeschlacht unter Don Juan de Austria bei Lepanto gegen die Türken.

1580 – Portugal fällt an die spanische Krone, nachdem dort Truppen Philipps II. einmarschiert sind. Der portugiesische König war kinderlos gestorben. Woraufhin Philipp II. Anspruch auf den portugiesischen Thron erhebt und 1581 auch als König von Portugal proklamiert wird.

1588 – Kämpfe gegen Frankreich, England und die Niederlande schwächen Spanien, das ohnehin schon tiefgreifende wirtschaftliche Probleme erlebt. Der Untergang der spanischen Flotte, der glorreichen „unüberwindlichen" **Armada**, bei einem Eroberungsversuch besiegelt den Niedergang spanischer Macht.

1598 – Tod Philipps II. Spanien steht nach fast 70 Jahren Kriegsführung und einer geradezu verschwenderisch anmutenden Repräsentation, die sich z. B. im Klosterpalast des Escorial widerspiegelt, vor einem finanziellen Desaster, trotz der gigantischen Reichtümer seiner Kolonien.

Die an die Renaissance anschließende Kunstepoche, das **Barock**, erreicht Spanien.

1598 – 1621 – Philipp III. Auf Anraten seines Vertrauten Graf von Lerma verfügt König Philipp III. die Ausweisung aller Morisken, die im Land verbliebenen Mauren. Da diese Bevölkerungsschicht überwiegend in der Landwirtschaft tätig war, erlitt Spaniens Agrarwirtschaft einen Kollaps mit weitreichenden Auswirkungen. Immerhin hatten damals fast 300.000 Morisken kurzfristig das Land verlassen müssen.

1620 – Spanien tritt in den Dreißigjährigen Krieg ein.

1621 – 1665 – Philip VI. regiert. Portugal erlangt unter dem Haus Bragança 1640 seine Unabhängigkeit wieder.

1643 – Spanien erleidet bei Rocroi eine vernichtende Niederlage, die nach dem Untergang der Armada nun auch das Landheer entscheidend schwächt. Das Ende der spanischen Vorherrschaft in Europa ist damit besiegelt.

1659 – Der langjährige Krieg mit Frankreich findet durch den Pyrenäen-Frieden ein Ende.

1665 – 1700 – Karl II. regiert. Er ist der letzte Habsburger auf dem spanischen Thron. Nach seinem Tode beginnt der **Spanische Erbfolgekrieg**. Die Bourbonen drängen an die Macht. Karl II. war nämlich kinderlos und ohne Erben gestorben, hatte aber testamentarisch festgelegt, dass Philipp von Anjou, ein Enkel von Karls Schwester Maria Teresia und dem Bourbonenkönig Ludwig XIV. von Frankreich, sein Nachfolger auf dem spanischen Thron werden sollte. Anlass für ein jahrzehntelanges Gezänk um die Herrschaft in Spanien.

1700 – 1746 – Erster Herrscher aus dem Hause Bourbon ist Philipp V., besagter Enkel des Sonnenkönigs Ludwig XIV. aus Frankreich. Philipp V. verliert zwar zahlreiche spanische Besitzungen, darunter Gibraltar und Menorca, an die Engländer (Friede von Utrecht 1713), das Haus Bourbon aber bleibt bis 1931 an der Macht, von kurzen Unterbrechungen abgesehen.

1746 – 1759 – Ferdinand VI. aus dem Hause Bourbon regiert.

Am 30. März 1746 wird Francisco José de Goya y Lucientes geboren, der zu einem der bedeutendsten Maler und Radierer seiner Zeit wird.

1759 – 1788 – Karl III. regiert. Die Jesuiten werden des Landes verwiesen. Und obwohl Karl III. als ebenso aufgeklärter wie herrschsüchtiger Regent galt, ging seine Regierungszeit als **Siglo de Oro**, also als Goldenes Zeitalter, in die spanischen Geschichtsbücher ein, zumindest was Kunst und Kultur anbetrifft. Unter der Herrschaft Karls III. wurden aber auch fundamentale wirtschaftliche Reformen angeschoben.

1788 – 1808 – Karl IV. regiert. In der Schlacht von Trafalgar besiegt und vernichtet 1805 Admiral Nelson die französisch-spanische Flotte.

1808 – 1813 – Napoleon I. besetzt Spanien. Sein Bruder Joseph Bonaparte wird König von Spanien.

In Madrid formiert sich erster Widerstand gegen die französischen Besatzungstruppen. Der folgende Guerillakrieg des spanischen Volkes gegen den neuen Herrscher wird von England unterstützt. Er endet erst 1814 mit dem Gang Napoleons ins Exil.

1812 – König Joseph verlässt fluchtartig Spanien. Auf einer Volksversammlung in Cádiz wird ein erster Verfassungsentwurf erarbeitet.

1814 – 1833 – Der englisch-spanischen Armee gelingt es, die französischen Truppen nach Frankreich zurück zu drängen. Mit Ferdinand VII. kehren die Bourbonen auf den spanischen Thron zurück und setzen ihre Regentschaft fort. In den südamerikanischen Kolonien beginnen unter Simón Bolívar Befreiungskämpfe.

1820 – Die 1812 in Cádiz verabschiedete Verfassung wird von Ferdinand VII. während seiner gesamten Regentschaft ignoriert. Nur für die Dauer von drei Jahren (1829 – 1832) gelingt es liberalen Revolutionären die Verfassung von Cádiz doch in Kraft zu setzen.

1833 – 1833 stirbt König Ferdinand VII. Nach einer Änderung des Thronfolgegesetzes durch Ferdinand VII. zu Ungunsten seines Bruders Don Carlos, wird Isabella II., Tochter von Ferdinand VII. und María Cristina, als Thronfolgerin von Spanien ernannt. Nach dem Tode Ferdinands übernimmt Königin María Cristina die Regierungsgeschäfte bis zur Mündigkeit Isabellas.

In den drei **Karlistenkriegen** (1. 1833 – 1839, 2. 1847 – 1849, 3. 1872 – 1876) kämpfen die Anhänger des Don Carlos um die Macht.

1840 – Staatsstreich durch General Esparteros. Königin María Cristina sieht sich zur Flucht gezwungen.

1843 – Die erst 13jährige Isabella II. wird für mündig erklärt und tritt ihr Königsamt an. Eine erneute Revolte in den Reihen der Militärs, diesmal unter General Narváez, hatte General Esparteros die Regierungsgewalt entrissen und ihn schließlich gezwungen außer Landes zu gehen.

1847 – 1849 – Der zweite Karlistenkrieg endet mit einem Sieg Isabellas II.

1868 – Die Herrschaft Isabellas II. endet durch eine **Revolution**. Die Königin flieht nach Frankreich. Schon während der gesamten Regierungszeit Isabellas war es immer wieder zu Aufständen und Unruhen zwischen Liberalen, Sozialisten und Republikanern, die sich in der Bewegung der „Progresistas" formiert hatten, einerseits, und den „Moderatos", zu denen sich königstreue Katholiken zählten, andererseits, gekommen. General Sarrano übernimmt die Regentschaft bis 1871.

1869 – Die Cortes verabschiedet eine neue Verfassung, die eine konstitutionelle Monarchie vorsieht. Als erster König der neuen Verfassung wird Amadeus, ein Sohn des italienischen Königs Viktor Emanuel II., ausgerufen.

1871 – 1873 – Leopold von Hohenzollern-Sigmaringen bewirbt sich um den spanischen Thron, es kommt zum deutsch-französischen Krieg von 1870/71. König Amadeus I. von Savoyen wird gekrönt. 1873 dankt er ab.

1873 – In Spanien wird durch die Nationalversammlung die **Republik** (Erste Republik) ausgerufen.

1874 – Alfonso XII. (1874 – 1885) aus dem Hause Bourbon, ein Sohn Isabellas II., macht Spanien wieder zum Königreich. Zeit der Restauration der Bourbonenherrschaft.

Der mit María Cristina von Österreich verheiratete Alfonso XII. stirbt bereits im Alter von nur 28 Jahren. Die Regierungsgeschäfte führt seine Gemahlin María Cristina von 1885 bis 1886 weiter.

1898 – Nach den spanisch-amerikanischen Kriegen hat Spanien auch seine letzten Kolonien in der Neuen Welt verloren.

1902 – Der 1886 geborene Alfonso XIII., Sohn Alfonsos XII. und María Cristinas, besteigt im Alter von 16 Jahren den spanischen Thron.

1914 – 1918 – Im 1. Weltkrieg bleibt Spanien neutral.

1923 – 1930 – Militärdiktatur unter General Primo de Rivera. Dennoch kann sich eine Opposition formieren und es kommt zu revolutionären Aktivitäten.

1931 – Die Republikaner gehen aus Wahlen in einigen Regionen, wie z. B. in Katalonien, siegreich hervor. Die **Zweite Republik** wird ausgerufen, die Cortes wird neu gewählt. König Alfonso XIII. dankt ab. Innenpolitische Wirren und starke soziale Differenzen schwächen das Land.

Etwa seit dem Beginn des 20. Jh. zeigen sich in der **Baukunst** Spaniens neue Richtungen. Vor allem die Stadtarchitektur geht neue Wege. Maßgeblich beteiligt ist der Architekt Arturo Soria, der mit seinem Madrider Stadtteil „Ciudad Lineal" neue Maßstäbe setzt. Originell, futuristisch, genial und verstiegen kann man, je nach Standpunkt, die eigenartigen Kreationen des Architekten Antonio Gaudí in Barcelona bezeichnen. Die mit durchbrochenen Rundtürmen geschmückte Kirche der Heiligen Familie (La Sagrada Familia) ist eine seiner Schöpfungen.

Die moderne Malerei und die **moderne Kunst** überhaupt hat mit Salvador Dalí, Juan Gris, Joan Miró, Pablo Picasso oder Antonio Tàpies weltbekannte spanische Vertreter.

1933 – 1936 – José Antonia Primo de Rivera, Sohn des Militärdiktators von 1923, gründet 1933 die Bewegung der **Falange** mit dem Ziel, die nationale Einheit zu wahren und die Bodenreform voranzutreiben. Er wird im November 1936 erschossen.

Ständige Regierungswechsel schaffen Unmut und Unsicherheit. Autonomiebestrebungen in Katalonien und Asturien. Ein Bergarbeiteraufstand in Asturien wird im Oktober 1934 blutig niedergeschlagen.

Aufstände und eine linke Volksfrontregierung (Frente Popular) entfachen nach der Ermordung des Führers der Rechtsparteien, Calvo Sotelo, eine Militärrevolte im spanisch besetzten Teil von Marokko. Unter General Francisco Franco und seinen „Nationalen" weitet sich der Aufstand auf Spanien aus und führt dort zum **Bürgerkrieg** (1936 – 1939).

Ernest Hemingways Roman „Wem die Stunde schlägt" beschreibt überaus eindrucksvoll Hintergründe und zwischenmenschliche Probleme während des spanischen Bürgerkrieges.

In Burgos wird Franco zum Staatsoberhaupt (Caudillo) und zum militärischen Oberbefehlshaber (Generalísimo) ausgerufen.

1937 – Während der Eroberung der nordspanischen Industriestädte durch die Nationalen wird die Stadt Guernica von der deutschen Luftwaffe bombardiert.

1939 – Mit der Einnahme Madrids am 1. April 1939 geht der spanische Bürgerkrieg nach grausamen Kämpfen und enormen Verlusten an Menschenleben zu Ende. Franco regiert das Land diktatorisch bis 1975.

1939 – 1945 – Im Zweiten Weltkrieg wahrt Spanien unter Franco Neutralität.

1947 – Spanien wird auf dem Papier in eine Monarchie umgewandelt.

1955 – Beitritt zu den Vereinten Nationen (UN).

1971 – Prinz Juan Carlos de Bourbon wird zum Nachfolger Francos ernannt.

1975 – Nach Francos Tod am 20. November 1975 wird Juan Carlos I. zum König von Spanien proklamiert.

1976 – Demokratisierung des Landes. Erster Ministerpräsident wird Adolfo Suárez.

1977 – Mitte Juni finden allgemeine Wahlen statt, aus denen Adolfo Suárez als Ministerpräsident bestätigt hervorgeht. Im Juli 1977 stellt Spanien den Antrag zur Aufnahme in die Europäische

Gemeinschaft. Im November wird Spanien Mitglied im Europarat.

1978 – Durch Volksentscheid wird die konstitutionelle Monarchie mit neuer demokratischer Verfassung bestätigt. Die Verfassung erkennt nun die Autonomie Kataloniens, Galiciens und des Baskenlandes an.

1981 – Am 29. Januar tritt Adolfo Suárez von seinem Amt als Ministerpräsident zurück. Ein Putschversuch am 23. Februar von Seiten einiger Militärs scheitert. Die Putschisten unter Leitung des Guardia Civil Obersten Antonio Tejero dringen mit Waffengewalt in das Parlament ein.

Nach dem versuchten Staatsstreich wird Leopold Calvo Sotelo von der Partei „Union del Centro Democrático" (UCD) zum Ministerpräsidenten gewählt.

1982 – Nach allgemeinen Wahlen stellt die Sozialistische Arbeiterpartei (PSOE) unter Felipe González die Regierung. Spanien wird NATO-Mitglied.

1986 – Am 1. Januar wird Spanien (ebenfalls Portugal) Mitglied der EG. In einem Referendum entscheidet sich Spanien mit einer Mehrheit von 52,5 % der Stimmen für einen Verbleib in der NATO. Felipe González wird wiedergewählt.

1989 – Am 7. Dezember Wiederwahl der sozialistischen Regierung unter Felipe González.

1992 – Ein ereignisreiches Jahr für Spanien: Zum 500sten mal jährt sich die Entdeckungsreise Christoph Kolumbus' in die Neue Welt, Olympische Sommerspiele in Barcelona, EXPO '92 in Sevilla, Madrid ist Kulturhauptstadt Europas.

1993 – Das Ergebnis der Parlamentswahlen Anfang Juni macht eine vierte Amtsperiode von Ministerpräsident Felipe González möglich.

1996 – Bei den Parlamentswahlen im März 1996 erringt José María Aznar von der konservativen Volkspartei Partido Popular (PP) die absolute Mehrheit.

1999 – Im November kündigt die militante Separatistenorganisation ETA ihren im Herbst 1998 verkündeten Waffenstillstand wieder auf. Und die Separatisten im Baskenland mit ihrer Partei Herri Batasuna (HB) rufen zum Boykott der Parlamentswahlen im Jahr 2000 auf.

2000 – Bei den Parlamentswahlen am 12. März wird die Regierung Aznar bestätigt.

2002 – Am 1. Januar 2002 wird auch in Spanien der Euro zur Landeswährung. Die Peseta hat ausgedient.

Im August 2002 verbietet das spanische Parlament die baskische Partei Batasuna (Einheit), den politischen Arm der ETA. Die Partei, die für die Unabhängigkeit des Baskenlandes von Spanien eintritt, war 1978 unter dem Namen „Herri Batasuna" (Volksunion) als Koalition mehrerer linksnationalistischer Gruppierungen gegründet worden.

Bei einer Wahl Anfang November 2002 unter der Bevölkerung Gibraltars sprechen sich erstaunliche 99% der Wahlberechtigten dafür aus, dass sie nicht „Spanier" werden wollen, also einen Anschluss an Spanien vehement ablehnen.

Mitte November 2002 Tankerunglück vor der galicischen Küste. Am 19. November zerbricht der Tanker „Prestige" 270 km vor der Küste und sinkt mit 70.000 t Schweröl an Bord. Durch auslaufendes Öl wird die Küste auf annähernd 500 km verschmutzt.

2004 – Verheerende Terroranschläge am 11. März in Madrid bei dem 4 Vorortzüge explodieren und 191 Menschen ihr Leben lassen müssen und 1.500 verletzt werden. Zunächst wird von der Regierung der Verdacht auf die ETA gelenkt. Die Ermittlungen ergaben, dass die Anschläge ein Werk der Al Quaida waren. 3 Tage später wird bei den Parlamentswahlen die bisherige konservative Regierung durch die Sozialisten PSOE mit ihrem Chef José Luis Rodríguez Zapatero abgelöst.

Am 22. Mai 2004 königliche Hochzeit in Madrid. Der Thronfolger Kronprinz Felipe heiratet die Bürgerliche Letizia Ortiz. Die Stadt Madrid hat sich die Feierlichkeiten knapp 11 Mio. Euro kosten lassen.

2008 – José Luis Rodríguez Zapatero gewinnt im März 2008 mit 44% der Wählerstimmen die Parlamentswahlen.

Spanien leidet unter einer Finanz- und Wirtschaftskrise, hervorgerufen vornehmlich durch eine überbordende Aktivität der Immobilien- und Baubranche. Der Aktienindex IBEX 35 bricht von Dezember 2007 bis März 2009 um 50 Prozent ein.

2009 – Immobilienkrise. Viele Baufirmen und Baukonzerne geraten in finanzielle Schwierigkeiten. Fehlspekulation der Banken und eine Kreditvergabe von über einer Billion Euro an private Bauherren und Baufirmen lassen eine sog. Immobilienblase entstehen, die nach der Bankenkrise 2007 zerplatzte.

Ein Überangebot an Wohnungsimmobilien und drastisch gestiegene Kreditzinsen lassen den spanischen Immobilienmarkt dramatisch einbrechen. Es stehen viele hunderttausend Wohnungen leer. In manchen Städten beginnt bereits ein Verfall der leerstehenden Bausubstanz.

2010 – Am 10. Mai wird von der EU ein „Rettungsschirm" über die spanischen Finanzen gespannt, um einen Staatsbankrott zu verhindern.

Einen großen Aufschwung nimmt die Installation von erneuerbaren Energiequellen. Die Stromerzeugung aus Windkraft, Fotovoltaikanlagen und Sonnenwärmekraftwerken erreicht 34,5 Prozent der Gesamtstromerzeugung. Damit liegt Spanien weltweit an 4. Stelle hinter China, USA und Deutschland.

2011 – Katalonien verbietet als erste spanische Region den Stierkampf, die uralte Tradition, die generationenlang die Arenen füllte, Volkshelden hervorbrachte und für manchen Katalanen wichtiger als Fußball war. Der letzte Stierkampf wurde im September 2011 in Barcelona zelebriert.

Am 20. November erzielt die Konservative Volkspartei Partida Popular (PP) mit ihrem Spitzenkandidaten Mariano Rajoy bei den vorgezogenen Parlamentswahlen die absolute Mehrheit. Die Partei der Sozialisten, PSOE, verliert und rutscht in der Wählergunst auf ein historisches Tief ab mit dem schlechtesten Ergebnis seit den 70er Jahren. Der bisherige Ministerpräsident Zapatero hat im Juli 2011 aufgrund der miserablen wirtschaftlichen Lage des Landes vorgezogene Parlamentswahl für den November verfügt.

2013 – Bei Santiago de Compostela ereignete sich am 24. Juli ein verheerendes Bahnunglück, bei dem 79 Menschen den Tod fanden und 180 Passagiere zum Teil schwer verletzt wurden. Ursache: Statt mit 80 km/h fuhr der Zug mit 160 km/h in eine Kurve und entgleiste.

2014 – Am 18. Juni unterschreibt König Juan Carlos I. seine Abdankung zu Gunsten seines Sohnes Felipe, der am 19. Juni seine Nachfolge als König Felipe VI. von Spanien antritt.

2015 – Bei den Parlamentswahlen im Dezember 2015 verliert Regierungspräsident Mariano Rajoy die Mehrheit. Rajoy ist nur noch geschäftsführend im Amt. Er steht einer Minderheitsregierung vor.

2016 – Das Parlament wählt Mariano Rajoy am 29. Oktober 2016 erneut zum Ministerpräsidenten.

2017 – Das katalanische Parlament stimmt für die Unabhängigkeit Kataloniens.

2018 – Nach einem gescheiterten Misstrauensantrag im Juni verliert Mariano Rajoy das Amt des Ministerpräsidenten. Pedro Sánchez, der Vorsitzende der Partei Partido Socialista Obrero Español (PSOE), wird am 2. Juni 2018 Nachfolger von Rajoy und Ministerpräsident von Spanien.

2020 – Coronakrise. Spanien verhängt ab 16. März eine landesweite Ausgangssperre wegen der Corona-Virus-Epidemie.

Mitte August wird bekannt, dass Spaniens Wirtschaft aufgrund der Epidemie um 18,5% eingebrochen ist.

Am 2. August verlässt König Juan Carlos I. Spanien und geht ist Exil. Wegen Annahme von Schmiergeldern wird gegen ihn ermittelt. Königin Sofia bleibt im Land. Sie ist von den Anschuldigen nicht betroffen.

WIE KOMMT MAN HIN?

Anreise mit dem Auto

Nach Spanien sind natürlich verschiedene Anfahrtsrouten – je nach Ausgangspunkt – möglich.

Die Benutzung der Autobahnen in der Schweiz (Vignette), in Frankreich und Spanien (Maut) ist gebührenpflichtig.

Obwohl die Autobahngebühren, vor allem für ein Wohnmobil oder Wohnwagengespann, ganz erheblich sind, ist es nicht unbedingt vorteilhafter, die gebührenfreien National- und Fernstraßen zu benutzen. Gewöhnlich sind diese Straßen sehr stark vom Schwerlastverkehr in Anspruch genommen, der oft nur schwer überholt werden kann und ein zügiges Fortkommen hemmt. Müssen dann zusätzliche Übernachtungen eingeschoben werden, ist die Ersparnis gegenüber der Autobahnbenutzung schnell wieder dahin.

Wer allerdings mit den Reisetagen nicht geizen muss, erlebt auf Nebenstrecken bestimmt eine interessantere Anreise als über die Autobahnen.

Anreisewege und Tipps dazu

Macht man sich **aus dem süddeutschen Raum** oder aus dem Gebiet der **Rheinmetropolen** nach Spanien auf den Weg, fährt man am einfachsten über **Metz, Nancy** (A-31/E-21), **Dijon** (A-31/E-17/21), **Chalon-sur-Saône** (A-6/E-15), **Lyon** (A-7/E-15), **Orange, Nîmes** (A-9/E-15), **Montpellier** und **Perpignan** zur spanischen Grenze bei **La Jonquera** und steigt dort mit Tour 1 (La Jonquera – Roses) in die beschriebene Rundreise durch Nordspanien ein.

Aus dem norddeutschen Raum oder aus dem Gebiet der **Rheinmetropolen** kann man den noch etwas direkteren Weg über **Liège** (A-15/E-42), **Namur, Mons** (A-7/E-19), **Valenciennes** (A-2/E-19), **Cambrai, Roye** (A-1/E-15/19), **Paris** (E-5), **Orléans** (A-10/E-5), **Tours, Bordeaux** (A-63/E-5/E-70) und **Bayonne** nehmen. Allerdings gestaltet sich die Umfahrung von Paris wegen des immensen Verkehrsaufkommens dort fast immer als recht zeitraubend!

Man überquert die Grenze nach Spanien dann bei **Irún** und gelangt über **Donostia/San Sebastián** nach **Iruñea/ Pamplona**. Dort kann man mit der Route 7 (Jaca – Pamplona – Puente la Reina) in die Nordspanien-Rundreise einsteigen.

Die Gesamtentfernung von Hamburg nach Pamplona beträgt rund 1.900 km. Drei Autoreisetage sind dafür nicht zuviel.

Campinganlagen nahe dieser Anreiseroute

Oteppe (Belgien)

Camping L'Hirondelle Château [N50° 35' 08" E5° 7' 10"], Tel. +32 85 71 11 31; https://www.lhirondelle.be/?lang=DE; ganzjährig; guter Übernachtungsplatz, nicht allzu weit nördlich der Autobahn A-15/E-42 entfernt. Ausfahrt Nr. 7, ab Oteppe Beschilderung Château folgen.

Olivet bei Orléans (Frankreich)

Camping Municipal Olivet [N47° 51' 22" E1° 55' 31"], Tel. +33 (0)2 38 63 53 94; www.camping-olivet.org; 1. April – 30. Sept.; Autobahn A-71/E-9 Ausfahrt 2 (Olivet), in Olivet beschildert; ebene Wiesen am Ufer der Loiret.

Montbazon bei Tours (Frankreich)

Camping la Vallée de l'Indre [N47° 17' 25" E0° 42' 59"], Tel. +33 (0)2 47 26 06 43; www.camping-montbazon.com; 1. Apr. – 31. Dez.; südlich von Tours, A-10/E-05 Ausfahrt 23 (Montbazon) und ca. 7 km auf der N-10 bis Montbazon; Wiesen am Fluss Indre.

Bordeaux

Camping International de Bordeaux Lac [N44° 53' 51" W0° 35' 02"], Tel. +33 (0)5 57 87 70 60; www.camping-bordeaux.com; 1. Jan. – 31. Dez.; A-630/E-5 Ausfahrt 5 (Bordeaux-Fret), noch 1,5 km beschildert, am nördlichen Ortsrand; im Birkenwald mit Teichen; gut ausgestatteter Übernachtungsplatz.

Bidart bei Biarritz

Yelloh! Village Ilbarritz [N43° 27' 11" W1° 34' 25"], Tel. +33 (0)5 59 23 00 29; https://www.camping-ilbarritz.com/de/; 6. Apr. – 30. Sept.; A-63/E-5/E-70

Ausfahrt 4 (Biarritz) zur Straße N-10 Richtung Bidart, beschildert; Terrassenanlage und Wiesen; gut ausgestatteter Übernachtungsplatz.

Capbreton bei Biarritz Wohnmobil-Stellplatz Aire de Camping-cars de Capbreton, Plage des Océanides [N43° 38' 8.73" W1° 26' 47.77"], Ave. des Ortolans; Jan. – Dez.; ca. 2 km südwestlich von Capbreton; befestigter, großer, schattenloser Platz am Meer hinter einem Dünengürtel mit Platz für 135 Wohnmobile, Gebühr wird von Stadtbeamten kassiert, V & E-Einrichtungen, max. 48 Std. Aufenthalt. Bäcker liefert Brot.

Anreisende aus der Region zwischen Neckar und Main haben die Qual der Wahl sich den besten Weg nach Spanien auszusuchen. Für sie ist die Strecke durch die Schweiz (Basel – Bern – Lausanne – Genf) nach Lyon an der E-15 ebenso günstig, wie der Weg über Metz A-31/E-23), Nancy, Toul (A-31/E-21) und Dijon (A-31/E-21/E-17), oder aber über **Mulhouse, Besançon** und **Dole** (A-36/E-60) zur Autobahn A-6/E-15/E-15, der „Autoroute du Soleil" bei **Beaune**. Ihr folgt man über **Chalon-sur-Saône** und **Mâcon** nach **Lyon** und weiter durch Südfrankreich über **Valence, Montélimar, Orange, Nîmes, Montpellier, Narbonne** und **Perpignan** bis zur spanischen Grenze **La Jonquera**. Auf spanischer Seite führt die Autobahn über Figueres, Girona, Barcelona, Tarragona etc. südwärts.

Aus dem Bodenseegebiet und dem bayerischen Raum bietet sich der Weg durch die Schweiz über **Bern, Lausanne** und **Genf** nach **Lyon** in Frankreich an. Der weitere Anreiseweg entspricht dann dem oben erwähnten durch Südfrankreich.

Die Entfernung von München bis zur spanischen Grenze beträgt rund 1.200 km.

Campinganlagen nahe dieser Anreiserouten

Lausanne (Schweiz)

Camping de Vidy [N46° 31' 03" E6° 35' 53"], Tel. +41 21 62 25 000; http://www.campinglausannevidy.ch/de/; 1. Jan. – 31. Dez., A-1/E-62 Ausfahrt (Lausanne Sud/La Maladière), im südl. Stadtbereich beschildert; ebenes Wiesengelände, nur durch die Promenade vom Genfer See getrennt, relativ stadtnah gelegen, ansprechender, gut ausgestatteter Übernachtungsplatz; Laden, Restaurant, V & E für Wohnmobile.

Campingplätze entlang der Strecke über Lyon (Autoroute du Soleil)

Nancy – Villers-les-Nancy (Frankreich)

Camping Le Brabois [N48° 39' 26" E6° 8' 23"], Tel. +33 (0)3 83 27 18 28; https://www.campeole.de/camping/meurthe-et-moselle/le-brabois-villers-les-nancy; 27. März – 11. Okt.; von der Umgehungsautobahn A-33 Ausfahrt 2b (Nancy – Brabois) und noch knapp 3 km, südwestlich von Nancy im Vorort Villers-les-Nancy gelegen, im Laubwald des Parks von Brabois. Restaurant, V & E für Wohnmobile.

Dôle

Camping du Pasquier [N47° 05' 22" E5° 30' 12"], Tel. +33 (0)3 84 72 02 61; https://www.camping-le-pasquier.com/de/; Mitte März – Ende Okt.; Autobahn A-36/E-60 Ausfahrt 2 bzw. A-39/E-21 Ausfahrt 6; am Südostrand der Stadt, am Fluss Doubs; Imbiss, V & E für Wohnmobile.

Beaune

Camping Municipal les Cent Vignes [N47° 01' 58" E4° 50' 21"], Tel. +33 (0)3 80 22 03 91; http://www.beaune.fr/spip.php?article78#.X0ZelTVCRaQ; 15. März – 31. Okt.; Autobahn A-6/E-60 Ausfahrt 24 Beaune Nord; am nördlichen Stadtrand beschilderte Zufahrt von der N-74; von einer hohen Mauer eingefasstes Wiesengelände im Wohngebiet; Restaurant.

Mâcon

Camping Municipal de Mâcon [N46° 19' 50" E4° 50' 37"], Tel. +33 (0)3 85 38 16 22; https://www.macon.fr/vivre-et-bouger-a-macon/camping; 15. März – 31. Okt., Autobahn A-6/E-15 Ausfahrt Mâcon-Nord, und noch 2 km Richtung Mâcon, beschildert; weitläufige städtische Campinganlage, größtenteils eben, mit Laubbäumen, teils durch hohe Hecken begrenzte Parzellen; einfache Standardausstattung; Laden, Restaurant und Schwimmbad angrenzend; Supermarkt gegenüber; V & E für Wohnmobile; meist stark frequentiert weil günstiger Übernachtungsplatz nahe Autobahn.

Châteauneuf-sur-Isère bei Valence

Camping Le Soleil Fruité [N44° 59' 49.2" E4° 53' 34.80"], Tel. +33 (0)4 75 84 19 70; 27. Apr. – 15. Sept.; Autobahn A-7/E-15 Ausfahrt 14 (Valence-Nord) zur N-7 Richtung Toulon bis Abzweig nach ca. 2,5 km auf die D-877 ostwärts und noch 1 km; Imbiss, Schwimmbad, Fahrradverleih; V & E für Wohnmobile.

Tournon-sur-Rhône

Wohnmobil-Stellplatz Aire de Camping-car Parking de l'Octroi [N45° 4' 24" E4° 49' 18"], Giratoire de la paix, Chemin de la Beaume; Jan. – Dez.; auf der Straße D-87 Ausfahrt L'Octroi zu erreichen, ca. 15 km nördlich von Valence gelegen; auf dem Parkplatz beim Postamt am Quai Farconnet mit Platz für 25 Wohnmobile, gebührenfrei. V & E für Wohnmobile. Max. Aufenthalt 1 Nacht.

Montélimar

Wohnmobil-Stellplatz Aire de Camping-cars Domaine du Bois de Laud [N44° 33' 55" E4° 45' 24"], Le Chemin du Bois de Laud; Jan. – Dez.; befestigter Platz an der Ave. des Portes du Soleil mit Platz für 17 Wohnmobilen, Gebühr per Kreditkarte bezahlbar, V & E-Einrichtungen. Max. Aufenthalt 48 Stunden.

Nîmes

Camping Municipal Domaine de la Bastide [N43° 47' 17" E4° 21' 06"], Tel. +33 (0)4 66 62 05 82; http://www.camping-nimes.com/; Jan. – Dez.; Autobahn A-9/E-15 Ausfahrt 25 Nîmes-Ouest Richtung Centre Ville beschildert. Restaurant, V & E für Wohnmobile.

Narbonne

Camping La Nautique [N43° 8' 49" E3° 0' 15"], Tel. +33 (0)4 68 90 48 19; www.campinglanautique.com; 1. März – 31. Okt.; A-9/E-15/E-81 Ausfahrt 38 Narbonne-Sud und noch ca. 3 km Richtung La Nautique. Komfortplatz mit Restaurant, Imbiss, Laden, Schwimmbad, div. Sportmöglichkeiten. Günstiger Übernachtungsplatz nahe Autobahn.

Narbonne-Plage

Wohnmobil-Stellplatz Campeole Park Narbonne [N43° 8' 41.11" E3° 8' 43.58"], Route de Gruissan; Jan. – Dez.; ca. 1,5 km südlich von Narbonne-Plage, zwischen Straße D31/332 und Düne zum Meer; teils geschotterter, teils asphaltierter, ebener, schattenloser Platz für 100 Wohnmobile, V & E-Einrichtungen, Strom, beleuchtet.

Mein Tipp! Im Monat August, dem Ferienmonat der Franzosen, tut man gut daran, seinen Übernachtungsplatz (ob Hotel oder Campingplatz) nicht gerade auf einer meeresnahen Anlage oder gar in den touristischen Ballungszentren um Aigues Mortes, La Grande Motte oder Sète zu suchen. Alle Beherbergungsbetriebe sind dann ausgebucht. In der Hochsaison orientiert man sich besser landeinwärts.

Interessantes entlang der Anreiseroute

Ein nicht zu knapper Reiseplan wird gerade in Südfrankreich Freude machen, wenn noch Zeit für einen Umweg durch die **Camargue** bleibt oder vielleicht die eine oder andere Innenstadt wie z. B. **Orange** (römisches Theater), **Avignon** (Brücke von Avignon, Papstburg), **Nîmes** (römisches Amphitheater), **Arles** (römische Arena, Kirche Saint-Trophime) oder **Aigues Mortes** (nette Altstadt, riesige Stadtmauer) besichtigt werden kann.

Mobile Touring Highlights

Die schönsten Van-Camper- und Wohnmobil-Touren in Spaniens Norden

Der See bei Banyoles

COSTA BRAVA
4 Touren – ca. 6 Tage
ab Seite 25

Die Kathedrale in Zaragoza

GRÜNER NORDEN
2 Touren – ca. 4 Tage
ab Seite 84

Das Symbol des Jakobsweges

JAKOBSWEG
6 Touren – ca. 10 Tage
ab Seite 108

El Escorial

DURCH KASTILIEN INS EBRO-TAL
5 Tour – ca. 11 Tage
ab Seite 199

COSTA BRAVA

4 Touren – ca. 6 Tage

Küste bei Tossa de Mar an der Costa Brava, der Wilden Küste

TOUR 1: LA JONQUERA – ROSES / SANT PERE PESCADOR

Länge der Tour: Rund 100 km.

Die Route: Über die N-260 und über **Llança** bis **Figueres/Figueras** – N-120 und Landstraße bis **Monastir de Sant Pere de Rodes** – GI-613/614 bis **Cadaqués** und **Port-Lligat** – GI-614 bis **Roses/Rosas.**

Reisedauer: Mindestens ein Tag.

Höhepunkte: **Die Küste** ** zwischen Colera und El Port de Llança – das **Dalí Museum** *** in Figueres – **Kloster Sant Pere de Rodes** ** und seine Lage – das Hafenstädtchen **Cadaqués** * – die **Casa Dalí** * in Port-Lligat – Küste und Leuchtturm am **Cap de Creus** *.

ROUTE: Nach Überschreiten der französisch-spanischen Grenze auf den Höhen bei La Jonquera ***[N42° 28' 25.1" E2° 51' 37.9"]*** *verlässt man die gebührenpflichtige Autobahn AP-7/E-15 „Autopista del Mediterraneo" am besten an der Ausfahrt Nr. 3 (Figueres-Norte), um ostwärts an die Gestade der Costa Brava zu gelangen.*

Möchte man Spanien über die Küstenstraße erreichen, verlässt man die französische Autobahn A-9/E-15 „Autoroute la Catalane" an der Ausfahrt ***Perpignan-Sud,*** *folgt der Straße N-114 Richtung* ***Argelès-s-Mer*** *entlang der Côte Vermeille und erreicht Spanien über die Grenzorte* ***Cerbère*** *und* ***Port Bou [N42° 25' 37.2" E3° 09' 37.1"]*** *(enge Ortsdurchfahrt!). Beide Orte sind wichtige Eisenbahnknotenpunkte mit riesigen Rangierbahnhöfen.*

Die Weiterfahrt auf der N-260 „Carretera de Costa" über den 202 m hohen Col de Frare und über **Colera** (alter Fischerort mit Strand, Einfahrt lt. Beschilderung für Wohnmobile verboten!) ins knapp 20 km entfernte **Llança** (Camping l'Ombra, ganzjährig) ist einerseits landschaftlich zwar sehr reizvoll und bietet immer wieder schöne Ausblicke auf die Küste. Allerdings ist die Straße N-260 zwischen

Cerbére und Portbou noch immer relativ schmal mit engen Kurven und für große Gespanne und für große Wohnmobile m. E. recht schwierig. Empfehlenswerter ist die Anfahrt zur Costa Brava via La Jonquera.

Die Costa Brava, die „Wilde Küste", der Küstenstrich der nordöstlichsten spanischen Provinz Girona/Gerona, reicht ab der französischen Grenze bis Blanes.

Die raue Schönheit der zerklüfteten Felsküsten (z. B. am Cabo de Creus), die steil und abrupt ins Meer abfällt, mit ihren zwischen Felskaps eingelagerten Buchten und Sandstränden und das angenehme Mittelmeerklima haben diese Region zu einer der am meisten von in- und ausländischen Urlaubern frequentierten Ferienregion Spaniens werden lassen.

Die Ursprünglichkeit der Küste mit ihren versteckten Fischerdörfern und ihrem besonders leuchtenden Himmel, die Picasso, Salvador Dalí oder Marc Chagall einst so faszinierten, ist in weiten Bereichen heute nur noch mühsam zu finden.

Entsprechend der stürmischen Entwicklung des Fremdenverkehrs ist die touristische Infrastruktur vielfältig ausgebaut worden. Hotels, Campingplätze, Restaurants, Freizeit- und Unterhaltungsangebote, Wassersportmöglichkeiten sind in Fülle vorhanden.

So komfortabel das für den Feriengast auch sein mag, ihr ursprüngliches Flair, das einmal von den Fischerhäfen an abgeschiedenen Strandbuchten mit beschaulichem spanischen Lokalkolorit ausging, hat die Region dafür geopfert. Dieses Opfer wird nach wie vor jedes Jahr aufs neue mit klingender Münze honoriert. Die nicht versiegenden, sich höchstens in ihrer sozialen Zusammensetzung verändernden Touristenströme belegen aber, dass im Grunde nicht Spanien besucht wird, sondern Sonne, Strand und Highlife gefragt sind.

Und genau so präsentiert sich dem Reisenden heute die Costa Brava – wirklich Spanisches, ursprünglich Katalanisches wird man suchen müssen, dafür fallen Hotel- und Restaurantnamen, Autokennzeichen und Reisebuskavalkaden aus nahezu allen nord- und osteuropäischen Ländern ins Auge. Am ursprünglichsten ist die Küste überall noch da, wo das schwierige Terrain der zerklüfteten Felsküsten für Bauspekulanten noch zu unrentabel ist, etwa um Cadaqués oder am Cap de Begur.

Schon die Phönizier, Griechen und Römer fanden auf ihren Erkundungsfahrten über das Mittelmeer in den Buchten der Costa Brava geschützte Ankerplätze. Siedlungen wurden gegründet, wie Roses oder Empúries/Ampurias, Lloret oder Tossa. Die Zeit der Araber war hier nur von kurzer Dauer. Bald wurde die Küste von christlichen Herren zurückerobert und der „Marca Hispanica" einverleibt.

Im Mittelalter war die buchtenreiche Küste Ziel von Korsaren und Piraten. Wehranlagen und Burgen entstanden. Eine der schönsten noch erhaltenen Anlagen dürfte die „Villa Vela" in Tossa sein. Aber auch in Blanes, Playa de Aro oder El Estartit findet man noch mittelalterliche Burgen.

*ROUTE: Ab Llança empfiehlt sich ein Abstecher nach **Figueres/Figueras**, das nur 21 km weiter südwestlich liegt und über die N-260 rasch erreicht werden kann.*

Figueres/Figueras mit seinen rund 47.000 Einwohnern ist das wirtschaftliche Zentrum der Ampurdán-Ebene am Río Fluvià. Figueres gilt aber auch als die Wiege des katalonischen Volkstanzes, der Sardana.

Eine Parkmöglichkeit bietet sich ca. 1 km nördlich des Teatre-Museu Dalí auf dem **Parkplatz Parking Figueres [N42° 16' 15.92" E2° 57' 37.11"]** in der Carrer del Rec Arnau.

Sehr sehenswert ist das in einem ehemaligen Theater neben einem einer maurischen Festung ähnelnden Gebäude untergebrachte **Teatre-Museu Dalí,** Plaza Gala-Slavador Dalí **[N42° 16' 06.7" E2° 57' 32.3"]** *(geöffnet Apr. - Sept. tgl. 9 -*

Der Torre Galatea und das Teatre-Museu Dalí in Figueres/Figueras

20 Uhr; März + Okt. tgl. 9.30 - 18 Uhr; Jan., Feb., Nov., Dez. tgl. 10.30 - 18 Uhr, letzter Einlass 45 Min. vor Schließung; www.salvador-dali.org/en/). Turm und Mauern des roten Museumsgebäudes zieren aber nicht Zinnen, sondern monumentale Monstereier. Darüber hinaus sind die Außenmauern über und über mit gelben „Gipsbrötchen" verziert.

Salvador Dalí, Spaniens weltberühmter Surrealist, wurde 1904 in Figueres geboren und verbrachte hier die letzten Jahre seines Lebens bis zu seinem Tode 1989. Dalí ist in einem von ihm selbst entworfenen Sarkophag unter dem Museum beigesetzt.

Die zentrale Halle mit einem monumentalen Wandgemälde von Salvador Dalí, die man zuerst betritt und unter der sich Dalís Grab befindet, diente ehemals als Theater.

Während des Bürgerkrieges brannte das Theater ab und Dalí ließ es bei der Restaurierung des Gebäudes im Jahre 1966 mit einer riesigen gläsernen Netzkuppel überspannen.

Beim Gang durch das Museum sieht man – neben Dalís Cadillac mit draller, dalí-typischer überdimensionaler „Kühlerfigur" gleich am Eingang zur großen Halle – Gemälde, Zeichnungen, Skulpturen und viele andere Kunstobjekte der skurrilsten Art des Künstlers. Außerdem sind im Museum Dalís private Kunstsammlung mit Werken von Greco, Fortuny, Urgell, Duchamp u. a. im Raum Nr. 14, sowie Arbeiten anderer Künstler wie Ernst Fuchs, John de Andrea u. a. ausgestellt.

Eine eigenwillige, der exzentrischen Schaffensweise Dalís gerecht werdende Konstruktion ist z. B. der „Mae West Salon". Dort prangt mitten im Raum ein knallrotes Sofa in Form großer Lippen, ein kaminähnliches Gebilde ist in der Form einer Nase gehalten, Bilderrahmen sind die Augen der Filmschönen. Man kann auf ein Podest steigen und durch eine „Brille" den Raum betrachten, wobei sich die erwähnten Kunstobjekte tatsächlich zu einem Porträt der legendären Filmdiva gruppieren.

In einem Nebengebäude kann man die berühmte **Schmucksammlung Dalí Joyas**, die aus 39 kostbaren Stücken der Juwelierkunst Dalís besteht, bewundern. Auch auf diesem Gebiet zeigt sich die unendliche Phantasie des Künstlers. Es handelt sich ausschließlich um Unikate und der künstlerische Wert der Juwelen ist nicht einzuschätzen. Es gibt einen separaten Eingang zu dieser Ausstellung, man kann also je nach Interesse nur dieses separate Museum besuchen *(geöffnet Apr. - Sept. tgl. 9.30 - 20.30 Uhr; März + Okt. tgl. 10 - 18.30 Uhr; Nov. - Feb. tgl. 11 - 18.30 Uhr, letzter Einlass 30 Minuten vor Schließung; www.salvador-dali.org/en/museums/dali-jewels/)*.

Weitere Sehenswürdigkeiten in Figueres sind das **Museu del Joguet de Catalunya [N42° 15' 59.9" E2° 57' 38.7"]**, Rambla 10 *(geöffnet Juni, Juli, Sept. tgl. 10.30 - 19 Uhr, Sa 10.30 - 20 Uhr, So 10.30 - 14.30 Uhr; Aug. tgl. Mo - Sa 10.30 - 20 Uhr, So 10.30 - 14.30 Uhr; Okt. - Mai Di - Fr 10 - 18.30 Uhr, Sa 10.30 - 19.30 Uhr, So 10.30 - 14.30 Uhr; www.mjc.cat/en/)*, ein interessantes Spielzeugmuseum mit Stofftieren, Puppen, automatischem Spielzeug, Marionetten u. ä., sowie das **Museu de l'Empordà [N42° 15' 59.8" E2° 57' 42.9"]**, Rambal 2 *(geöffnet Mai - Okt. Di - Sa 11 - 20 Uhr, So 11 - 14 Uhr; Nov. - Apr. Di - Sa 11 - 19 Uhr, So 11 - 14 Uhr; www.museuemporda.org)*. Dort sind archäologische Fundstücke, wie z. B. Keramiken aus der Ibererzeit oder mittelalterliche Sakralkunst ebenso ausgestellt wie Sammlungen zur Geschichte der Region. Breiten Raum nehmen Gemälde und Skulpturen spanischer Künstler des 19. und 20. Jh. ein. Der Eintritt zu den beiden Museen ist frei, wenn man eine Eintrittskarte des Teatre-Museu-Dalí vorweisen kann!

ROUTE: *Man fährt von Figueres auf der N-260 zurück Richtung Llançà, um nach 12 km ostwärts abzuzweigen und der Straße hinauf zum* ***Kloster Sant Pere de Rodes*** *zu folgen.*

Kurvenreich führt die gute Straße bis zu den beiden Parkplätzen. Pkws können bis zum gebührenpflichtigen kleinen Parkplatz nahe des Klosters fahren. Busse, große Wohnmobile und Gespanne müssen auf dem Platz ca. 500 m vorher parken.

Von den **Parkplätzen [N42° 19' 32.6" E3° 09' 39.9"]** geht man zu Fuß (vom Busparkplatz ca. 15 Minuten, vom gebührenpflichtigen Pkw-Parkplatz ca. 5 Minuten) zu dem auf einem Hügel etwas

WOHNMOBIL-STELLPLÄTZE BEI FIGUERES

Cabanes bei Figueres

Wohnmobil-Stellplatz Area de El Noguer [N42° 18' 23.36" E2° 58' 34.83"], Cami de la Creu, Tel. +34 97 25 05 970. **Zufahrt:** Von Figueres auf der Landstraße GIV-6024 ca. 3 km nordwärts bis kurz vor Cabanes, Platz liegt links der Straße. **Ausstattung:** Ebener Platz für ca. 40 Wohnmobile auf Gras, von Bäumen und Büschen umgeben. **Geöffnet:** Ganzjährig. **Gebühr:** Pauschale inkl. V & E, Strom und WLAN.

Vilajoan bei Figueres

Wohnmobil-Stellplatz Area de L'Empordà/Estacion de Servicio Cepsa Emporda [N42° 10' 25.75" E2° 55' 56.04"], Vilajoan, Tel. +34 972 56 00 53. **Zufahrt:** Auf der Autobahnraststätte an der Autobahn AP-7 bei km 35, ca. 9 km südlich von Figueres. Der ausgewiesene Stellplatz mit V & E liegt auf dem östlichen Teil der Raststätte in nördlicher Fahrtrichtung. **Ausstattung:** Beschilderte Asphaltfläche mit Platz für 10 Wohnmobile. Frischwasser, Grauwasser- und Chemikaltoilettenausguss. Öffentliche Toiletten. Picknickecke. Restaurant/Café in der Raststätte, Laden. **Geöffnet:** Ganzjährig. **Gebühr:** Kostenfrei. Max. Aufenthalt 24 Stunden.

Navata bei Figueres

Wohnmobil-Stellplatz Area de Can Janot [N42° 13' 33.20" E2° 51' 48.54"], Ctra. de Olot Nr. 2, Tel. +34 972 56 50 04. **Zufahrt:** Abzweig von der Straße N-260 (Figueres – Olot) Ausfahrt Navata und noch 300 m. **Ausstattung:** Fast schattenloser Schotterplatz beim inzwischen geschlossenen Restaurant Can Janot mit Platz für 20 Wohnmobile. V & E-Einrichtung, diese soll allerdings inzwischen unfunktionell sein. **Geöffnet:** Ganzjährig. **Gebühr:** Bislang kostenlos. Kein Campingverhalten erlaubt.

Monastir Sant Pere de Rodes

Benediktinermönche erbauten das Kloster um das Jahr 1000. Ende des 18. Jh. wurde die Abtei verlassen und später mit der Machtübernahme durch napoleonische Truppen stark zerstört.

Das Kloster gilt dennoch als eines der wenigen relativ gut erhaltenen Architekturbeispiele in Katalonien, in dem sich die alten spanisch-arabischen mit den karolingischen Elementen der Romanik, so wie sie in den nacharabischen Grafschaften der „Spanischen Mark" entstanden, verbinden. Sehenswert ist aber nach wie vor die romanische Klosterkirche, mit ihrem hohen Mittelschiff und den bemerkenswerten Säulenkapitellen und der schöne Kreuzgang.

Der Besucher sieht ein eindrucksvolles Beispiel einer mittelalterlichen Klosteranlage. Audiovisuelle Präsentation.

über 600 m hoch gelegenen mittelalterlichen **Monastir Sant Pere de Rodes** *(geöffnet Juni - Sept. Di - So 10 - 20 Uhr; Okt. - Mai Di - So 10 - 17.30 Uhr, letzter Einlass 30 Minuten vor Schließung; www.catalunya.com/kloster-von-sant-pere-de-rodes-17-16003-149?language=de).* Die Lage der Abtei und der Blick zur Küste lohnen alleine schon den Weg hierher.

ROUTE: Die Straße vom Kloster Sant Pere de Rodes hinab nach ***El Port de la Selva*** *an der buchtenreichen Küste ist zwar etwas schmal und kurvenreich, aber gut zu befahren und bietet herrliche Ausblicke.*

CAMPING

El Port de la Selva

Camping Port de la Vall, [N42° 20' 30.6" E3° 10' 57.7"], Ctra. Port de Llançà, Tel. +34 972 38 71 86; www.campingportdelavall.com/de/; 15. März – 13. Okt.; nördl. von El Port de la Selva, Zufahrt nach KM 2,5 der Küstenstraße GI-612 Richtung Llançà. Gelände mit lichtem Baumbestand in einem sich zum Meer hin öffnenden weiten Taleinschnitt. Einfache Sanitärausstattung. Mietbungalows.

Camping Port de la Selva [N42° 19' 34.8" E3° 12' 19.2"], Tel. +34 972 38 72 87; www.campingselva.com; 25. Mai – 11. Sept.; an der Straße nach Cadaqués 1 km südlich des Ortes landeinwärts; ca. 3 ha – 200 Stpl. + 50 Dau.; Standardausstattung; Laden, Imbiss, Restaurant, Schwimmbad.

Auch die weiterführende Straße GI-613 vom hübschen Hafenort El Port de la Selva nach ***Cadaqués*** *ist kurvenreich und teils schmal, führt aber durch schönes Hügelland des Parc natural del Cap de Creus. Die Fahrt erfordert Zeit, da nur langsames Tempo möglich ist.*

Kapitell im Monastir San Pere de Rodes

Cadaqués hat im alten Ortskern erstaunlich viel Ursprüngliches erhalten und wirkt noch heute mehr wie ein Fischerdorf denn wie ein Touristenzentrum, ein bemerkenswerter Umstand.

Gebührenpflichtiger **Parkplatz** am Ortsbeginn in der Riera de Sant Vicenç **[N42° 17' 21.07" E3° 16' 26.24"]**. 24-stündige Parkdauer für Wohnmobile wurde gegen Gebühr bislang toleriert. Änderung möglich.

Die Lage von Cadaqués ist malerisch. Um die kleine Bucht mit dem Hafen gruppieren sich die weißen Häuser hügelauf. Oben dominiert die Pfarrkirche Santa María aus dem 16. Jh. (herrliche Altarwand).

Sandstrände findet man hier so gut wie keine.

Früher kamen Maler wie Salvador Dalí und Schriftsteller gerne nach Cadaqués. Und noch heute wird das Flair einer Künstlerkolonie gepflegt.

Besichtigen sollte man in der Altstadt das **Museu de Cadaqués** in der Carrer de Narcís Monturiol 15 *(geöffnet Apr. - Juni Mo - Sa 10.30 - 13.30 + 16 - 19 Uhr; 23. Juni - Mitte Sept. Mo, Di, Do - So 10 - 20 Uhr, Mi 10 - 13 + 15 - 20 Uhr; Mitte Sept. - Dez. tgl. 10.30 - 13.30 + 15.30 - 18.30 Uhr; www.catalunya.com/museu-de-cadaques-17-16001-206?language=de)*. Es zeigt eine interessante Sammlung von Gemälden und graphischen Arbeiten aus der Zeit vom 15. Jh. bis ins 20. Jh. Darunter sind auch Werke von Dalí.

Nur etwa zwei Kilometer nördlich von Cadaqués liegt **Port-Lligat**. 1950 ließ sich hier der Maler und Surrealist Salvador Dalí nieder und baute in der Bucht seine eigenwillige Villa. Dalí starb 1989. Er ist in Figueres/Figueras beigesetzt.

Von Port-Lligat fährt man noch ca. 1 km zur Casa Dalí.

Unmittelbar am Hafen des kleinen Fischerdorfes liegt an der aufsteigenden Felsküste in einer hübschen Bucht die weiße Dalí-Villa **Casa Dalí [Parkplatz, N42° 17' 41.1" E3° 17' 14.4"]** *(geöffnet 15. Juni - 15. Sept. tgl. 9.30 - 21 Uhr; 11. Feb. - 14. Juni + 16. Sept. - 31. Dez. tgl. 10.30 - 18 Uhr; letzter Einlass 50 Minuten vor*

Casa Dalí, Cadaqués

Schließung; www.salvador-dali.org/en/museums/house-salvador-dali-in-portlligat). Das Anwesen, heute Museum, besteht aus mehreren Gebäuden im Stil der hiesigen Fischerhäuser, die besichtigt werden können. Man sieht Dalís Bibliothek, diverse Zimmer, natürlich sein Atelier und den Garten.

Rund 5 km nördlich von Port-Lligat ragt östlich von Tudela das **Cap de Creus** ins Meer. Die wild zerklüftete, steile Felsküste mit hübschen Buchten ist Teil des Parc natural del Cap de Creus. Pfade führen durch den Naturpark. Man kann z. B. bis zum Leuchtturm gehen.

Roses/Rosas [N42° 15' 53.5" E3° 10' 18.8"], ein einstmals von levantinischen Händlern aus Rhodos unter dem Namen „Rhodas" gegründeter Handelshafen, ist heute eines der bedeutenden Touristenzentren an der nördlichen Costa Brava. Seine Beliebtheit verdankt es in erster Linie den langen **Sandstränden**, die sich südwestlich des Ortes am Golf von Roses kilometerlang bis L'Escala ausdehnen. Das Städtchen selbst bietet

PRAKTISCHE HINWEISE – CADAQUÉS

Oficina Municipal de Turismo de Cadaqués [N42° 17' 19.3" E3° 16' 38.1"], Carrer des Coxte 2-A, 17488 Cadaqués, Tel. +34 972 25 83 15; www.visitcadaques.org. *Geöffnet im Sommer Mo - Sa 9 - 21 Uhr, So 10 - 13 + 17 - 20 Uhr; im Winter Mo - Do 9 - 13 + 15 - 18 Uhr, Fr + Sa 9 - 13 + 15 - 19 Uhr.*

RESTAURANT

Zu den bekannten Restaurants der Gegend zählt u. a. das **La Sirena** in der Carrer des Call s/n, Tel. +34 972 25 89 74; www.restaurantlasirena.com. Tischreservierung empfehlenswert, nur telefonisch. In der Altstadt gelegen.

CAMPING

Camping Cadaqués [N42° 17' 30.5" E3° 16' 59.5"], Av. de Salvador Dalí, 23, Tel. +34 972 25 81 26; www.campingcadaques.com/de/; 12. Apr. – 30. Sept.; am nördlichen Ortsrand auf einer Anhöhe gelegen; ca. 2 ha – 200 Stpl.; gute Standardausstattung; Laden, Restaurant, Waschmaschine, Trockner, Schwimmbad, Fahrradverleih. Mietbungalows. V & E für Wohnmobile. Zum Strand etwa 500 m.

nichts außergewöhnlich Sehenswertes.

Östlich von Roses ragt **Cabo Norfeu** ins Meer. Wer bis dahin vordringt, denn die Zufahrt ist etwas beschwerlich, findet idyllische, kleine Felsbuchten zum Baden.

PRAKTISCHE HINWEISE – ROSES / SANT PERE PESCADOR

Oficina Municipal de Turismo, Avda. de Rhode 77-79, 17480 Roses, Tel. +34 902 10 36 36; www.roses.cat.

RESTAURANT

Can Trona, Plaça Major, 7, Tel. +34 972 52 00 34; einladendes Lokal mit großer Terrasse im Zentrum von Sant Pere Pescador. Vom Steak über Grillfisch bis leckere Tapas bietet die Küche ein reichhaltiges Angebot.

CAMPING

Roses

Camping Joncar Mar [N42° 15′ 59.0″ E3° 9′ 47.5″], Bernat Metge, 9, Tel. +34 972 25 67 02; www.campingjoncarmar.com; Jan. – Dez.; zwischen westlichem Ortsrand und Strand, beschilderte Zufahrt von der Haupteinfallstraße; ca. 2 ha – 150 Stpl.; Standardausstattung; Laden, Restaurant, Imbiss, Waschmaschine, Trockner, Schwimmbad, Mietcaravans- und bungalows. WLAN. In Strandnähe. V & E für Wohnmobile.

Camping Rodas [N42° 16′ 08.3″ E3° 09′ 09.0″], Punta Falconera, 62, Tel. +34 972 25 76 17; www.campingrodas.com; 1. Mai – 15. Okt.; ca. 1 km westl. Roses, beschilderte Zufahrt von der Haupteinfallstraße; ca. 3 ha – 280 Stpl.; Standardausstattung; Imbiss, Restaurant, Waschmaschine, Schwimmbad, Fahrradverleih. WLAN. In Strandnähe. V & E für Wohnmobile.

Camping Salatá [N42° 15′ 59.2″ E3° 09′ 20.8″], Port Reig, 44, Tel. +34 972 25 60 86; www.campingsalata.com; Anfang März - Mitte Okt.; ca. 1 km westl. Roses; ebenes, so gut wie schattenloses Grasgelände durch Sandwege in Stellplatzfelder unterteilt, an einen kleinen Freizeitpark grenzend, gegenüber Hotel Goya Park; ca. 2,5 ha – 180 Stpl.; Standardausstattung; Laden, Restaurant, Waschmaschine, Trockner, Schwimmbad, WLAN; zahlr. Mietbungalows und Mietcaravans. V & E für Wohnmobile.

Zahlreiche weitere Campinganlagen, darunter Ferienbetriebe mit nahezu 2000 Stellplätzen, findet man bei Sant Pere Pescador.

Castelló d'Empúries

Camping Mas Nou [N42° 15′ 52.4″ E3° 06′ 06.2″], Calle Mas Nou 7, Tel. +34 972 45 41 75; www.campingmasnou.com; 4. Apr. – 27. Sept.; Zufahrt von der Straße C-260 (Figueres – Roses) bei KM 38; ebenes Grasgelände, durch Platzstraßen und Laubbäume vielfach unterteilt, an einem Platzrand Miethütten im skandinavischen Stil; ca. 7 ha – 300 Stpl. + Dau.; Komfortausstattung; Supermarkt, Restaurant, Imbiss, Waschmaschine, Trockner, Schwimmbad und Sporteinrichtungen gegenüber der Einfahrt. Zahlr. Miethütten. WLAN. V & E für Wohnmobile.

Camping Castell-Mar [N42° 15′ 19.0″ E3° 08′ 12.6″], Platja de la Rubina, Tel. +34 972 45 08 22; www.camping-castellmar.com; Mitte Mai – Ende Sept.; Abzweig von der Straße C-260 (Figueres – Rose)s bei KM 40,5 Richtung Platja de la Rubina; komfortabler Ferienplatz; ein großer Teil der Anlage wird von zahlreichen Mietbungalows, Mietcaravans und Mietzelten eingenommen; Standardaustattung. Laden, Restaurant, Schwimmbad, Fahrradverleih. WLAN auf Teilen des Platzes. V & E für Wohnmobile.

Camping-Caravaning Laguna [N42° 14′ 19.1″ E3° 07′ 06.0″], Platja Can Turias, Tel. +34 972 45 05 53; www.campinglaguna.com; 8. Apr. – 31. Okt.; beschildert am Abzweig von der C-260 Richtung Sant Pere Pescador, weit-

läufiges Gelände um zwei Lagunen am langen Sandstrand Can Turias; ca. 15 ha – 700 Stpl.; Komfortausstattung; Laden, Restaurant, 2 Schwimmbäder, Segel- und Windsurfschule, Fahrradverleih, Tennis, Minigolf, WLAN. Am Sandstrand gelegen. V & E für Wohnmobile.

Camping Nautic Almatá [N42° 12' 24.98" E3° 6' 2.18"], Tel. +34 972 45 44 77; www.almata.com; 17. Mai – 20. Sept.; beschilderter Abzweig von der Straße nach Sant Pere Pescador; riesiges Freizeitgelände am Meer mit über 1.000 Stellplätzen! Komfortabel ausgestattet, aber relativ teuer. Breiter Sandstrand; Wassersportmöglichkeiten, Freizeiteinrichtungen, Unterhaltung, Laden, Restaurant, Imbiss, Schwimmbad, Tennis, Fahrrad und Bootsverleih. Segel-, Tauch- und Windsurfschule. V & E für Wohnmobile.

Sant Pere Pescador

Bei Sant Pere Pescador findet man eine ganze Reihe zum Teil vorzüglich ausgestatteter Feriencampingplätze. Einige davon bieten über 1.500 Stellplätze! Die meisten Anlagen sind zwischen Anfang April bis Ende September/Mitte Oktober geöffnet. Alle Plätze liegen unmittelbar oder ganz in der Nähe zum kilometerlangen Sandstrand und alle bieten Ver- u. Entsorgungseinrichtungen für Wohnmobile. Die beiden größten Plätze mit über 1.000 Stellplätzen sind Campingpark **La Ballena Alegre** (15. Mai – 16. Okt.) und **Camping Las Dunas** (16. Mai – 18. Sept.).

Camping Aquarius [N42° 10' 37.5" E3 06' 30.1"], Playa de Sant Pere, Tel. +34 972 52 01 01; www.campingaquarius.es; 15. März – 31. Okt.; ca. 2 km östlich von Sant Pere Pescador. Gepflegter, komfortabler Ferienplatz. Ebenes Gelände mit ganz leicht geneigten, numerierten Stellplätzen unterschiedlicher Größe, lichter Baumbestand, ein kleiner Platzteil ist noch schattenlos; 7 ha – 400 Stpl.; sehr gute Sanitärausstattung, Restaurant, Supermarkt, Imbiss, Segel- und Windsurfschule, Fahrrad- und E-Bikeverleih. Minigolf. WLAN. Freizeitaktivitäten. Showbühne. Mietcaravans. Großzügige, bequem zugängliche V & E-Station für Wohnmobile. Zum Strand ca. 150 m.

Strand von Tamariu, Costa Brava

TOUR 2: ROSES / SANT PERE PESCADOR – BANYOLES

Länge der Tour: Rund 195 km.

Die Route: Über die C-260 bis **Castelló d'Empúries** – Landstraßen und GI-632 über **Sant Pere Pescador** und **L'Escala** bis **Torroella de Montgrí** C-31 und Küstenstraßen über **Pals, Begur, Aigua Blava, Tamariu** und **Llafranc** bis **Palafrugell** C-31 bis **Palamós** C-253 bis **Sant Feliu de Guíxols – GI**-682 bis **Blanes –** N-II und A-7/E-15 bis **Girona (Nord) C**-66 bis **Banyoles.**

Reisedauer: Mindestens ein Tag.

Höhepunkte: Küste und Strände bei **Sant Pere Pescador** ** – das antike **Empúries** * – die Strände **Platja de Pals** – Küste und Strände bei **Aigua Blava** und **Tamariu** – ein Spaziergang auf dem Küstenpfad beim Leuchtturm am **Cap de Sant Sebastià** ** – **Fahrt auf der Küstenstraße** ** von Sant Feliu nach Lloret de Mar – **Kathedrale** und **Kapitularmuseum** in Girona – Promenade am **Lago de Banyoles.**

*ROUTE: Ab Roses bzw. ab Sant Pere Pescador auf der C-260 westwärts bis **Castelló d'Empúries.** Unterwegs passiert man den Abzweig nach **Empuriabrava**.*

*In Castelló d'Empúries wenden wir uns südwärts nach **Sant Pere Pescador** und fahren von dort weiter über **L'Armentera** und **Viladamat** nach **L'Escala/La Escala**.*

Castelló d'Empúries am Flüsschen Muga war im Mittelalter die Hauptstadt der einflussreichen Grafschaft Empordá.

Zu den eher bescheidenen Sehenswürdigkeiten zählen in erster Linie die **Kirche Santa María** aus dem 10. Jh., die ehemals im Rang einer Kathedrale stand und ein sehr schönes gotisches Hauptportal aufweist, dann das Rathaus, das in früheren Tagen als Markthalle herhalten musste, oder das Pfarrmuseum.

Empuriabrava präsentiert sich als eine Siedlung neuzeitlicher Freizeitvillen. Das Städtchen wurde ganz offenbar im Hinblick auf wasserorientierte Freizeitaktivitäten und Fremdenverkehr konzipiert. Der Ort ist durchzogen von einem Netz von Kanälen, so dass jeder der will mit seinem Boot direkt vor dem Haus anlegen kann.

CAMPING

L'Escala/Montgo

Camping Illa Mateua Resort [N42° 06' 37.6" E3° 09' 50.5"], Avda. Montgó, 260, Tel. +34 972 77 02 00; www.campingillamateua.com; 28. März – 16. Okt.; bei Montgó beiderseits der Zufahrtsstraße; teils Terrassen im hochstämmigen Pinienwald, teils eben mit Baumschatten; ca. 6 ha – 300 Stpl. + Dau.; Komfortausstattung. Supermarkt, Restaurant, Imbiss, Tauch- und Reitschule, Bogenschießen, Tennis, WLAN; Schwimmbad hoch über dem Meer; spez. Einrichtungen für Taucher; zahlreiche Mietbungalows. V & E für Wohnmobile.

Ein weiteres Zentrum für Wassersport ist **Sant Pere Pescador** (Camping siehe vorangegangene Etappe).

L'Escala/La Escala, im Ursprung ein hübsches Fischerdorf, ist dank seiner langen Sandstrände ein weiterer, sehr beliebter Ferienort an der Costa Brava. Der Ort, der sich vom Fischerhafen zum Wassersportzentrum entwickelt hat, besitzt Sporthäfen wie Cala Riells und La Clota und zwei Marineklubs.

Nördlich von L'Escala liegen das **Museu d'Arqueologia de Catalunya (MAC)** und die Ruinen des antiken **Empúries/Ampurias [Parkplatz, N42° 07' 49.7" E03° 07' 13.7"]** *(geöffnet Juni - Sept. tgl. 10 - 20 Uhr; 16. Feb. - 31. Mai + 1. Okt. - 15. Nov. tgl. 10 - 18 Uhr; 16. Nov. - 15. Feb. Di - So 10 - 17 Uhr; 16. Feb. - 31. Mai tgl. 10 - 18 Uhr; http://www.macempuries.cat/ca/).* Kataloniens größte archäologische Stätte war bei der Olympiade 1992 von Barcelona der Ort, an dem die olympische Flamme in Empfang genommen wurde.

Als Handelsniederlassung *Emporión* wurde die Ansiedlung bereits 600 Jahre vor unserer Zeitrechnung gegründet. Das Zentrum der Siedlung lag damals an der Stelle, an der sich heute das Dorf Sant Martí d'Empúries unweit nördlich der archäologischen Stätten befindet.

Von dieser frühen Siedlung aus betrieb man bereits Handel mit Etruskern, Phöniziern und Griechen.

Griechische Kauffahrer aus Phocaea gründeten hier schließlich ihren Handelshafen, der heute als **Palaía Pólis**, die „Altstadt", bekannt ist. Nachdem der Hafen der Altstadt zu klein geworden war, legten die Griechen weiter südlich ihre **Neá Pólis** an.

Der Hafen war bald als „Emporión" bekannt, was Markt bedeutet und man trieb einen blühenden Handel mit anderen Mittelmeerregionen.

Das römische Zeitalter, nicht nur für Emporión, sondern für die ganze iberische Halbinsel brach an, als 218 v. Chr. während des Zweiten Punischen Krieges hier eine römische Armee unter Gnaeus Cornelius Scipio landete. Ein Militärcamp entstand, aus dem sich rasch die **Römische Stadt** *Municipium Emporiae* entwickelte. Aber in gleichem Maße wie andere Römergründungen wie *Gerunda* (Girona), *Barcino* (Barcelona) oder *Tarraco* (Tarragona) an Ansehen und Einfluss gewannen, begann der Stern von Emporiae zu sinken.

Im 8. Jh. nach Christus ging die damals westgotische Besitzung und Hauptstadt der Grafschaft von Empúries langsam unter. Als der karolingische Graf von Empúries dann auch noch seine Residenz nach Castelló verlegte und die Mauren ihren Einfluss auf den europäischen Kontinent ausdehnten, war das Schicksal der großen alten Handelsstadt endgültig besiegelt.

Seit 1908 werden hier Ausgrabungen durchgeführt. Bislang sind aber gerade mal ein Viertel der antiken Stadt freigelegt.

Die antiken Ruinenfelder erstrecken sich heute beiderseits der Zufahrtsstraße, rechts die Reste der griechischen Stadt **Neá Pólis** und links auf einer leichten Anhöhe die wieder freigelegten Fundamente der **Römischen Stadt**.

Am Ende des Ruinenfeldes der Neá Pólis sieht man einen großen Gebäudekomplex. Er beherbergt heute das **Museum** (separater Eintritt). Unter den interessanten Exponaten findet sich

Das antike Empúries

auch ein Modell der gesamten antiken Stätte, das gut veranschaulicht, wie die alte Handelsstadt zu ihrer Blütezeit ausgesehen haben mag. Sehr interessant für das Verständnis des antiken Empúries ist der Besuch der 20-minütigen **audiovisuellen Präsentation** im Museum. In der Nachbarschaft findet man eine Cafeteria.

Heute wie vor Jahrhunderten liegt die griechische Neá Pólis, die „Neustadt" also, in unmittelbarer Nähe der Küste. Zur Zeit der Stadtgründung breitete sich die Stadt aber noch auf einem Landvorsprung aus, der auch im Norden vom Wasser begrenzt war. Die Palaiá Pólis, die „Altstadt" dagegen lag weiter nördlich auf einer Insel, die aber längst in die Küstenlinie integriert ist.

Und auf dem Gebiet zwischen Alt- und Neustadt, wo sich früher der Hafen ausdehnte, erstrecken sich heute Felder. Auf dem Areal der antiken Altstadt Palaiá Pólis liegt heute das malerische Dorf **Sant Martí d'Empúries**.

Ein Fußweg führt von den griechischen Ruinen unterhalb des Museumsgebäudes an der Küste entlang, dort wo vor rund zweitausend Jahren noch der Hafen lag, zum Dorf.

Rechts vom Südeingang in die Neá Pólis ragen die Mauern des Zeus-Serapis-Tempels auf. Links davon findet man Reste eines Asklepios-Heiligtums.

An der Nordseite des Ruinenfeldes liegen die Agora, quasi die Plaza Mayor jener Tage und die Stoa, die antike Markthalle, und dahinter die Grundmauerreste einer frühchristlichen Basilika.

In der sog. Römerstadt am Hang auf der westlichen Straßenseite sind die kläglichen Reste eines Amphitheaters, Fragmente der Stadtmauer mit Stadttor (Südseite), das Forum und die Grundmauern zweier römischer Villen mit schönen Mosaikfußböden zu sehen.

*ROUTE: Weiterreise über **Torroella de Montgrí** und **Pals** nach **Begur**.*

Torroella de Montgrí wartet mit einer imposanten **Burg** der Grafen von Barcelona aus dem 13. Jh. auf. Damals überwachte die Burg noch einen längst verschwundenen Hafen. So weit westlich verlief einst die Küstenlinie.

Über **Pals** mit seiner sehenswerten historischen **Altstadt** (Stundenturm „Torre de las Horas", Aussichtsturm „Torre de Rom", Sant Pere Kirche, Haus „Pi y

CAMPING

Torroella de Montgrí

Camping el Delfin Verde [N42° 00′ 42.5″ E3° 11′ 17.2″], Ctra. Toroella-Pals, Tel. +34 972 75 84 54, www.eldelfinverde.com; 18. Mai – 30. Sept.; Abzweig von der Straße C-31 Richtung Pals meerwärts; ca. 35 ha – ca. 900 Stpl.; Komfortausstattung; Supermarkt, Restaurant, Imbiss, Schwimmbad, Waschmaschine, Trockner, Windsurf- und Tauchschule, Boots - und Fahrradverleih, Tennis, Volleyballfeld, Minigolf, WLAN. Weiter Sandstrand. V & E für Wohnmobile.

Pals

Camping Resort Mas Patoxas [N41° 57′ 20.6″ E3° 09′ 25.7″], Tel. +34 972 63 69 28, www.campingmaxpatoxas.com; Mitte Jan. – Mitte Dez.; an der Straße von Pals nach Begur; ca. 12 ha – 320 Stpl. + zahlr. Dau.; Standardsanitärausstattung; Laden, Restaurant, Imbiss, Schwimmbad, Waschmaschine, Trockner, Tennis, Volleyballfeld, Fahrradverleih. Zahlr. Mietcaravans und Mietbungalows. Zum Meer ca. 5 km. V & E für Wohnmobile.

Platja de Pals

Camping Cypsela Resort [N41° 59′ 08.4″ E3° 10′ 55.3″], Carrer Rodors 7, Tel. +34 972 66 76 96; www.campingcypsela.com; 24. Mai – 15. Sept.; von der Straße Pals-Platja de Pals abzweigen; Ferienanlage mit umfangreichen Freizeit- und Sporteinrichtungen, teils ebenes, teils etwas geneigtes Gelände unter Pinien; ca. 20 ha – 500 Stpl. + Dau.; Komfortausstattung; Supermarkt, Restaurant, Imbiss, Waschmaschine, Trockner, Schwimmbad, Fahrradverleih, WLAN; zahlr. Mietcaravans, -bungalows und -zelte. Zum Meer 2,5 km. V & E für Wohnmobile.

Camping Inter-Pals [N41° 58′ 52.3″ E3° 12′ 04.8″], Avda. Mediterrània, KM 4,5, Tel. +34 972 63 61 79; www.interpals.com; Mitte Apr. – Mitte Sept.; gut ausgestatteter Ferienplatz auf einem bewaldeten Hügel; ca. 8 ha – 400 Stpl. + Dau; Komfortausstattung; Supermarkt, Restaurant, Imbiss, Schwimmbad, Waschmaschine, Trockner, Tennis, Fahrradverleih. WLAN. Zahlreiche Mietbungalows und Mietzelte. In Meeresnähe. V & E für Wohnmobile.

WOHNMOBIL-STELLPLATZ

Bellcaire d'Empordà bei Torroella de Montgrí

Wohnmobil-Stellplatz Area Camper Park Massís del Montgrí [N42° 4′ 30.37″ E3° 5′ 50.92″], Camí Vell d'Ullà 21, Tel. +34 (0) 872 72 99 82; www.massisdelmontgri.cat/de. **Zufahrt**: Von Torroella de Montgrí auf der C-31 ca. 1 km Richtung Verges, dann nordwärts ab zum Ort, am Ortsbeginn rechts ab zum Platz. Zum Ortskern ca. 500 m. Parzelliertes, ebenes Gelände mit Wiesenstreifen und jungen Bäumen mit Platz für 36 Wohnmobile. **Ausstattung**: V & E-Einrichtung, Strom, Wasser, WLAN, Dusche, Schwimmbad, Waschmaschine, beleuchtet. **Gebühr:** Pauschale inkl. V & E-Einrichtung, WC, Extragebühr für Strom und Dusche. **Geöffnet:** Ganzjährig geöffnet.

La Tallada d'Empordà bei Toroella de Montgri

Wohnmobil-Stellplatz Área L'Empordanet [N42° 4′ 59.37″ E3° 3′ 26.50″], Carretera de Marenyà, Tel. +34 (0)972 78 03 02. **Zufahrt:** Von Toroella de Montgri auf der C-31 ca. 2 km westwärts bis Verges, hier weiter nordwärts zum Ort. Platz liegt am nördlichen Ortsrand an der Straße Richtung Tor beim Gasthof L'Empordanet. **Ausstattung:** Ebenes, langgezogenes, schattenloses Gelände für 20 Wohnmobile. V & E-Einrichtung, Strom, Imbiss. **Gebühr:** Pauschale inkl. V & E. **Geöffnet:** Ganzjährig.

Figueras") kann man hinaus nach **Begur** an der Küste fahren. Mittelpunkt der **Altstadt** von Begur mit ihren engen Gassen und weißen Häusern bildet die **Burg**

Costa Brava bei Tossa de Mar

auf einem Hügel **[Parkplatz, N41° 57' 26.18" E3° 12' 32.78"]**. Schöner Ausblick von dort.

Nördlich von Begur dehnen sich die langen **Sandstrände von Platja de Pals.**

Sehr schön ist die Küste mit ihren kleinen Felsbuchten und eingelagerten Sandstränden bei **Aigua Blava** (Parador d'Aiguablava, 78 Zi., Tel. +34 972 62 21 62, www.parador.es/de/paradores/parador-de-aiguablava/, neuzeitliches Gebäude auf einem Felsvorsprung mit schönem Strand unterhalb des Hotels). Der Reiz der Küste lässt sich aber nur vom Wasser aus richtig bewundern.

*ROUTE: Weiterreise auf der küstennahen Straße über **Tamariu** bis **Llafranc**. Dort landeinwärts über **Calella de Palafrugell** nach **Palafrugell** und auf der C-31 südwärts wieder an die Küste bei **Palamós**.*

Mein Tipp! Vor allem **Tamariu** hat es in den vielen Jahren des spanischen Touristenbooms geschafft, ein kleiner, ursprünglicher Küstenort zu bleiben.

Keine Hotelklötze verstellen hier bislang den Strand. Und genau das macht heute den fast unwiderstehlichen Charme dieses hübschen Ortes mit seiner einladenden, von Felsen begrenzten Sandbucht und seiner Strandpromenade aus.

Besonders schön ist die Küste oberhalb von Llafranc am **Leuchtturm** auf dem **Cap de Sant Sebastià**.

Am kleinen Parkplatz an der Straße bzw. am Parkplatz vor dem etwas höher gelegenen Hotel El Far beginnt der **Küstenpfad „Divina Pastora".** Der mit blauen Schildern „Passeig Panoràmic" markierte Weg führt hoch über dem Meer an der steilen Küste entlang und bietet immer wieder herrliche Ausblicke!

Ganz in der Nähe des Leuchtturms findet man in herrlicher Lage hoch über dem Meer das sehr einladende Hotel-Restaurant „El Far de Sant Sebastia" (Tel. +34 972 30 16 39, www.hotelelfar.com; Restaurant geschlossen von 1. Okt. bis Ostern).

Das allerdings etwas teure 9-Zimmer-Hotel ist teilweise in Räumlichkeiten der ehemaligen Ermita de Sant Sebastià eingerichtet.

Wenn Sie ein paar ruhige Tage in angenehmer Umgebung verbringen und sich mal etwas gönnen wollen (die Zimmerpreise liegen um die 200 Euro), bietet sich hier abseits der lebhaften Küstenorte eine gute Gelegenheit dazu.

CAMPING – ZWISCHEN TAMARIU UND BLANES

Calella de Palafrugell

Camping Moby Dick [N41° 53' 19.79" E3° 10' 47.28"], Carrer de la Costa Verde, Tel. +34 972 61 43 07; www.campingmobydick.com; 9. Apr. – 30. Sept.; Terrassengelände mit Pinien am westlichen Ortsrand; 6 ha – ca. 180 Stpl. + Dau.; Standardsanitärausstattung; Restaurant, Brötchenservice, Waschmaschine, Schwimmbad, WLAN. Mietbungalows. V & E für Wohnmobile.

Palamós

Camping Internacional Palamós [N41° 51' 24.9" E3° 08' 17.2"], Cami Cap de Planes, s/n, Tel. +34 972 31 47 36; www.internacionalpalamos.com; 24. März – 30. Sept.; Abzweig von der C-31 Richtung La Foasca; fast eben, mit Baumbestand; ca. 5 ha – ca. 300 Stpl.; Standardsanitärausstattung; Laden, Restaurant, Schwimmbad, Fahrradverleih, WLAN. Mietbungalows und Mietcaravans. In Meeresnähe. V & E für Wohnmobile.

Camping Palamós [N41° 51' 01.8" E3° 08' 19.3"], Ctra. La Fosca, 12, Tel. +34 972 31 42 96; www.campingpalamos.com; 24. März – 30. Sept.; an der C-31 Richtung La Fosca, beschildert; beiderseits der Küstenstraße, teils in Terrassen, teils am Meer; ca. 6 ha – 350 Stpl. + Dau.; Standardsanitärausstattung; Laden, Imbiss, Restaurant, Schwimmbad, Tennis, Fahrradverleih. Naher Sandstrand. Mietbungalows und Mietcaravans. V & E für Wohnmobile.

Calonge

Camping Cala Gogó [N41° 49' 50.1" E3° 04' 59.4"], Avinguda Andorra, Tel. +34 972 65 15 64; www.calagogo.es; 13. Apr. – 22. Sept.; an der Küstenstraße C-253 rund 4 km südl. Palamós; ausgedehnter Ferienplatz an einem bewaldeten Hang, teils Terrassen, der Strand liegt jenseits der Straße (Unterführung); ca. 18 ha – ca. 400 Stpl.; Komfortausstattung; Supermarkt, Restaurant, Imbiss, 2 Pools, Fahrradverleih, Tennis, WLAN. Zahlreiche Mietbungalows- und Mietzelte. V & E für Wohnmobile.

Camping Internacional de Calonge [N41° 49' 57.6" E3° 05' 04.5"], Avda. d'Andorra 9, Tel. +34 972 65 12 33; www.intercalonge.com; 1. Jan. – 31. Dez.; an der Küstenstraße C-253 bei KM 47 rund 5 km südl. Palamós; ausgedehnter Ferienplatz an einem bewaldeten Hang, größtenteils Terrassen; ca. 12 ha – 400 Stpl.; Komfortausstattung; Supermarkt, Restaurant, Imbiss, Boots- und Fahrradverleih, 2 Pools, WLAN. Mietcaravans-, Zelte- und Bungalows. V & E für Wohnmobile. Über Brücke zum Strand jenseits der Straße.

Camping Treumal [N41° 50' 12.2" E3° 05' 13.7"], Tel. +34 972 65 10 95; www.campingtreumal.com; 1. Apr. – 30. Sept.; über C-253 bei KM 47,5 rund 3 km südl. Palamós; Terrassen an einem bewaldeten Hang; ca. 8 ha – 300 Stpl; gute Standardsanitärausstattung; Supermarkt, Restaurant in Saison, Imbiss, Waschmaschine, Trockner, Schwimmbad, WLAN. Mietcaravans. Sand- und Felsstrand. V & E für Wohnmobile.

Platja d'Aro

Camping Valldaro [N41° 48' 51.7" E3° 02' 41.8"], Carrer del cami Vell, Tel. +34 972 81 75 15; www.valldaro.com; 12. Apr. – 29. Sept.; an der Straße nach San Feliu de Guíxols beschildert; ebenes Gelände mit Laubbäumen und Pinien, am Meer; ca. 20 ha – ca. 400 Stpl. + zahlr. Dau; Komfortausstattung; Laden, Imbiss, Restaurant, Waschmaschine, Trockner, 2 Pools, Fahrradverleih, Tennis, WLAN. Breiter Sandstrand.

Tossa de Mar

Camping Cala Llevadó [N41° 42' 54.2" E2° 54' 24.2"], Tel. +34 972 34 03 14; www.calallevado.com; 1. Apr. – 30. Okt.; auf der Küstenstraße GI-682 ca. 3 km Richtung Lloret; Terrassengelände an herrlicher, zerklüfteter, steiler Felsküste in sehr schöner Lage; viele Stellplätze nur für Zelte geeignet; ca. 15 ha – ca. 500 Stpl.; Komfortausstattung; Supermarkt, Restaurant, Wasch-

Costa Brava, die Wilde Küste

maschine, Trockner, Schwimmbad, Tennis, Tauch- und Windsurfschule, Bootsverleih, teils WLAN-Ausstattung. Miethütten und Mietbungalows- und Caravans. V & E für Wohnmobile. FKK auf separatem Platzteil und Strand Cala Figuera erlaubt.

Camping Pola [N41° 44' 10.6" E2° 56' 43.0"], Tel. +34 972 34 10 50, www.campingpola.es; 18. Mai – 16. Sept.; an der Küstenstraße Richtung S. Feliu de Guíxols; in einer Geländesenke, teils auf Terrassen; ca. 21 ha – 250 Stpl. + Dau.; Standardsanitärausstattung; Laden, Restaurant, Imbiss, Waschmaschine, Trockner, Schwimmbad, Tennis, Internetecke. Schöne Badebucht mit Fels- und Sandstrand. V & E für Wohnmobile.

Lloret de Mar

Camping Canyelles [N41° 42' 26.0" E2°52' 50.6"], Cala Canyelles, Tel. +34 972 36 45 04; www.campingcanyelles.com; 1. Apr. – 30. Sept.; ca. 1 km östlich von Lloret del Mar an der Küstenstraße GI-682 Richtung Tossa beschildert; langgestrecktes Gelände in einem Taleinschnitt; 10 ha – 300 Stpl.; Standardsanitärausstattung; Laden, Restaurant, Imbiss, Waschmaschine, Schwimmbad. Mietbungalows- und -caravans. V & E für Wohnmobile.

Camping Santa Elena Ciutat [N41° 41' 54.4" E2° 49' 35.6"], Tel. +34 972 36 40 09, www.campingsantaelena.com; 14. März – 30. Sept.; an der GI-682 am Südrand des Ortes Richtung Blanes; teils ebenes, teils terrassiertes Gelände, im Sommer stark ausgelastet; Standardsanitärausstattung; Supermarkt, Restaurant, Imbiss, Grillstelle, Schwimmbad, WLAN. Mietbungalows- und Zelte. V & E für Wohnmobile.

Blanes

Camping Bella Terra [N41° 39' 31.4" E2° 46' 44.6"], Avda. Vila de Madrid, 35 -40, Tel. +34 972 34 80 17; www.campingbellaterra.com; 24. März – 30. Sept.; südlich des Ortes gelegen; Platzgelände beiderseits der Straße, überwiegend im Pinienwald; 12 ha – 600 Stpl. + zahlr. Dau.; Standardsanitärausstattung; Supermarkt, Restaurant, Schwimmbad, Boots- und Fahrradverleih, Tennis. WLAN. Mietbungalows- und Zelte. V & E für Wohnmobile.

WOHNMOBIL-STELLPLÄTZE

Palamós

Wohnmobil-Stellplatz Empord Área per Autocaravanas [N41° 51' 26.9" E3° 06' 52.7"], Carrer Font dels Canyers, Tel. +34 (0)608 35 22 44; www.empordarea.com; **Zufahrt:** Von der C-31 (Palamos – Platja d'Aro) Ausfahrt 324 und Richtung Palamos weiter bis zum dritten Kreisverkehr, hier westwärts noch ca. 300 m. **Ausstattung:** Ebene, geschotterte und schattenlose Fläche mit Platz für 40 Wohnmobile, V & E-Einrichtung, Wasser, Strom, Dusche, WC, WLAN. **Gebühr:** Pauschale inkl. V & E, Extragebühr für Strom und Dusche. **Geöffnet:** Ganzjährig, Rezeption 9 - 12 + 18 - 20 Uhr geöffnet; zum Supermarkt 350 m, zum Strand ca. 1,2 km.

Wohnmobil-Stellplatz Autocaravaning Palamós [N41° 51' 21.90" E3° 8' 8.99"], Cami Vell de la Fosca, 18, Tel. +34 669 48 20 73. **Zufahrt:** Am nördlichen Ortsrand von Palamós, Camping Internacional Palamós nebenan. **Ausstattung:** Ebenes, teils schattiges Schotter-Grasgelände für 96 Wohnmobile, V & E-Einrichtung, Strom, WC, Dusche, WLAN, Bushaltestelle am Eingang. **Gebühr:** Pauschale inkl. V & E, Strom, WLAN. **Geöffnet:** Ganzjährig.

Platja d'Aro

Wohnmobil-Stellplatz Àrea Platja d'Aro [N41° 48' 37.9" E3° 03' 28.8"], Avenida de Paris, Tel. +34 972 81 71 79; www.platjadaro.com. **Zufahrt:** Von der C31 (Palamos – Santa Cristina d'Aro) Ausfahrt 313 und am nächsten Kreisverkehr rechts und noch 500 m zum Platz. **Ausstattung:** Schotterplatz mit Grünstreifen, Platz für 30 Wohnmobile, nahe des Ortszentrums mit Restaurants und Geschäften. V & E-Einrichtung, Wasser, beleuchtet. **Gebühr:** Pauschale inkl. V & E. **Geöffnet:** Oktober bis März. Maximaler Aufenthalt 48 Stunden. Kiosk und Imbiss am Platz.

Sant Feliu de Guíxols

Wohnmobil-Stellplatz Parking de Autocaravanes [N41° 46' 48.68" E3° 1' 23.02"], Ronda Narcís Marssanas, Tel. +34 972 82 00 51. **Zufahrt:** Am südwestlichen Ortsrand von Sant Fliu Guíxols gelegen. **Ausstattung:** Meist ebener, sandiger Parkplatz für 20 Wohnmobile. V & E-Einrichtung. **Gebühr:** Pauschale inkl. V & E. **Geöffnet:** Ganzjährig. Max. Aufenthalt 48 Std. Bushaltestelle am Platz.

Wohnmobil-Stellplatz Sagaroarea [N41° 47' 25.46" E3° 2' 38.99"], Carrer de la Via del Tren. **Zufahrt:** Im nördlichen Stadtteil von Sant Feliu de Guíxols nahe des Strands Platja de Sant Pol. **Ausstattung:** Teils befestiger, ebener Sandplatz mit wenig Schatten. V & E-Einrichtung, Strom, Dusche, Fahrradverleih, videoüberwacht. **Gebühr:** Pauschale inkl. Grauwasser- und Chemikaltoilettenentsorgung, WC, Hunde, Extragebühr für Frischwasser. **Geöffnet:** Ganzjährig. Max. Aufenhtalt 3 Nächte.

Bei ausreichend zur Verfügung stehender Zeit lohnt ein Besuch am **Cabo Roig** mit seinem sehenswerten **botanischen Garten** *(geöffnet Apr. - Sept. tgl. 10 – 20 Uhr; Okt. - März tgl. 10 - 18 Uhr; Jan. - Feb. Sa + So 10 - 18 Uhr).*

ROUTE: Landschaftlich sehr reizvoll ist die Fahrt auf der allerdings recht kurvenreichen Küstenstraße GI-682 von ***Sant Feliu de Guíxols, Tossa de Mar*** *und* ***Lloret de Mar*** *bis hinab nach* ***Blanes****. Die Tour gehört zu den schönsten Strecken in dieser Gegend hoch über der rötlichen Felsküste!*

S'Agaró ist eines der elegantesten Seebäder an der Costa Brava. Bekannt ist die lange Küstenpromenade zum Concha-Strand.

Sant Feliu de Guíxols [N41° 46' 49.1" E3° 01' 34.5"] ist der Badeort mit der einzigen Stierkampfarena an der Costa Brava.

Girona am Fluss Onyar

Zu den Sehenswürdigkeiten werden die **Sant Elm-Klause [N41° 46' 28.5" E3° 01' 39.3"]** sowie die gotische **Kirche [N41° 46' 48.8" E3° 01' 36.0"]** mit ihrem bemerkenswerten romanischen Portal „Porta Ferrada" gezählt.

Einen Besuch wert ist das **Museums-Restaurant „El Tinglado"** am Fischereihafen. Eine alte Dampflok mit hübschem Anhänger ist das Schmuckstück des Lokals. Sie fuhr bis Ende der sechziger Jahre auf der Bahnlinie „El Carrilet" 100 km von San Feliu nach Olot. Die Strecke ist heute ein Fernradweg. Die Küche des Restaurants bietet katalanische Hausmannskost; www.eltinglado.cat.

Tossa de Mar [N41° 43' 13.0" E2° 55' 59.9"], ein anderes, sehr beliebtes Seebad, hat hinter seinen mittelalterlichen Stadtmauern das recht malerische **Altstadtviertel „Vila Vella" [N41° 43' 01.1" E2° 55' 57.3"]** erhalten (kein Autoverkehr). Zu den bemerkenswerten Bauten dort gehört der gotische Gouverneurspalast aus dem 14. Jh.

Einen größeren **Parkplatz [N41° 43' 12.42" E2° 56' 0.05"]** findet man an der Strandstraße Passaig del Mar.

Kunstliebhaber werden sicher das 1935 eingerichtete städtische Museum **Museu Municipal [N41° 42' 58.5" E2° 55' 57.8"]** in der Altstadt Vila Vella besichtigen wollen, Plaça Pintor Roig i Soler, 1 *(geöffnet Mai - Sept. Di - Sa 10.30 -18.30 Uhr, So 10.30 - 13.30 Uhr; Okt. - Apr. Di - Sa 10.30 - 17.30 Uhr, So 10.30 - 13.30 Uhr; www.visitmuseum.gencat.cat/en/museu/-municipal-de-tossa-de-mar)*. Das Museum zeigt u. a. Werke von Chagall und Sunyer.

*ROUTE: Weiterreise ab Blanes westwärts zur N-II. Ihr folgen wir nordwärts und wechseln bei **Vidreres** auf die Autobahn A-7/E-15 bis nördlich von **Girona/Gerona**, Ausfahrt Nr. 6. Weiter auf der N-260 bis **Banyoles**.*

Bei ausreichend zur Verfügung stehender Zeit lohnt es sich durchaus, einen Abstecher hinein nach **Girona/Gerona [Parkplatz, Passaig de la Devesa, N41° 59' 15.6" E2° 49' 20.4"]** zu machen. Verlassen Sie dann die Autobahn an der Ausfahrt Nr. 7 südlich von Girona und fahren Sie hinein ins Stadtzentrum, das sich beiderseits des Flusses Onyar erstreckt. Richtiggehend malerisch spiegeln sich die bunten ockerfarbenen, grünen oder in leuchtendem Orange gehaltenen **Häuserfassaden** mit ihren

Balkonen und verglasten Veranden im ruhig dahinfliesenden Onyar.

Girona ist eine recht alte Stadt. Von Keltiberern gegründet, von den Römern ausgebaut, von den Mauren erobert und 785 von Karl dem Großen wieder zurückerobert, um bald Teil des katalanisch-aragonischen Königreichs zu werden, so stellen sich die geschichtlichen Meilensteine der Stadt dar.

Wenn Sie als Besucher heute Girona „erobern" wollen, müssen Sie sich erst am Kampf um einen Parkplatz beteiligen. Falls Sie siegreich daraus hervorgehen, sollte Sie Ihr Weg zuerst in die gut erhaltene mittelalterliche **Altstadt** führen.

Durch schmale Treppengassen, durch Torbögen, vorbei an stattlichen Stadtpalästen, die teils noch aus dem 14. Jh. stammen und über einladende Plätze finden Sie Ihren Weg zur großen gotischen **Kathedrale [N41° 59' 14.6" E2° 49' 32.8"]** *(geöffnet Juli + Aug. tgl. 10 - 19.30 Uhr; Nov. - März tgl. 10 - 17.30 Uhr; Apr. - Juni + Sept., Okt. tgl. 10 - 18.30 Uhr; www.catedraldegirona.cat/en/)*, welche die Altstadt überragt und zu den schönsten in ganz Katalonien zählt. Von gewaltigen Dimensionen ist das Kirchenschiff. Der schöne romanische **Kreuzgang** aus dem 12. Jh. wird vom sog. Turm Karls des Großen überragt.

Eine beachtenswerte Sammlung von Kunstgegenständen, wie der sog. **Schöpfungswandteppich** aus dem 10. Jh., ist im **Kapitularmuseum** zu sehen, das von der Kathedrale aus zugänglich ist.

An der Südseite der Kathedrale findet man das **Museu d'Art** *(geöffnet Mai - Sept. Mo - Sa 10 - 19, So 10 - 14 Uhr: Okt. - Apr. Mo - Sa 10 - 18 Uhr, So 10 - 14 Uhr; www.museuart.com)*. Das Kunstmuseum ist im ehemaligen Bischofspalais untergebracht. Es verschafft dem Besucher einen schönen Überblick über regionale Kunstwerke aus nahezu allen Epochen.

Etwas weiter westlich, nahe der Hauptfassade der Kathedrale, liegt das gotische Gebäude **Pia Almonia**.

Vom Platz vor der Kathedrale aus sollte man nun durch die Straße de la Força südwärts hinein ins sog. **Judenviertel** gehen. Hier im ehemals wichtigen Kulturzentrum Gironas findet man heute das **Stadtmuseum [N41° 59' 12.6" E2° 49' 30.5"]**.

Auf dem Weg zurück Richtung Kathedrale sieht man links die **Kirche Sant Feliu** (Sarkophage aus frühchristlicher Zeit in der Apsis).

Ein Stückchen weiter kommt man zu den **Banys Àrabs**, den Arabischen Bädern, die man besichtigen kann. Alleine das von zierlichen Säulen umgebene Becken mit dem Lichtdom darüber, lässt noch gut erahnen, welchen Luxus maurische Badehäuser boten.

Noch ein paar Straßen weiter nördlich kommt man zur ehemaligen Benediktinerabtei **Sant Pere de Galligants.** In diesem kunsthistorischen Baudenkmal ist heute das **Museu Arqueològic de Girona [N41° 59' 19.8" E2° 49' 34.9"]**, das archäologische Provinzmuseum untergebracht *(geöffnet Mai - Sept. Di - Sa 10 - 19 Uhr, So 10 - 14 Uhr; Okt. - Apr. Di - Sa 10 - 18 Uhr, So 10 - 14 Uhr; freier Eintritt am 1. So im Monat; www.macgirona.cat)*.

*ROUTE: Weiterreise von Girona auf der C-66 nordwestwärts ins rund 20 km entfernte **Banyoles**.*

Das hübsche Städtchen **Banyoles [Touristenbüro, N42° 07' 04.3" E2° 45' 22.9"]** liegt am gleichnamigen See. Der bis zu 60 m tiefe, im Norden und Westen von bewaldeten Höhen umgebene Estany de Banyoles ist auch gleich die Attraktion der Gegend. Er ist ein beliebtes Gewässer für Ruderer und Kanuten genauso wie für Angler.

Während der Sommerolympiade 1992 war Banyoles Austragungsort der Ruderwettbewerbe. Am Ufer kann man einige hübsche, weiße Ferienhäuschen aus der Zeit Anfang des 19. Jh. sehen. Sie werden heutzutage nicht mehr benutzt.

Im Ort kann man das **Archäologische Museum [N42° 07' 07.5" E2° 46' 01.4"]** besichtigen *(geöffnet im Sommer Di - Sa 10.30 - 13.30 + 16 - 17.30 Uhr, So 10.30 - 14 Uhr; im Winter Di - Sa 10.30 - 13.30 + 16 - 18.30 Uhr, So 10.30 - 14 Uhr)*.

Besonders stolz ist man dort auf ein seltenes Exponat, den Unterkiefer eines Neandertalers.

Und in der Altstadt Vila Vella sind die gotische **Kirche Santa María dels Turers** aus dem 14. Jh. und das neoklassizistische **Kloster von Sant Esteve de Banyoles [N42° 07′ 12.9″ E2° 46′ 09.0″]** mit gotischem Kreuzgang bemerkenswert.

Rund 400 m vom Campingplatz entfernt liegt die sehenswerte historische **Eglesia Sta María de Porqueres [N42° 07′ 17.8″ E2° 44′ 53.2″]**.

PRAKTISCHE HINWEISE – BANYOLES

Oficina Municipal de Turismo [N42° 07′ 04.3″ E2° 45′ 22.9″], Passeig Darder 10, La Pesquera, 10, 17820 Banyoles, Tel. +34 972 58 34 70; https://turisme.banyoles.cat/en-us/.

Feste, Märkte
Beliebter **Wochenmarkt** am Mittwoch 7 - 14 Uhr.

RESTAURANT

Quatre Estaciones, passeig de la Farga 5, Tel. +34 972 57 33 00; http://restaurantquatreestacions.com/; sehr gute Küche, mittlere Preislage; Sonntagabend und Montag Ruhetag.

CAMPING – PORQUERES BEI BANYOLES

Camping el Llac [N42° 07′ 13.9″ E2° 44′ 51.2″], Passeig la Circumval Lació de l'Estany s/n, Tel. +34 972 57 03 05; https://www.campingllac.com/de/; 16. Jan. – 14. Dez.; in Porqueres an der Westseite des Lago Banyoles, Zufahrt von der GI-524 Richtung Olot; für Touristen leicht ansteigendes Wiesengelände mit Laubbäumen hinter dem Schwimmbad am Ende einer langgestreckten Dauercampersiedlung; ca. 5 ha – 150 Stpl. + zahlr. Dau.; Standardsanitärausstattung; Laden, Imbiss, Schwimmbad, Tennis. In Seenähe und neben einer großen Sport - und Freizeitanlage mit dem Restaurant „La Masia" gelegen.

Der See bei Banyoles

TOUR 3: BANYOLES – VILANOVA I LA GELTRÚ

Länge der Tour: Rund 245 km.

Die Route: Über die GI-524 bis **Olot** – N-260 bis **Ripoll** – C-17 bis **Vic** – C-25 bis **Manresa** – C-55 bis **Montserrat** – C-55/A-2 Richtung **Barcelona(El Prat** – C-32/31 über **Castelldefels** bis **Vilanova i la Geltrú.**

Reisedauer: Mindestens ein Tag.

Höhepunkte: Die Vulkanlandschaft im **Naturpark Garrotxa** – die romantische **Altstadt von Santa Pau** ** – das **Klosterportal von Santa María** *** in Ripoll – **Kloster Montserrat** ** und seine Lage – die **Strände an der Costa Daurada** bei Vilanova.

ROUTE: Weiterreise ab Banyoles entweder auf der Fernstraße N-260 über ***Besalú*** *oder auf der Landstraße GI-524 über* ***Santa Pau*** *nach* ***Olot****.*

Besalú – Ihre große Zeit erlebte die Stadt als Kapitale eines feudalen Herzogtums zwischen dem 9. und 12. Jh. Viele der Sehenswürdigkeiten stammen denn auch aus jener frühen Epoche, wie die mit Türmen bewehrte steinerne **Bogenbrücke** über den Río Fluvià, das **Convent Santa María** oder die **Kirche Sant Pere** mit schöner Fassade mit Hauptportal und dem Löwenfenster darüber. Sehenswert auch die **Plaça Lliberdat**. Dort findet man auch das Touristenbüro.

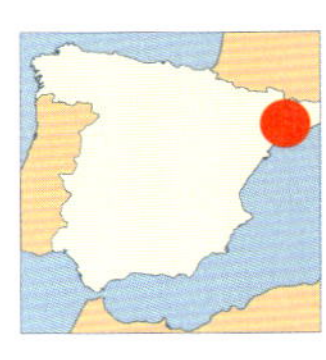

ROUTE: Landschaftlich reizvoll ist die Fahrt von Banyoles auf der GI-524 westwärts über ***Mieres*** *und* ***Sta. Pau*** *bis nach* ***Olot****.*

Es lohnt sich in **Santa Pau [Parkmöglichkeit, N42° 08' 44.5" E2° 34' 14.6"]** anzuhalten, um die mittelalterliche Altstadt anzuschauen. Von der Durchgangsstraße weist das Hinweisschild „Cojunt Històric-Artistic" auf den Abzweig zur Altstadt hin.

Die bezaubernde **Vila Vella**, die Altstadt von Santa Pau, liegt jenseits eines tiefen Taleinschnitts am Rande des neuzeitlichen Ortes. Von der Randstraße dort (Parkmöglichkeit) führt ein Fuß- und Treppenweg durch das Tal und hinauf in die nahe Altstadt. Auf dem kleinen Dorfplatz, der von Häusern mit düsteren Arkadengängen, von einem einfachen Gasthof mit Fremden-

Santa Pau in der Landschaftsregion Garrotxa

zimmern, von der Pfarrkirche und den Mauern eines uralten Kastells umgeben ist, scheint die Zeit stehen geblieben zu sein. Bei einem kurzen Rundgang stößt man überall auf malerische Winkel in den gepflasterten Gassen, flankiert von Häusern, die vielfach aus den Anfängen des 18. Jh. oder noch früher stammen.

Santa Pau liegt im **Parc natural de la Garrotxa**, ein geologisch interessantes und landschaftlich überaus reizvolles Gebiet vulkanischen Ursprungs. Über dreißig Vulkankegel sind in diesem vor Urzeiten überaus aktiven Gebiet noch zu finden, die heute aber vom ungeübten Auge des Besuchers nur noch als relativ flache, meist bewaldete Anhöhen auszumachen sind. Einige der höchsten Erhebungen erreichen aber doch mehr als neunhundert oder gar tausend Höhenmeter.

2 km westlich Santa Pau liegt die **„Area de Santa Margarida" [N42° 8' 53.89" E2° 32' 36.95"]**, ein vom Park Natural de la Zona Volcànica de la Garrotxa eingerichteter unbewachter Parkplatz und Wanderstartpunkt (WC, Müllcontainer).

Olot am Río Fluvià gilt als Zentrum des längst erloschenen Vulkangebiets

CAMPING BEI SANTA PAU

Camping Masia Can Patxet [N42° 08' 57.9" E2° 35' 07.6"], Ctra. Olot-Banyoles, KM 11, Tel. +34 972 68 00 66; www.maspatxet.com; ganzjährig, ca. 1 km östlich von Santa Pau an der Straße GI-524; Platz mit einfacher Ausstattung. Schwimmbad.

Camping Ecològic Lava Garroxta [N42° 09' 08.7" E2° 32' 48.0"], Ctra. d'Olot KM 7, Tel. +34 972 68 03 58; www.campinglava.com; Jan. – Dez.; Zufahrt ca. 2 km westlich von Santa Pau von der Straße nach Olot bei KM 7; langgestrecktes, ebenes Wiesengelände in schöner, ruhiger Lage, nummerierte Stellplätze und eine weite, ebene Geländestufe mit Laubbäumen und gutem Schatten, sowie ein bewaldeter Hang mit kleinen, nur zu Fuß erreichbaren Terrassen für Zelte. Oberhalb des Platzes große, freie, sonnige Wiese mit Schwimmbad; ca. 2 ha – 140 Stpl.; komfortable Sanitärausstattung. Laden, Restaurant, Waschmaschine, Trockner. Ponyreiten, Fahrradverleih, WLAN. Touristenbähnchen, Planwagenfahrten. Einfache V & E-Station für Wohnmobile. Miethütten.

PRAKTISCHE HINWEISE – OLOT

Oficina de Turismo, Calle Dr. Fàbregas, 6, 17800 Olot, Tel. +34 972 26 01 41; www.turismeolot.com/en/. *Geöffnet Mo - Sa 9 - 14 + 15 - 19 Uhr, So 9 - 14 Uhr.*

RESTAURANT

Bar Restaurant La Tintoreria, Passeig d'en Blay, 57, Tel. +34 972 28 04 30; nahe der Kirche Sant Esteve zentral gelegen. Die Küche bietet traditionelle Speisen, eine große Terrasse lädt zum Verweilen ein.

CAMPING

Camping La Fageda [N42° 09' 27.3" E2° 31' 00.1"], Ctra. Olot-Santa Pau, KM 3,5, Tel. +34 972 27 12 39; www.campinglafageda.com; Jan. – Dez.; Zufahrt von der Straße GI-524 Richtung Santa Pau bei KM 3,5; ca. 120 Stpl.; Standardsanitärausstattung; Laden, Bar, Restaurant, Imbiss, Schwimmbad, Mietbungalows.

Garrotxa. Hier gibt es auch ein Informationszentrum des Naturparks Garrotxa: **Casal dels Volcans [Parkplatz, N42° 10' 21.03" E2° 28' 47.41"]**, Avenida Santa Coloma, 47, Tel. +34 972 26 81 12 *(geöffnet Di - So 10 - 14 Uhr; www.catalunya.com/casal-dels-volcans-20-2-1?language=es)*.

Zu den Sehenswürdigkeiten des Städtchens zählt in erster Linie die **Kirche Sant Esteve [N42° 10' 56.2" E2° 29' 17.4"]**. Sie stammt aus dem 18. Jh. Neben der barocken Altarwand zählt ein El Greco Gemälde, das einen kreuztragenden Jesus zeigt, zu den Kirchenschätzen.

Arkadenfassade in Santa Pau

Ganz im Gegensatz zu San Esteve steht die Fassade der Casa Solà-Morales weiter westlich.

Gemälde und Grafiken katalanischer Künstler werden im **Museu comarcal de la Garrotxa [N42° 10' 52.2" E2° 29' 20.6"]**, Carrer de l'Hospici, 8 *(geöffnet Mo - Fra 10 - 13 + 15 - 18 Uhr, Sa 11 - 14 + 16 - 19 Uhr, So 11 - 14 Uhr; www.museus.olot.cat/museu-garrotxa)* ausgestellt.

Zeugen aus der Vulkanzeit sind als bizarre Basaltformationen am Rand von **Castellfollit de la Roca [Parkplatz, N42° 13' 8.14" E2° 33' 4.86"]** noch zu sehen. Der Ort liegt 8 km nordöstlich von Olot, Abzweig von der A26. Hoch über ei-

PRAKTISCHE HINWEISE – RIPOLL

Oficina de Turismo [N42° 12' 04.3" E2° 11' 24.7"], Plaza de l'Abat Oliba, 17500 Ripoll, Tel. +34 972 70 23 51; www.ripoll.cat/turisme.

Feste, Märkte
Wochenmarkt Mercadillo de Ripoll samstags von 9 - 14 Uhr.

CAMPING

Camping Solana del Ter [N42° 10' 55.5" E2° 11' 43.9"], Tel. +34 972 70 10 62; www.solanadelter.com; Ostern – 31. Okt.; rund 2 km südlich der Stadt beim gleichnamigen Hotel an der C-17, KM 92,5, (Ripoll – Barcelona); relativ einfacher, kleinerer Übernachtungsplatz mit ca. 40 Stpl. + zahlr. Dau.; Standardausstattung; Laden, Restaurant, Tennis, Schwimmbad.

WOHNMOBIL-STELLPLATZ

Wohnmobil-Stellplatz Parking Can Guetes [N42° 12' 9.77" E2° 11' 38.95"], Ctra. C-26 KM 126. **Zufahrt:** Am nördlichen Ortsrand von Ripoll von der N-260 (Sant Joan de les Abadesses - Ripoll) am Kreisverkehr zum gemischten Parkplatz abzweigen, hier 5 markierte Stellflächen für Wohnmobile, neben der Touristeninformation und dem Gasthaus Can Guetes gelegen. **Ausstattung:** Asphaltierter, ebener, schattenloser Parkplatz. Frischwasser, Grauwasser- und Chemikaltoilettenausguss. **Gebühr:** Kostenlos. **Geöffnet:** Ganzjährig.

ner senkrechten Basaltwand thront die kleine Stadt mit zwei sehenswerten Kirchen. Direkt über dem Abgrund bietet sich vom Plaza Josep Pla nahe der Kirche Sant Roc ein weiter Ausblick ins Tal.

*ROUTE: Von Olot auf der N-260 Richtung **Ripoll.***

Auf der Weiterfahrt nach Westen sollte man den Weg über **San Joan de les Abadesses** (sehr sehenswerte **Klosterkirche San Juan [N42° 13' 56.8" E2° 17' 09.5"]**, mit bemerkenswerter **Pieta** auf dem Altar und schönem **Kreuzgang**) nehmen. Außerdem rühmt sich der Ort, mit der steinernen Bogenbrücke **Pont Vell [N42° 14' 06.7" E2° 17' 03.3"]**, die breiteste mittelalterliche Brücke Spaniens zu besitzen.

Ripoll – Das Stadtbild hat durch die Industrialisierung in der Vergangenheit nicht gerade gewonnen **(Parkmöglichkeit** ca. 300 m vom Kloster entfernt, **N42° 12' 12.44" E2° 11' 26.16"].**

Sehenswert aber ist das alte **Kloster Monestir de Santa María de Ripoll [N42° 12' 04.4" E2° 11' 26.0"]** *(geöffnet Apr. - Sept. Mo - Sa 10 - 14 + 16 - 19 Uhr, So 10 - 14 Uhr; Okt. - März Mo - Sa 10 - 13.30 + 15.30 - 18 Uhr, So 10 - 14 Uhr; www.monestirderipoll.cat)*. Die Abtei wurde nach der Vertreibung der Mauren aus diesem Teil Spaniens im 9. Jh. gegründet. Das von Benediktinermönchen geführte Haus war vor allem im 11. Jh. berühmt für seine erlesene wissenschaftliche Bibliothek.

Von besonderer Bedeutung ist das prächtige **Portal** der romanischen Klosterkirche mit den Skulpturentafeln, das zu den schönsten seiner Art gezählt wird. Die von den Witterungseinflüssen schon etwas beeinträchtigten Steinmetzarbeiten zeigen über dem Portalbogen biblische Szenen aus der Apokalypse, rechts vom Portal Szenen zum Auszug aus Ägypten und links vom Portal weitere Szenen aus dem Alten Testament mit Motiven der Könige David und Salomon. Zu besichtigen ist außerdem der sehenswerte **Kreuzgang**.

Die Stadt **Vic** lohnt einen Stopp vor allem wegen ihrer klassizistischen **Kathedrale de Sant Pere de Vic [N41° 55' 41.4" E2° 15' 18.2"]** in der allerdings nur für Anliegerfahrzeuge zugänglichen Altstadt, die ausgangs

Klosteranlage Montserrat

des 18. Jh. auf den Grundmauern einer romanischen Kirche errichtet wurde *(geöffnet tgl. 10 - 13 + 16 - 19 Uhr; www.catalunya.com/kathedrale-sant-pere-vic-17-16003-121?language=de)*. Von der alten Kirche ist nur noch der mächtige Turm „El Cloquer" aus dem 11. Jh. erhalten. Das Innere wurde von José María Sert mit Monumentalfresken ausgemalt. Die 1930 begonnenen, modernen Gemälde, vornehmlich mit Motiven aus dem Neuen Testament, wurden aber während des Bürgerkriegs zerstört und Sert musste seine Arbeit ein zweites Mal ausführen. Keine Besichtigung während der Gottesdienste!

An der Nordseite der Kathedrale findet man das besuchenswerte **Museu Episcopal** *(geöffnet Apr. - Sept. Di - Fr 10 - 19 Uhr, Sa 10 - 19 Uhr, So 10 - 14 Uhr; Okt. - März Di - Fr 10 - 13 + 15 - 18 Uhr, Sa 10 - 19 Uhr, So 10 - 14 Uhr; www.museuepiscopalvic.com)*. Gezeigt wird vor allem sakrale Kunst, darunter zahlreiche mittelalterliche Altaraufsätze aus diversen Kirchen der Gegend sowie Gemälde aus der Zeit der Gotik.

Nicht versäumen sollte man bei einem Stadtbesuch, sich auch auf der hübschen, von Arkadengängen, Geschäften und Lokalen umgebenen **Plaça Mayor** umzusehen. Markt dienstags und samstags.

*ROUTE: Ab Vic wenden wir uns nach Südwesten und folgen der C-25 rund 47 km bis nördlich von **Manresa.** Dort wechseln wir auf die A-18/C-16/E9 südwärts Richtung **Martorell** (Barcelona). Nach gut 15 km C-16/E9 über Ausfahrt 41 erreichen wir im Tal des Llobregat bei **Monistrol de Montserrat** den Abzweig hinauf zum **Berg Montserrat.***

Schon von weitem erkennt man das bis 1.238 m hohe Bergmassiv der **Sierra de Montserrat**, das durch seine bizarre, zerklüftete Form auffällt. Bezeichnenderweise haben die Katalanen ihren heiligen Berg denn auch „zersägter Berg" genannt, nichts anderes bedeutet der Name Montserrat.

Viele Geschichten und Legenden ranken sich um die verwitterten, durch Erosion entstandenen Felsformationen, die von Dichtern schon als „Wunder Kataloniens", als „Engelswerk, mit einer goldenen Säge zurecht geschnitten" oder als „Palast der Gottesmutter" besungen wurden. Und selbst der Stoff der Gralssage, der in Richard Wagners Oper „Parsifal" wiederzufinden ist, soll auf einen Mythos um den Montserrat zurückgehen.

Auf halber Höhe liegt auf einer weiten Terrasse die Klosteranlage **Monestir de Montserrat [Parkplatz, N41° 35' 48.9" E1° 50' 15.5"],** Kataloniens größter und bedeutendster Wallfahrtsort *(geöffnet Basilika: 7.30 - 20 Uhr, Infocenter/Cafeteria: Mo - Fr 9 - 17.45 Uhr, Sa + So 9 - 19 Uhr; www.montserratvisita.com)*. Man erreicht sie über eine kurvenreiche Bergstraße ab Monistrol von Westen her. Die Fahrt mit dem Auto über die gut ausgebaute Passstraße von Monistrol hinauf zum Kloster ist überaus reizvoll. Die **Parkplätze** beim Kloster sind gebührenpflichtig.

Montserrat, Klosterkirche mit der Schwarzen Madonna

Außer mit dem eigenen Auto kann man auch mit einer Zahnradbahn oder einer Seilbahn hinauf zum Kloster gelangen.

Mein Tipp: Nicht nur Wohnmobilfahrer machen es sich sehr viel einfacher und entledigen sich so auch des Parkplatzproblems oben beim Kloster, wenn Sie auf dem großen Parkplatz an der Talstation der **Bergbahn „Cremallera de Montserrat" [N41° 36' 55.1" E1° 50' 32.3"]** (beschildert mit **P1,** bei Montrisol de Montserrat) parken (Busparkplatz und großes Parkhaus) und mit der Zahnradbahn bequem hinauf zum Kloster fahren. Die 5.238 m lange Bahnstrecke erreicht nach einer aussichtsreichen, ca. 30-minütigen Fahrt in 700 m Höhe die Bergstation unmittelbar beim Kloster. Meines Erachtens eine sehr empfehlenswerte Variante hinauf zum Kloster von Montserrat zu gelangen!

Die andere Möglichkeit ist, mit der **Teleferico (Aeri de Montserrat)**, einer **Seilbahn [N41° 35' 27.93" E1° 51' 10.21"]** (Parkplatz an der Talstation an der C-55) hinauf zum Kloster zu schweben. Die Bahn verkehrt gewöhnlich täglich zwischen 9.40 und 19 Uhr, im Winter bis 17.15 Uhr, alle 20 Minuten (Änderungen möglich!).

Oliva, Bischof von Vic und Abt von Ripoll gründete das **Kloster Montserrat** für den Benediktinerorden. Es entstand in den Jahren 1023 bis 1036 an der Stelle einer alten Marienkapelle. Der Orden weihte die Abtei „Unserer Lieben Frau von Montserrat".

Geschickte Politik der Äbte brachte dem Kloster im 15. Jh. Unabhängigkeit

Die Seilbahn hinauf zum Kloster Montserrat

und Reichtum. Es errang einen ausgezeichneten Ruf als geistliches Zentrum christlicher Forschung und Lehre. Einer der Äbte des Klosters im 16. Jh., Giuliano della Rovere, wurde 1503 zum Papst Julius II. gewählt.

Während der Napoleonischen Kriege wurde die Klosteranlage im Jahre 1812 weitgehend zerstört und erst ausgangs des 19. Jahrhunderts wieder aufgebaut.

In der verschwenderisch ausgeschmückten, einschiffigen Basilika Klosterkirche *(geöffnet tgl. 7.30 bis 20 Uhr)* wird die wundertätige **Schwarze Madonna „La Moreneta",** Kataloniens Schutzpatronin, verehrt. Eine monumentale Treppe führt vom Hochaltar hinauf zum Schrein mit der romanischen Marienfigur, die auf einem silbernen Thron aus dem Jahr 1947 steht *(Gebetsnische der Schwarzen Madonna geöffnet 8 - 10.30 + 12 - 18.15 Uhr)*. Der Legende zufolge soll der hl. Lukas (andere Quellen berichten, es seien Hirten gewesen) die Figur in der Grotte Santa Cova oberhalb des Klosters aufgefunden haben.

Die Messen bzw. Andachten um 11 Uhr (Konventsmesse), 13 Uhr (Marienmesse), 12 Uhr Messe in der Kapelle des Allerheiligsten, 13 Uhr Mo - Fr Salve Regina und Virolai gesungen vom Knabenchor der Escolania, Sa nur das Salve und gegen 18.45 Uhr (Vesper) werden gewöhnlich vom berühmten Klosterchor aus der ehrwürdigen Musikschule Escolonía mit Chorälen oder gregorianischen Gesängen begleitet. Sonntags und feiertags findet um 9.30 die Heilige Messe statt; www.montserratvisita.com/de/spiritaulity/aufnahme-der-pilger-pastorales-zentrum.

Im **Klostermuseum** *(geöffnet 22. Juni - 15. Sept. tgl. 10 - 18.45 Uhr; 6. Apr. - 27. Okt. Sa + So 10 - 18.45 Uhr; sonst tgl. 10 - 17.45 Uhr; www.museudemontserrat.com/en/index.html)* sind Werke von El Greco, Zurbarán, Morales, Breughel, Caravaggio u. a. und eine Sammlung von ägyptischen und mesopotamischen Kunstgegenständen zu sehen.

Außer zur **Grotte Santa Cova** (ca. 30 Min. Fußweg ab der Bergstation der Seilbahn) kann man zur **Kapelle San Miguel** (ca. 30 Minuten Fußweg, guter Blick auf das Kloster) oder zur **Einsiedelei Sant Joan** (Seilbahn und ca. 25 Minuten Fußweg) hinaufwandern. Von allen Punkten hat man herrliche Ausblicke. Der höchste Punkt des Massivs liegt weiter nordwestlich der Klosteranlage. Vom dortigen **Aussichtspunkt Sant Jeroni** in 1.238 m Höhe hat man eine prächtige Rundsicht, die bei klarem Wetter bis zu den Pyrenäen reicht.

Auf der Rückfahrt kann man den Reiseweg in südwestlicher Richtung zur Straße N-IIa einschlagen und unterwegs die romanische **Kirche Santa Cecilia** besichtigen.

ROUTE: *Weiterreise von Montserrat auf der C-55/A-2 Richtung* ***Barcelona.*** *Später auf der Autobahn C-32 und vorbei an der Zufahrt zum Flughafen El Prat de Llobregat zur C-31 südwestwärts an die Küste und über* ***Castelldefels*** *und* ***Sitges*** *nach* ***Vilanova i la Geltrú.***

In **Vilanova i la Geltrú**, einem kleinen Küstenort mit Fischerei- und Yachthafen sowie schönem Strand findet der Interessierte drei sehenswerte Museen:

Das **Museu Romántic Can Papiol [N41° 13' 40.2" E1° 43' 29.5"]** *(geöffnet Mai - Okt. Fr, Sa, So 11 - 14 + 17 - 19 Uhr; Nov. - Apr. Fr + Sa 11 - 14 + 17 - 19 Uhr, So*

11 - 14 Uhr, Führungen obligatorisch, letzte Führung 1 Stunde vor Schließung; www.museucanpapiol.cat/en/) in der Carrer Major, 32, eine herrschaftliche Villa aus dem 18. Jh., wie sie sich das arrivierte Bürgertum damals leisten konnte.

Das **Biblioteca Museu Victor Balaguer [N41° 13' 16.7" E1° 43' 45.5"]** *(geöffnet Di - Fr 10 - 14 + 17 - 19 Uhr, Do 19 - 21 Uhr, Sa + So 11 - 14 Uhr; www.victorbalaguer.cat)*, eine wunderbare Bibliothek mit 40.000 Bänden samt einer bemerkenswerten Kunstsammlung, die einst dem Historiker und Politiker Victor Balaguer (1824 – 1901) gehörte.

Und schließlich das sehenswerte **Museu del Ferrocarril de Catalunya [N41° 13' 15.4" E1° 43' 52.0"]**, ein Eisenbahnmuseum mit vielen schönen Lokomotiven *(geöffnet Di - So 10 - 14.30 + 16 - 19.30 Uhr; Nov. - Feb. Sa 16 - 18.30 Uhr; www.museodelferrocarril.org)*.

PRAKTISCHE HINWEISE – VILANOVA I LA GELTRÚ

Oficina de Turismo [N41° 12' 53.6" E1° 43' 38.2"], Passeig del Carmen, Parc de Ribes Roges, 08800 Vilanova i la Geltrú, Tel. +34 938 15 45 17; www.vilanovaturisme.cat. *Geöffnet Di - Fr 9.30 - 14 + 16 - 19 Uhr, Sa 10 - 14 + 16 - 19 Uhr, So 10 - 14 Uhr.*

RESTAURANT

La Botiga, Passeig Maritim 75, Tel. +34 938 15 25 97; beliebtes Fischrestaurant am Hafen, Terrasse, mittlere bis gehobene Preislage.

CAMPING

Camping Platja Vilanova [N41° 12' 28.0" E1° 41' 13.2"], Ctra. C-246a, KM 48, Tel. +34 938 95 07 67; www.platjavilanova.com; 1. Feb. - 29. Nov.; von der C-31 auf die Straße 246, Zufahrt bei KM 48; ebenes Gelände an der Bahnlinie; stark von Dauercampern belegt; ca. 5 ha – 150 Stellplätze für Touristen; Standardsanitärausstattung; Laden, Restaurant, Waschmaschine, Schwimmbad, Tennis, WLAN, Mietcaravans- und Bungalows; in Strandnähe; V & E für Wohnmobile.

Camping Vilanova Park [N41° 13' 55.4" E1° 41' 26.7"], Ctra. Arboc, Tel. +34 938 93 34 02, www.vilanovapark.es; ganzjährig; Straße Vilanova-L'Arboc bei KM 2,5; ein gut ausgestatteter, riesiger Ferienpark, den sich Touristenstellplätze, eine große Mietbungalowsiedlung und eine nicht minder große Dauercampersiedlung teilen; 30 ha - ca. 450 Touristenplätze; Komfortausstattung; Supermarkt, Restaurant, Imbiss, Hallen- und Freibad, Wellnessbereich mit Sauna und Whirlpool, Tennis, Minigolf, Fahrradverleih. WLAN. Zahlreiche Mietcaravans- und Bungalows. Busverbindung nach Barcelona. V & E für Wohnmobile.

Gavà

Camping Tres Estrellas [N41° 16' 20.9" E2° 02' 33.4"], Tel. +34 936 33 06 37; www.camping3estrellas.com; Mitte Jan. – Mitte Dez.; ca. 15 km südwestl. Barcelona, von der C-31 Ausfahrt bei KM 186 und noch ca. 800 m zum Platz; weitläufiger, komfortabler Platz in lichtem Pinienwald und auf freiem Gelände, laut durch Flughafen; ca. 8 ha – 300 Stpl.; gute Standardsanitärausstattung; Laden, Restaurant, Waschmaschine, Trockner, Schwimmbad, Bootsverleih, Windsurfschule. WLAN. V & E für Wohnmobile. Mietcaravans-, Zelte- und Bungalows. Sandstrand. Busverbindung nach Barcelona.

Roda de Barà

Camping Park Playa Barà [N41° 10' 23.0" E1° 28' 09.6"], Ctra. N-340, KM 1183, Tel. +34 977 80 27 01; www.barapark.es; 5. Apr. – 29. Sept.; an der N-340, KM 1183, Zufahrt am markanten Triumphbogen. Weitläufige, komfortable, einladende und gärtnerisch schön gestaltete Ferienanlage, die in erster Linie durch ihre vielfältige Bepflanzung besticht. Die Terrassenanlage mit allem erdenklichen Komfort ähnelt einem botanischen Garten,

meist guter Schatten. Sehr gepflegter Gesamteindruck. Umfangreiche Unterhaltungs-, Freizeit- und Sporteinrichtungen; ca. 16 ha – 800 Stpl. + Dau.; nummerierte Stellplätze unterschiedlicher Größe. Gehobene Komfortausstattung; Supermarkt und vielfältige Einkaufsmöglichkeiten, Restaurant, Imbiss, Fahrradverleih, Minigolf, WLAN, großzügige Badelandschaft mit mehreren Becken, Fitness- und Wellness-Studio. Tennis. Mehrere unterirdische Parkhäuser (Gebühr) sowie Ballsaal. Große Mietbungalowsiedlung. V & E für Wohnmobile. Zum nahen Strand durch eine Bahnunterführung und noch ca. 300 m, Felsküste, links Sandstrand. Strandbar.

Camping Stel [N41° 10' 11.4" E1° 27' 51.7"], Ctra N-340 KM 1182, Tel. +34 977 80 20 02; www.stel.es; 2. Apr. – 27. Sept.; Zufahrt von der N-340, KM 1182, beschildert; weitläufiges ebenes Gelände, teils Schatten, komfortabler Ferienplatz mit umfangreichen Freizeit- und Sporteinrichtungen; ca. 12 ha – 800 Stpl. + Dau.; Komfortausstattung; Supermarkt, Restaurant, Waschmaschine, Trockner, Schwimmbad, Tennis, Fahrradverleih, WLAN. Naher Sandstrand. Mietcaravans- und Bungalows. V & E für Wohnmobile.

Im nicht weit entfernten **Sitges** mit hübscher Altstadt auf einem Felsvorsprung über dem Meer, einem Städtchen, das sich gerne als Künstlerkolonie sieht (Theaterfestival im Mai, Filmfestival im Oktober), ist das **Museu Cau Ferrat [N41° 14' 6.67" E1° 48' 46.43"]** sehenswert *(geöffnet Juli - Sept. Di - So 10 - 20 Uhr; Nov. - Feb. Di - So 10 - 17 Uhr; März - Jun + Okt. 10 - 19 Uhr; www.museusdesitges.cat/en/museum/cau-ferrat/cau-ferrat-museum/)*. Die ehemalige Strandvilla des Malers Santiago Rusiñol (1861 – 1931) zeigt eine schöne Kunstsammlung.

Weiter südwestlich, bei Roda de Bará, erhebt sich auf einer Verkehrsinsel mitten in der Straße N-340 der antike **Arco de Bará [N41° 10' 25.27" E1° 28' 10.35"]**, ein römischer Triumphbogen, der einst zu Ehren des karthagischen Feldherrn Hamilkar Barca errichtet worden ist.

Mein Tipp! Barcelona übrigens lässt sich von Vilanova i la Geltrú und von anderen Küstenorten aus relativ leicht und schnell mit den sehr häufig verkehrenden Regionalzügen erreichen. Fahrtdauer nur eine starke halbe Stunde. In Barcelona kommt man am zentralen Bahnhof Sants an. Ab dort (Metro Station Sants Estaciò) bedient man sich dann am einfachsten der Metro, um z. B. in die Altstadt zu gelangen.

Und falls nicht von Barcelona, sondern von Vilanova i la Geltrú aus weitergereist wird, nimmt man den Weg über El Vendrell zur Autobahn AP-2/E-90 Richtung Lleida/Lérida und steigt mit Tour 5 (Barcelona – Zaragoza), etwa beim Monestir Santes Creus oder beim Monestir de Poblet, wieder in den beschriebenen Reiseweg ein.

WOHNMOBIL-STELLPLATZ SITGES

Wohnmobil-Stellplatz Área Municipal de Sitges [N41° 15' 02.1" E1° 48' 49.9"], Avinguda del Cami del Pla. **Zufahrt:** Von der Autobahn C-32 (Autopista de Pau Casals) Ausfahrt 31 und weiter zur Avinguda del Cami del Pla. **Ausstattung:** Beschilderter, teils schräger Platz für 15 Wohnmobile mit Frischwasserhahn und Abwasserausguss. Auf dem Gelände eines Einkaufszentrums. **Geöffnet:** Ganzjährig. **Gebühr:** Pauschale inkl. Frischwasser und Entsorgung.

TOUR 4: BARCELONA

Reisedauer: Möglichst drei Tage oder mehr.

Höhepunkte: Ein Bummel über den **Boulevard Las Ramblas** *** – das **Altstadtviertel Barri Gòtic** *** und die **Kathedrale** *** und die **Plaça del Rei** ** dort – die **Plaça Reial** * – der Markt **Mercat La Boqueria** ** – der Stadtpalast **Palau Güell** ** – die Museen der Stadt wie das **Picasso Museum *****, das Museum im **Palau Nacional** *** – die **Miró-Stiftung** *** – das **Marinemuseum Drassanes** *** – das **Aquarium** *** – die **Kirche Sagrada Família** ** – ein Bummel über den Nobelboulevard **Passeig de Gràcia** *** – die modernistischen Hausfassaden der **Casa Amatller **, Casa Batlló **, Casa Roman Mulleras **, Casa Lleó Morera**** oder der **Casa Milà** ** – der **Palast Palau Reial de Pedralbes** * – Fahrt zum **Tibidabo Hügel** * – Besuch Im **Park Güell** *.

Barcelona ist die Hauptstadt Kataloniens und – sowohl was die Größe des Stadtgebietes als auch was die Einwohnerzahl anbelangt – zweitgrößte Stadt Spaniens. Heute leben in Barcelona annähernd 1,7 Millionen Menschen, zieht man alle Außenbezirke mit ein sind es 4,8 Millionen. Barcelona ist aber auch wichtiger Mittelmeerhafen und eines der bedeutendsten Industrie- und Handelszentren des Landes. Keine andere Stadt in Spanien entwickelt sich so dynamisch wie die katalonische Metropole. 1992 rückte Barcelona als Austragungsort der olympischen Sommerspiele weltweit in den Mittelpunkt des öffentlichen Interesses.

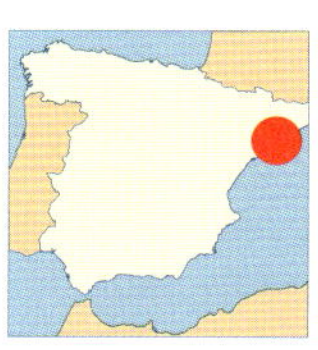

Barcelonas Entstehungsgeschichte hängt eng mit seiner Bedeutung als Hafen zusammen. Phönizier sollen die ersten gewesen sein, die die günstige Lage an der geschützten Küstenpartie zwischen den Hügeln des Montjuïc und Tibidabo erkannten. Sie gründeten am Fuße dieser Anhöhen die erste Siedlung. Später, im dritten vorchristlichen Jahrhundert, nutzten handeltreibende Karthager den Hafen. Sie nannten ihn *Barcino*, nach der reichen und mächtigen karthagischen Dynastie der Barca.

Um 200 v. Chr. nahmen die Römer Barcelona ein, bauten den Hafen aus und machten die Stadt zu einem wichtigen Stützpunkt ihrer Provinz Hispania Citerior, deren Hauptstadt allerdings Tarragona wurde. Während der Zeit der Goten in Spanien war Barcelona Teil der westgotischen Provinz Gotalonia.

Etwa seit dem 7. Jh. stießen die Mauren auf die Iberische Halbinsel vor und bemächtigten sich auch der Stadt Barcelona. Die christlichen Spanier rufen das Heer Karls des Großen zu Hilfe, das aber geschlagen wird. Allerdings befreit Karls Sohn, Ludwig der Fromme, im 9. Jh. den Nordosten Spaniens von der Maurenherrschaft und gründet die ‚Spanische Mark' (später selbständige Grafschaft), deren Hauptstadt Barcelona wird.

Glaubt man der Legende, so entstanden Kataloniens Landesfarben, rote Querstreifen auf gelbem Grund, im 9. Jh. in der Umgebung von Barcelona. Es heißt, Wilfred, der erste Graf von Barcelona sei verwundet worden. Der fränkische König und spätere Kaiser Karl II., der Kahle, kam ihm zu Hilfe und wischte nach der Rettungsaktion seine bluttriefenden Finger am gelben Schild Wilfreds ab.

Eine Blütezeit erlebte Barcelona vor allem im Mittelalter. Der Hafen wurde ein florierender Stützpunkt im Mittelmeerhandel. Es entstand das „Gotische Viertel" mit seinen repräsentativen Bauwerken. Das Viertel wurde das Zentrum der nun prosperierenden Handelsstadt und es wird Keimzelle der künftigen Stadtentwicklung.

Im 12. Jh. verbinden sich Aragonien und Katalonien durch Heirat der jeweiligen Dynastieerben. Barcelona gewinnt weiter an Bedeutung und wird dank seines Hafens im 13. Jh. wichtiger Stützpunkt beim Ausbau spanischer Handelsposten im Mittelmeer.

Eine einschneidende Zäsur in der Stadtentwicklung brachte nach der Entdeckung Amerikas durch Christoph Kolumbus die Verlagerung der Handelsschwerpunkte vom Mittelmeerraum auf die westliche Hemisphäre, auf Nord- und Mittelamerika. Dem Atlantik zugewandte Häfen wie Sevilla und Cádiz gewannen nun an Bedeutung. Trotzdem verlor Barcelona nie seine Bedeutung als Wirtschafts- und Industriezentrum im nordostspanischen Raum.

Etwa seit Mitte des 19. Jh. wächst bei der Bevölkerung Kataloniens ein Gefühl, sich wieder mehr an die eigene, reiche Kultur und Tradition zu erinnern. Nach dem Spanischen Erbfolgekrieg hatte Katalonien in den Anfängen des 18. Jh. seine rechtliche Souveränität an Madrid abtreten müssen. Nun besann man sich wieder auf die eigenen Kräfte. Und natürlich wurde Barcelona ein Motor dieser autonomen Gesinnung. Überlegungen zur Erweiterung und Modernisierung wurden gefasst und 1860 die Pläne realisiert, Kataloniens Hauptstadt durch ein modernes, nobles Stadtviertel zu erweitern. Der Stadtteil Eixample entstand.

Zweimal, 1888 und 1929, war die Stadt Schauplatz von Weltausstellungen. In Barcelona arbeitete am Beginn des Industriezeitalters die erste Dampfmaschine in Spanien. Die erste Eisenbahnlinie des Landes nahm Mitte des 19. Jh. ihren Anfang in Barcelona. Und moderne Zeiten begannen 1875 mit dem Bau des ersten spanischen Elektrizitätswerkes in Barcelona.

Seit jeher scheint den Katalanen und natürlich auch Barcelonas Bürgern Unabhängigkeit ein unverzichtbarer Bestandteil ihrer politischen und persönlichen Entwicklung gewesen zu sein. Mitte des 17. Jh. erhob man sich gegen die Zentralherrschaft Philipps IV.

Im Bürgerkrieg stand man auf der Seite der Republikaner. Danach wurden während der Francodiktatur jegliche Eigenständigkeitsbestrebungen, Sprache und Brauchtum der Katalanen rigoros unterdrückt. Catalán war aus den Schulen, aus Zeitungen, aus dem Sprachgebrauch allgemein verbannt. Straßen- und Ortsbezeichnungen hatten in spanischer Sprache zu erfolgen, etc. Nach Francos Tod 1975 wurde den Katalanen regionale Autonomie gewährt, die kulturellen und sprachlichen Eigenheiten konnten wieder aufblühen. Heute ist Catalán neben Spanisch Amtssprache in Katalonien. Und endlich konnte – z. B. sonntags vor der Kathedrale in Barcelona – wieder mit Hingabe der katalanische Nationaltanz die „Sardana" getanzt werden.

Spätestens seit der Nominierung zum Austragungsort der Sommerolympiade 1992 setzte in der Stadt eine rege Bautätigkeit ein. In vielen Bereichen wurden Stadterneuerungen durchgeführt. Und Barcelona scheint auf dem besten Wege zu sein, sich einen herausgehobenen Platz im Europa der kommenden Jahre zu sichern.

Seit Mitte 2015 hat Barcelona erstmals in der langen Stadtgeschichte eine Bürgermeisterin – Ada Colau i Ballano. Sie ist Mitglied von „Barcelona en Comú", einer Organisation verschiedener politischer Strömungen.

Aber nicht nur politisch und wirtschaftlich, auch in kulturellen Bereichen setzten Barcelona und Katalonien Akzente. Einer der namhaftesten Söhne der Stadt ist der Architekt Antonio Gaudí i Cornet (1852 – 1926), der mit seiner spanischen Variante des Jugendstils noch heute Aufsehen erregt.

Plaça de Catalunya. Foto: spanieninfo.de

Die Maler Joan Miró (1893 – 1983) und Antoni Tàpies stammen zwar nicht aus Barcelona, aber sie verdienten hier ihre ersten künstlerischen Meriten.

Auch Pablo Picasso verbrachte in Barcelona seine ersten Künstlerjahre. Und auf andere namhafte katalanische Künstler, wie den Cellisten Pablo Casals (1876 – 1973), den Surrealisten Salvador Dalí (1904 – 1989) oder die Opernsänger Montserrat Caballé und José Carreras, ist man nicht nur in Barcelona stolz.

In jüngerer Zeit tut sich Barcelona als Trendsetter in Sachen Mode hervor und rivalisiert mit seinem jugendlich grellen „look barceloní" erfolgreich mit Paris und Mailand.

Jedes Jahr machen fast 8 Mio. Touristen aus aller Welt Barcelona zu einer der meistbesuchten Städte in Europa.

Köln ist Partnerstadt von Barcelona.

Mit dem Auto erreicht man die Innenstadt von Nordosten her über die Hauptverkehrsader **Gran Via de les Corts Catalanes** (Weiterführung der Küstenautobahn C-31, früher Avenida de Jose Antonio Primo de Rivera). Sie endet an der **Plaça Glòries Catalanes**, einem riesigen Kreisverkehr und Verkehrsknotenpunkt, in den mehrere große Durchgangsstraßen sternförmig einmünden.

Die **Gran Via de les Corts Catalanes**, der wichtigste und durch das tägliche Verkehrschaos oft dem Kollaps nahe Hauptboulevard der Stadt, führt weiter quer durch die Innenstadt nach Süden und weiter Richtung Flughafen.

Eine andere wichtige Verkehrsader ist die nach Südwesten führende **Avinguda Diagonal** (früher Avenida del Generalísimo Franco).

Ringautobahnen wie die **Ronda de Dalt** im Nordosten der Innenstadt und **Ronda Litoral**, die die Innenstadt an der Küste (am Hafen teils untertunnelt) umgeht, sollen zur Milderung des allgegenwärtigen Verkehrschaoses beitragen.

Stadtbesichtigung

Eine **Stadtbesichtigung per Auto** ist wegen des höllischen Verkehrsgewühls in der Innenstadt, wegen des ewigen Parkplatzproblems (obwohl sich an vielen der großen Plätze Parkhäuser bzw. Tiefgaragen befinden) und der Sicherheitsfrage kein Vergnügen. Allerdings ist ein Auto durchaus hilfreich beim Besuch außerhalb des eigentlichen Stadtzentrums gelegener Sehenswürdigkeiten (www.barcelona-tourist-guide.com/de/transport/car-parking-barcelona.html).

Es gibt zwei **Parkmöglichkeiten** für Wohnmobile mit 3,5 m Einfahrtshöhe nördlich des Stadtzentrums.

Da ist einmal das **Parkhaus BSM García Fària**, Einfahrt in der Carrer de Josep Pla, 14 **[N41° 24′ 24.27″ E2° 13′ 6.44″]**. Im voraus reservieren kann man hier einen Parkplatz unter www.barcelona-tourist-guide.com/de/transport/parken/parkplatz/bsm-garcia-faria-parkplatz-in-barcelona.html. Nächste U-Bahnstation ist El Maresme (Gelbe Linie, L4) ca. 15 Min. entfernt.

Und dann das **Parkhaus Parking Freser Trinxant**, Einfahrt in der Carrer Freser, 103 **[N41° 25′ 0.01″ E2° 10′ 58.77″]**. Zu reservieren unter www.barcelona-tourist-guide.com/de/transport/parken/parkplatz/parking-freser-trinxant-parkplatz-in-barcelona.html. Nächste U-Bahnstationen sind: Camp de L'Arpa (Dunkelblaue Linie, L5, 3 Min. Fußweg entfernt.

Bicing – Und wer sich angesichts des Verkehrs zutraut Barcelona mit dem Fahrrad zu erkunden, dem stellt die Stadt gegen Gebühr Mietfahrräder zur Verfügung. Bislang sind im Stadtgebiet über 400 Mietstationen verteilt. Wie man Mietfahrräder in Barcelona bucht und reserviert steht auf www.bicing.barcelona/es.

Freie Fahrt auf allen Linien der Metro und der Städtischen Buslinien inkl. Flughafen, freien Eintritt zu zahlreichen Museen ohne Warteschlangen sowie bis 50% Rabatt zu weiteren Attraktionen, Geschäften und Restaurants erkauft man sich mit dem **Barcelona-City Pass** oder auch **Barcelona Card**. Die Karte ist für eine Gültigkeit von 3, 4 oder 5 Tage zu haben und kostete zuletzt für 3 Tage 46 Euro, für 4 Tage 56 Euro und für 5 Tage 61 Euro. Man erhält dazu noch einen Stadtführer mit Stadtplan, einen Metro-Plan und Beschreibung der Einrichtungen. Zu kaufen unter www.barcelonacard.org/de/.

Bei der ersten Orientierung in der Innenstadt fallen bei einem Blick auf den Stadtplan die Molen und Landzungen am **Hafen** auf. Dort findet man auch rasch den kreisrunden Platz **Porta de la Pau**. Von dort aus zieht sich der Boulevard **La Rambla** wie das Rückgrat der Altstadt nach Nordwesten bis hin zur **Plaça de Catalunya**, alles gute Anhaltspunkte zur Orientierung.

Nordöstlich von La Rambla erstrecken sich **Barri Gòtic** und der weitläufige Stadtpark **Parc de la Ciutadella**. Weiter südlich von La Rambla liegen **Montjuïc, Olympiagelände** und einige der wichtigsten **Museen**, und noch ein Stück weiter nordwestlich die zentrale **Plaça d'Espanya** und der **Sants Bahnhof**.

Ein recht praktisches Transportmittel während einer Besichtigungstour in Barcelona ist der **Bus Turístic**. Der Hop-On-Hop-off-Bus verkehrt ganzjährig, im Sommer täglich zwischen 9 Uhr und 20 Uhr (im Winter bis 19 Uhr) stündlich auf Rundkursen, beginnend an der Plaça de Catalunya, mit Stationen bei 16 Sehenswürdigkeiten.

Es gibt **drei Routen**:

Die Blaue Route führt von der Plaça de Catalunya zum Stadion des F.C. Barcelona, weiter zur Sagrada Família, zum Park Guell, zum Tibidabo und nach Pedralbes.

Die **Rote Route** führt von der Plaça de Catalunya über den Passeig de Gràcia, die Diagonal, den Bahnhof Sants, den Montjuíc zum Alten Hafen und zum Park Ciutadella.

Die **Grüne Route** führt vom olympischen Hafen zum Stadtteil El Poblenou bis zum Forum mit besten Ausblicken auf die Strände der Stadt. Man kann beliebig oft ein- und wieder aussteigen. Und wenn Sie erst mal sitzen bleiben wollen, sind Sie nach gut zweieinhalb Stunden wieder an der Plaça de Catalunya und haben so auf ganz bequeme Weise schon mal einen sehr guten ersten Überblick erhalten. Fahrkarten kauft man im Bus direkt oder online mit 10% Ermäßigung unter www.barcelona-busturistic.cat/de/.

Schnell, preiswert und zuverlässig ist die **Metro**, die U-Bahn, mit der man alle wichtigen Plätze, Sehenswürdigkeiten und Stadtviertel bequem erreichen kann. Die U-Bahn ist zweifellos das praktischste Verkehrsmittel während einer Stadtbesichtigung.

Die Stationen sind deutlich mit einem „M" in einer Raute gekennzeichnet.

Der Plan des Streckennetzes ist leicht zu verstehen.

Die Züge verkehren zwischen 5 Uhr und 23 Uhr, Freitag u. Samstag bis 2 Uhr früh und sonn- und feiertags bis 24 Uhr in raschen Intervallen.

Die Tarife sind zivil. Ein Einzelfahrschein kostete zuletzt rund 2 Euro. Am besten kauft man sich die Dauerkarte **Hola Barcelona Travel Card der TMB**, die unbegrenzte Fahrten mit den öffentlichen Verkehrsmitteln Barcelonas ermöglicht. Es gibt sie für 2, 3, 4 und 5 Tage für rund 16 Euro, 23 Euro, 30 Euro und 38 Euro. Sie gilt für U-Bahn und Autobus (TMB), für die Züge der FGC (Ferrocarriles de la Generalidad de Catalunya, regionale Bahnlinie), für die Montjuíc-Standseilbahn, die Straßenbahn (TRAM) und für die Züge des Vorortbahnetztes Rodalies de Catalunya (Zone 1) und für den Flughafenbus. Die Hola Barcelona Travel Card ist an jeder U-Bahnstation zu kaufen; www.holabarcelona.com/de/tickets/hola-bcn-barcelona-travel-card.

Komplettiert wird das Metronetz durch die Vorortbahnen der FGC, die die nordwestlichen Vororte und Stadtbezirke mit dem U-Bahnhof unter der sehr zentral in der Innenstadt gelegenen Plaça Catalunya verbindet.

Bei der Beschreibung der Sehenswürdigkeiten ist die jeweils nächstgelegene Bus-/Metro-Haltestelle angegeben.

Neben der U-Bahn gibt es natürlich ein sehr dichtes Netz städtischer **Buslinien der „Autoritat del Transport Metropolità" (ATM)**, mit denen alle Winkel der Stadt zu erreichen sind. Nur ist das System wegen seiner Vielfalt für den Neuling etwas verwirrend und unübersichtlich und man entgeht dem Gedränge auf den Straßen nur bedingt, obwohl für Busse fast überall in der Stadt eigene Fahrspuren eingerichtet sind. Als Anhaltspunkt kann dienen, dass Busse mit roter Markierung an großen Plätzen der Stadt halten, wie z. B. Urquinaona, Catalunya, Universitat. Bustickets gibt es an Ticketautomaten an allen Stationen.

Besondere Erwähnung verdient der **„Tibibus"** (Linie T2A), eine Buslinie die von der Plaça de Catalunya via Park Güell zum Vergnügungspark auf dem Berg Tibidabo fährt; www.tibidabo.cat/.

Die Informationsbüros in Barcelona halten Stadt- und Streckennetzpläne der öffentlichen Verkehrsmittel bereit.

Da **Taxis** überaus zahlreich zur Verfügung stehen, macht man sich das Leben leichter, wenn man bei einer Stadtbesichtigung auf ihre Dienste zurückgreift. Achten Sie darauf, dass das Taxameter eingeschaltet wird, um „Missverständnissen" vorzubeugen! Zuschläge werden erhoben für Gepäckstücke, für Nacht- und Sonntagsfahrten, für Fahrten vom und zum Flughafen und zu Veranstaltungen in den Stierkampfarenen (was zwischenzeitlich entfallen dürfte, da Stierkämpfe in Katalonien verboten worden sind) und Fußballstadien.

Taxis sind schwarz und gelb lackiert (seit geraumer Zeit sieht man auch hellfarbene Taxen). Taxis haben als Frei-Zeichen ein grünes Licht neben dem Frei-Schild „lliubre/libre" eingeschaltet. Handzeichen am Straßenrand genügen gewöhnlich, um in der Innenstadt ein Taxi herbei zu winken.

Das **Altstadtzentrum** erstreckt sich rund um das **Barri Gòtic** (Gotisches Viertel), etwa zwischen dem Boulevard La Rambla im Südwesten, dem Parc de la Ciutadella im Nordosten, der Plaça de Catalunya im Nordwesten und dem Hafen im Südosten. In dem dortigen Straßenlabyrinth ist man zu Fuß wesentlich schneller und bequemer unterwegs.

Angaben zu Informationsbüros, Bahnhöfen, Busbahnhöfen und Flughäfen, Hotels und Camping stehen im Info-Teil „Praktische Hinweise – Barcelona" am Ende der Stadtbeschreibung.

Thema Sicherheit

Eine turbulente Großstadt wie Barcelona hat natürlich nicht nur Sonnenseiten zu bieten. Und wie in vielen anderen Metropolen auch, sind die Rotlichtviertel, die Drogenszene oder die vom Tourismus besonders stark frequentierten Plätze und Einrichtungen besondere Problemzonen.

Aber mit etwas Umsicht wird man im „normalen Touristenalltag" keine Probleme bekommen. Wenn Sie allerdings nächtens durch die Innenstadt bummeln wollen, sollten Sie das, vor allem als Frau, nicht unbedingt mutterseelenallein tun.

Vermeiden Sie es möglichst, als ratloser Tourist zu erscheinen, der, sommerlich luftig gekleidet, mit dem Stadtplan in der Hand fragend durch Straßen irrt.

Nach einem anstrengend Stadtspaziergang lässt man sich gerne genüsslich in einen Stuhl in einem Straßencafé fallen und legt achtlos das Handy auf den Stuhl neben sich oder die Handtasche auf den Boden unter den Tisch. Ein „gefundenes Fressen" für jeden Langfinger!

Und lassen Sie sich nicht von Hütchenspielern animieren! Bei diesem uralten Trick werden Sie immer verlieren.

Als „heißes Pflaster" gilt nachts z. B. der untere, südlichste Teil der Rambla oder das Viertel El Raval westlich der Rambla. Sie sollten also wissen, wohin Sie gehen. Erkundigen Sie sich z. B. im Hotel, Campingplatz oder auf dem Stellplatz über die Gegend, die Sie nachts aufzusuchen gedenken. Oder nehmen Sie sich ein Taxi, wenn Sie von einem Restaurant- oder Kneipenbesuch zurück wollen. Und Schmuck, Tickets und ähnliche Wertsachen bewahrt man sowieso besser im Safe des Hotels oder Campingplatzes auf. Nehmen Sie nur das wirklich Allernötigste auf einen Stadtrundgang mit.

Autofahrern ist zu empfehlen, nur auf bewachten Parkplätzen zu parken. Eine Sicherheitsgarantie ist das aber natürlich auch nicht. Gelegenheit macht Diebe. Und ausländische Autokennzeichen wirken auf gewisse Leute offenbar besonders anziehend. Also nimmt man - wenn immer möglich - alles, das irgendwie wertvoll aussieht, aus dem Auto mit. Ein besonders leger über die Reisetasche geworfener Mantel z. B. lädt Langfinger eher ein, als Wertlosigkeit vorzutäuschen. Notfalls kann man Dinge höchstens noch im Kofferraum einschließen. Aber auch der lässt sich knacken.

Allerdings wird es kaum möglich sein, jedes Mal vor der Stadtbesichtigung sein Wohnmobil leer zu räumen.

Sie könnten aber versuchen, in einem etwas ruhigeren Viertel am Rande der City zu parken, wenn möglich in der Nähe einer Metrostation, was die Fahrt in die Innenstadt vereinfacht.

Was besichtigt man?

Mein Tipp! Planen Sie mindestens drei Tage für Ihren Barcelona Besuch ein.

Natürlich sollte das alte Stadtviertel **Barri Gòtic** oder Barrio Gòtico mit der **Kathedrale** (Metro Jaume I), dem **Stadtmuseum** an der Plaça del Rei und dem

*BARCELONA – **1** Information – **2** Plaça de Catalunya – **3** Kathedrale, Barri Gòtic – **4** Museo F. Marès – **5** Stadtmuseum – **6** Santa María del Pi – **7** Plaça de la Boqueria – **8** Palau Güell – **9** Plaça Reial – **10** Kunstzentrum Santa Mònica – **11** Palau Marc, Museu de Cera (Wachsfiguren) – **12** Plaça Portal de la Pau, Kolumbus-Denkmal – **13** Museu Marítim, Seefahrtmuseum – **14** Plaça de les Drassanes – **15** Kirche Sant Pau del Camp – **16** Port Vell – **17** Maremagnum Einkaufszentrum – **18** Aquarium, Imax-Kino – **19** Palau del Mar, Museu d'História de Catalunya – **20** Richtung Vila Olímpica – **21** Torre de Jaume I – **22** Kunstausstellung – **23** Santa María del Mar – **24** Picasso-Museum – **25** Textilmuseum, Palau de Marquès Llió y Nadal – **26** Naturkundemuseum – **27** Museo Martorell oder Museu de Geologia –**28** Palau de la Ciutadella, Parlament – **29** Museu d'Art Modern – **30** Bahnhof Estació de França – **31** Palau de la Música de la Catalana – **32** Busbahnhof und Parc Estació del Nord – **33** Casa Batlló – **34** Casa Milà oder „La Pedrera" – **35** Kirche Sagrada Família*

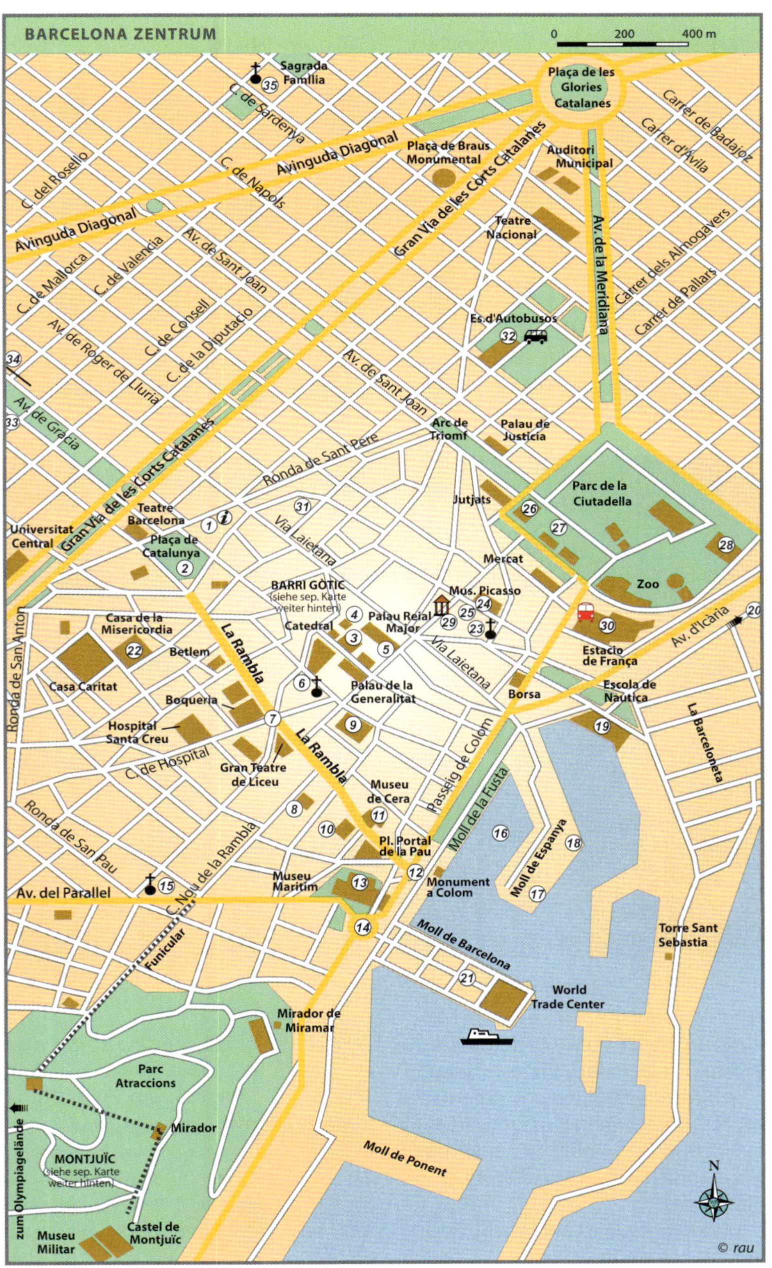

Museo Frederic Marès auf Ihrem Besuchsprogramm stehen.

Fast schon ein „Muss" ist ein Bummel auf dem Flanier- und Geschäftsboulevard **La Rambla** (Metro Liceu) zwischen Plaça de Catalunya (Metro Catalunya) und Plaça Portal de la Pau (Metro Drassanes) mit der **Kolumbussäule** am Hafen. Alleine für Barri Gòtic und La Rambla sollte man mindestens einen halben Tag vorsehen.

Weiter wird man den **Montjuïc Hügel** (Metro Paral-lel und Funicular Seilbahn) besuchen, mit dem Aussichtspunkt **Plaça del Mirador**, dem Militärmuseum in der alten Festung und dem Vergnügungspark.

Westlich davon erstreckt sich das neu gestaltete Olympiagelände Montjuïc mit dem Olympiastadion und anderen Sporteinrichtungen.

In dem weiten Parkgelände davor findet man im Nationalpalast das **Katalanische Nationalmuseum** für Kunst und unweit davon das **Ethnologische Museum** sowie das **Archäologische Museum**, die **Palais Victoria Eugenias** und **Alfons XIII.** und das **„Spanische Dorf"**. Ein weiterer halber Tag wird dafür mindestens notwendig sein oder mehr, falls man sich in den Museen etwas Zeit lassen will.

Unbedingt mit auf dem Besichtigungsprogramm sollten einige Bauwerke des Architekten Gaudí stehen, wie die **Kirche Sagrada Familia** (gleichnamige Metrostation) im Osten der Stadt, der **Park Güell** (Metro Lesseps) im Norden oder Gebäude in der Innenstadt wie Casa Milá „La Pedrera" (Metro Diagonal) oder „Palau Güell" (Metro Liceu).

Und natürlich wäre ein Stadtbesuch unvollständig ohne die Museen der großen katalanischen Meister besucht zu haben, wie das **Picasso-Museum**, die **Miró-Stiftung** oder das **Museum für Moderne Kunst** im Parc de la Ciutadella. Für die Besichtigung dieser Sehenswürdigkeiten sollte mindestens ein separater Tag eingeplant werden.

Wer nicht alleine auf Besichtigungstour gehen will, schließt sich einer geführten **Stadtrundfahrt** an.

Die Auswahl an Touren unterschiedlicher Dauer und Thematik, ob tagsüber (www.barcelonabusturistic.cat/de/) oder zu nächtlicher Stunde (Barcelona Night Tour Bus, im Sommer um 21.30 Uhr ab Plaça Catalunya, Dauer ca. zweieinhalb Stunden; www.barcelonabusturistic.cat/de/barcelona-night-tour-bus), ob im Hafen (Bootsrundfahrten), per Heißluft-Fesselballon, ob themenbezogen (katalanischer Jugendstil, Stadtpalais, bestimmte Stadtviertel, Kunstmuseen) oder geführte Stadtspaziergänge, ist sehr vielfältig.

Details über die Touren, deren Zeiten, Startpunkt und Preise erfährt man in der

Auf dem Boulevard Las Ramblas. Foto: spain.info/de.

Touristeninformation an der Plaça de Catalunya bzw. unter https://city-sightseeing.com/de/17/barcelona.

1. Stadtrundgang – Las Ramblas

Plaça de Catalunya (2) – La Rambla – Kathedrale (3) – Museo Frederic Marès (4) – Stadtmuseum (5) – Plaça Sant Jaume – Santa María del Pi (6) – Palau Güell (8) – Plaça Reial (9) – Museu de Cera (11) – Plaça Portal de la Pau (12) – Museu Marítim Drassanes (13).

Ausgangspunkt ist die **Plaça de Catalunya (2) [N41° 23′ 14.5″ E2° 10′ 16.4″],** eine Verkehrsdrehscheibe und Schnittpunkt zwischen Alt- und Neustadt. Den weiten Platz mit Brunnen, einigen Plastiken von Clarà und Oslé und Grünanlagen, umgeben Hotels, Geschäftshäuser und repräsentative Bauten. Außerdem findet man hier unterirdische Parkmöglichkeiten, die Metrostation Catalunya und den Endpunkt der Regionalbahn FFCC Richtung Tibidabo.

An der Südostseite des Platzes beginnt Barcelonas berühmter, auch berüchtigter Straßenzug **Las Ramblas [N41° 23′ 07.6″ E2° 10′ 11.6″]**. Der breite, baumbestandene Boulevard, immer voller pulsierenden Lebens, ein Podium mediterraner Lebensweise, endet nach fast zwei Kilometern an der Plaça Portal de la Pau am Hafen (12).

La Rambla, vor langer Zeit einmal ein Kanal zum Hafen, ist das Zentrum Barcelonas schlechthin, Tag und Nacht voller Leben, immer geöffnet, ein Treffpunkt für Jung und Alt. La Rambla, oder präziser Las Ramblas, denn der Straßenzug ändert mehrfach seinen eigentlichen Namen, ist Barcelonas Salon und Markt unter freiem Himmel. Es gibt wohl kaum eine bessere Kulisse als die Ramblas, um sich an einer der abendlichen Lieblingsbeschäftigungen vieler Spanier, dem paseo, zu beteiligen und zu bummeln, oder in einem der Straßencafés zu sitzen und sich zu unterhalten, zu hören, zu schauen und – für viele noch wichtiger – gesehen zu werden.

Während Zeitungskioske, Blumenverkäufer, Vogelhändler, Schuhputzer, Losverkäufer, Musikanten das Treiben noch bunter machen, mischen sich unter die Flaneure auch Gestalten und Typen aus dem benachbarten Rotlichtviertel, Dealer, Taschendiebe. Vergessen Sie also vor lauter entspannten Flanierens nicht Ihre Habseligkeiten. Nicht umsonst wurde von der Stadt auf den Ramblas eigens ein mobiles Büro für überfallene Touristen eingerichtet!

Aber es gab auch einmal eine Zeit, da beschrieb der Schriftsteller Federico García Lorca (1899 – 1936) Las Ramblas als eine Straße, die nie zu Ende gehen möge.

Am Anfang, an der Plaça de Catalunya, nennt sich der Boulevard **Rambla de Canaletes**, nach der **Font de Canaletes**, einem kleinen eisernen Brunnen ziemlich am Anfang der Straße. Es heißt, wer aus ihm trinkt, wird immer in Barcelona bleiben – hoffentlich nicht der Wasserqualität wegen. Verlassen Sie sich nicht darauf, im „Nuria", einem netten Lokalen hier, isst und trinkt man besser.

Man kommt – nun schon auf der **Rambla dels Estudis**, der früheren Universitätsmeile Barcelonas – an der barocken **Betlem Kirche** (17./18. Jh.) zum Abzweig der Carrer del Carme rechts.

Etwas weiter sieht man an der Rambla rechterhand den **Palau de la Virreina [N41° 22′ 57.1″ E2° 10′ 18.9″]**, einen neoklassizistischen Prunkbau, den sich Mitte des 18. Jh. der Vizekönig von Peru, Manuel Amat i Jugent, nach Plänen von Josep Ribas hatte errichten lassen. Heute dient der einstige Palast, der nach der Witwe des Vizekönigs benannt ist, als Ausstellungscenter mit wechselnden Veranstaltungen.

Kurz danach – die Straße heißt nun **Rambla Sant Josep** oder auch Rambla de les Flors – öffnet sich nach rechts der farbenfrohe und immer bestens bestückte **Markt La Boqueria [N41° 22′ 55.3″ E2° 10′ 20.4″]** auf einem schönen, lichten und überdachten Arkadenplatz. Hier gibt es immer frischen Fisch, Obst, Gemüse, Fleisch etc. Und man findet auf dem Markt auch Bars und am Ende des Markts das Restaurant Kubik, in dem man in ungezwungener Atmosphäre ganz gut essen kann.

Geht man die Carrer del Carme am eben erwähnten Palast Virreina vorbei nach Süden, kommt man nach ca. 300 m zum **Hospital de la Santa Creu**, einer Ansammlung alter Gebäude im gotischen Stil aus dem 15. bis 18. Jh., dem alten Hospitalzentrum der Stadt.

Sehenswert ist der Innenhof der Casa de Convalecencia, dem ehemaligen Genesungsheim des historischen Hospitals. Im Inneren schöne Azulejo-Motive (bemalte Wandfliesen) und plattereske Fassade zur Carrer de Hospital hin.

Zwischen Boqueria Markt und Hospital de la Santa Creu befindet sich eine Tiefgarage.

Barri Gòtic – Das Gotische Viertel

Links (östlich) führt von der Rambla Sant Josep am Stadtpalais **Palau Moja [N41° 22′ 59.4″ E2° 10′ 19.2″]** (Barockbau aus dem 17. Jh.) die Carrer Portaferrissa hinein ins Herz der **Ciutat Vella**, besser bekannt als **Barri Gòtic**, Barcelonas Altstadt, die sich zwischen den Ramblas und der Via Laietana erstreckt. Der Name „Gotisches Viertel" deutet schon darauf hin, dass hier die schönsten Bauwerke Barcelonas aus jener Stilepoche zu finden sind.

Über die **Plaça Nova [N41° 23′ 03.2″ E2° 10′ 31.0″]** – rechts vom Platz beachte man das **Portal del Bisbe**, flankiert von zwei zylindrischen Türmen, Reste der westgotischen Befestigungsanlagen – gelangt man zur Avinguda Catedral und sieht rechts den kleinen Platz **Plaça de la Seu**, an dem sich die gewaltige Fassade der **Kathedrale La Seu (3) [N41° 23′ 03.5″ E2° 10′ 34.1″]** erhebt *(geöffnet tgl. 8.30 - 19.30 Uhr; freier Eintritt Mo - Sa 8.30 - 12.45 Uhr + 17.15 - 19.30 Uhr, So 8.30 - 13.45 + 17.15 - 19.30), letzter Einlass 30 Min. vor Schließung; www.catedralbcn.org/)*.

Der Platz vor der Kathedrale ist Samstag nachmittags traditioneller Treffpunkt für jene, die gerne den katalanischen Reigentanz Sardana aufführen. Viele Katalanen verstehen den Reigen nicht nur als Pflege alter Tradition, sondern vielmehr als Ausdruck ihres Autonomiegefühls.

Der gotische Kirchenbau der Kathedrale entstand Ende des 13. Jh. nach Plänen des Baumeisters Jaume Favre an einer Stelle, an der schon im 4. Jh. ein christlicher Heiligkreuz-Tempel stand, der dann im 11. Jh. durch eine romanische Basilika ersetzt wurde, bis zweihundert Jahre später die Kathedrale entstand. Die neugotische Fassade und die Turmspitzen wurden erst im 19. Jh. fertiggestellt.

Das dreischiffige Innere der Kathedrale beeindruckt durch den hochaufstrebenden Raum, der durch die gleich hohen Schiffe noch imposanter wirkt, durch die schönen Bleiglasfenster und durch den reich mit Kunstwerken ausgestatteten Chorraum.

Der Chor ist ein Werk der Bildhauer Matás Bonafé und Bartolomé Ordóñez, einem Schüler Michelangelos.

Beachtung verdient besonders das **Chorgestühl**. Es trägt die Wappen der Mitglieder des Ordens vom Goldenen Vlies zu Zeiten Karls V., der 1519 hier in der Kathedrale einer Generalversammlung des Ordens vorstand. Es war die einzige Versammlung des Ordens in Spanien.

Zu diesem frühen europäischen Gipfeltreffen trafen sich in Barcelona Franz I. von Frankreich, Heinrich VIII. von England, Manuel I. von Portugal und Kaiser Maximilian von Österreich u. a. Für die gesalbten Häupter wurden eigens Sitze im Chorgestühl angefertigt. Karl V. (damals noch König Karl I. von Spanien) saß auf dem ersten Sitz rechts, Kaiser Maximilian auf dem ersten Sitz links.

In der Krypta der Kathedrale ist u. a. die Schutzpatronin der Stadt, die heilige Eulália, in einem Marmorsarkophag beigesetzt. Das Grabmal stammt von einem Pisaner Meister aus der Schule Nicoló Pisanos. Die Heilige erlitt im 4. Jh. den Märtyrertod.

In der Sakristei wird eine gotische Monstranz aufbewahrt. Sie steht auf dem Silberthron von König Martín, dem Menschlichen. Geschmückt ist die Monstranz mit der Kette des Goldenen Vlieses, die einst Karl V. gehörte.

Sehenswert sind im Kircheninneren außerdem die Seitenaltäre, die teilweise bemerkenswerte Altarbilder und Grabmäler aufweisen.

Von Bedeutung ist die **Sakramentskapelle Santísimo Sacramento**. Hier wird das legendäre Kreuz aus dem 15. Jh. aufbewahrt, das in der Seeschlacht von Lepanto (1571) an Bord des Schiffes von Juan de Austria mitgeführt wurde. In der Kapelle ist der später heiliggesprochene Bischof Oleguer von Barcelona beigesetzt. Das schöne Alabastergrabmal stammt aus dem 17. Jh.

Beachtenswert sind weiter die Kapellen hinter dem Chor mit eindrucksvollen Altaraufsätzen.

Durch das rechte Querschiff gelangt man in den **Kreuzgang**, der einen anmutigen, schön begrünten Innenhof mit Brunnen umgibt. Verbunden ist der Kreuzgang mit der Santa Lucía Kapelle, Rest der erwähnten romanischen Basilika.

Eine andere Kapelle dient als **Kapitelsaal**. Hier ist das **Kirchenmuseum** eingerichtet *(geöffnet Mo - Sa 13 - 17 Uhr, So 14 - 17 Uhr)*. Man sieht u. a. Gemälde katalanischer Künstler aus der Renaissancezeit und „La Piedad" von Bartolomé Bermejo.

Zurück zum Platz de la Seu vor der Kathedrale.

Das Gebäude links ist die **Casa de l'Ardiaca (6)**. Das einstige Palais des Erzdiakons Esplà aus dem 15. Jh. beherbergt heute das Historische Stadtarchiv. Schöner Innenhof. Weiter links erkennt man den **Palau Episcopal**, den Erzbischöflichen Palast.

Südlich davon liegt der kleine Platz Sant Felip Neri und von dort wiederum hat man Zugang zum **Museu del Calçat (7)**, dem **Schuhmuseum**. Es ist untergebracht im ehemaligen Zunfthaus der Schuhmachergilde und zeigt historisches Schuhwerk berühmter Persönlichkeiten. Man ist derzeit auf der Suche nach einem neuen Standort des Museums, deshalb ist es bis auf weiteres geschlossen.

Rechts um die Kathedrale herum verläuft die Carrer del Comtes de Barcelona. Dort findet man im Haus Nr. 10 neben der kleinen Plaça Sant Lu das besuchenswerte **Museu Frederic Marès (4) [N41° 23' 03.6" E2° 10' 36.1"]** *(geöffnet Di - Sa 10 - 19 Uhr, So 11 - 20 Uhr;*

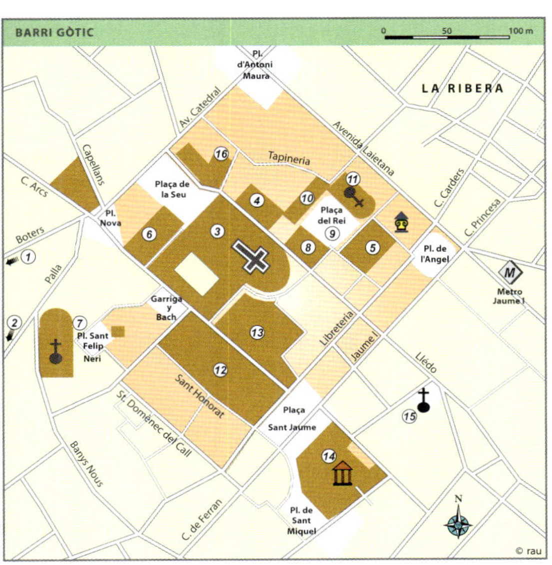

BARRI GÒTIC

***1** Richtung Calle Portaferrissa, Palau Moja, La Rambla*
***2** Richtung Santa María del Pi*
***3** Kathedrale, Kreuzgang, Kapitelsaal*
***4** Museum Frederic Marès*
***5** Casa Clariana Padellàs, Museu d'História de la Ciutat*
***6** Casa de l'Ardiaca*
***7** Museu del Calçat*
***8** Palau El Lloctinent*
***9** Plaça del Rei*
***10** Palau Reial Mayor*
***11** Capella Santa Agata*
***12** Palau de la Generalitat*
***13** Casa dels Canonges*
***14** Casa de la Ciutat Ajuntament*
***15** Kirche Santos Justo y Pastor*
***16** Casa de la Canonja*

www.barcelona.de/de/barcelona-museum-frederic-mares.html). Untergebracht ist es im früheren Gebäude der Inquisition, das auf Resten römischer und westgotischer Befestigungsanlagen steht. Zu sehen ist die umfangreiche Kunstsammlung des Bildhauers Marès, bestehend aus Skulpturen, Gemälden und Kunstgegenständen aus nahezu allen Stilepochen von der Römerzeit bis ins 19. Jh.

Wir gehen die Straße weiter nach Osten. Am Ende der Kathedrale zweigt nach links die Santa Clara Straße ab. Das Eckgebäude hier ist der **Palast El Lloctinent (8)** aus dem 16. Jh. In ihm ist heute das Kronarchiv von Aragonien, eine Sammlung mittelalterlicher Dokumentationen, untergebracht.

Die Santa Clara Straße mündet in die **Plaça del Rei (9) [N41° 23′ 02.4" E2° 10′ 38.9"]**, dem alten Zentrum im Gotischen Viertel, einem der verstecktesten, vielleicht auch romantischsten Plätzchen in der Altstadt.

Der Platz ist umgeben von historischen Bauwerken. Links der siebenstöckige, bogenreiche **Palau Reial Mayor (10)** mit dem sog. „Auslug König Martins" oben. In dem Gebäude befindet sich der historische **Salón del Tinell**. Der fast 35 m lange und 17 m hohe Bankett- und Festsaal entstand im 14. Jh., diente als Versammlungssaal der Cortes und wurde als Repräsentationsraum bei vielen historischen Ereignissen benutzt. Christoph Kolumbus z. B. wurde nach seiner ersten Amerikareise hier von den Katholischen Königen empfangen.

Rechts neben dem Palast liegt die **Capella del Santa Agata (11)**, ein schöner gotischer Bau mit einem sehenswerten Altaraufsatz des katalanischen Malers Jaime Huguet. Die Kapelle wurde 1302 nach Plänen von Bertrán Riquer errichtet und diente vornehmlich als königliche Kapelle des Palacio Real.

Der Gebäudeflügel rechts an der Ostseite des Platzes ist ein ehemaliges Stadtpalais aus dem 14. Jh. und nennt sich **Casa Clariana Padellàs**. Dort findet man heute das **Museu d'História de la Ciutat (5) [N41° 23′ 02.2" E2° 10′ 39.5"]** *(geöffnet tgl. a. Mo 10 - 14 Uhr, 15 - 20 Uhr, letzter Einlass 30 Minuten vor Schließung; https://ajuntament.barcelona.cat/museuhistoria/en/).* Es dokumentiert Geschichte und Entwicklung der Stadt von ihrer Gründung durch den Karthager Hamilcar Barca über die Blütezeit als Handelshafen bis zur Stadterweiterung im 19. Jh. durch die Neustadt Eixample. Im Untergeschoss sind Ausgrabungsgegenstände aus der Römerzeit zu sehen.

Zurück zur Carrer dels Comtes, um die Kathedrale herum und weiter durch die Carrer Pietat zur Carrer del Bispe Irurita. Unterwegs passiert man das linkerhand gegenüber der Ostseite der Kathedrale gelegene Centre Excursionista de Catalunya.

Ein in den Boden eingelassener Mühlstein markiert den Hügel Mons Tabor, die Urzelle der Stadt, die schon lange vor der Römerzeit von iberischen Stämmen besiedelt gewesen sein soll.

Etwas weiter kommt man an der Porta de la Pietat vorbei, einem alten Zugang zum Kreuzgang der Kathedrale.

In der Carrer del Bispe Irurita stößt man auf den **Palau de la Generalitat (12)**, Sitz der autonomen Regierung Kataloniens. Das Palais aus dem Ende des 14. Jh. zählt zu den schönsten gotischen Profanbauten in Barcelona. Vor allem an der Fassade zur Bispe Straße hin bestätigt sich dieser Eindruck.

Eine schöne Bogenbrücke verbindet das Palais mit dem benachbarten gotischen Bau **Casa dels Canonges (13).** Besichtigung nicht möglich, aus Sicherheitsgründen wie es heißt.

An der Plaça de Sant Jaume erhebt sich die **Casa de la Ciutat Ajuntament (14)**, das Rathaus der Stadt. Die Hauptfassade zum Platz hin stammt aus der Mitte des 19. Jh. und wurde von Juan Más geschaffen. Den eigentlich gotischen Stil des Bauwerks erkennt man deutlicher an der Nordseite in der Carrer de la Ciutat.

Von baugeschichtlicher Bedeutung ist im Rathaus der berühmte **Saló de Cent**, der alte Ratsaal der Hundert. Von hier aus wurde Barcelona vom 14. bis

Barcelonas hübsche Plaça Reial

ins 18. Jh. regiert. Der Saal wurde von Josep María Sert ausgemalt. Besichtigen kann man nur den Innenhof. Für alle Räumlichkeiten benötigt man eine Genehmigung.

Man kann einen Abstecher durch die Carrer d'Hercules nordwärts zur nahen Plaça Saint Just und der gotischen **Kirche Santos Justo y Pastor (15)** machen.

Geht man vom Sant Jaume Platz nordwärts, erreicht man drei Straßenzüge weiter die Plaça de L'Angel (Metro Jaume I.) am breiten Boulevard Via Laietana. Nördlich davon erstreckt sich das Viertel **La Ribera**. Dort findet man in der Carrer Montcada neben dem **Textilmuseum (25)** das **Museu Picasso (24) [N41° 23' 06.0" E2° 10' 52.0"]**, eines der bedeutendsten Museen der Stadt (Details siehe weiter hinten unter „La Ribera Viertel – Picasso-Museum").

Noch ein Stück weiter nördlich erstreckt sich der weitläufige **Parc de la Ciutadella** mit Zoo und diversen Museen. Es empfiehlt sich, für die Besichtigung des Parks und der Museen einen separaten halben Tag vorzusehen. Siehe 3. Stadtbesichtigung – Ciutadella Park und Eixample.

Von der Plaça de Sant Jaume gelangt man über die breite Carrer de Ferran rasch zurück zur La Rambla. Interessanter ist ein kleiner Umweg durch die Gassen Carrer del Cal, Carrer de la Boqueria und Alsina. Man kommt dann zur Kirche **Santa María del Pí (6) [N41° 22' 56.3" E2° 10' 25.4"]** am gleichnamigen Platz. Die einschiffige Kirche mit schönem Kreuzgewölbe und sehenswerter Fensterrosette ist ein schönes Beispiel katalanischer Gotik.

Ein angenehmes Plätzchen um sich von den Anstrengungen der Stadtbesichtigung etwas zu erholen kann das **Straßencafé „Bar del Pí" [N41° 22' 57.0" E2° 10' 26.4"]** sein, ein bekannter und recht illustrer Treffpunkt im Viertel.

Wenn Sie für Kaffee und Kuchen zu haben sind, dürfen Sie keinesfalls eine Stippvisite in der nahen Straße Petritxol versäumen, die von der Plaça del Pi nach Westen führt. Dort finden Sie nämlich eine Reihe der besten **„granjas".** Granjas waren früher nicht viel mehr als Verkaufsstellen für frische Milch und Milchprodukte. Später wandelten sie sich zu Milchbars, in denen auch Gebäck und fruchtige Milchshakes serviert wurden. Und heute bekommt man hier darüber hinaus auch Kaffee, Schokolade und Backwaren. Übrigens: Wenn Sie „mel i mató" auf der Karte finden, sollten Sie zugreifen. Sie bekommen dann eine typisch katalonische Leckerei aus Quark mit Honig serviert.

Weiter zur La Rambla. Man erreicht den Boulevard an der **Plaça de la Boqueria (7),** Metrostation Liceu. Das Muster des Straßenpflasters hier entwarf der Maler Joan Miró.

Wir gehen über die **Rambla dels Caputxins,** vorbei an einladenden Boulevardcafés, südostwärts Richtung Hafen. Die Cafés bieten beste Gelegenheit, um auf dem Stadtspaziergang eine Verschnaufpause einzulegen.

Man passiert Barcelonas berühmtes Opernhaus **Gran Teatre del Liceu**, ein Bau aus der Mitte des 19. Jh. mit neoklassizistischer Fassade und reich dekoriertem Inneren. Mit 3.500 Sitzplätzen soll es nach der Mailänder Scala das zweitgrößte Opernhaus in Europa sein.

Man erreicht die nach rechts wegführende Carrer Nou de la Rambla. Es lohnt ein kurzes Stück in die Straße hineingehen bis zum **Palau Güell (8) [N41° 22' 44.3" E2° 10' 27.0"]** linkerhand *(geöffnet Apr. - Okt. Di - So 10 - 20 Uhr; Nov. - März Di - So 10 - 17.30 Uhr, letzter Einlass 1 Stunde vor Schließung; https://www.palauguell.cat/en)*. Antonio Gaudí errichtete dieses Stadtpalais zwischen 1886 und 1888 für die Familie Eusebi Güell. Es war das erste Auftragswerk des eigenwilligen Architekten.

Wieder zurück an der Rambla führt auf der gegenüberliegenden östlichen Straßenseite eine Seitenstraße durch ein Bogenportal auf die **Plaça Reial (9) [N41° 22' 47.8" E2° 10' 30.3"]**. Rings von Arkaden umgeben, mit Cafés und Kneipen, mit Palmen, romantischen Laternen und einem Brunnen mit den drei Grazien in der Mitte, war dieser hübsche, im 19. Jh. angelegte Platz eine der nobelsten Einkaufsgegenden im Barcelona der Jahrhundertwende.

Wie sich die Zeiten ändern sieht man kaum irgendwo anders so deutlich wie auf der Plaça Reial. Der Platz ist heute ein Treffpunkt für Dealer und Rauschgiftkonsumenten in der katalonischen Hauptstadt. Oft massive Polizeipräsenz sollen die Passanten beruhigen. Einladender wird der Platz dadurch aber nicht. Und das „gescheckte Publikum", wie es im Stadtprospekt genannt wird, lässt sich durch die Ordnungshüter keineswegs entmutigen. Der Platz ist am Sonntag Vormittag Schauplatz eines Münzen- und Briefmarkenmarktes und abends einer der Treffpunkte der Nachtschwärmer (u. a. Diskothek Karma, Flamencodiele Los Tarantos).

Weiter Richtung Hafen. Vorbei am **Pla del Teatre** auf der linken (nördlichen) Seite der Rambla. Dort stand im 16. Jh. das erste Theater Barcelonas. Ein Denkmal erinnert an Frederic Soler, der als Begründer des modernen katalanischen Theaters gilt. In der Nachbarschaft sieht man den Barockbau des altehrwürdigen **Teater Principal**, das nun wieder als Schauspielhaus Verwendung findet.

Der letzte Teil der Rambla vor der Kolumbussäule ist die **Rambla de Santa Mònica**. Auf der rechten (südlichen) Seite liegen die **Pfarrkirche Santa Mònica** und ein kurzes Stück weiter das **Kunstzentrum Santa Mònica (10) [N41° 22' 39.8" E2° 10' 33.3"].**

Und fast am Ende der Rambla de Santa Mònica, ganz in der Nähe der Metrostation Drassanes, findet man an der linken (nördlichen) Seite des breiten Flanierboulevards hinter dem **Palau Marc** im klassizistischen Stil des 18. Jh. (Ausstellungszentrum, Kunstgewerbemarkt am Wochenende) das **Museu de Cera (11)**, ein Wachsfigurenkabinett mit den Nachbildungen von 300 bekannten Persönlichkeiten *(geöffnet Mo - Fr 10 - 13.30 + 16 - 19.30 Uhr, Sa + So 11 - 14 + 16.30 - 20.30 Uhr, sonntags bis 22 Uhr; www.museocerabcn.com/en/)*.

Am Ende der Ramblas öffnet sich der Boulevard auf den weiten runden **Plaça Portal de la Pau (12)** am Hafen. In der Mitte des Platzes erhebt sich die runde 60 m hohe gusseiserne Säule des **Kolumbus-Denkmals [N41° 22' 32."9 E2° 10' 39.9"]** *(geöffnet tgl. 8.30 - 20.30 Uhr; https://www.barcelona.de/de/barcelona-kolumbus-denkmal.html)*. Ein Fahrstuhl führt hinauf bis zum Fuß der Statue des Entdeckers. Schöne Aussicht.

Port Vell mit der Kolumbus-Denkmalssäule. Foto: Spain.info.de

Von den Anlegestellen verkehren die „Golondrinas" genannten Boote zu kurzen Hafenrundfahrten.

Schließlich lohnt ein Besuch im sehenswerten **Museu Marítim de Barcelona (13) [N41° 22' 32.3" E2° 10' 34.3"]** in der Av. de les Drassanes unweit südlich des Platzes Portal de la Pau *(geöffnet tgl. 10 - 20 Uhr, sonntags nach 15 Uhr Eintritt frei, letzter Einlass um 19 Uhr; www.mmb.cat/en/. Metro: Drassanes)*. Untergebracht ist dieses Seefahrtmuseum in den alten königlichen Werft- und Ausrüstungshallen „Las Reales Ataranzanes", die schon im Mittelalter entstanden sind und bis ins 18. Jh. von der Handelsflotte als Schiffszeughäuser genutzt wurden. Zahlreiche Schiffsmodelle, Galionsfiguren, Karten und Navigationsinstrumente, eine originalgetreue Rekonstruktion des Kriegsschiffs „Real", das Juan de Austria in der Seeschlacht von Lepanto befehligte, u. a. sind zu sehen. Besonders stolz ist man im Museum auf „El Libro de Consulado del Mar", einer der ältesten Aufzeichnungen des spanischen Seerechts.

Mit der Metro gelangt man von der Station Drassanes am Ende der Ramblas rasch zurück zur Plaça de Catalunya, dem Ausgangspunkt unseres Bummels über die Ramblas.

Port Vell und La Barceloneta

Links der Plaça Portal de la Pau erstreckt sich an der neu gestalteten Uferpromenade **Moll de la Fusta** (auch Moll de Bosch i Alsina) der Alte Hafen **Port Vell (16)**. Seit der Umgestaltung zur Flaniermeile findet man an der hübsch gestalteten Moll de la Fusta Bars und Restaurants.

Der Port Vell wird von der **Moll d'Espanya**, einer künstlich angelegten Halbinsel, begrenzt, zu der von der Uferpromenade ein Holzsteg, Rambla de Mar, hinüber führt. Dort findet man neben dem großen **Einkaufszentrum Maremagnum (17) [N41° 22' 31.3" E2° 10' 56.2"]** das Seeaquarium **L'Aquàrium (18) [N41° 22' 36.9" E2° 11' 02.7"]** und ein **Imax-Kino** mit Riesenleinwand und dreidimensionaler Filmprojektion sowie Bars und Diskotheken.

Das nach modernsten Gesichtspunkten gebaute **L'Aquàrium**, das **Seeaquarium von Barcelona,** gilt als das größte seiner Art in ganz Europa *(geöffnet Juni - Sept. 10 - 21 Uhr; Apr. + Okt. 10 - 20 Uhr; sonst 10 - 19.30 Uhr; www.aquariumbcn.com. Metro: Barceloneta)*. Der Besucher gelangt durch ein gläsernes, 85 m langes Unterwassertunnel zu den Aquarien in denen die Unterwasserwelt des Mittelmeeres und einiger tropischer Seegebiete gezeigt wird.

Noch weiter nordöstlich und jenseits des Hafenbeckens Dàrsena del Comerç erstreckt sich das alte Fischerviertel **La Barceloneta**, ein recht malerischer Stadtteil mit vielen Kneipen und Fischrestaurants, der von den Stadtsanierungsmaßnahmen im Zuge der Olympiade von 1992 aber offenbar nicht profitierte.

Unmittelbar am Hafen dort liegt das in den **Palau del Mar** (Einkaufszentrum, Shopping Mall, Restaurants) integrierte **Museu d'História de Catalunya (19) [N41° 22' 51.2" E2° 11' 10.0"]** *(geöffnet Di - Sa 10 - 19 Uhr, Mi 10 - 20 Uhr, sonn- und feiertags 10 - 14.30 Uhr, letzter Einlass 30 Minuten vor Schließung; www.mhcat.cat. Metro: Barceloneta)*. Hier wird in einem zum Museum umgebauten ehemaligen neuzeitlichen Lagerhaus mittels unterschiedlicher Ausstellungen und Sammlungen die wechselvolle Geschichte der Region Katalonien dokumentiert.

Ein breiter Boulevard führt weiter nordöstlich zu einer der neueren Urbanisationen Barcelonas, der **Vila Olímpica (20)**, Barcelonas ehemaligem Olympischen Dorf von 1992 *(Metro: Ciutadela/ Vila Olímpica)*. Die Neugestaltung dieses modernen Wohngebietes galt 1992 als die wichtigste Maßnahme bei der Umgestaltung der Meerseite Barcelonas. Architekten von internationalem Ruf wurden damals engagiert, um die 2.000 Wohneinheiten zu planen. Zwei riesige, 142 m hohe Türme am Hafen **Port Olímpic [N41° 23' 15.3" E2° 11' 56.9"]** sind das Wahrzeichen des neuen Stadtviertel. Einer der Türme beherbergt die Büros eines Versicherungskonzerns der andere das supermoderne Luxushotel Arts.

Die Gegend um den Port Olímpic mit seinen Bars und Restaurants hat sich zu einem beliebten Treffpunkt Barcelonas entwickelt. Hier brummt es nicht nur in den warmen Sommernächten bis in die frühen Morgenstunden.

Am Port Olímpic findet sich eine Reihe von Restaurants der unterschiedlichsten Art, wie z. B. das **La Fonda del Port Olimpic**, Moll de Gregal, 7-10, Restaurantterrasse in aussichtsreicher Lage, gehobene Preislage.

Barcelonas altes „Chinesenviertel"

Südlich der Ramblas erstreckt sich das etwas zwielichtige Viertel **El Raval.** Früher war es als **„Barri Chino"**, das alte Chinesenviertel, mehr berüchtigt als berühmt.

Chinesen gibt es hier schon lange keine mehr, hat es wohl auch nie wirklich gegeben. Wie es heißt, soll das Viertel einen amerikanischen Journalisten an Chinatown in San Francisco erinnert haben.

Wie dem auch sei, in El Raval findet man auch heute noch jede Menge ein- und zweideutige Häuser, Kneipen und Animierbetriebe mit dem entsprechenden Publikum, das die Atmosphäre solcher typischer Rotlichtviertel sucht. Halbwelt, Unterwelt, Dealer und Hehler haben sich hier eingenistet. Es heißt, dass die Diebe in der Stadt und Umgebung – oft nur für einen Coups aus Südamerika eingeflogen – ihre Tipps und Anweisungen aus dem Barrio Chino erhalten.

Grob abgrenzen lässt sich der Kern des Viertels etwa durch La Rambla im Norden, Carrer de Sant Pau im Osten, und Avinguda del Paral-lel im Süden.

An der Avinguda del Paral-lel haben sich Kabaretts, Cafés und Varieté-Theater etabliert. Stadtbekannt sind die Kabaretts „El Molino" (Via i Vilà, 99, Tel. 932 05 51 11) und „Arnau" (Paral-lel 60, Tel. 933 42 24 08) oder die Theater „Victoria" (Paral-lel 67-69, Tel. 933 29 91 89) und „Apolo" (Paral-lel 59, Tel. 93299 70 81).

Am Nordwestrand des Viertels La Raval (oder Barri Chino) liegt das **Museu d'Art Contemporàni de Barcelona (22) [N41° 22' 59.4" E2° 10' 00.12"]** Der moderne Bau ist in Spaniens Kunstszene ein bekannter Ausstellungsort namhafter zeitgenössischer Künstler Kataloniens *(geöffnet Mi - Fr + Mo 11 - 19.30 Uhr, Sa 10 - 20 Uhr, So 10 - 15 Uhr; www.macba.cat/en/. Metro: Universitat)*.

2. Stadtrundgang – Montjuïc

Plaça d'Espanya (1) – „Spanisches Dorf" (4) – Katalanisches Kunstmuseum (5) – Olympiagelände (6)

– Ethnologisches Museum (8) – Archäologisches Museum (9) – Miró Stiftung (12) – Funicular de Montjuïc (14) – Plaça del Miramar (18) – Castell de Montjuïc (19).

Ausgangspunkt dieses Stadtspaziergangs ist die **Plaça d'Espanya (1) [N41° 22' 29.0" E2° 08' 58.4"],** *Metro: Espanya,* ein weiterer Verkehrsknotenpunkt der Stadt. An der Nordseite des Platzes liegt die Metrostation Espanya und eine der Stierkampfarenen der Stadt, heute mehr Einkaufszentrum denn Arena.

Über die breite, von Wasserbecken gesäumte Avinguda de la Reina María Cristina, deren Beginn an der Plaça d'Espanya durch die beiden 47 m hohen **Ausstellungstürme „Torres Venecianes"** von 1929 markiert ist, geht man nach Südosten durch das Messe- und Kongressgelände und über die Plaça de Carles Buïgas zur **Plaça de les Cascades** vor dem imposanten Palau Nacional, zu dem im Hintergrund eine breite Freitreppe hinaufführt.

Das ganze Areal am Fuße des Montjuïc war 1929 Weltausstellungsgelände. Fast alle Gebäude, Plätze, Straßen, Brunnen und Grünanlagen hier entstanden anlässlich jenes Ereignisses.

Auch der „Zauberbrunnen", die **Font Màgica (2)** oder Font Iluminosa, die Fontäne mit den Wasserspielen von Montjuïc, die man auf dem Weg hierher passiert, verdankt ihre Entstehung der Weltausstellung von 1929.

Der damals von Carles Buïgas gestaltete und abends oft bunt beleuchtete Brunnen unterhalb des Palau Nacional gilt noch heute als Sehenswürdigkeit. Das bunte Schauspiel aus Wasser, bunten Lichtern und Musik wird gewöhnlich nur im Sommer zwischen Ende Juni und Ende September vorgeführt und zwar donnerstags, freitags, samstags und sonntags von 21 bis 24 Uhr, übrige Zeit (außer Januar bis März) samstags und sonntags 20 bis 23 Uhr. Die Zeiten können sich ändern!

Am Fontänenplatz sieht man rechterhand den 1986 rekonstruierten **Pavelló Mies van der Rohe (3)**, den Deutschen Pavillon von 1929, eine avantgardistische Konstruktion von Ludwig Mies van der Rohe (1886 – 1969). Untergebracht ist dort heute eine Dokumentation über das Schaffen des Architekten, der von 1930 bis 1933 Leiter des Bauhauses in Dessau und ab 1938 in Amerika tätig war.

Noch etwas weiter südwestlich findet man in der Av. Francesc Ferrer i Guàrdia, 13 das **Poble Espanyol (4) [Parkplatz, N41° 22' 02.5" E2° 08' 48.3"]**, das **„Spanische Dorf"** *(geöffnet Mo 9 - 20 Uhr, Di - Do + So 9 - 24 Uhr, Fr 9 - 15 Uhr, Sa 9 - 16 Uhr; www.poble-espanyol.com. Metro: Pl. Espanya).* In diesem Freilichtmuseum, in dem einige der charakteristischsten Bauwerke, Straßenzüge und architektonischen Kunstwerke aus allen Regionen Spaniens anlässlich der Weltausstellung von 1929 nachgebaut wurden (etwas verkleinert allerdings) findet man z. B. Werkstätten alten Kunsthandwerks, vor allem aber Bars, Restaurants, Musik- und Flamenco-Dielen, wie etwa das „El Tablao de Carmen".

Lebhaft wird es hier vor allem abends. Einige Bauwerke im „Spanischen Dorf", wie etwa eine Apotheke aus dem 18. Jh., gehören zum Museum für Kunst, Industrie und Volksbräuche.

Der etwas erhöht gelegene, von einer bombastischen Kuppel gekrönte und das Gelände dominierende **Palau Nacional (5)** diente 1929 als Weltausstellungspavillon Spaniens.

Heute ist in dem prächtigen Nationalpalast das sehenswerte **Museu Nacional d'Art de Catalunya,** das **Museum für Katalonische Kunst (5) [Parkplatz, N41° 22' 05.4" E2° 09' 04.8"],** untergebracht *(geöffnet Mai - Sept. Di - Sa 10 - 20 Uhr, So 10 - 15 Uhr; Okt. - Apr. Di - Sa 10 - 18 Uhr, So 10 - 15 Uhr, letzter Einlass 30 Minuten vor Schließung; www.museunacional.cat/en/. Metro: Pl. Espanya).* In diesem Museum für katalanische Kunst sind vor allem Fresken, Skulpturen und sakrale Kunst aus der Zeit der Romanik und der Gotik zu sehen. Eine weitere Abteilung zeigt eine bemerkenswerte Sammlung von Säulenkapitellen und Goldschmiedearbeiten.

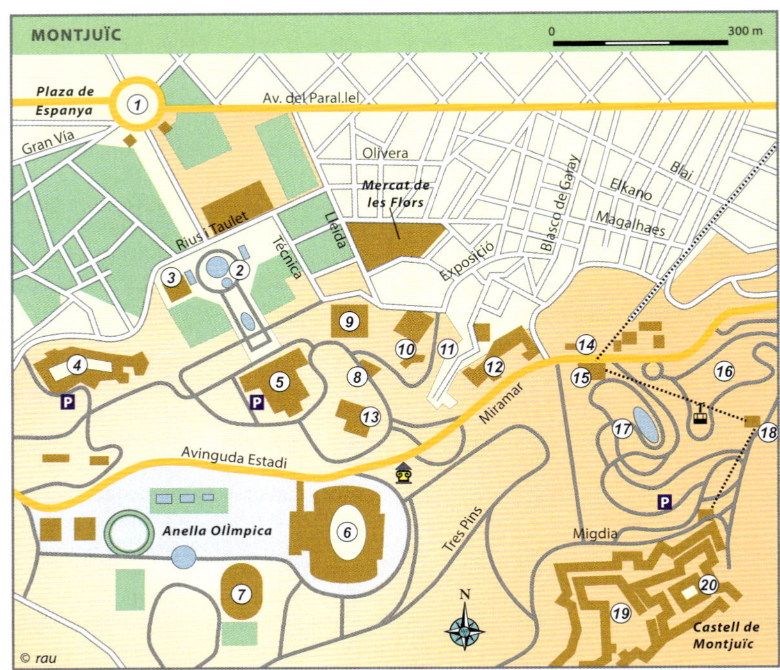

*MONTJUÏC – **1** Plaça d'Espanya – **2** Font Màgica – **3** Pavelló Mies van der Rohe – **4** Poble Espanyol, „Spanisches Dorf" – **5** Palau Nacional, Museu Nacional d'Art de Catalunya – **6** Olympiastadion – **7** Palau Sant Jordi – **8** Ethnologisches Museum – **9** Archäologisches Museum – **10** Gärten Laribal – **11** Griechisches Theater – **12** Miró-Stiftung – **13** Villa Albéniz – **14** Standseilbahn Funicular de Montjuïc Bergstation – **15** Station der Seilschwebebahn Telefèric – **16** Parc d'Atraccions de Montjuïc – **17** Garten Mossèn Cinto Verdaguer – **18** Mirador am Jardins del Mirador de l'Alcalde – **19** Castell de Montjuïc – **20** Militärmuseum*

Die umfassende und ausgezeichnete Sammlung spanischer Keramik ist in den Pedralbes Palast verlegt worden. Dafür sollen die Ausstellungen im Nationalmuseum für Katalanische Kunst um Gegenstände aus der Renaissance ergänzt werden.

Hinter dem Nationalpalast liegen das Olympiagelände und der **Montjuïc-Hügel.** Die Anhöhe ist etwas über 200 m hoch und war schon zur Römerzeit mit Tempeln versehen. Seinen Namen leitet der Hügel übrigens ab von „Mont Judaicus", Berg der Juden.

Hinter dem erwähnten Nationalpalast Palau Nacional (und von dort über Rolltreppen zu erreichen) erstreckt sich das anlässlich der Sommerspiele 1992 der 25. Olympiade völlig neu gestaltete Olympiagelände. Mittelpunkt ist das **Olympiastadion (6)** und der benachbarte, vom japanischen Architekten Arata Isozaki erbaute Sportpalast **Palau Sant Jordi (7)**. Wenige Schritte nordöstlich vom Olympiastadion gibt es ein **Olympiamuseum [N41° 21' 59.1" E2° 09' 26.8"]** *(geöffnet Apr. - Sept. Di - Sa 10 - 20 Uhr, So 10 - 14.30 Uhr; Okt. - März Di - Sa 10 - 18 Uhr, So 10 - 14.30 Uhr; www.museuolimpicbcn.com. Bushaltestelle: Estadi Olimpic)* zu besichtigen. Ausgestellt sind hier u. a. die Medaillen, die spanische Sportler bei der Olympiade '92 errangen, Fotos und andere Dokumente, die im Zusammenhang mit den damaligen Sommerspielen stehen.

Zwischen Nationalpalast und Olympiagelände liegt der Park **Jardins de**

Joan Maragall mit dem **Palau Albéniz**, dem alten Königspalast der Weltausstellung. Er dient heute zu Repräsentationszwecken und feierlichen Empfängen der Stadt. Sonntags ist der Park der Öffentlichkeit zugänglich.

Drei bedeutende Museen liegen etwas weiter nördlich:

Das **Ethnologische Museum (8) [N41° 22′ 08.9″ E2° 09′ 21.6″]** zeigt Exponate präkolumbianischer Kulturen in Amerika, Asien und Afrika *(geöffnet Di - Sa 10 - 19 Uhr, So 10 - 20 Uhr; www.barcelona-museum.de/ethnologisches-museum-barcelona.html. Bushaltestelle: Passeig de Santa-Madrona-Museu/etnologic).*

Im **Archäologischen Museum (9) [N41° 22′ 10.9″ E2° 09′ 26.0″]** *(geöffnet Di - Sa 9.30 - 19 Uhr, So 10 - 14.30 Uhr; www.barcelona-museum.de/archaeologisches-museum-barcelona.html. Haltestelle Bus 55 Passeig de l'Exposicio-Santa Madrona)* sieht man vor allem frühgeschichtliche Sammlungen von der Iberischen Halbinsel und von Mallorca, Ausgrabungsgegenstände aus Empúries, schöne römische Mosaiken u. a.

Ganz in der Nähe des Archäologischen Museums wurde ein kleines **griechisches Theater (11)** nachempfunden, das 2.000 Personen Platz bietet und im Sommer gelegentlich die Kulisse von Theaterveranstaltungen ist.

Etwa 10 Gehminuten weiter, an der Avinguda de Miramar, der Straße zum Montjuïc Vergnügungspark, liegt das Gebäude der **Fundacio Joan Miró (12) [N41° 22′ 05.6″ E2° 09′ 36.4″]** *(geöffnet Apr. - Okt. Di - Sa 10 - 20 Uhr, So 10 - 18 Uhr; Nov. - März Di - Sa 10 - 18 Uhr, So 10 - 15 Uhr, Führung in Englisch Do 13 Uhr, letzter Einlass 30 Min. vor Schließung; www.fmirobcn.org/de/. Bus 55 und 150 Parc de Montjuïc oder Metro: Placa Espanya)*, eine Stiftung, die der Künstler, Maler, Grafiker und Surrealist Joan Miró seiner Heimatstadt vermachte. Das 1975 errichtete Gebäude ist ein Werk des Architekten Josep Lluis Sert und an sich schon eine Sehenswürdigkeit. Zu sehen ist eine ständige Ausstellung von Werken Joan Mirós. Außerdem dient das Gebäude als Studienzentrum für zeitgenössische Kunst (Bibliothek, Archiv) und wird zudem für künstlerische Ausstellungen und Veranstaltungen genutzt.

Miró, 1893 geboren, emigrierte während der frühen Francozeit nach Paris und ließ sich dann 1956 auf Mallorca nieder. Er starb 1983 und wurde feierlich auf dem Friedhof südöstlich vom Montjuïc beigesetzt.

Von der Plaça de Neptú an der Miró-Stiftung – ein paar Gehminuten über die Carretera de Montjuïc weiter nach Nordosten – erreicht man die **Bergstation Parc de Montjuïc** der **Standseilbahn Funicular de Montjuïc (14)**, die hinunter zur Plaça Raquel Meller an der Avinguda del Paral-lel fährt.

Wenige Schritte daneben startet die **Seilschwebebahn Telefèric (15) [N41° 22′ 07.5″ E2° 09′ 48.2″]**. Ihr vertrauen wir uns an und fahren – vorbei am Vergnügungspark **Parc d'Atraccions de Montjuïc (16)** und mit Zwischenstation am **Mirador (18) [N41° 22′ 02.6″ E2° 10′ 05.3″]** neben dem Park Jardins del Mirador de l'Alcalde – hinauf zur Festung **Castell de Montjuïc (19) [Seilbahn-Bergstation, N41° 21′ 53.1″ E2° 09′ 59.1″]**. Die Seilbahn verkehrt von Mitte Juni bis Mitte Sept. tgl. zwischen 11 und 22 Uhr alle 10 Minuten, in den Monaten Mitte Sept. bis Ende Okt. und Ende März bis Mitte Juni tgl. bis 20 Uhr, und in der übrigen Zeit nur Samstag und Sonntag von 10.30 bis 20 Uhr. Es empfiehlt sich, vor Ort in einem der Verkehrsbüros die neuesten Zeiten zu erfragen!

Parkplätze [N41° 21′ 56.3″ E2° 09′ 49.3″] findet man unterhalb der Festung an der Straße Carrer dels Tarongers.

Die Festung auf dem Montjuïc wurde Mitte des 17. Jh. erbaut und im 18. Jh. erweitert. Heute ist hier ein **Militärmuseum (20)** eingerichtet. Das schönste an der Festung sind die schönen Ausblicke von den Bastionen und Terrassen, die man auf den Hafen, die Stadt und auf das Olympiagelände hat.

Man fährt mit der Seilbahn zum Ausgangspunkt zurück und weiter mit der Funicular hinab in die Stadt.

Nicht weit von der Talstation der Funicular de Montjuïc liegt das **Monasteri Sant Pau del Camp [N41° 22‘ 33.8“ E2° 10‘ 10.8“]** unweit der Metrostation Paral-lel am Südrand des Viertels Barrio Chino *(geöffnet Mo - Sa 10 - 13.30 + 16 - 19.30 Uhr)*. Die Kirche gilt als eines der schönsten romanischen Gotteshäuser der Stadt. Die Kirche wurde im 10. Jh. errichtet und stand damals auf dem freien Felde, worauf auch ihr Name hinweist. Im zweischiffigen Inneren mit drei Apsiden sieht man Säulen und Kapitelle, die aus der Zeit noch vor der maurischen-islamischen Invasion stammen, also wesentlich älter als die Kirche selbst sind. Beachtenswerter kleiner Kreuzgang aus dem 12. Jh.

3. Stadtbesichtigung Ciutadella Park und Eixample

Kirche Santa María del Mar (23) – Picasso-Museum (24) – Textilmuseum (25) – Parc de la Ciutadella – Zoolog. Museum (26) – Mineraliensammlung (27) – Gaudí-Gebäude Casa Batlló (33) – Casa Milà „La Pedrera“ (34) – Sagrada Família (35) – Park Güell.

La Ribera Viertel

Ausgangspunkt ist die **Metrostation Jaume I [N41° 23‘ 02.0“ E2° 10‘ 42.8“]** an der Via Laietana. Von dort gehen wir über die Carrer Argenteria zur **Plaça Santa María** mitten im Stadtteil **La Ribera.**

Auch La Ribera hatte wie das benachbarte Barri Gòtic seine Ursprünge im Mittelalter. In früheren Jahrhunderten bestand La Ribera aus zwei Vierteln, dem Sant Pere Viertel der Adeligen, Schiffseigner und reichen Kaufleuten und dem Viertel Santa Maria del Mar der Seeleute. Dort findet man die **Kirche Santa María del Mar (23) [N41° 23‘ 00.7“ E2° 10‘ 54.2“],** ein gotisches Bauwerk aus dem 14. Jh. mit gewaltigem dreischiffigen Inneren, mit schöner Fensterrose und sehenswerten Glasfenstern.

Santa María del Mar, heute beliebte Hochzeitskirche, wurde in Erfüllung eines Gelübdes, das einst Jaime I. der Muttergottes der Seefahrer ablegte, errichtet.

Erst im 14. Jh. wurden beide Stadtviertel verbunden, als die Straße Montcada angelegt wurde, die bald zur bevorzugten Wohngegend der Reichen wurde.

An der Westseite der Kirche vorbei gelangt man zur Carrer de Montcada, die nach links abzweigt. Ihr folgen wir bis zum Picasso-Museum (24). In der Straße Montcada sieht man mehrere ehemalige **Adelspalais** im gotischen oder Renaissancestil mit schönen Innenhöfen, Treppenaufgängen und Balkonen.

Einer jener Paläste ist der von Berenguer de Aguilar. In ihm ist heute das **Picasso-Museum (24) [N41° 23‘ 06.4“ E2° 10‘ 51.0“]** untergebracht *(geöffnet Di - So 11 - 21 Uhr, donnerstags zwischen 17 + 21 Uhr sowie am ersten Sonntag im Monat freier Eintritt; letzter Einlass 30 Min. vor Schließung; www.museupicasso.bcn.cat/en/. Metrostationen: gelbe Linie L4 Station Jaume I; rote Linie L1 Station Arc de Triomf; keine hauseigene Parkmöglichkeit)*. Das Museum präsentiert – obwohl hier keine der ganz großen Arbeiten Pablo Picassos (1881 – 1973) zu finden ist – einen umfassenden Überblick über das Lebenswerk aus allen Schaffensperioden des großen spanischen Künstlers, darunter Grafiken, Gemälde und Zeichnungen.

Gegenüber vom Picasso-Museum ist in dem gotischen Stadtpalais der Marquès Llió i Nadal das **Museu Tèxtil i de la Indumentària (25),** Plaça de les Glòries Catalanes, 37, das Museum für Textilien, Bekleidung und Spitzen untergebracht *(geöffnet Di - Fr 10 - 19 Uhr, Sa + So 11 - 20 Uhr; freier Eintritt jeden ersten Sonntag im Monat; https://www.barcelona.com/barcelona_directory/museums/textile_museum#; Metro: Glòries)*.

Etwas westlich vom Picasso-Museum ist das **Museu Europeu d’Art Modern (MEAM) (29) [N41° 23‘ 06.1“ E2° 10‘ 49.6“]** eingerichtet, Barra de Ferro, 5 *(geöffnet Di - So 11 - 19 Uhr; www.meam.es/en/)*. Das Museum für Moderne Kunst zeigt Werke von Miró, Dalí, Tàpies und anderen katalanischen Künstlern des 19. und 20. Jh.

Wenig weiter westlich stößt man auf die Carrer de la Princesa. Ihr folgen wir rechts (nordwärts) und kommen zum **Parc de la Ciutadella**. Links, Ecke Passeig de Picasso und Passeig de Pujades, sieht man den viereckigen, mit Ecktürmen versehenen Bau des **Naturkundemuseums (Museu de Ciències Naturals de Barcelona) (26)** *(geöffnet März - Sept. Di - Sa 10 - 19 Uhr, So 10 - 20 Uhr; Okt. - Feb. Di - Fr 10 - 18 Uhr, Sa 10 - 19 Uhr, So 10 - 20 Uhr, Eintritt frei am ersten Sonntag des Monats und jeden Sonntag ab 15 Uhr, letzter Einlass 30 Min. vor Schließung; www.museuciencies.cat/en/).* Das Gebäude entstand anlässlich der Weltausstellung von 1888 als Restaurant.

Weiter rechts findet man das **Museum Martorell (27) [N41° 23' 13.4" E2° 11' 03.6"]** oder **Museu de Geologia** *(bis auf weiteres geschlossen)*, mit interessanten Mineraliensammlungen. Man plant den Umzug zum Laboratory de Natura im Castell dels Tres Dragons. Neueröffnung noch unklar.

Zwischen diesen beiden Museen sieht man das **Hivernacle,** ein wunderschönes Gewächshaus, das wegen seiner großen Glasflächen gelegentlich auch als Kristallpalast bezeichnet wird. Heute wird das Gebäude, das 1888 anlässlich der Weltausstellung entstand, als Veranstaltungshalle genutzt.

Noch ein Stück weiter rechts liegt der Eingang in den großen **Stadtpark de la Ciutadella**. Die Zitadelle, die ehemals hier stand, war Teil einer Befestigungsanlage, die Philipp V. 1716 angesichts der katalanischen Aufstände hatte errichten lassen. 1873 wurde sie eingeebnet und das Gelände in einen Park verwandelt. 1888 konnte hier die Weltausstellung stattfinden. Viele der zur Weltausstellung errichteten Gebäude wurden erhalten und dienen heute kulturellen Zwecken. Das katalanische **Parlament**, das hier seinen Sitz hat, tagt im **Palau de la Ciutadella (28)**, dem entsprechend umgebauten alten Arsenal der Zitadelle.

Im unteren Teil der Parkanlage findet man den **Zoologischen Garten [N41° 23' 10.8" E2° 11' 13.5"]** der Stadt *(geöffnet Sommer 10 - 19 Uhr, im Winter 10 - 17 Uhr; www.zoobarcelona.cat/en/. Metro: L4 Barceloneta und Ciutadella Vila Olimpica).*

Im südlichen Bereich des Zoogeländes, in der Nähe des Aquariums und des Restaurants, sieht man den **„Brunnen des Fräuleins mit dem Schirm"** (Font del La Dama del Paraïgua). Die hübsche beschirmte Dame auf dem Podest, gekleidet nach der Mode des ausgehenden 19. Jh., ist eines der Wahrzeichen der Stadt.

An der Südwestecke des Parks liegt der Bahnhof **Estació de França**, der älteste Bahnhof Spaniens übrigens. Der erste Zug verkehrte hier bereits 1848. Das heutige Bahnhofsgebäude entstand 1929 nach Plänen der Architekten Durán und Mugurza.

Nach einer Zeit des Verfalls in den 60ern wurde der Bahnhof rechtzeitig zur Olympiade 1992 komplett restauriert und präsentiert sich heute als kleines Schmuckstück mit viel Marmor und edlen Holzvertäfelungen. Die Bahnhofshalle mit ihren hohen Kuppeln ist wieder zu einer richtiggehenden Sehenswürdigkeit geworden.

Wir verlassen den Park an der Westseite und gehen über den breiten, begrünten Boulevard Passeig de Lluís Companys bis zum Triumphbogen **Arc del Triomf [N41° 23' 27.9" E2° 10' 49.9"]**. Dieses Monument aus roten Ziegeln wurde anlässlich der Weltausstellung 1888 am Südrand des Stadtviertels Eixample errichtet.

Eine andere Sehenswürdigkeit im La Ribera Viertel ist der **Palau de la Música de la Catalana (31) [N41° 23' 15.3" E2° 10' 30.8"],** *(geöffnet tgl. 10 - 15.30 Uhr, Ostern, Juli + Aug. 9 - 18 Uhr, Führungen obligatorisch alle 30 Minuten; www.palaumusica.cat/en/; Metro: Urquinaona).* Das Konzerthaus, etwa auf halbem Wege zwischen Arc del Triomf und Plaça de Catalunya gelegen, wurde von Lluís Domènech i Montaner 1908 im Stil des katalanischen Jugendstils er-

Die Fassade der Casa Milà gilt als Gaudís berühmtester Entwurf

richtet. Es zählt zu den architektonisch wertvollsten Bauwerken aus dieser Stilepoche in Barcelona und es wurde sogar in die UNESCO-Liste des Kulturerbes der Menschheit aufgenommen. Auf 50minütigen Führungen, auch auf Englisch, kann man die beeindruckenden Räumlichkeiten besichtigen. Sie finden alle 30 Minuten statt. Vorausbuchung möglich unter https://www.palaumusica.cat/en.

Eixample Viertel

Der **Stadtteil „Eixample"** (spanisch: El Ensanche), das Stadtviertel nördlich der Altstadt, etwa zwischen Plaça d'Espanya und Plaça de les Glòries Catalanes, wurde zwischen 1860 und 1938 nach einem regelmäßigen Gitterraster angelegt. Der Architekt Ildefons Cerdà plante eine Gartenstadt nach damals modernen städteplanerischen Gesichtspunkten. Die Architektur war nach damaligen Maßstäben zwar großzügig und modern, aber die Regelmäßigkeit der Straßenkarrees machte das Viertel eintönig, von der beabsichtigten Gartenstadt blieb nicht viel.

Hauptader des Stadtteils ist die Straße Passeig de Gràcia. Dort findet man die elegantesten Geschäfte der Stadt, einige der interessantesten Bauwerke des Viertels und in den Parallelstraßen Carrer de Pau Claris und Rambla de Catalunya einige der namhaften Hotels der Stadt.

Auf dem weiteren Weg unseres Stadtrundgangs bedient man sich am besten der U-Bahn und fährt von der Metrostation Arc de Triomf am oben erwähnten Triumphbogen bis zur Station Catalunya, steigt um und nimmt die Linie 3 eine Station bis Passeig de Gràcia.

In dem Gebäudeblock zwischen Carrer Consell de Cent und Carrer d'Aragó findet man bemerkenswerte Bauwerke aus den ersten Jahren des 20. Jh. wie die **Casa Lleò Morera [N41° 23' 28.4" E2° 09' 56.0"]** (Haus-Nr. 35) von Lluís Domènech i Montaner, die **Casa Amatller** (Haus-Nr. 41) mit bunter Keramikdekoration vom Architekten Puig i Cadafalch oder die **Casa Batlló (33) [N41° 23' 30.4" E2° 09' 53.7"],** Haus-Nr. 43, von Gaudí. Bewundernswert sind die fließenden Formen, die polychromen Mosaikfassaden oder die Dachformen und Kamine. Die genannten Gebäude sind ohne rechtzeitige Voranmeldung nur von außen zu besichtigen!

Besichtigen kann man innerhalb der Parfümerie Regia, Passeig de Gràcia 39, allerdings das **Museu del Perfum [N41° 23‘ 32.5“ E2° 09‘ 54.0“],** *(geöffnet Mo - Fr 10.30 - 20 Uhr, Sa 11 - 14 Uhr; www.museudelperfum.com/en/),* das in einem der Gebäude hier eingerichtet ist. Zu sehen ist eine umfangreiche Sammlung von Parfümflakons von der Antike bis heute.

Der gesamte Häuserblock hier ist auch als „Manzana de la Discordia“ (Zankapfel) bekannt, weil die Ansichten der Bürger und Architekten über die hier angewandten Stile und Formen doch sehr auseinander gingen.

Schräg gegenüber der Casa Batlló liegt in der Carrer Aragó 225 das Haus der **Fundació Antoni Tàpies [N41° 23‘ 29.5“ E2° 09‘ 49.7“]** mit einer bemerkenswerten Kunstausstellung über Antoni Tàpies.

Wer sich sehr für die katalonische Stadtarchitektur des frühen 20. Jh. interessiert, geht noch etwa drei Häuserblocks weiter nach Nordosten bis zur Kreuzung Carrer de Mallorca und Carrer de Roger Llúria, wo weitere bemerkenswerte Häuser (privat, nur von außen zu besichtigen) im katalonischen Modernisme-Stil zu finden sind, wie z. B. **Palau Casades, Palau Montaner [N41° 23‘ 44.2“ E2° 09‘ 54.2“]** oder **Casa Thomas [N41° 23‘ 46.9“ E2° 09‘ 56.8“]**.

Geht man dagegen von der Casa Batlló den breiten Boulevard Passeig de Gràcia vier Blocks weiter nach Nordwesten bis zum Haus Nr. 92, trifft man auf die **Casa Milà (34) [N41° 23‘ 42.8“ E2° 09‘ 43.4“]** oder „La Pedrera“. Das Gebäude wurde zwischen 1906 und 1910 von Gaudí für die Familie Milà i Camps-Segimon errichtet und gilt als Gaudís berühmtester Entwurf, auch wenn es im Volksmund scherzhaft „Steinbruch“ genannt wird *(geöffnet März - Okt. tgl. 9 - 20.30 Uhr; Nov. - Feb. tgl. 9 - 18.30 Uhr; Night Tour 21 - 23 Uhr; www.lapedrera.com).*

Ganz in der Nachbarschaft findet man das **Museu de la Música** *(geöffnet Di, Mi, Fr 10 - 18 Uhr, Do 10 - 21 Uhr, Sa + So 10 - 19 Uhr, freier Eintritt jeden Sonntag*

Kirche Sagrada Família

von 15 - 19 Uhr und jeden ersten Sonntag im Monat 10 - 19 Uhr; www.museumusica.bcn.cat). Es ist eingerichtet im Palau Baró de Quadras, der zu Beginn des 20. Jh. nach Plänen von Puig i Cadafalch entstanden ist. Zu den bemerkenswerten Ausstellungen des Museum zählt eine kostbare Sammlung alter Musikinstrumente aus aller Welt.

Um zum nächsten Punkt der Stadtbesichtigung, zur Kirche Sagrada Família zu gelangen, nimmt man ab Metrostation Diagonal (an der Avinguda Diagonal, einer der wichtigsten Verkehrsdiagonalen der Stadt) die blaue Linie 5 bis zur Station Sagrada Família.

Die **Kirche Sagrada Família (35) [N41° 24' 10.8" E2° 10' 28.4"]** ist heute das spektakulärste Bauwerk in Barcelona *(geöffnet Apr. - Sept. tgl. 9 - 20 Uhr; März + Okt. tgl. 9 - 19 Uhr; Nov. - Feb. tgl. 9 - 18 Uhr; Ticket-Vorausbuchung unter www.gotobarcelona.barcelona.ticketbar.eu/de/sagrada-familia-de/sagrada-familia-umgehen-sie-die-warteschlange-/; www.sagradafamilia.cat. Metro: L5, Blaue Linie bis Station Sagrada Família)*.

Die ersten Entwürfe für den Kirchenbau stammen vom Architekten F. del Villar, der 1882 auch den Grundstein legte und mit dem Bau der Krypta begann. 1891 wurde die Bauleitung an Antoni Gaudí übertragen, der das Konzept grundlegend abänderte und daraus das ehrgeizigste Projekt seines Schaffens machte.

Die Grundidee sind drei monumentale Fassaden, die Ostfassade der Geburt Christi (El Nacimiento), die Westfassade des Leidens und Sterbens Christi (La Passión) und die Südfassade der Auferstehung (La Gloria), die größte am Bauwerk. Fertiggestellt wurde bis zu Gaudís Tod 1928 lediglich die Apsis und die Nacimiento-Fassade.

Die Portale an den drei Fassaden sollen jeweils von vier Türmen gekrönt werden. Sie symbolisieren die zwölf Apostel.

Über der Apsis wird sich der Turm „Nuestra Señora" erheben. Die dominierende mittlere 172 m hohe Turmspitze symbolisiert Christus und die sie umgebenden vier Türme die Evangelisten. Eingweiht wurde die Kirche übrigens 2010 von Papst Benedikt XVI. Und schließlich fertiggestellt werden, so die Planung, soll das Bauwerk 2026, rechtzeitig zum 100. Todestag von Antoni Gaudí. Ob das wirklich realisiert werden kann ist aber nicht ganz sicher, schließlich wurde und wird der Bau von Spenden und Eintrittsgeldern finanziert. Wird der Termin allerdings eingehalten, wäre die Sagrada Família ein Kirchenbau mit einer 144 Jahre langen Baugeschichte.

In der Krypta ist ein kleines Museum mit Modellen von diversen Bauwerken Gaudís und Photodokumentationen zu sehen. Gaudí kam 1928 im Alter von 74 Jahren übrigens bei einem Straßenbahnunfall ums Leben und wurde unter großer Anteilnahme der Bevölkerung in der Krypta beigesetzt.

Ein gebührenpflichtiger Aufzug (es gibt auch Treppen) bringt Besucher zu einem Aussichtspunkt hoch oben im Ostturm.

Die letzte Station dieses Stadtrundgangs ist der **Güell-Park [N41° 24' 48.4" E2° 09' 11.3"]** *(geöffnet Mai - Aug. tgl. 7.30 - 20.30 Uhr; Apr. - Sept., Okt. tgl. 8 - 19.30 Uhr; Nov. - März tgl. 8.30 - 17.30 Uhr; www.parkguell.barcelona/en/. Metro: L4 bis Station Alfons X.)*. Statt der Metro kann man auch den Bus 24 ab Plaça Catalunya nehmen. Der Bus hält vor dem Parkeingang in der Carrer d'Olot.

Der Park liegt auf einem Hügel im Nordwesten der Stadt und ist benannt nach Eusebi Güell, dem großen Förderer Gaudís. Güell wollte hier eigentlich eine Gartenvorstadt mit 60 Einfamilienhäusern in parkähnlicher Umgebung errichten lassen. Beauftragt mit der Bauplanung und Gestaltung war zwischen 1900 und 1914 Antoni Gaudí. Das Projekt, zu Gaudís Zeiten schon mal als „expressionistischer Park, der Alpträume hervorruft" tituliert, wurde aber lange vor der Fertigstellung eingestellt.

Lediglich zwei Bauwerke sind vollendet, die Pavillons am Parkeingang und die als Markthalle gedachte riesige Säulenhalle, zu der eine breite Freitreppe

Mit Keramik-Mosaiken verzierte Steinbänke im Parque Güell. Foto: Spain.info.de

mit Drachen und Riesenechsen hinaufführt. Auf der Halle, deren Decke auf 80 Säulen dorischen Stilcharakters ruht, liegt eine **Aussichtsterrasse** mit geschwungenen, durch Keramik-Mosaiken verzierten Steinbänken.

In der **Casa Museu Gaudí** findet man interessantes, von Gaudí entworfenes Mobiliar, Projektskizzen, sowie Erinnerungsstücke an den berühmten Architekten, der hier zwischen 1906 und 1926 lebte *(geöffnet Apr. - Sept. tgl. 10 - 20 Uhr; Okt. - März tgl. 10 - 18 Uhr; www.casamuseugaudi.org). Anfahrt wie zum Park Güell s.o..*

Weitere Gebäude Gaudís

Casa Vicens, zwischen 1883 und 1888 für den Fliesenfabrikanten Manuel Vicens i Montaner errichtet, Privatbesitz; Carrer Carolines 22, Metrostation Fontana oder Lesseps.

Casa Calvet, ausgangs des 19. Jh. für den Textilfabrikanten Calvet errichtetes Wohn- und Geschäftshaus, für das Gaudí eine Auszeichnung der Stadt Barcelona erhielt, Privatbesitz; Carrer de Casp 48, Metrostation Urquinaona.

Palau Reial de Pedralbes [N41° 23' 11.5" E2° 07' 06.2"], im Südwesten der Stadt am Rande des Universitätsviertels, Nähe Avinguda Diagonal *(geöffnet Di - So 10 - 18 Uhr, freier Eintritt am ersten Sonntag im Monat und jeden Sonntagnachmittag). Metro: Palau Reial.* Der Palast, der um 1920 für König Alfonso XIII. errichtet wurde, liegt am Rand einer schönen Parkanlage. Die Residenz ist prächtig ausgestattet (z. B. Wandteppiche, Muranoglas-Lüster). Heute ist hier das sehenswerte **Keramikmuseum** eingerichtet, u. a. auch mit Werken von Picasso und Miró.

Ein gutes Stück (ca. 1 km) weiter nördlich erreicht man das **Monestir de Pedralbes [N41° 23' 42.6" E2° 06' 47.7"]** *(geöffnet Apr. - Sept. Di - Fr 10 - 17 Uhr, Sa 10 - 19 Uhr, So 10 - 20 Uhr; Okt. - März Di - Fr 10 - 14 Uhr, Sa + So 10 - 17 Uhr, freier Eintritt jeden Sonntag nach 15 Uhr; https://monestirpedralbes.barcelona/). Metro: L6 Blaue Linie bis Endstation Reina Elisenda, dann 10 Min. Fußweg.* Gegründet wurde dieses Klarissenkloster Mitte des 14. Jh. von König Jaime II. und seiner vierten Gemahlin Elisenda de Montcada.

Später zog sich die verwitwete Königin in das Kloster zurück. Hier liegt sie auch begraben. Ihr Grabmal zeigt sie einmal im Gewand der Königin und als Nonne. Sehenswert sind die gotische **Klosterkirche** und vor allem der **Kreuzgang**, der drei Stockwerke umfasst und als größter seiner Art in ganz Katalonien gilt. In der Kapelle Sant Miguel sind Fresken aus dem 14. Jh. von Ferrer Bassa zu sehen.

Vom Pedralbes-Kloster aus kann man mit dem Bus Nr. 22 zur Avinguda de Tibidabo fahren.

Der 532 m hohe **Tibidabo** im Nordwesten der Stadt wird nach wie vor als Aussichtsberg bezeichnet. Allerdings ist der ungehinderte, klare (dann auch recht imposante) Blick vom Gipfel auf die Stadt nicht immer optimal. Der Blick auf die Stadtsilhouette wird öfters durch Dunst beeinträchtigt.

An der höchsten Stelle des Tibidabo liegt die **Kirche Sagrat Corazón (Sagrada Corazón)**, ein Werk Sagniers. Außerdem Vergnügungspark, Museum für Spielautomaten und mechanische Puppen.

Vom Stadtzentrum aus erreicht man den Aussichtspunkt auf dem Berg Tibidabo mit der Vorortbahn Ferrocarriles Generalitat. Ab Plaça Catalunya bis Station Avenida del Tibidabo. Dort vertraut man sich der Veteranenbahn **Tramvía Blau** an und fährt bis zur Endstation an der **Talstation der Seilbahn [N41° 24‘ 59.1“ E2° 07‘ 52.4“]**, die schließlich hinauf auf den Tibidabo führt. Die Bahn verkehrt wegen Restaurierungsarbeiten bis auf weiteres nicht; www.tmb.cat/en/about-tmb/transport-tmb/tramvia-blau-tibidabo/. Während der Restaurierungsarbeiten verkehrt der Bus 196 zwischen 7.30 Uhr und 22 Uhr.

An der Talstation der Seilbahn findet man das Terrassen- und Aussichtsrestaurant „La Venta“, Tel. +34 932 12 64 55; https://restaurantelaventa.com/.

Für eingefleischte Fußballfans ein Muss ist das **Museu del Futbol Club Barcelona [N41° 22‘ 54.3“ E2° 07‘ 17.7“]** im Stadion des F. C. Barcelona, Nähe Avinguda Diagonal im Südwesten der Stadt *(geöffnet 4. Apr. - 12. Okt. tgl. 9.30 - 19.30 Uhr; Jan. - 13. Apr. + 13. Okt. - 31. Dez. Mo - Sa 10 - 18.30 Uhr, So 10 - 14.30 Uhr; www.fcbarcelona.com. Metro: L3 Palau Reial)*. Museum über die legendäre Fußballgeschichte des Clubs, Trophäen und Pokale, Videos etc.

Museu Tauri [N41° 23‘ 57.7“ E2° 10‘ 52.0“], Gran Vía Cortes Catalanes 749. Museum über den Stierkampf, Trachten berühmter Toreros, Plakate etc. *(geöffnet Mo - Sa 11 - 14 + 16 - 20 Uhr; www.barcelona-museum.de/stierkampf-museum.html). Metro: L2 Lila Linie Monumental.*

PRAKTISCHE HINWEISE – BARCELONA

Puntos de Información Turística [N41° 23‘ 13.1“ E2° 10‘ 14.8“], Plaça de Catalunya 17-s, Tel. +34 932 85 38 34; unterhlab des Platzes, in der Nähe des Kaufhauses El Corte Inglés; Informationen der vielfältigsten Art über die Stadt. *Geöffnet tgl. 8.30 – 20.30 Uhr*; www.barcelona-tourist-guide.com. U-Bahn: Catalunya (Grüne Linie, L3) und (Rote Linie, L1).

Puntos de Información Turística, Plaça de Sant Jaume I, Carrer de la Ciutat, 2, im Gotischen Viertel im Rathaus Ajuntament de Barcelona. *Geöffnet Mo - Fr 8.30 - 20 Uhr, Sa + So 9 - 15 Uhr; https://www.barcelonaturisme.com/wv3/en/.* U-Bahn: Jaume (Gelbe Linie, L4).

Oficina de Turismo de Catalunya, Palau Robert, Passeig de Gràcia, 107, 08008 Barcelona, Tel. +34 932 38 80 91. Informationen über die Region Katalonien. *Geöffnet Mo - Fr 9.00 - 20 Uhr*; www.catalunya.com. Metro: Linien L3 und L5, Station Diagonal.

Puntos de Información Turística, Tourismusbüro am Kolumbus-Denkmal, Plaça del Portal de la Pau, s/n; *geöffnet tgl. 8.30 - 20.30 Uhr*. Infos hauptsächlich über den Hafen, über kulturelle Attraktionenund über BusTuristic, aber keine Hotelbuchungen. U-Bahn: Drassanes (Grüne Linie, L3).

Internet: Spanien allg.: www.spain.info.com – Barcelona: www.barcelona-turisme.com, www.barcelona-tourist-guide.com, www.barcelona.de.

Telefonnummern und Adressen für den Notfall in Barcelona: https://www.barcelona.de/de/barcelona-notfall-adressen-telefonnummer.html.
Landesweiter Polizeinotruf: **112** (Polizei, Notarzt, Feuerwehr)
Stadtpolizei: **092**
Polizei (Guardia Civil): **062**
Unfall/Krankenwagen: **061**
Feuerwehr: **085**
Deutsche- und englischsprachige Polizeibeamte, Tel. +34 932 90 30 00.

ADAC Notrufzentrale München: Tel. +49 89 22 22 22 (Pannenhilfe Ausland), **Tel. +49 89 76 76 76** (Erkrankung, Unfall, Verletzung, Transportfragen und/oder Todesfall).

RACE Pannenhilfe (auxilio en carretera) in Spanien: Tel. +34 915 94 93 94, 24-Stunden-Service; https://www.race.es/asistencia-en-carretera (Webseite in spanischer Sprache).

Turismo Atención, Schnellhilfebüro für überfallene, bestohlene Touristen: Nou de la Rambla, Tel. +34 932 90 28 44; Ramblas 43, Tel. +34 932 90 28 45; Plaza Catalunya Tel. +34 934 12 14 69; Hauptbahnhof Sants Tel. +34 932 90 52 31; Hafen Tel. +34 932 24 06 00.

Feste, Veranstaltungen
Sant Medir Fest, am 3. März, feierlicher Umzug mit Festwagen zu Ehren des Stadtpatrons im Stadtteil Gràcia. Es werden 60 Tonnen Süßigkeiten verteilt; www.barcelona.cat/culturapopular/en/festivals-and-traditions/sant-medir.
Sant Jordi Fest, 23. April, das große Fest des Buches und der Rose, in der ganzen Stadt findet man an diesem Tag Bücher- und Rosenstände und alle Welt schenkt sich ein Buch und eine Rose, ein Freudentag für alle Verleger und Gärtner; www.spain.info/de_DE/reportajes/la_fiesta_sant_jordi.html.
Fronleichnam, im Juni, Umzüge mit Riesenfiguren (gigantes).
Sant Joan Fest, Johannisfest zur Sommersonnenwende am Vorabend des 23. Juni, dem Namenstag des Heiligen, Feuerwerk und Tanz auf Straßen und Plätzen (Sardana), großes Feuerwerk auf dem Montjuïc; www.barcelona.de/sant-joan.html.
Sardana, katalanischer Volkstanz, meist Samstagnachmittags vor der Kathedrale oder auf der Plaça de Sant Jaume im Gotischen Viertel Sonntagnachmittags.
Wasserspiele am Fuße des Montjuïc am Brunnen Fuente Magica: Juni - Sept. Mi - So 21.30 - 22.30 Uhr; Apr., Mai, Okt. Do - Sa 21 - 22 Uhr; März - Okt. Do - Sa 21 - 22 Uhr; Nov. + Dez. Do - Sa 20 - 21 Uhr, alle 30 Minuten; https://www.barcelonabusturistic.cat/de/magische-wasserspiele-montjuic.
Nuestra Señora de la Merced Fiesta, 20. - 24. September, vier Tage dauerndes Fest zu Ehren der Schutzpatronin Barcelonas, Umzüge mit Riesenfiguren, Jahrmarkt, kulturelle Veranstaltungen, Musik, Feuerwerk; www.barcelona.cat/lamerce/en/.
Trödelmarkt Mercat dels Encants: Montags, mittwochs, freitags und samstags 9 - 20 Uhr auf der Plaça de les Glòries. Auktionen montags, mittwochs, freitags von 7 bis 9 Uhr und um 12 Uhr; www.encantsbarcelona.com.
Den aktuellen Veranstaltungskalender entnimmt man der Tagespresse oder dem wöchentlich erscheinenden „Guia del Ocio“; www.guiadelocio.com/barcelona/.

RESTAURANTS

Gut essen zu gehen, ist auch in Barcelona schon lange kein billiges Vergnügen mehr, vor allem abends, wenn viele Menüs noch ein bisschen teurer

sind, als die auf der Mittagskarte! Die folgenden Angaben zu Restaurants sind eine kleine Auswahl seit Jahren bekannter Betriebe. Auch in den beschriebenen Stadtrundgängen wird gelegentlich auf Lokale hingewiesen.
Als sehr **exquisit, elegant und teuer gelten** folgende Lokale (Menüpreise ab ca. 50,- Euro, ohne Getränke):
Beltxenea, Carrer de Mallorca, 275, Tel. +34 932 15 30 24; vornehmlich baskische und mediterrane Küche, sehr elegant, sehr teuer, Sonntag Ruhetag. Tischreservierung notwendig. Samstagmittags und sonntags geschlossen.
Botafumeiro, C/ Grand de Gràcia, 81, Tel. +34 932 18 42 30; www.botafumeiro.es/en/, ein gepflegtes Fischlokal, drei Wochen im August geschlossen. Tischreservierung notwendig.
Beliebte Restaurants mit Atmosphäre und eher der **mittleren Preiskategorie** zuzuordnen (Menüpreise ab ca. 30 Euro, ohne Getränke):
Los Caracoles, C/ Escudellers, 14, Tel. +34 933 01 20 41; www.loscaracoles.es, ein schon fast legendäres Haus, das schon seit Jahrzehnten Touristen ein uriges, wenn auch nicht sonderlich authentisch katalanisches oder spanisches Ambiente bietet, Spezialitäten sind u. a. Paella und natürlich Schnecken (caracoles).
Les Set Portes, Passeig d'Isabell II, 14, Tel. +34 933 19 30 33; www.7portes.com, am Hafen Port Veil, am Palau Platz, ein alteingesessenes Haus, das seit über 150 Jahren Spezialitäten wie Fischpaella und Fischpfannen serviert.
Casa de Tapas Cañota, Lleida, 7, Tel. +34 933 25 91 71; www.casadetapas.com; Nähe Plaça d'Espanya, gute Küche noch erschwingliche Preise.
Egipte, Ramblas, 79, Tel. +34 933 17 95 45; eine alteingesessene Adresse gute Küche, angenehme Atmosphäre, moderate Preise.

Tapas-Bars
Eine Reihe einladender **Tapas-Bars** findet man u. a. nordöstlich des Barri Gòtic im Stadtteil **La Ribera** rund um die Kirche Santa María del Mar:
El Xampanyet, Montcada 22, Tel. +34 933 19 70 03; eine der besten Tapas-Bars.
Ganz in der Nachbarschaft findet man die Tapas-Bar **Euskal Etxea**, Placeta Montcada 1 – 3, Tel. +34 933 10 21 85; bekannt für baskische Tapas.
Sagardi, C/Argenteria, 62, Tel. +34 933 19 99 93; www.gruposagardi.com/en/, vorzügliche baskische Tapas.
Estrella de Plata, Plaça del Palau 9, Tel. +34 933 19 60 07; mit Terrasse, Sonntag und Montag Ruhetage, Anfang August geschlossen.
Einst eine Institution in Künstlerkreisen war die Tapas-Bar **Els Quatre Gats**, C/ Montsió, 3, Tel. +34 933 02 41 40; www.4gats.com; im nordwestlichen Bereich des Barri Gótic. Live Music. Hier pflegt man gerne die Geschichten über Künstler, die ihre Zeche damit beglichen, dass sie die Kneipenwände bemalten oder die Tochter des Wirts porträtierten, wie es Picasso getan haben soll. Solche Geschichten ziehen heute die Touristen und nicht mehr die Künstler an.

CAMPING

In Barcelona und im Großraum Barcelona gibt es keine Campingmöglichkeiten mehr!

Gavà bei Barcelona
Camping Tres Estrellas [N41° 16' 20.9" E2° 02' 33.4"], C-31, KM 186,2, Tel. +34 936 33 06 37; www.camping3estrellas.com; 17. Jan. – 12. Dez.; ca. 15 km südwestl. Barcelona, von der C-31 Ausfahrt bei KM 186 und noch ca. 800 m zum Platz; weitläufiger, komfortabler Platz in lichtem Pinienwald und auf freiem Gelände, laut durch Flughafen; ca. 8 ha – 300 Stpl.; gute Standard-Sanitärausstattung. Laden, Restaurant, Schwimmbad, Tennis, Windsurfschule, Bootsverleih. WLAN. V & E für Wohnmobile. Mietbungalows und Mietcaravans. Sandstrand. Busverbindung nach Barcelona.

Mataró bei Barcelona
Camping Barcelona [N41° 33′ 02.4″ E2° 29′ 00.4″], Ctra. N-II, KM 650, Tel. +34 937 90 47 20; www.campingbarcelona.com; 1. März – 1. Nov.; ca. 26 km nordöstlich Barcelona, Zufahrt ca. 2 km nordöstlich von Mataró von der N-II (Calella – Barcelona) bei KM 650; von Dauercampern geprägter Platz, teils terrassiert, naher Felsstrand, zum 2 km entfernten Sandstrand kostenloser Shuttle-Bus; 7 ha – 250 Stpl. + Dau.; Standardsanitärausstattung. Supermarkt, Restaurant, Imbiss, Schwimmbad, Boots- und Fahrradverleih. WLAN. V & E für Wohnmobile. Shuttle-Bus zum Bahnhof von Mataró und in Nebensaison zum Stadtzentrum von Barcelona.

Castellers bilden eine Menschenpyramide.
Foto: Spain.info.de

Vallromanes bei Barcelona
Camping El Vedado [N41° 31′ 24.2″ E2° 17′ 37.7″], Ctra. BP 5002 Granollers-Masnou, Tel. +34 935 72 90 26; www.campingelvedado.com; 1. März – 4. Nov.; ca. 15 km nordöstlich von Barcelona und südlich von Vallromanes gelegen, Zufahrt bei KM 7 von der Straße Richtung El Masnou, neben Golfplatz, teils terrassiert in einem Taleinschnitt gelegen; 8 ha – 160 Stpl.; einfache Standardsanitärausstattung. Laden, Restaurant, Tennis, Schwimmbad. Öffentlicher Bus nach Barcelona.

Weitere Campingmöglichkeiten finden sich an der Küste weiter südwestlich bei Vilanova i la Geltrú, siehe auch Tour 3, Banyoles – Vilanova i la Geltrú.

WOHNMOBIL-STELLPLÄTZE BARCELONA

Cabrera de Mar bei Barcelona
Wohnmobil-Stellplatz Area Camper Barcelona Beach [N41° 30′ 46.21″ E2° 24′ 1.68″], Carrer Montnegre 18; www.areacamperbarcelonabeach.com, Tel. +34 938 31 41 61. **Zufahrt:** Von der N-II (Mataro – Barcelona) ca. 2,5 km südwestlich von Mataro am nördlichen Ortsrand nordwärts abzweigen und noch ca. 1 km zum Platz am Rande eines Wohngebiet, ca. 20 km nordöstlich von Barcelona gelegen. **Ausstattung:** Ebenes, sandiges, schattenloses, parzelliertes Gelände für 40 Wohnmobile. Strom, Dusche, WC, Waschmaschine, Trockner, Laden, Cafeteria, Fahrrad- und E-Bike-Verleih, WLAN, videoüberwacht. **Geöffnet:** Ganzjährig. **Gebühr:** Pauschale inkl. Strom, WC, Dusche, V & E-Einrichtung, WLAN. 5 Min. Fußweg zur Bahnstation Cabrera de Mar/Villasar de Mar der Linie R1 (Rodalies) zum Plaça Catalunya in Barcelona, Fahrzeit 25 Minuten. Supermarkt und Restaurants in der Nähe.

GRÜNER NORDEN

2 Touren – ca. 4 Tage

Die Kathedrale in Zaragoza am Río Ebro

TOUR 5: BARCELONA – ZARAGOZA

Länge der Tour: Rund 350 km.

Die Route: Über A-2/C-32, A-7/E-15 und A-2/E-90 Richtung Lleida – Ausfahrt 11 und Landstraße zum **Kloster Santes Creus** – AP-2/E-90 bis **Montblanc** Ausfahrt 9 – N-240 und Landstraße zum **Kloster Poblet** – AP-2/E-90 über **Lleida** bis **Zaragoza.**

Reisedauer: Mindestens ein Tag.

Höhepunkte: Das **Kloster Santes Creus** ** – ein Spaziergang durch **Montblanc** – Kloster **Santa María de Poblet** *** – das Nonnenkloster von **Vallbona** – **Zaragozas Kathedrale** ** – die **Kirche Nuestra Señora del Pilar** * – der **Aljafería Palast** * in Zaragoza.

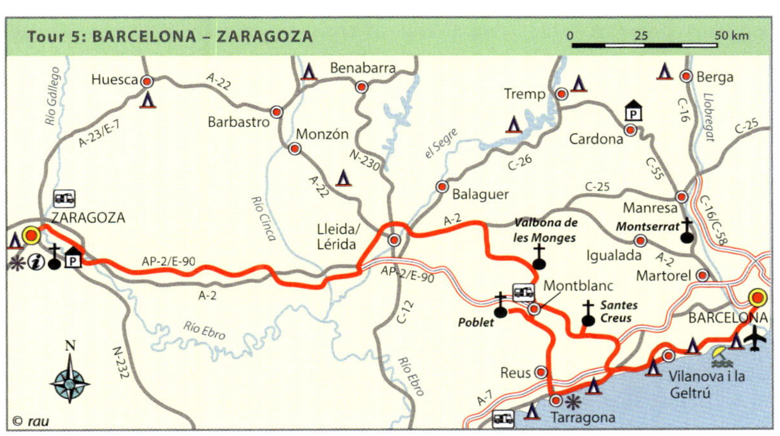

Falls Sie der nachstehend beschriebenen Alternativroute über Tarragona nicht folgen wollen, bitte weiter mit „Hauptroute" weiter hinten!

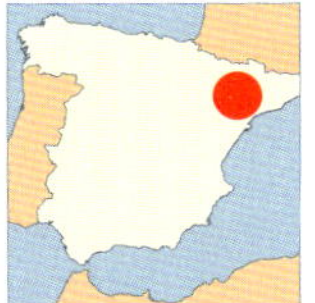

Alternativroute über Tarragona

Entgegen unserer direkteren Hauptroute kann man den Reiseweg etwas ausdehnen, über **Tarragona** und **Reus** fahren und beim **Kloster Poblet** wieder in die weiter hinten beschriebene Hauptroute einsteigen.

ALTERNATIVROUTE: Barcelona verlässt man am einfachsten über die Avenida de la Gran Via (C-31), die in die Autobahn C-32/AP7/E-15 Richtung ***Tarragona*** *übergeht. Tarragona erreicht man nach knapp 100 km.*

Rund 6 km östlich von Tarragona passiert man den **Torre de los Escipiones** (Turm der Scipionen). An dem viereckigen römischen Grabmal aus dem 1. Jh. sind noch zwei Figuren zu erahnen, die römische Totengötter darstellen.

Wenig später kann man zur Küste und zur sehr schön an einem weiten Sandstrand gelegenen **Burg von Tamarit [N41° 07′ 50.7″ E1° 21′ 38.3″]** abzweigen.

Tarragona, mit annähernd 135.000 Einwohnern und Hauptstadt der gleichnamigen Provinz, entstand zur Zeit der

Römerherrschaft in Spanien und war die Metropole der Provinz Hispania.

Die um 218 v. Chr. während des zweiten Punischen Krieges von Publius Cornelius Scipio angelegte erste Römersiedlung nannte sich *Tarraco*. Nach Ernennung zur Kolonie 45 v. Chr. durch Julius Cäsar, erhielt die Stadt den klangvollen Namen *Julia Urbs Triumphalis Tarraconensis*. In jener Zeit spielte Tarragona eine bedeutende Rolle in der Romanisierung der Iberischen Halbinsel. Später, in der Zeit des frühen Christentums – der hl. Paulus soll in Tarragona gepredigt haben – entwickelte sich die Stadt zu einer wichtigen Basis für die Ausbreitung des Christentums. Bis zur Regierungszeit von König Jaime II. war Tarragona Metropole des Königreichs Aragonien.

Der sehenswerte alte Stadtteil zieht sich von der Küste zu einer Anhöhe hinauf und wird dort von einer Stadtmauer abgeschlossen.

Viele der Sehenswürdigkeiten Tarragonas stammen aus der Römerzeit. Dazu gehören z. B. die Reste eines **Amphitheaters [N41° 06‘ 52.6“ E1° 15‘ 34.1“]** zwischen südlichem Stadtrand und dem Strand Platja del Miracle. Die Arena soll 23.000 Zuschauern Platz geboten haben und war Schauplatz von Gladiatorenkämpfen und Wagenrennen.

Auch die Stadtmauer am **Passeig Arqueológic** (Paseo Arqueológico) im Norden der Altstadt basiert auf römischen, vielleicht sogar noch älteren megalithischen Fundamenten. 1.000 m der einst 4 km langen Mauer mit Toren und Türmen sind erhalten. Ein Spazierweg führt außen entlang.

Innerhalb der Stadtmauer (nur Anliegerverkehr) erhebt sich der mächtige Komplex der **Kathedrale [N41° 07‘ 07.4“ E1° 15‘ 28.2“]** aus der zweiten Hälfte des 12. Jh. Nach fast 200-jähriger Bauzeit wurde das Gotteshaus vollendet. Es weist romanische, vor allem aber gotische Stilelemente auf *(geöffnet 16. März - 13. Juni Mo - Sa 10 - 19 Uhr; 15. Juni - 13. Sept. Mo - Sa 10 - 20 Uhr; 14. Sept. - 31. Okt. Mo - Sa 10 - 19 Uhr; 2. Nov. - 15. März Sa 10 - 19 Uhr; www.catedraldetarragona.com)*. Die Apsis und Teile der Vierung sind wohl die älteren Bauabschnitte. Sie sind im romanischen Stil errichtet. Offensichtlich gotisch dagegen ist die Westfassade mit dem sehr schönen, figurengeschmückten Portal und der Fensterrosette darüber.

Im Inneren verdienen vor allem Beachtung der **Hochaltar** aus dem frühen 15. Jh. mit Szenen aus dem Leben der hl. Thekla von Pere Johan, die liegende Figur des Erzbischofs Juan de Aragón aus dem 14. Jh., das schön gearbeitete **Chorgestühl** und die diversen **Seitenkapellen**.

Sehenswert ist außerdem der **Kreuzgang** der Kathedrale und das vom Kreuzgang aus zugängliche **Diözesanmuseum**. Zu sehen sind hier u. a. iberische und römische Keramiken, sakrale Kunstwerke, Retabel und vor allem kostbare Wandteppiche, alte Bücher und Handschriften.

Am Südrand der Altstadt findet man an der Plaça del Rei, das **Museu Nacional Arqueològic (MNAT) [N41° 06‘ 59.7“ E1° 15‘ 31.3“]**, das Archäologische Nationalmuseum der Region Tarragona also *(geöffnet Ostern, Juni - Sept. Di - Sa 9.30 - 20.30 Uhr, So 10 - 14 Uhr; Okt. - Mai Di - Sa 9.30 - 18 Uhr, So 10 - 14 Uhr; www.mnat.cat; www.catalunya.com/museu-nacional-arqueologic-de-tarragona-17-16001-165?language=de)* aus der Römerzeit wie Skulpturen, Sarkophage und Mosaiken sind die wichtigsten Exponate hier.

Gleich daneben liegt der sog. **Turm des Pretorio** oder präziser **Recinto Monumental del Pretorio y Circo Romano** *(geöffnet 3. Juni - 26. Aug.Mo 9 - 15 Uhr, Di - Sa 9 - 21 Uhr, So 9.30 - 14.30 Uhr; sonst Di - Fr 9 - 19 Uhr, Sa 9.30 - 18.30 Uhr, So 9.30 - 14.30 Uhr; www.tarragonaturisme.cat/de/denkmal/roemisches-praetorium-und-zirkus-mht)*. Pilatus, römischer Statthalter in Judäa, soll hier geboren worden sein. Heute ist hier eine Ausstellung eingerichtet, die über die wechselvolle Geschichte des Turms berichtet und Ausgrabungsstücke des Römischen Zirkus zeigt, der einstmals große Teile des Platzes einnahm. Von einer Aussichtsplattform bieten sich gute Überblicke über die Ruinenreste und über die Altstadt.

Andere besuchenswerte Museen sind das **Museu d'Art Modern** unweit nördlich des Archäologischen Museums und das **Museu Casa Castellarnau,** das Historische Museum von Tarragona (MHT), im Westteil der Altstadt *(geöffnet Di - Fr 9 - 14.30 Uhr, Sa + So 9.30 - 14.30 Uhr; www.tarragona.cat/patrimoni/museu-historia/)*. In diesem repräsentativen Stadtpalais aus dem 15. Jh. mit schönem Innenhof soll Kaiser Karl V. während eines Aufenthalts in Tarragona residiert haben. Heute ist hier ein Museum eingerichtet, das sich in erster Linie mit kostbaren Stilmöbeln befasst.

PRAKTISCHE HINWEISE – TARRAGONA

Oficina de Turismo [N41° 07' 05.2" E1° 15' 26.43"], Calle Major, 39, 43003 Tarragona, Tel. +34 977 25 07 95; www.tarragonaturisme.cat. *Geöffnet im Sommer Mo - Fr 10 - 14 + 15 - 18 Uhr, Sa 10 - 14 + 15 - 19 Uhr, So 10 - 14 Uhr; im Winter Mo - Fr 10 - 14 + 15 - 17 Uhr, Sa 10 - 14 + 15 - 19 Uhr, So 10 - 14 Uhr.*

Oficina de Turismo, Rambla Nova, 43001 Tarragona, Tel. +34 977 25 07 95; www.tarragonaturisme.cat,

Oficina de Turismo Catalunya a Tarragona, Calle Fortuny, 4, 43003 Tarragona, Tel. +34 977 23 34 15; www.catalunya.com.

RESTAURANTS

La Caleta, Passeig Maritim de Rafael de Casanova, 24, Tel. +34 977 23 40 40; www.restaurantcaleta.es; eines der Besten in Tarragona, gemütliches Ambiente, ausgezeichnete Küche, erlesener Weinkeller.

El Llagut, Natzaret, 10, Plaça del Rei, Tel. +34 977 22 89 38; in der Altstadt gelegen, freundliches Ambiente, guter Service, beste Speisen, deutsche Leitung. Im Sommer montags, sonntag- und montagabends geschlossen.

CAMPING

Tamarit

Camping Tamarit Beach Resort [N41° 07' 56.3" E1° 21' 36.9"], Platja de Tamarit, Ctra. N-340 KM 1172, Tel. +34 977 65 01 28; www.tamarit.com; 1. Apr. - 1. Nov.; Zufahrt von der N-340 beschildert; weitläufiges, ebenes Gelände, teils Baumschatten, am Sandstrand von Tamarit, in der Nähe der markanten Burg, schön und ruhig gelegen; ca. 15 ha – 300 Stpl. + Dau.; Komfort-Sanitärausstattung. Laden, Restaurant, Imbiss, Schwimmbad, Waschmaschine, Trockner, WLAN, Internetecke, Tennis, Minigolf, Boots-, Fahrrad- und E-Bikeverleih, Beachvolleyballfeld, Tauchschule. WLAN. Zahlr. Mietcaravans- und Bungalows. V & E für Wohnmobile.

Salou

Camping Resort Sanguli Salou [N41° 04' 30.7" E1° 07' 02.6"], Tel. +34 977 38 16 41; www.sangulisalou.com; 3. Apr. – 1. Nov.; an der Küstenstraße beschildert; weitläufiges, ansprechend gestaltetes, ebenes Gelände, teils Schatten, bis an die Bahnlinie und Wohnsiedlung reichend, Ferienplatz in Strandnähe mit vielfältigen Freizeit- und Sporteinrichtungen; ca. 20 ha – 900 Stpl.; Komfort-Sanitärausstattung. Supermarkt, Restaurant, Imbiss, Schwimmbäder, Waschmaschine, Trockner, Fahrradverleih, Tennis, Beachvolleyballfeld, WLAN. Ausgedehnte Mietbungalow- und Mietcaravansiedlung. V & E für Wohnmobile.

Camping La Siesta Salou Resort & Camping [N41° 04' 39.1" E1° 08' 21.7"], Carrer del Nord, 37; Tel. +34 977 38 08 52; 1. Apr. – 1. Nov.; an der Küstenstraße beschildert; überwiegend ebenes Gelände, der Bahnlinie und einer Wohnblocksiedlung zum Meer hin vorgelagert; ca. 6 ha – 280 Stpl.; gute Standardsanitärausstattung. Laden, Imbiss, Restaurant, Schwimm-

bad, Waschmaschine, Trockner, WLAN. Mietbungalows- und Mietcaravans. In Meeresnähe.

Cambrils

Camping Platja Cambrils Don Camilo [N41° 03′ 59.7″ E1° 04′ 58.8″], Av. Oleastrum, 12, Tel. +34 977 36 14 90; www.playacambrils.com; 1. Apr. – 1. Nov.; an der Küstenstraße von Cambrils nach Salou beschildert; großer, ebener Platz mit teils niederem Baumbestand, an die Bahnlinie grenzend; ca. 8 ha – 400 Stpl.; Standardsanitärausstattung. Laden, Restaurant, Imbiss, Schwimmbad, Tennis, Fahrradverleih, Internetecke. V & E für Wohnmobile. Zahlreiche Mietbungalows und Mietcaravans. Nahe zum Meer gelegen.

Montroig

Platja Montroig Camping Resort [N41° 01′ 59.6″ E0° 58′ 09.3″], CN-340a, KM 1136, Tel. +34 977 81 06 37; www.playamontroig.com; 1. Apr. – 25. Okt.; von Montroig auf der N-340 ca. 8 km nach Süden, beschildert; Campingplatz der Luxusklasse mit entsprechenden Preisen vor allem in der Hochsaison; weitläufiges, ebenes Gelände, beiderseits der Bahnlinie (platzeigene Unterführung), sehr gepflegtes, parkähnliches Gelände mit Palmen und reichlich Baumschatten, einladender Ferienplatz am Strand, vielfältige Freizeit- und Sporteinrichtungen; ca. 30 ha – 900 Stpl.; gehobene Komfortausstattung, vor allem im Sanitärbereich vorbildlich. Supermarkt, Restaurant, Imbiss, Schwimmbäder, Sauna, Boots-, Fahrrad- und E-Bikeverleih, Bootsslipanlage, Tauchschule, Tennis, Minigolf, Beachvolleyballfeld, WLAN; zahlreiche Mietbungalows und Mietcaravans. V & E für Wohnmobile. Sandstrand.

Camping La Torre del Sol [N41° 02′ 14.2″ E0° 58′ 29.5″], Ctra. N-340, KM 1136, Tel. +34 977 81 04 86; www.latorredelsol.com; 15. März – 5. Nov.; an der N-340 südlich von Montroig beschildert; weitläufiges, ebenes Gelände, teils Schatten; Ferienplatz am Strand, Bahnunterführung Durchfahrtshöhe 3,1 m; Freizeit- und Sporteinrichtungen; ca. 25 ha – 650 Stpl.; gehobene Komfortausstattung. Supermarkt, Restaurant, Schwimmbad, Sauna, Fitnesscenter, Fahrrad- und E-Bikeverleih, Grillstelle, Minigolf, Tennis, WLAN. Zahlreiche Mietcaravans. Mietbungalows und Mietzelte. V & E für Wohnmobile. Sandstrand.

WOHNMOBIL-STELLPLATZ – MONTROIG DEL CAMP BEI CAMBRILS

Wohnmobil-Stellplatz Camperpark Playa y Fiesta [N41° 2′ 42.54″ E0° 59′ 38.76″], N-340 KM 1138, www.campingplayayfiesta.com, Tel. +34 977 17 95 13. **Zufahrt**: Von der Autobahn N340/A-7 (nicht AP-7) (Tarragona – Alicante) Ausfahrt 1138 Montroig Bahia, am ersten Kreisverkehr geradeaus, am zweiten Kreisverkehr rechts ab und noch 1 km zur Playa y Fiesta, am westlichen Ortsrand von Montroig Badia, ca. 4 km von Cambrils entfernt; naturbelassener, durch junge Baumbepflanzung parzellierter, ebener Gras- und Sandplatz für ca. 120 Wohnmobile. **Ausstattung**: Frischwasser, Grauwasser- und Chemikaltoilettenausguss, Strom, Duschen, WC, Waschmaschine, Trockner, beleuchtet. Brötchenservice. **Gebühr:** Pauschale inkl. Strom, V & E-Einrichtung, WC, Dusche. **Geöffnet:** Ganzjährig. Gehört zu Camping Playa y Fiesta.

Wer sich sehr für das frühe Christentum in Nordspanien interessiert, kann die frühchristliche Gräberstadt **Necrópolis Paleocristià [N41° 06′ 57.0″ E1° 14′ 19.9″]** mit angeschlossenem Museum in der Avenida Ramon y Cajal westlich der Stadt besichtigen.

Ausflüge ab Tarragona

Rund 10 km südlich der Stadt, etwa auf halbem Wege zwischen Tarragona und Salou, liegt der gut ausgeschilderte **Freizeitpark Portaventura World [Parkplatz, N41° 05′ 18.0″ E01° 09′ 05.5″]**, Tel. +34 902 20 22 20 *(geöffnet ab Ende März bis Dezember in der Regel*

10 - 19 bzw. 20 Uhr, in der Hochsaison bis 24 Uhr; www.portaventuraworld.com/de/). Die gesamte Anlage ist nach dem großzügigen Konzept amerikanischer Freizeitparks angelegt. Die zahlreichen Attraktionen und Themengebiete gruppieren sich um zwei große Seen: **„Mediterrània“** (nachempfundenes Fischerdorf der Mittelmeerregion, Souvenirläden, Butiken, etc.), **„Polynesia“** (tropische Wasserfälle, Südseetänze, Papageienshow, „Tutuki Splash“, Fahrt mit einem Südseeboot, die mit einem nassen „splash“ endet etc.), **„China“** (u. a. chinesischer Tempel, „Dragon Khan“, riesige, atemberaubende Achterbahn mit acht Loopings), **„México“** (u. a. nachempfundene Maya-Pyramide, Inkatänze, „Tren del Diabolo“, das Höllenbähnchen) und **„Far West“** (Wildweststädtchen mit Cowboys, Goldgräbern, Westernsaloon, „Grand Canyon Rapids“ Wildwasserfahrt mit runden Schlauchbooten etc.).

Zu den neuen Attraktionen gehört **„Sésamo Aventura“**, ein Fantasieland mit Themen und Figuren aus der Sesamstraße.

Dazwischen gibt es Fahrgeschäfte, riesige Achterbahnen, Oldtimereisenbahnen, Wildwasserkanäle, Veranstaltungen und Darbietungen der unterschiedlichsten Art, Geschäfte und Souvenirläden. Und immer trifft man auf Restaurants und Snackbars.

Es gibt ein riesiges, gebührenpflichtiges Parkplatzareal.

„Ferrari Land“ heißt ein neuer angegliederter Teil des Parks, der sich voll und ganz auf die Marke Ferrari konzentriert, wo man sich als Formel-1-Pilot fühlen und sich über die Ferrari-Geschichte informieren kann und das Ganze in italienischem Ambiente.

Im Portaventura World Freizeitpark lässt sich leicht mehr als nur ein Urlaubstag verbringen. Angeschlossen sind ein **Hotelkomplex** mit fünf Hotels und die Wasserabenteuerlandschaft **„Aquatic Park“** (Schwimmbäder, Wasserrutschbahnen etc.), separater Eintritt. Vor allem in der Sommerzeit bilden sich vor den gigantisch großen Wasserrutschbahnen lange Warteschlangen.

Außerdem findet man in der Nähe eines der fünf Hotels, dem Hotel Gold River, einen Parkplatz, der als **Wohnmobil-Stellplatz [N41° 05‘ 38.8“ E1° 09‘ 13.8“]** genutzt werden kann (keine Caravans, keine Haustiere!). Im obligatorischen Eintrittspreis pro Person sind enthalten die Nutzung des Stellplatzes (Strom, Frischwasser, Ausguss für Schwarz- und Grauwasser, Toiletten, Duschen, Waschmaschine, Trockner), der Zutritt zum PortAventura Park oder dem Costa Caribe Aquatic Park, freie Fahrt auf dem Busshuttle zum Park. Max. Aufenthalt auf dem Stellplatz 48 Stunden.

Interessant ist ein Abstecher von Tarragona auf der N-240 ins Landesinnere. Gleich nach Passieren der Autobahn A-7/E-15 kann man rechts zur **„Puente del Diablo“ [Parkplatz, N41° 08‘ 48.6“ E1° 14‘ 24.2“]** abzweigen (vom Parkplatz etwa eine halbe Stunde Fußweg ostwärts bis zur Brücke). Diese sog. „Teufelsbrücke“ ist ein römischer Aquädukt aus der Zeit Kaiser Trajans. Die bis zu 29 m hohen doppelten Bogenreihen, die den Talgrund auf einer Länge von 217 m überspannen, waren Teil des Wasserversorgungsnetzes der Stadt Tarragona. Das Aquädukt ist eines der besterhaltenen und eindrucksvollsten Architekturdenkmäler aus der Römerzeit in Spanien.

*ALTERNATIVROUTE: Über **Valls** gelangt man nach **Montblanc.** Rund 10 km westlich von Montblanc liegt das sehenswerte **Monasterio Santa María de Poblet** (siehe Hauptroute).*

HAUPTROUTE

*ROUTE: Aus Barcelona kommend verlässt man die C-32 an der Ausfahrt Nr. 31, folgt der Autobahn AP-7/E-15 9 km nach Norden, um schließlich auf die AP-2/E-90 westwärts Richtung **Lleida** abzuzweigen. Die A-2/E-90 verlassen wir an der Ausfahrt 11 und folgen der Landstraße nordwärts zum 8 km entfernten **Monestir Santes Creus**.*

Reial Monestir Santes Creus [N41° 20′ 48.7″ E1° 21′ 49.6″], die mittelalterliche Zisterzienserabtei zum „Heiligen Kreuz" aus dem 12. Jh. ist sehenswert *(geöffnet Juni - Sept. Di - So 10 - 19 Uhr; Okt. - Mai Di - So 10 - 17.30 Uhr, letzter Einlass 30 Min vor Schließung; www.larutadelcister.info/en/santes-creus/)*. Die Abtei Santes Creus stand lange im Schutze des aragonischen Königshauses und errang Ansehen und Reichtum. Ein Mauerring schützte die Abtei, was auf ihre Bedeutung hinweist, beherbergte sie in ihren Mauern doch auch eine königliche Residenz. 1276 hatte der Abt Gener nämlich die Schutzherrschaft König Peters III. über das Kloster erwirkt und begann im Gegenzug mit dem Bau des Palastes. Und fast genau hundert Jahre später, zwischen 1373 und 1379 wird das Kloster auf Befehl von König Peter dem Höfischen stark befestigt. Die Schutzherrschaft aber geht auf das Kloster Santa Maria de Poblet über, was der damalige Abt Guillem de Ferrera damit quittierte, dass er die Gemächer der königlichen Residenz nun als seine eigenen Wohnräume nutzte. Mitte des 15. Jh. schließlich erreicht der Klosterbesitz seine größte Ausdehnung und die Äbte von Santes Creus ihren größten Einfluss.

1741 wird ein Streit der Klöster Santes Creus und Santa Maria de Poblet über die Frage, welche der beiden Abteien denn nun die Vorrangstellung habe, in Rom zu Gunsten von Santes Creus geschlichtet.

Während der Zeit der Revolution im 19. Jh. wurde das Kloster geplündert und verheert. Viele der architektonischen Kostbarkeiten wie der Kreuzgang sind wieder restauriert worden.

Eine audiovisuelle Präsentation gibt Einblick in die lange und wechselvolle Geschichte des Klosters.

Man betritt die weitläufige Klosteranlage durch das Königstor oder Tor der Himmelfahrt Mariä und geht über den langgestreckten, von Gebäuden flankierten Sankt-Bernhards-Platz hinauf zur Klosteranlage. Oben sieht man rechts der Freitreppen einen Brunnen. Dahinter liegt der Besuchereingang.

Sehr sehenswert sind der gotische **Hauptkreuzgang** mit herrlichem Maßwerk, Brunnenhaus und den Gräbern katalanischer Adeliger, dann der Kleine Kreuzgang mit bemerkenswerten romanischen Arkaden, der Innenhof des königlichen Palastes, weiter der Kapitelsaal mit seinem Kreuzgewölbe und schließlich die dreischiffige, gotische **Klosterkirche**, die durch ihren schlichten Stil (ein typisches Merkmal der Bauweise des Zisterzienserordens) und die eigenwillige Apsis beeindruckt. In den Kreuzschiffen befinden sich die Grabmäler von König Peter III., dem Großen, und von Blanca von Anjou. Das Grabmal ist ein Werk des Bildhauers Pere Bonhuyl, sowie das Grab von König Jaime II. (Jakob II.), das Bartomeu de Girona zugeschrieben wird.

Montblancs eindrucksvolle Stadtmauer

*ROUTE: Am besten kehrt man zurück zur Autobahn, folgt ihr Richtung Lleida, um sie schon nach 22 km an der Ausfahrt Nr. 9 bei **Montblanc** wieder zu verlassen.*

Montblanc [Parkplatz, N41° 22' 38.32" E1° 9' 49.11"] liegt unweit südlich der Autobahn. Außerhalb der Stadtmauer findet man gebührenfreie Parkplätze, so z. B. an der Nordostseite der Stadt am Stadttor. Von dort kann man hinauf gehen zum Castell-Hügel, von dem aus man einen weiten Blick auf die Stadt genießt. Gleich unterhalb liegt die Marienkirche.

Ein Bummel durch die engen Gassen der vor allem im 14. Jh. bedeutenden Herzogenstadt mit seiner gewaltigen, noch vollkommen erhaltenen **Stadtmauer**, den mittelalterlichen Stadttoren, der die Stadtsilhouette bestimmenden gotischen **Kirche Santa María** mit prächtigem Barockportal und den alten Stadtpalais wie dem **Palau del Castlà** an der Calle Major oder der gotischen **Casa Alenya** aus dem 14. Jh. in der Calle Sant Josep lohnt sich. Schöne arkadengesäumte **Plaza Mayor [N41° 22' 35.3" E1° 09' 41.4"]**.

Es gibt das **Museu Comarcal de la Conca de Barberà** gleich hinter der Kirche Santa María, ein kleines Heimatmuseum mit schöner Keramiksammlung und das **Museu Frederic Marès**, nördlich der Kirche, das mittelalterliche Kirchenkunst zeigt.

Eine der größten Sehenswürdigkeiten in der Provinz Tarragona, das **Kloster Santa María de Poblet [Parkplatz, N41° 22' 47.7" E1° 04' 48.7"],** liegt nur wenige Kilometer weiter westlich *(geöffnet 16. - 12. Okt. Mo - Sa 10 – 12.30 + 15 - 17.25 Uhr, So 10.30 - 12.25 + 15 - 17.25 Uhr; 13. Okt. - 15. März Mo - Sa 10 - 12.30 + 15 - 17.25 Uhr, So 10.30 - 12.25 + 15 - 17.25 Uhr; www.poblet.cat).*

Aus Dankbarkeit über die glückliche Rückeroberung der nordostspanischen Provinzen von den Mauren, stiftete Ramón Berenguer IV. dieses Kloster, das ab 1150 von Zisterziensermönchen aus Südfrankreich erbaut wurde. Es entstand eine der größten und architektonisch schönsten Klosteranlagen Spaniens. Die aragonischen Könige zogen sich hierher zur Meditation zurück und erkoren die Klosterkirche zu ihrer letzten Ruhestätte.

Auch kirchenpolitisch ging von den hiesigen Äbten Einfluss auf den aragonischen Hof aus.

Um 1940 wurde die während der Revolutionswirren des vergangenen Jahrhunderts teilweise zerstörte Klosteranlage restauriert. Heute ist sie wieder von Zisterziensermönchen belegt.

Die ganze Anlage des einst mächtigsten Klosters in Spanien ist von wehrhaften Mauern und Türmen umgeben. Durch die turmbewehrte **Porta Reial** betritt man den Klosterhof.

Besonders sehenswert ist die gotische **Klosterkirche** aus dem 12. und 13. Jh. mit sehr eindruckvollem barocken **Portal**, das ganz im Gegensatz zum schlichten, klaren Kircheninneren steht. Prächtig gestaltet ist die **Altarwand** des Hochaltars im Renaissancestil sowie der mit schön restauriertem Skulpturenschmuck versehene **Panteòn Real** mit den Grabmälern der Aragonischen Könige unter der Vierung.

Zum Kloster gehört ein sehr schöner **Claustro** (Kreuzgang) mit romanischen und gotischen Stilelementen.

WOHNMOBIL-STELLPLATZ – MONTBLANC

Wohnmobil-Stellplatz Area de Autocaravanas Sam Montblanc [N41° 22' 09.9" E1° 10' 17.9"], Avinguda Lluis Companys s/n, Tel. +34 +34 (0)977 86 18 36; www.autocaravanessam.net. **Zufahrt:** Am südöstlichen Ortsrand von Montblanc. 5 Plätze für Wohnmobile beim Motorcaravanhändler „Autocaravanes Sam". **Ausstattung:** Frischwasser, Grauwasser- und Chemikaltoilettenausguss, Strom, WC, überwacht. **Gebühr:** Für Übernachtung plus Gebühr für Versorgungsstation. **Geöffnet:** Ganzjährig. Überwachungskameras. Restaurants, Cafés und Supermarkt in der Nähe.

Kloster Santa María de Poblet

Beachtung verdient vor allem auch der **Sala Capitular** (Kapitelsaal) und der **Palau del Rei Martín**, der gotische Palast König Martins aus dem 14. Jh.

Auf Führungen durch die Klosteranlage sieht man u. a. auch das Dormitorium (Schlafsaal der Mönche), die Bibliothek aus dem 13. Jh. mit schönem Deckengewölbe, das Refektorium (Speisesaal) und die angrenzende Klosterküche.

Im **Museum des Klosters Poblet** sind Keramiken, sakrale Gegenstände (Kelche, Hostienbehälter, Reliquiare, Kreuze etc.), in Stein gehauene historische Wappen, zwei Holzschilde aus der Zeit um 1300, sowie einige wenige Gemälde und Skulpturenfragmente ausgestellt.

*ROUTE: Weiterreise ab Poblet auf der N-240 zunächst zurück Richtung **Montblanc** und über die C-14 nordwärts Richtung **Tàrrega**. Nach 10 km zweigen wir westwärts ab und erreichen nach 11 km kurvenreicher Fahrt durch sehr schöne, teils terrassierte Landschaft mit Wein- und Getreidefeldern **Vallbona de Les Monges**. Der große Umweg über Vallbona de Les Monges lohnt aber nur für sehr an spanischer Klosterarchitektur Interessierte und während der Öffnungszeit des Klosters (s. u.).*

*Ansonsten fährt man von Poblet zurück zur Autobahn AP-2/E-90, der man über **Lleida** bis **Zaragoza** folgt.*

In **Vallbona de Les Monges** kann das einstmals wichtige und einflussreiche **Monestir de Santa María de Vallbona de Les Monges [N41° 31' 32.4" E1° 05' 18.3"]** auf Führungen besichtigt werden *(tägliche Führungen in Spanisch um 11.30, 13.30 und 17 Uhr; in Katalanisch um 10.30, 12.30 und 16 Uhr; 1. März bis 31. Okt. auch um 18 Uhr; www.monestirvallbona.cat/en/)*.

Zusammen mit den Klöstern Santes Creus und Poblet gehörte es bis zur napoleonischen Zeit zu den drei wichtigsten Klöstern des Zisterzienserordens in Spanien. In der Abtei, die einstmals das bedeutendste Nonnenkloster des gesamten Zisterzienserordens war, leben heute nur noch 16 Klosterfrauen nach den strengen Regeln ihres ehrwürdigen Ordens. Auch in diesem Kloster ist es in erster Linie der Kreuzgang mit herrlichen romanischen Kapitellen, der den Besucher beeindruckt.

*ROUTE: Ab Vallbona de Les Monges nordwestwärts über **Maldà** bis **Bellpuig.** Dort auf der A-2 westwärts. Die Autobahn umgeht **Lleida** im Norden und* *trifft südwestlich von Lleida auf die Autobahn AP-2/E-90, der wir westwärts ins rund 150 km entfernte **Zaragoza** folgen.*

Lleida (früher auch Lérida), das alte *Llerda* der Römer, heute Hauptstadt der gleichnamigen Provinz in den fruchtbaren Flussniederungen des Segre, hat eine sehenswerte **Alte Kathedrale [N41° 37′ 02.0″ E0° 37′ 33.6″]**. Diese **Seu Vella** aus dem 12. bis 14. Jh. liegt im Zentrum der Stadt auf einer Anhöhe neben den Ruinen der alten maurischen **Zitadelle Zuda**, die nach der Maurenherrschaft als Palast der Könige von Aragonien diente.

Kathedrale und Burg wurden durch Kriegswirren stark in Mitleidenschaft gezogen. Sehr sehenswert an der Kathedrale sind nach wie vor die Portale (man findet romanische und gotische Stilelemente), der Kreuzgang und das Kircheninnere.

Weitere sehenswerte **Kirchen** sind **San Llorente** aus dem 12. Jh. und **San Martín** aus dem 13. Jh.

Unter den alten Profanbauten der Stadt ist das **Hospital Santa María [N41° 36′ 46.2″ E0° 37′ 24.5″]** hervorzuheben. In dem monumentalen gotischen Gebäude ist das **Archäologische Museum** untergebracht.

Übrigens: Auf der Weiterfahrt von Lleida nach Westen überqueren Sie bei KM 81,1 der AP-2/E-90 den **Null-Meridian [N41° 30′ 42.7″ W0° 00′ 00.3″]**. Weiter westwärts fahrend werden ab hier alle Navigations-Längenkoordinaten in westlicher Länge (W) angegeben.

Zaragoza (auch Saragossa, rund 675.000 Einwohner), die alte Stadt am Río Ebro, ist Hauptstadt der gleichnamigen Provinz Zaragoza, Universitäts-, Industrie- und Handelsstadt. Die Stadt mit dem wohlmeinenden Beinamen „Stadt der vier Kulturen" ging wahrscheinlich aus einer iberischen Siedlung namens *Salduba* am rechten Ebroufer hervor.

Auf den Mauern jener Siedlung gründeten um 20 v. Chr. römische Legionäre die kaiserliche Kolonie *Caesaraugusta*. Reste der antiken Stadtmauer sind noch zu sehen und zwar an der Plaza Teneiras östlich des Erzbischöflichen Palastes in Höhe der Ebrobrücke Puente del Pilar.

Mit der Eroberung durch die Mauren im Jahre 714 zogen Wissenschaft, Kultur und Handel in Zaragoza ein, das damals den Namen *Saraquosta* trug und im is-

Zaragoza am Río Ebro und die Basilika El Pilar

Plaza Nuestra Señora del Pilar, Zaragoza

lamischen Kulturkreis als *Al-Baida*, die Weise, bekannt war.

Nur wenig ist aus der 400-jährigen Zeit der Maurenherrschaft erhalten geblieben, darunter Reste des prächtigen **Aljafería-Palastes**, der im 11. Jh., in der Zeit der arabischen Kleinfürstentümer, den Taifas, entstand.

Das frühe 12. Jh. war für Zaragoza die Zeit der Rückeroberung durch christliche Heere unter Alfonso I.

Zaragoza wurde bald Hauptstadt des Königreiches Aragonien, was einen wirtschaftlichen Aufschwung und eine rege Bautätigkeit zur Folge hatte. Baugeschichtlich entwickelte sich in jener Zeit ein ausgeprägter Hang zum Mudéjarstil, einer spezifisch spanischen Stilvariante der Romanik und Frühgotik, in der sich arabische und abendländische Elemente vereinigen. Viele der rotbraunen Backsteinkirchtürme, die das Stadtbild mit prägen, z. B. die Kirchen San Pablo, San Miguel de los Navarros u. a., sind im Mudéjarstil gehalten.

1473 wurde in Zaragoza die erste Druckerei in Spanien eröffnet und Kolumbus fand in der Stadt aufgeschlossene Finanziers für seine weltbewegende erste Entdeckungsreise.

Eine wirtschaftliche Blütezeit erlebte Zaragoza im 16. Jh. Die Stadt hatte damals den Beinamen „die Satte". Es entstanden u. a. Adelspaläste (z. B. Palacio Condes de Sástago) mit prächtigen Patios und Fassaden (z. B. Patio del Infantado), eine Börse, Zeugnis der regen Handelstätigkeit und der Canal Imperial de Aragón, der Kaiserliche Kanal Aragoniens, die vielleicht wichtigste Neuerung in der von gefürchteten Dürren heimgesuchten Ebroebene.

Ein trauriges Kapitel der Stadtgeschichte war für die Bürger Zaragozas die Zeit der Belagerung durch napoleonische Truppen. Der nicht anders als heldenhaft zu bezeichnende Widerstand im spanischen Unabhängigkeitskrieg brachte der Stadt großes Ansehen im Lande, kostete aber auch über die Hälfte der Einwohner das Leben und Zaragoza wurde letzten Endes nahezu dem Erdboden gleichgemacht. Beim Wiederaufbau entstanden außerhalb der Altstadt breite Boulevards und Plätze.

Ein guter Ausgangspunkt für Ihre Stadtbesichtigung zu Fuß ist der leider immer stark frequentierte **Stadtparkplatz [N41° 39' 37.2" W0° 52' 50.3"]** nahe des linken Ebroufers, zu erreichen über die Puente de Santiago. Von hier sind es ca. 10 Minuten zur Innenstadt. Dabei passiert man das **Touristeninformationsbüro im Turm Torreón de la Zuda [N41° 39' 27.2" W0° 52' 53.7"]**.

Fast alle großen **Sehenswürdigkeiten** Zaragozas befinden sich am rechten Ebroufer am Nordrand des alten Stadtteils mit der langgestreckten **Plaza Nuestra Señora del Pilar**.

Unweit östlich des Platzes, den an einem rechteckigen Wasserbecken ein originelles Goya-Denkmal ziert, erhebt

Der Palast Aljafería bei Zaragoza. Foto: Spain.info.de

sich die sehenswerte **Catedral del San Salvador o „La Seo" [N41° 39' 18.3" W0° 52' 33.6"]** *(geöffnet 15. Juni - 15. Sept. Mo - Do 10 - 20 Uhr, Fr 10 - 19.30 Uhr, Sa 10 - 12.30 + 15 - 20 Uhr, So 10 - 12 + 14 - 20 Uhr; 16. Sept. - 14. Juni Mo - Fr 10 - 14 + 16 - 18.30 Uhr, Sa + So 10 - 12.30 + 16 - 18.30 Uhr, letzter Eintritt 30 Minuten vor Schließung; www.aragonmudejar.com/zaragoza/laseo/laseo01e.htm).* Zaragozas ehrwürdige **Kathedrale** ist ein fünfschiffiger gotischer Bau aus dem 14. Jh., der aber in den folgenden Jahrhunderten mehrfach um- und ausgebaut wurde und so auch Stile anderer Epochen als den der Gotik aufweist. So findet man an der Altarapsis Mudéjar-Dekorationen und an der Fassade Elemente des Barock.

Besondere Beachtung im Kircheninneren verdienen das gotische **Retabel** mit Arbeiten des aus Schwaben stammenden Meisters Juan de Suabia und unter den diversen **Seitenkapellen** die „Capilla de la Parroquieta" mit sehr schönem Artesonado-Gewölbe.

Einen Besuch lohnen außerdem das **Museo Capitular,** das Kirchenmuseum in der Sakristei und das angeschlossene **Museo de Tapices,** in dem herrliche Wandteppiche zu sehen sind.

Weiter östlich der Kathedrale findet man die **Kirche Santa María Magdalena [N41° 39' 09.2" W0° 52' 26.5"]** mit schönem Mudéjarturm.

Geht man zurück auf die Plaza Nuestra Señora del Pilar, fällt rechterhand die strenge Fassade der **Lonja** auf, eine der vier alten Handelsbörsen des Landes *(Für Publikum nur während der Ausstellungen geöffnet: Di - Sa 10 - 14 Uhr + 17 - 21 Uhr, So 10 - 14.30 Uhr).* Heutzutage als Ausstellungsraum genutzt. Besonders sehenswert ist der herrliche Börsensaal mit seinen von Säulen getragenen Deckengewölben mit feinem gotischen Maßwerk und den mit Ornamenten geschmückten Friesen und Fenstern.

Neben der Börse liegt das **Rathaus** (Ajuntamiento). Danach nimmt die gewaltige **Basilika Nuestra Señora del Pilar [N41° 39' 23.8" W0° 52' 45.2"]** *(geöffnet Mo - Sa 6.45 - 20.30 Ur, So 6.45 - 21.30 Uhr)* fast den Rest der Platzseite ein. Die Basilika ist ein Symbol der Marienverehrung in Spanien und eine der berühmtesten Wallfahrtskirchen der Welt.

Der Ursprung der Marienverehrung geht auf ein Wunder im Jahre 40 zurück. Damals soll die Jungfrau Maria dem hl. Jakobus am Ebroufer erschienen sein und eine Steinsäule (Pilar) zurückgelassen haben. Seitdem wird die „Virgen del Pilar" hier verehrt. Die legendäre, wundertätige Säule wird in der Kirche aufbewahrt.

Die Kirche entstand im 17. Jh. nach Plänen des Architekten Francisco Herrera. Vier gewaltige Türme markieren die Ecken des dominierenden Bauwerks, des von zahlreichen Kuppeln und einer mächtigen Zentralkuppel überragt wird. Die Kuppeln sind mit verschiedenfarbigen Ziegeln dekoriert. Die Fassade ist klassizistisch.

Das Kircheninnere bilden drei hohe, von sieben Bogenreihen unterbrochene Kirchenschiffe. Die Kuppelgewölbe sind mit Fresken versehen. Darunter sind frühe Arbeiten von Goya und Bayeu. Beeindruckend ist das **Alabasterretabel** des Hochaltars und die **Capilla de la Virgen**, in der die legendäre Säule und eine Madonnenstatue aufbewahrt werden.

Im **Kirchenmuseum** sind u. a. die Originalentwürfe für die Kuppelgemälde zu sehen.

Sehenswert ist weiter die **Kirche San Pablo [N41° 39' 22.3" W0° 53' 11.1"]** mit ihrem strengen, 60 m hohen, achteckigen Turm im Mudéjarstil. Im Inneren sollte man das gotisch-platereske Retabel am **Hauptaltar** von Damián Forment betrachten. Die Kirche liegt ein gutes Stück westlich der Plaza del Pilar und rund 300 m westlich der schönen alten **Markthalle** an der Plaza de Lanuza.

Noch weiter im westlichen Stadtgebiet liegt der **Palast Aljafería [N41° 39' 22.8" W0° 53' 44.0"]** *(geöffnet Apr. - Okt. Sa - Mi 10 - 14 Uhr, 16.30 - 20 Uhr; Nov. - März Sa - Mi 10 - 14 + 16 - 18.30 Uhr, Sonntagnachmittag geschlossen, Führungen um 10.30, 11.30, 12.30, 16.30, 17.30, 18.30 Uhr, letzter Eintritt 30 Minuten vor Schließung)*, der ehemalige Sommerpalast der maurischen Könige, in dem später auch die Katholischen Könige residierten. Herrlicher Patio, sehr schöne Artesonado-Decken, Arabeskenschmuck, zierliche Säulengänge u. a.

Im Oktober (gewöhnlich in der Woche um den 12. Oktober) feiert man in Zaragoza des **Pilar-Fest** zu Ehren der Schutzpatronin der Stadt „Nuestra Señora del Pilar". Zu diesem bedeutendsten Fest in der Stadt finden feierliche Prozessionen, der „Rosario de Cristal", Maskenumzüge und Folkloredarbietungen mit Jota-Tänzen und Stierkämpfen statt.

PRAKTISCHE HINWEISE – ZARAGOZA

Oficina de Turismo Torreón de la Zuda [N41° 39' 27.2" W0° 52' 53.7"], Torreón de La Zusa, Glorieta de Pío XII, s/n, 50003 Zaragoza, Tel. +34 976 20 12 00; www.zaragozaturismo.es. *Geöffnet Mo - Sa 10 - 14 + 16.30 - 20 Uhr, So 10 - 14 Uhr.*

Feste, Folklore

In der Woche um den 12. Oktober **Pilar-Fest** zu Ehren der Schutzpatronin der Stadt „Nuestra Señora del Pilar", siehe auch oben.

RESTAURANT

Campo del Toro, Plaza del Portillo, 5, Tel. +34 976 95 91 46; www.campodeltoro.es; ganz in der Nähe der Stierkampfarena, sehr gut und darüber hinaus auch noch zu erschwinglichen Preisen essen Sie hier in Corrida-Ambiente. Sonntags geschlossen, ausgenommen bei Stierkampfveranstaltungen.

CAMPING

Camping Ciudad de Zaragoza [N41° 38' 16.7" W0° 56' 34.3"], Calle de San Juan Bautista de la Salle, Tel. +34 876 24 14 95; www.campingzaragoza.com; 1. Jan. – 31. Dez.; am südwestl. Stadtrand, Zufahrt von der A-2 Ausfahrt 311B, beschildert; um eine kleine Anhöhe gruppierter Platz mit numerierten, parzellierten, schattenlosen Stellplätzen mit sandig-erdigem, aber festem Untergrund. Separate Zeltwiese. Ca. 8 ha – 100 Stpl. plus zahlreiche Miet-

Mobilhomes. Standardsanitärausstattung mit unzeitgemäßen Duschen. Restaurant in Saison, Laden, Imbiss, Waschmaschine, Trockner, Schwimmbad, Tennis, WLAN. V & E für Wohnmobile.

WOHNMOBIL-STELLPLÄTZE BEI ZARAGOZA

Wohnmobil-Stellplatz Zaragoza [N41° 41′ 0.52″ W0° 53′ 25.56″], Calle Poeta Luciano Gracia. **Zufahrt:** Von der Altstadt Zaragoza's ca. 4 km nordwärts auf der Calle de María Zambrano bis zum Sportzentrum Centro Aragones del Deporte. Hier zum Stellplatz. **Ausstattung:** Asphaltierter, für 36 Wohnmobile ausgewiesener, ebener, schattenloser Platz. Frischwasser, Grauwasser- und Chemikaltoilettenausguss, beleuchtet. **Gebühr:** Kostenlos. **Geöffnet:** Ganzjährig. Max. Aufenthalt 72 Std. Tram-Haltestelle Campus Rio Ebro gegenüber, 10 Min. zum Stadtzentrum.

Wohnmobil-Stellplatz Area di Sosta „El Cisne" [N41° 37′ 30.6″ W1° 00′ 34.3″]. Zufahrt: An der A-2 bei KM 308 (Richtung Madrid südwestwärts fahrend) bei der Raststätte Repsol-Area Servicio El Cisne gelegen, ca. 9 km südwestlich von Zaragoza. **Ausstattung:** Beschilderter, beleuchteter Parkplatz für 3 Wohnmobile mit Frischwasserhahn und Abwasserausguss, Stromanschluss, am Rand des Lkw-Parkplatzes. Öffentliches WC und Duschen. **Geöffnet:** Ganzjährig geöffnet. **Gebühr:** Für Übernachtung inkl. V & E-Einrichtung. Picknickzone. Restaurant und Laden der Raststätte. Laut durch LKWs.

Peñaflor bei Zaragoza
Wohnmobil-Stellplatz Guia Camper Park „Área de la Cartuja de Aula Dei" [N41° 43′ 41.10″ W0° 47′ 32.81″], Caravanas Surrecreo, Camino de Perdiguera s/n; Tel. +34 976 15 40 35; www.surrecreo.es/4/. **Zufahrt:** Von der A-2 Exit Montañana-Santa Isabel und auf der A-123 8,5 km nordwärts, ca. 15 km nördlich von Zaragoza. **Ausstattung:** Ebener, geschotterter Platz für ca. 100 Wohnmobile, teils mit Schattendächer, teils mit Bäumen. Frischwasserhahn, Abwasserausguss, Strom, öffentliche Toiletten, Duschen, Picknickplatz. Eingezäunt, Überwachungskamera. **Geöffnet:** Ganzjährig. **Gebühr:** Kostenlos. Gebühr nur für WC und Dusche. Restaurant ca. 400 m und Bushaltestelle ca. 1,5 km entfernt gelegen.

Ebenso romantisch wie eindrucksvoll, die Ritterburg Castillo de Loarre

TOUR 6: ZARAGOZA – JACA

Länge der Tour:	Rund 195 km. Plus Abstecher in den Ordesa y Monte Perdido Nationalpark bei Torla 60 km einfach.
Die Route:	Über die A23/E-7 bis **Huesca** – N-240 bis **Ayerbe** – A-1206 bis **Loarre** – N-240 bis **Santa María** – A-1205 und A-1603 über **San Juan de la Peña** und **Santa Cruz de la Serós** bis östlich von **Sta. Cilia de Jaca** – N-240 bis **Jaca**.
Abstecher:	Zum **Castillo de Loarre**.
Abstecher:	In den **Ordesa y Monte Perdido NP** – N-330 bis **Sabiñánigo** – N-260 über **Biescas** und **Torla** in den Nationalpark.
Reisedauer:	Mindestens ein Tag. Plus mindestens ein separater Tag für den Abstecher in den Ordesa y Monte Pertido Nationalpark.
Höhepunkte:	Das **Castillo de Loarre** *** und der Ausblick von dort – die Felsen **Los Mallos** * – Kloster und Kreuzgang von **San Juan de la Peña** ** – Wandern im **Ordesa y Monte Perdido NP** ***.

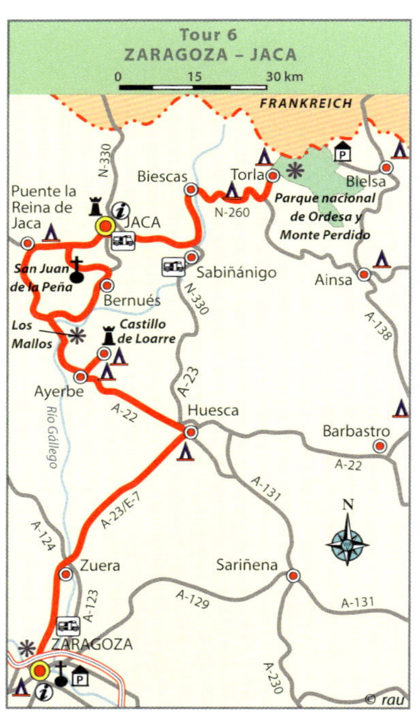

ROUTE: Von Zaragoza über die A-23/E-7 zunächst 72 km nordwärts nach ***Huesca.***

Huesca, das *Osca* der Römer, liegt auf einer leichten Anhöhe über dem Río Isuela. Nach der Vertreibung der Mauren war die Stadt bis zum Beginn des 12. Jh. Hauptstadt des Königreichs Aragonien.

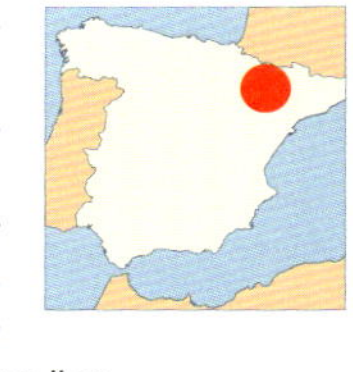

Mit ca. 53.000 Einwohnern ist Huesca heute Hauptstadt der gleichnamigen Provinz und Hauptort der aragonischen Pyrenäen.

Die Stadt weist eine Reihe bemerkenswerter Bauwerke auf, so die **Kirche San Pedro el Viejo [N42° 08' 18.2" W0° 24' 26.8"]** *(geöffnet Juni - Sept. Mo 11 - 13 + 17 - 18 Uhr, Di - Fr 10 - 13.30 + 15.30 - 19.30 Uhr, Sa 10 - 14 + 15.30 - 19.30, So 11.05 - 12.15 + 13.05 - 14 Uhr; Okt. - Mai Mo 11 - 13 + 17 - 18 Uhr, Di - Sa 10 - 14 + 15 - 18 Uhr, So 11.05 - 12.15 + 13.05 - 14 Uhr; www.sanpedroelviejo.com)* besichtigen sollte man dort u. a. den gotischen Altaraufsatz, die Grabmäler der Könige Ramiro II. von Aragonien und Alfonso I. „El Batallador" (der Kämpfer) sowie den romanischen **Kreuzgang** mit wunderschönen Säulenkapitellen, dem wahrscheinlich schönsten in Aragonien. Leider ist die Kirche gewöhnlich nur während des Gottesdienstes zugänglich.

Wer sich besonders für die Baugeschichte Nordspaniens interessiert, sollte nicht versäumen, der **Kathedrale [N42° 08' 26.3" W0° 24' 29.9"]** aus dem 13. Jh. mit bedeutendem Hauptportal, dem berühmten **Hochaltar-Retabel** von

PRAKTISCHE HINWEISE – HUESCA

Oficina de Turismo [N42° 08' 18.1" W0° 24' 29.0"], Plaza Luis López Allué, 22002 Huesca, Tel. +34 974 29 21 70; www.huescaturismo.com. *Geöffnet tgl. 9 - 14 Uhr + 16 - 20 Uhr.*

CAMPING

Camping San Jorge [N42° 08' 12.3" W0° 25' 08.9"], C/Ricardo del Arco s/n, Tel. +34 974 35 23 84; www.campingsanjorge.com; 1. April – 30. Okt.; am Westrand der Stadt vor dem Sportplatz Campo de Deportes San Jorge, Zufahrt an der Ausfallstraße N-330A beschildert. Von der A-23 (Huesca – Zaragoza) Ausfahrt Huesca Sur stadteinwärts, nach 4. Kreisverkehr und der Tankstelle El Aquilar 3. Straße links in die Calle Ingeniero Pano, bis zur Mauer am Ende der Straße, hier rechts. Ebene Wiesen unter Platanen, von einer hohen Mauer umgeben, als Übernachtungsplatz gut geeignet, allerdings sehr einfache Sanitärausstattung und trotz recht guter Beschilderung in der Stadt letztendlich etwas schwierig zu finden; ca. 1 ha – 70 Stpl.; Standardausstattung. Restaurant, Imbiss, WLAN.

Damián Forment und dem gotischen Kreuzgang einen Besuch abzustatten *(geöffnet Apr., Mai, Sept., Okt. Mo - Fr 10 - 13.30 + 16 - 18 Uhr, Sa 10 - 13.30 Uhr; Juni - Aug. Mo - Sa 10.30 - 14 + 16 - 19 Uhr; Nov. - März Mo - Sa 10.30 - 14 Uhr; https://www.huescaturismo.com/es/monumental-detalle/7/catedral-museo-diocesano/)*.

Einen Besuch lohnt auch das **Museo Provinical de Huesca [N42° 08' 31.3" W0° 24' 33.6"]** *(geöffnet Di - Sa 10 - 14 + 17 - 20 Uhr, So 10 - 14 Uhr, Eintritt frei; www.museodehuesca.es)*. Das Archäologische Museum der Provinz Aragonien ist in der ehemaligen Universität im Norden der Stadt an der Plaza San Juan de la Peña untergebracht. Neben archäologischen Funden, Gemälde- und Skulpturensammlungen ist eine interessante Kollektion von romanischen und gotischen Altaraufsätzen zu sehen.

Ausflug zum Arguis Stausee

Bei ausreichend zur Verfügung stehender Zeit lohnt ein Abstecher auf der A-23/N-330 etwa 20 km nach Norden zum Stausee **Embalse de Arguis [N42° 18' 15.4" W0° 25' 40.9"]**. Fährt man auf der Landstraße nördlich vom Stausee ein paar Kilometer nach Westen kommt man zu einem Aussichtspunkt, von dem aus schöne **Ausblicke** ins Tal des Río Isuela und zur im Süden aufragenden Anhöhe Peña Gratal (1.563 m) möglich sind.

ROUTE: *Weiterfahrt von Huesca über die A-132 nach Nordwesten. Im hübschen Städtchen **Ayerbe** biegen wir rechts (ostwärts) ab nach **Loarre,** das man nach 7 km erreicht.*

Außerhalb von **Loarre** folgen wir der gut ausgebauten, streckenweise etwas steilen Zufahrtsstraße, die kurvenreich hinauf zum **Castillo de Loarre** führt **[Parkplatz, N42° 19' 40.0" W0° 36' 43.3"]** *(geöffnet Juni - Sept. tgl. 10 - 20 Uhr; 1. März - 15. Juni + 16. Sept. - Okt. tgl. 10 - 14 + 16 - 19 Uhr; Nov. - März Di - So 11 - 17.30 Uhr; www.castillodeloarre.es)*. Diese schon von weitem sichtbare Burg thront über 1.000 m hoch imposant auf einem Felsen, an dessen Rückseite die Straße an einem großen Parkplatz endet. Hier auch Besucherzentrum mit Cafeteria.

Bei klarem Wetter sind von den Zinnen der Burg großartige Ausblicke hinab in die weite Ebene bis Zaragoza möglich.

Die Burg wurde von Sancho Ramírez, König von Aragón und Navarra erbaut. Sie war eine der bedeutendsten romanischen Verteidigungsanlagen in Nordspanien, was die zylindrischen Türme der Außenmauer zu bestätigen scheinen. Das Castillo de Loarre gilt als älteste Burg ganz Spaniens, die unverfälscht und ohne bauliche Veränderungen seit ihrer Entstehung zwischen dem 10. und 12. Jh. erhalten blieb.

Das Castillo de Loarre, eine Burg wie im Märchenbuch

Ausgangs des 11. Jh. gliederte man ein Kloster mit romanischer Kirche an. Der einschiffige Kirchenraum weist eine majestätische Apsis mit Blendarkaden auf.

Die glatten Mauern der Burg und ihre acht Türme scheinen eine nahtlose Fortsetzung der steilen Felsen zu sein, auf denen die Anlage thront. Loarre war uneinnehmbar. Die einzige Öffnung der Mauern befindet sich im sog. Königsturm.

So klar das Äußere ist, so verwirrend ist die Anlage der Gebäudeteile und der Räumlichkeiten im Inneren der Mauern. Es gibt z. B. keine eindeutige Trennung zwischen Kloster und den Unterkünften der Burgbesatzung. Offenbar lebten alle wie in einem geordneten Chaos zusammen, Mönche, Adelige und Soldaten. Lediglich das Gemach der Königin bildet eine Ausnahme.

In der Umgebung von Loarre wurden ausgeschilderte Rad- und Wanderwege angelegt, wodurch das Städtchen heute zu einem guten Ausgangspunkt für Rad- und Wandertouren geworden ist. Details muss man im Touristenbüro oder auf den Campingplätzen erfragen.

CAMPING

Ayerbe

Camping La Banera [N42° 16′ 56.23″ W0° 40′ 31.76″], Tel. +34 974 38 02 42; www.campinglabanera.com; Jan. - Dez.; an der Straße nach Loarre; kleiner, terrassierter Platz zwischen Straße und Olivenhainen; 1 ha – 50 Stpl.; Standardsanitärausstattung. Restaurant in Saison, Waschmaschine, WLAN auf Teilen des Platzes und an der Reception. Infos über Freizeitmöglichkeiten, Wander- und Mountainbikewege in der Region.

Loarre

Camping Castillo de Loarre [N42° 19′ 10.3″ W0° 37′ 06.9″], Carretera del Castillo, s/n, Tel. +34 974 38 27 22; www.campingloarre.com; Anf. Feb. – 23. Dez.; an der Zufahrtstraße zum Castillo de Loarre, ca. 3 km unterhalb der Burg; in schöner Hanglage im Mandelgarten; ca. 1 ha – 80 Stpl.; gute Standardsanitärausstattung. Laden, Restaurant, Schwimmbad, Fahrradverleih; Infos über Freizeitmöglichkeiten, Wander- und Mountainbikewege in der Region.

*ROUTE: Zurück nach **Ayerbe** und auf der A-132 weiter nordwestwärts und nach 8 km rechts ab nach **Riglos**.*

Riglos [Aussichtspunkt, N42° 20′ 38.8″ W0° 43′ 47.5″], ein kleines Dorf, duckt sich förmlich unter den gewaltigen, senkrecht himmelwärts ragenden, roten Felstürmen **„Los Mallos de Riglos“.** Die Felswände sind nicht nur ein beliebtes Eldorado für Kletterer, sondern auch ein Refugium für Adler, die man allenthalben um die Felsen kreisen sieht. Einen guten Blick auf den Ort und die Felsen hat man bereits kurz nach dem Abzweig von der Hauptstraße und dann noch etwas besser von dem kleinen Parkplatz am Ortsrand.

*ROUTE: Von Riglos zurück zur A-132. Nach weiteren 9 km führt ein Abzweig links zu den **Mallos de Agüero**.*

Folgt man dem Abzweig, erreicht man nach 5 km auf schmaler Straße das hübsch unterhalb der imposanten Felsen liegende Dorf **Agüero**. Kurz vor dem Ort führt eine Asphaltstraße hinauf zur romanischen **Kirche Santiago**.

*ROUTE: Abermals zurück zur A-132. Nördlich von **Murillo de Gállego** führt die Straße A-132 flussaufwärts durch die wilde canyonartige **Schlucht des Río Gállego**. Der Fluss, das letzte noch weitgehend naturbelassene Wildwasser Aragoniens, ist im Frühsommer ein beliebtes Revier für Wildwasserkanuten und Riverrafter. Später überquert die Straße einspurig die Staumauer des **Embalse de la Peña**. Der Stausee ist in herrliche Berglandschaft eingebettet. Nach der Staumauer halten wir uns bei **Santa María** rechts. Kurz danach erreicht man **Anzánigo**. Die kurvenreiche, ziemlich schlechte Bergstraße via Bernués geht nun nordwärts bis **Bernués,** knickt dort nach Westen ab und führt zum **Kloster San Juan de la Peña.***

*ALTERNATIVROUTE: Der etwas bequemere und nicht ganz so kurvenreiche Weg aber ist der, wenn man ab **Ayerbe** die ganze Strecke über auf der A-132 bleibt und in **Santa María** nach der Staumauer weiter der A-132 nach Nordwesten folgt. Man erreicht dann nach 44 km die Hauptstraße N-240 bei **Puente la Reina de Jaca**. Dort kann man dann immer noch entscheiden, ob man ostwärts nach Jaca (evtl. mit einem Abstecher zum Kloster San Juan de*

Die roten Felsentürme „Los Mallos de Riglos“

la Peña, siehe weiter unten) und in den Ordesa Nationalpark oder westwärts direkt nach Iruñea/Pamplona weiterreist.

Kloster San Juan de la Peña [N42° 30' 28.4" W0° 39' 55.2"] – Zunächst trifft man auf das sog. Obere Kloster San Juan de la Peña, das durch sein Kirchenportal auffällt. Das Obere Kloster war im 17. Jh. angelegt worden, nachdem das untere Kloster mehrfach durch Brände zerstört worden war. Zu Beginn des 19. Jh. dann wurde es von napoleonischen Truppen endgültig in Trümmer gelegt. Kloster und Kirche wurden teils restauriert. Es wurde ein Museum und in Teilen des Anwesens ein 3-Sterne-Hotel eingerichtet.

Etwa 300 m von der Klosteranlage entfernt findet man am Waldrand einen Parkplatz samt Picknickplatz.

Wenn Sie Zeit für einen Spaziergang haben, gehen Sie, vor der Kirchenfront stehend, rechts um die Klostermauer herum, am Wald entlang bis zu einem Markierungsstein und dort nach rechts. Nach wenigen hundert Metern erreicht man den Aussichtspunkt **Balcón de los Pirineos** mit einer marmornen Orientierungstafel. Davor breitet sich ein prächtiges Landschaftspanorama mit Gipfeln und Höhenzügen der navarrischen und aragonischen Pyrenäen aus. Vom Kloster zum Aussichtspunkt geht man etwa 10 Minuten.

Teils in Serpentinen führt die Straße nach dem Oberen Kloster an einem bewaldeten Berghang entlang talwärts. Nach etwa 2 km kommt man zum linkerhand unter einem gewaltigen Felsüberhang geduckt liegenden alten Kloster **Antiguo Monasterio San Juan de la Peña [N42° 30' 27.6" W0° 40' 25.2"]** *(geöffnet Juni - Aug. tgl. 10 - 14 Uhr + 15 - 20 Uhr, März - Mai + Sept. - Okt. tgl. 10 - 14 Uhr + 15.30 - 19 Uhr; Nov. - März So - Fr 10 - 14 Uhr, Sa 10 - 17 Uhr; www.monasteriosanjuan.com)*. Sehr schlechte Parkmöglichkeiten am Straßenrand!

Der untere Teil des recht kleinen Klosters stammt in seinen Ursprüngen aus dem 9. Jh. Es ist die Keimzelle der historischen Abtei, die Johannes dem Täufer geweiht ist. Durch die **Sala de Concilios**, den Konziliensaal, der im 11. Jh. errichtet wurde, betritt der Besucher heute den Gebäudekomplex unter dem drohend überhängenden Felsen. Über dem Konziliensaal liegt die eigentliche Klosteranlage, die man über Treppen erreicht.

Man passiert den **Panteòn de los Nobles**, die Grablege namhafter aragonischer Adelsgeschlechter, bevor man in die romanische **Klosterkirche** gelangt. Sie stammt aus dem 11. Jh. und ist der Mittelpunkt der eigentlichen Klosteranlage.

Links gelangt man in den **Panteòn Real**, welcher die Grabstätten der Könige Aragoniens beherbergt. Diesem Umstand verdankt San Juan de la Peña Ansehen und Bedeutung bis auf den heutigen Tag.

Schließlich gelangt man durch einen Durchgang mit mozarabischen Ornamenten in die gotische **Capilla de San Victoriàn** und von dort in den im 12. Jh. hinzugefügten, sehr sehenswerten **Kreuzgang**. Mit seinen zierlichen Säulen und den wunderschönen Säulenkapitellen stellt er ein wahres Kleinod romanischer Bildhauerkunst dar. Am Rande des Kreuzgangs schließlich findet man die Kapelle Santos Voto y Félix aus dem 17. Jh.

*ROUTE: Weiterfahrt über **Santa Cruz de la Serós** in zahlreichen Serpentinen und stellenweise steil hinab ins Tal des Río Aragón, um nach 15 km auf die Hauptstraße N-240 zu stoßen, der wir 12 km ostwärts bis **Jaca** folgen.*

Jaca, die fast 820 m hoch gelegene Stadt am Río Aragón war im 11. Jh. eine beliebte Residenz der aragonischen Könige.

Eine der wenigen zentrumsnahen **Parkmöglichkeiten - Llano de San Pedro [N42° 34' 27.8" W0° 33' 03.3"]** – findet man nördlich der Zitadelle an der Calle Burnao.

Jacas einstmals strategisch wichtige Lage wird noch heute durch die mächtige **Zitadelle** (Ciudadela) aus dem

16. Jh. deutlich. Heute ist die Stadt mit annähernd 13.000 Einwohnern ein wichtiger Knotenpunkt des Verkehrs über den 1.632 m hohen Pyrenäenübergang Puerto de Somport von und nach Frankreich und ein wichtiger Ausgangspunkt für Freizeitaktivitäten im Winter wie im Sommer, Ausflüge in die Pyrenäen und in den weiter östlich gelegenen Ordesa Nationalpark. Und nicht zuletzt war und ist Jaca ein wichtiger Meilenstein am Beginn des legendären Pilgerweges **Camino de Santiago**.

Eine Besichtigung wert ist die romanisch-gotische **Catedral de San Pedro [N42° 34' 14.9" W0° 32' 58.8"]** *(geöffnet tgl. 12 - 14 + 16 - 19 Uhr)*. Sie stammt aus der Mitte des 11. Jh. und ist eine der ältesten ganz Spaniens. Jacas Kathedrale inspirierte viele spätere Baumeister bei ihren Werken, die sie entlang des Jakobsweges schufen.

Der Kirchenbau basiert auf einer dreischiffigen Basilika mit Querschiff und drei Apsiden. Über dem Mittelschiff erhebt sich eine schöne Kuppel. Vor allem die Bildhauerarbeiten an den Portalen (besonders am Westportal) und an den Säulenkapitellen im Inneren sollten nicht übersehen werden. Sie zählen zu den wertvollsten ihrer Art aus der Zeit der Romanik in Spanien.

Von kunstgeschichtlicher Bedeutung ist das **Diözesanmuseum** von Jaca, das im Kreuzgang und in Kapellen neben der Kathedrale eingerichtet ist *(geöffnet Juli + Aug. Di - Fr 10 - 13.30 Uhr + 16 - 20 Uhr; sonst Di - Fr 10 - 13.30 Uhr + 16 - 19 Uhr, Sa 10 - 13.30 Uhr + 16 - 20 Uhr, So 10 - 13.30 Uhr, letzter Einlass 1 Std. vor Schließung; www.diocesisdejaca.org)*. Das Museum gibt einen ausgezeichneten Überblick über die **Freskomalerei** im Gebiet der aragonischen Pyrenäen, die von Malern der Romanik der sog. „Schule von Jaca" stammen. Zu sehen sind u. a. von ihren ursprünglichen Standorten hierher gebrachte Freskenzyklen aus

PRAKTISCHE HINWEISE – JACA

Oficina de Turismo [N42° 34' 15.6" W0° 32' 58.7"], Plaza de San Pedro 11-13, neben der Kathedrale, 22700 Jaca, Tel. +34 974 36 00 98; www.jaca.es/turismo.html. *Geöffnet Juli + Aug. Mo - Sa 9 - 21 Uhr, So 9 - 15 Uhr; Sept. Mo - Sa 9 - 13.30 + 16.30 - 19.30 Uhr; sonst Mo - Sa 9 - 13.30 + 16.30 - 19.30 Uhr.*

Feste, Folklore

Fiesta del Primer Viernes de Mayo en Jaca: Am ersten Freitag im Mai **Festzug und feierliche Prozession** mit historischen Trachten und viel Folklore in Erinnerung an die Befreiung von der Maurenherrschaft im 8. Jh; www.jaca.es/cultura/fiestas-y-tradiciones/fiesta-del-primer-viernes-de-mayo-en-jaca.html.

CAMPING BEI JACA

Santa Cilia de Jaca liegt rund 15 km westlich von Jaca.

Camping Pirineos [N42° 33' 19.9" W0° 45' 22.1"], Tel. +34 974 37 73 51; www.campingpirineos.es; ganzjährig; an der N-240 (Jaca – Pamplona) ca. 15 km westl. Jaca bei KM 17; stark mit Dauercampern belegter Platz, für Touristen teils unter eng stehenden Nadel- u. Laubbäumen; ca. 3 ha – 280 Stpl.; Standardsanitärausstattung. Laden, Restaurant, Schwimmbad, Internetecke. Tennis. Hübsche Miet-Holzbungalows.

WOHNMOBIL-STELLPLATZ JACA

Wohnmobil-Stellplatz Parking de Membrilleras [N42° 34' 3.69" W0° 32' 43.00"], Calle Voto de San Indalecio. **Zufahrt:** Am östlichen Ortsrand von der Landstraße N-240 (Guasa – Jaca) am Kreisverkehr abzweigen und noch 100 m zum Platz. **Ausstattung:** Asphaltierter Busparkplatz mit 20 Stellflächen für Wohnmobile, teils schattig durch Bäume, neben Wohnhäusern. Versorgungssäule mit Frischwasser und Grauwasser- und Chemikaltoilettenausguss. **Geöffnet:** Ganzjährig **Gebühr:** Kostenlos. Kein Campingverhalten.

den Kirchen von Bagüés (Zaragoza) aus dem frühen 12. Jh., von Ruesta (Zaragoza) aus dem späten 12. Jh. und von Osia (Huesca), die als schönes Beispiel für die Übergangszeit zur Gotik gelten.

Wenn man über Südwestfrankreich nach Spanien kommt

Eine interessante Anreisealternative nach Spanien ist der Weg durch Südwestfrankreich, z. B. ab **Narbonne** über die Autobahn A-61/E-80 und über **Carcassonne** (schöne Stadtfestung), **Toulouse** und **Tarbes** nach **Pau**. Dort zweigt man südwärts ab und erreicht Spanien entweder über den Pyrenäenpass **Puerto del Portalet** (1.792 m) oder über den Pyrenäenpass **Puerto de Somport** (1.632 m).

Recht bequem und ganzjährig befahrbar wurde der auf französischer Seite in Passnähe allerdings etwas enge Übergang über die Pyrenäen am **Col de Somport** durch den 8,8 km langen **Tunél des Somport**.

Auf spanischer Seite gelangt man dann auf der gut ausgebauten N-330 und über **Canfranc-Estación** mit seinem schönen alten Bahnhofsgebäude, das aus einer Zeit stammt, als Canfranc noch eine stark frequentierte Station für Kurgäste und Sommerfrischler war, nach Jaca.

Landschaftlich sehr reizvoll ist der Weg ab **Pau** in Frankreich über die D-934 und über die Pyrenäenstraße bis **Laruns** (Camping des Gaves, ganzjährig).

Gleich hinter Laruns beginnt der Anstieg hinauf zum **Col du Portalet**, den man nach rund 30 km Fahrt über eine teils schmale Passstraße erreicht. Wintersperre November bis Juni. Auf der Passhöhe (1.792 m) passiert man die ehemalige Grenzstation und ist nun in der spanischen Provinz Huesca in Aragonien.

Auf spanischer Seite führt die gut ausgebaute Straße A-136 über **Escarilla** (1.120 m) langsam hinunter durch eine herrliche, alpine Landschaft mit immer neuen malerischen Ausblicken.

Hinter **Escarrilla** bietet sich die Möglichkeit, in die **Garganta del Escalar,** eines der vielen Pyrenäentäler abzuzweigen. Am Ende der wilden Escalar-Schlucht liegt das Thermalbad **Balneario de Panticosa** mit schwefelhaltigen Quellen.

Bleibt man auf der A-136, passiert man den **Búbal-Stausee** und kommt schließlich nach **Biescas**, Ausgangspunkt für einen Abstecher in den Ordesa y Monte Perdido Nationalpark.

Abstecher zum Ordesa y Monte Perdido Nationalpark

ABSTECHER: Von Jaca auf der N-330 14 km ostwärts bis kurz vor ***Sabiñánigo*** *(Stellplatz s.u.). Dort nordwärts und auf der N-260 12 km bis* ***Biescas****. Hier zweigt man ostwärts ab auf die N-260. Die kurvenreiche, teils spektakuläre Bergstraße führt durch ein Hochtal mit grünen Terrassen und über den 1.423 m hohen Puerto de Cotefablo (enger Tunnel, meist Ampelregelung) und erreicht nach rund 33 km schließlich* ***Torla****.*

Das über 1.030 m hoch gelegene Bergdorf **Torla** bietet Hotels und Campingmöglichkeiten und eignet sich gut als Ausgangspunkt für Touren in den nahen Ordesa y Monte Perdido Nationalpark.

Zentrale Anlaufstelle für Besucher des Ordesa Nationalparks ist in Torla, das **Centro de Visitantes del Parque Nacional de Ordesa [Parkplatz, N42° 37' 33.3" W0° 06' 41.6"]** Avda. Ordesa s/n.

CAMPING – ESCARILLA BEI BIESCAS

Camping Escarra [N42° 44' 8" E0° 18' 45"], Tel. +34 974 48 71 28; www.campingescarra.com; Jan. – Dez.; Zufahrt von der A-136 (Biescas – Formigal) bei KM 85, in schöner Lage; ca. 4 ha – 100 Stpl.; Standardsanitärausstattung; Laden, Restaurant, Waschmaschine, Trockner, Schwimmbad, Fahrrad- und E-Bike-Verleih, WLAN. Mietbungalows. V & E für Wohnmobile. Zufahrt max. 3,2 m Höhe. Hotel nebenan.

WOHNMOBIL-STELLPLATZ – SABIÑÁNIGO

Wohnmobil-Stellplatz Parking Pirenarium [N42° 30′ 20.50″ W0° 21′ 24.88″], Avda. del. Ejército 27. **Zufahrt:** Von der N-330 (Sabiñánigo – Huesca) ca. 1,5 km südlich von Sabiñánigo zum Vorort Puente Sardas abzweigen und schon nach 400 m zum Platz. **Ausstattung:** Asphaltierter, allgemeiner Parkplatz mit ca. 20 Stellflächen für Wohnmobile. Imbiss, Frischwasser, gut befahrbare V & E-Einrichung, Strom. **Geöffnet:** Ganzjährig. **Gebühr:** Pauschale für Aufenthalt und V & E. Maximaler Aufenthalt 2 Nächte. Bäckerei und Restaurant nahebei.

Tel. 974 48 64 72 *(geöffnet April - 30. Okt. tgl. 9 - 14 + 16.15 - 19 Uhr, sonst tgl. 9 - 14 + 15.15 - 18 Uhr; www.ordesa.net)*. Neben dem Besucherzentrum liegt ein großer Parkplatz. Von hier in der Hauptsaison Bus-Shuttle in den Nationalpark.

Der heute über 15.600 ha große **Parque Nacional de Ordesa y Monte Perdido [Parkeinfahrt, N42° 39′ 11.8″ W0° 06′ 07.5″]** wurde bereits 1918 eingerichtet. Damals umfasste das Naturschutzgebiet aber lediglich ein Territorium von etwas mehr als 2.000 ha, das sich im wesentlichen auf das **Valle de Ordesa**, das Tal des Río Arazas nordöstlich von Torla, beschränkte. Dieser Canyon ist noch heute eines der attraktivsten Wandergebiete im Park.

Der von Ost nach West durch das Ordesa-Tal fließende Río Arazas bildet mehrere Kaskaden und hat hier ein cañonartiges Tal eingeschnitten, dessen senkrecht aufragenden Wände fast 1.000 m erreichen. Die steilen Felsen sind durch Erosion geformt und zerfressen und bieten einen imposanten Anblick. Am Talgrund ist die Flora überaus artenreich. Vor allem alte Buchen fallen auf. Gut markierte Fußwege führen zu den schönsten Punkten und zu den Wasserfällen, die der Arazas bildet.

1982 wurde der Park auf den heutigen Umfang erweitert. Er erstreckt sich am Südrand der Aragonischen Pyrenäen bis zum 3.355 m hohen Monte Perdido Massiv und schließt außerdem die canyonartigen Täler des Río Vellós mit dem **Cañon de Añisclo**, Pardina und Río Yaga mit den **Gargantas de Escuaín** ein.

Wenn man von Torla hinauf in den Nationalpark fährt – er ist von Mai bis September geöffnet, der Eintritt ist frei – passiert man zunächst das **Informationszentrum** (Lageplan, Broschüren, teils nur auf spanisch erhältlich, kleine Ausstellung) und erreicht dann den großen **Parkplatz [N42° 38′ 56.8″ W0° 03′ 29.4″]** mit **Restaurant** und **Sanitärgebäude**.

Vom Parkplatz aus geht ein **Wanderweg** nach Osten hinein in den Canyon des Río Arazas. Wenn Sie kein so geübter Wanderer sind, ohne Ausrüstung für Bergtouren oder mit kleineren Kindern unterwegs sind, empfiehlt es sich, sich an die Wanderwege im Tal entlang des Río Arazas zu halten. Die große Wegrunde im Tal führt bis zum **Circo de Soaso** am Talende. Der Weg ist einfach, etwa 9 km lang und man benötigt für diese Strecke mindestens drei Stunden. Der Weg hin und zurück ist also eine ausgedehnte Tagestour.

Vom Circo de Soaso am Talende kann man vom Wasserfall **Cascada Cola de Caballo** weiter zur 2.160 m hoch gelegenen Schutzhütte **Refugio de Góriz** wandern. Dieses Stück des Weges, das hinauf an den Talrand und weiter zur Schutzhütte unterhalb des gletscherbedeckten Monte Perdido führt, kann aber nur geübten und trittsicheren Bergwanderern mit guter Ausrüstung empfohlen werden.

Der kürzere Weg ist ein Teilabschnitt des Pfades im Tal nach Soaso und einfach knapp 4 km oder eine gute Stunde lang. Man geht bis zu den Wasserfällen **Cascada del Estrecho** und dann auf der anderen Flussseite wieder zurück. Es gibt Maultiere zu mieten.

Weitere Wanderwege (für geübte, gut ausgerüstete Bergwanderer) führen vom Restaurant aus ebenfalls zunächst ostwärts bis zum Marterl und dort nach Norden ins **Talende von Cotatuero**, 4

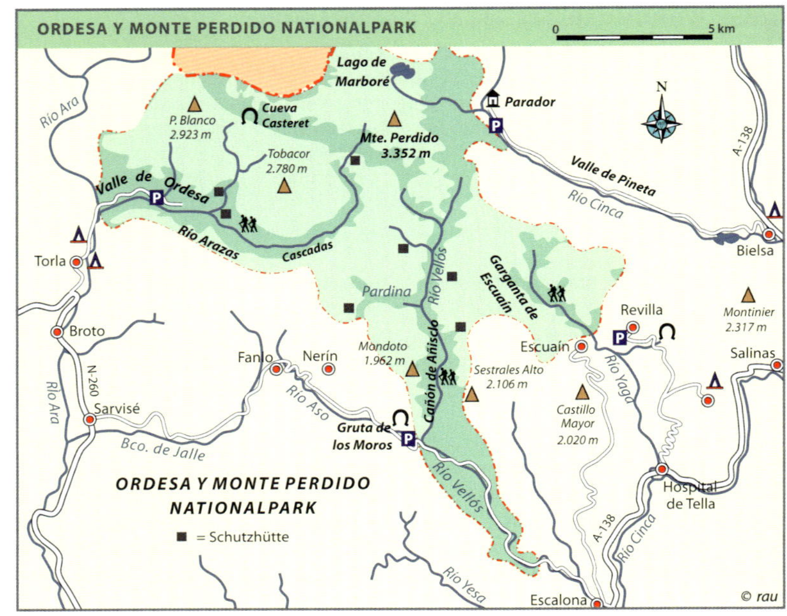

Stunden einfach, oder vom Informationsgebäude aus ins **Talende von Carriata**, 4 Stunden, nur für Bergerfahrene.

Der östliche Teil des Ordesa y Monte Perdido Nationalparks ist per Auto nicht von Torla aus, sondern von **Escalona [N42° 29' 59.5" E0° 08' 38.1"]** an der Straße A-138 nördlich von **Ainsa [N42° 24' 53.3" E0° 08' 25.3"]** aus zu erreichen. Mit dem Auto kann man bis zum Parkplatz in der Nähe der Flussbrücke, 13 km nordwestlich von Escalona, fahren. An der Brücke beginnt der gut markierte Wanderweg in den **Canyon de Añisclo**, der größten Sehenswürdigkeit in diesem Teil des Nationalparks. Der erste Teil des Weges führt bis nach Ripareta, an den Kaskaden der Einmündung des Pardina. Planen Sie für den Weg hin und wieder zurück etwa sechs Stunden ein.

Außerdem ist vom Parkplatz aus eine einstündige Wanderung den Río Aso flussauf zum Eingang der Höhle „Cueva Del Moro" möglich.

Der Ausgangspunkt für Wanderungen zu den Schluchten **Gargantas de Escuaín** liegt beim Bergdorf **Revilla [N42° 35' 56.4" E0° 08' 46.2"]**, das mit dem Auto von Hospital de Tella an der A-138 aus über eine kurvenreiche Bergstraße zu erreichen ist.

Das nicht ganz 600 m hoch gelegene, sehenswerte **Ainsa [Großparkplatz, N42° 25' 06.7" E0° 08' 05.5"]** mit annähernd 1.600 Einwohnern ist wichtigster Ausgangspunkt für Aktivitäten im östlichen Ordesa Nationalpark. Eines der markantesten Bauwerke hier ist die romanische **St. Marienkirche**. Der schlichte, einschiffige Bau entstand Mitte des 12. Jh.

Besichtigen kann man das **Volksmuseum** für traditionelle Kunst und Berufe, sowie das **Ökomuseum**, das auf eine Initiative zum Schutze des Lämmergeiers zurückgeht.

Nochmals gut 20 km weiter nördlich liegt an der A-138 und schon in der Nachbarschaft zur französischen Grenze der Ort **Bielsa** (Camping Pineta, 1. Apr. – 30. Nov.; N42° 39' 05.3" E0° 08' 26.3"). Von Bielsa aus führt eine Straße am Río Cinca entlang hinauf ans Talende des **Valle de Pineta**. Dort findet man den **Parador Monte Perdido** (29 Zi., Valle de Pineta, Tel. +34 974 50 10 11; www.parador.es/de/paradores/parador-de-bielsa/) in prächtiger Gebirgslandschaft.

CAMPING

Torla

Camping Ordesa [N42° 38' 20.3" W0° 06' 34.9"], Ctra. Ordesa s/n, Tel. +34 974 11 77 21; www.campingordesa.es; 29. Mai – 30. Sept.; ca. 1 km nördlich des Ortes, beim gleichnamigen Hotel; schattige Terrassen; ca. 4 ha – 180 Stpl.; Standardsanitärausstattung. Kiosk, Restaurant, Waschmaschine, Trockner, Schwimmbad, Mietbungalows. V & E für Wohnmobile.

Camping Río Ara Ordesa [N42° 37' 52.6" W0° 06' 25.9"], Ctra. Ordesa, Tel. +34 974 48 62 48; www.campingrioaraordesa/de/.com; 1. Mai – 31. Okt.; Wiese am Fluss Ara beim Bauernhof Taparz; ca. 100 Stpl.; einfache Standardausstattung. Laden, Cafeteria, WLAN.

Camping San Antón [N42° 38' 45.6" W0° 06' 24.8"], Tel. +34 974 48 60 63; www.campingsananton.es; 1. Jan. – 31. Dez.; nördlich von Torla gelegen, von der Straße zum Nationalpark beschilderte Zufahrt bergwärts; einfache Standardsanitärausstattung. Laden, Cafeteria, Waschmaschine. Mietbungalows.

Camping Viu [N42° 36' 56.3" W0° 09' 15.9"], Tel. +34 974 48 63 01; www.campingviu.com/camping-viu.htm; 1. Jan. – 31. Dez.; Ctra. N-260a (Biescas - Ordesa), KM 484,2, 5 km südwestlich von Torla. Terrassenplatz in schöner Lage bei einem Hotel-Restaurant; ca. 2 ha – 40 Stpl.; Wiesengelände mit Bäumen, Cafeteria, Restaurant, Waschmaschine, Ausguss für Chemikaltoiletten. Miethütten.

Oto bei Broto

Camping Oto [N42° 35' 51.43" W0° 7' 51.94"], Oto-Valle de Broto, Ctra N260, Tel. +34 974 48 60 75; www.campingoto.com; 2. März – 13. Okt.; von der N260a (Biescas - Torla) in Broto nach Oto abzweigen und hier zum Platz; ebenes Wiesengekände mit Laubbäumen, 3 ha – 240 Stpl.; Standardsanitärausstattung. Restaurant, Laden, Waschmaschine, Trockner, Schwimmbad, WLAN. V & E für Wohnmobile.

Gavin bei Biescas

Camping Gavin [N42° 37' 08.8" W0° 18' 15.2"], Tel. +34 974 48 50 90; www.campinggavin.com; 1. Jan. – 31. Dez.; bei KM 503,5 der N-260a (Biescas – Torla); gepflegte Wiesenterrassen mit Bäumen in ansprechender Lage, unterhalb der N-260a nach Torla; ca. 3 ha – 150 Stpl.; Standardsanitärausstattung. Laden, Restaurant, Waschmaschine, Trockner, Schwimmbad, Tennis, Fahrradverleih, Reitschule. V & E für Wohnmobile. Miethütten.

Ainsa

Camping Ainsa [N42° 25' 16.0" E0° 09' 3.3"], Tel. +34 974 50 02 60; www.campingainsa.com; 1. Apr. – 30. Sept.; am östlichen Ortsrand von der Straße N-260 Richtung Campo abzweigen und noch ca. 1 km; ca. 4 ha – 150 Stpl.; Standardsanitärausstattung. Laden, Restaurant, Schwimmbad. Mietbungalows.

Labuerda

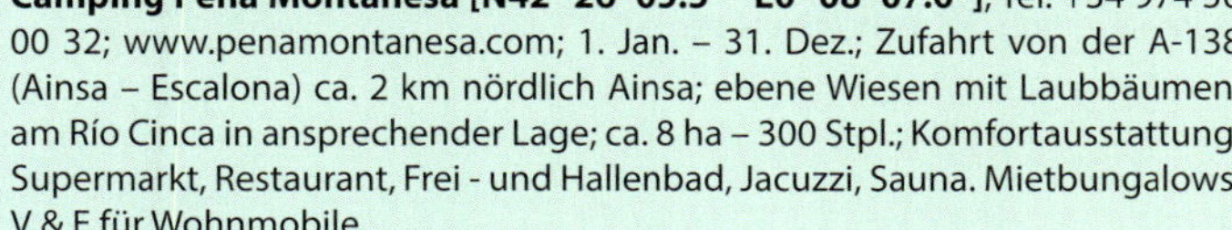

Camping Peña Montañesa [N42° 26' 05.5" E0° 08' 07.0"], Tel. +34 974 50 00 32; www.penamontanesa.com; 1. Jan. – 31. Dez.; Zufahrt von der A-138 (Ainsa – Escalona) ca. 2 km nördlich Ainsa; ebene Wiesen mit Laubbäumen, am Río Cinca in ansprechender Lage; ca. 8 ha – 300 Stpl.; Komfortausstattung. Supermarkt, Restaurant, Frei - und Hallenbad, Jacuzzi, Sauna. Mietbungalows. V & E für Wohnmobile.

Boltaña

Camping Boltaña [N42° 25' 48.7" E0° 04' 43.8"], Tel. +34 974 50 23 47; www.campingboltana.com; 8. Jan. – 22. Dez.; Zufahrt von der N-260 bei KM 442 ca. 6 km nordwestlich von Ainsa; ca. 6 ha – 150 Stpl.; Standardsanitärausstattung. Laden, Restaurant, Imbiss, Schwimmbad, Grillstelle, Fahrrad- und E-Bike-Verleih. Miethütten. V & E für Wohnmobile.

JAKOBSWEG

6 Touren – ca. 10 Tage

Wegmarkierung auf dem Jakobsweg

TOUR 7: JACA – PAMPLONA/IRUÑA – PUENTE LA REINA/GARES

Länge der Tour: Rund 145 km, plus ca. 38 km für evtl. Umweg über Sos del Rey Católico.

Die Route: Über die N-240 (A-21) bis **Yesa** – Landstraße zum **Kloster Leyre** und zurück nach Yesa – A-21 bis **Pamplona/Iruña** – A-12 bis **Puente la Reina/Gares**.

Reisedauer: Mindestens ein Tag, besser zwei Tage.

Höhepunkte: Das **Kloster Leyre** – die Innenstadt von **Pamplona/Iruña** * mit **Rathausfassade, Kathedrale** und **Navarra-Museum** – das Kirchlein **Sta. María de Eunate** *** – das Pilgerstädtchen **Puente la Reina/Gares** mit seiner historischen **Brücke** *.

Der Jakobsweg

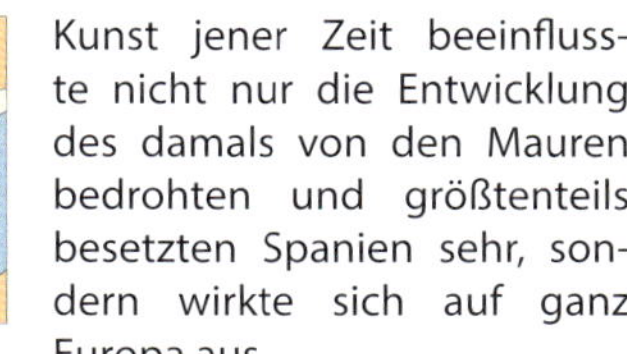

Hier in Jaca treffen wir auf den legendären **Jakobsweg**, der von Frankreich (Le Puy im französischen Zentralmassiv) kommend über die Pyrenäen und quer durch ganz Nordspanien bis nach Santiago de Compostela in Galicien führt. Ziel dieses längsten mittelalterlichen Pilgerweges im christlichen Abendland war und ist das Grab des Apostels Jakobus des Älteren. In seiner Blütezeit war Santiago für die Christenheit, was Mekka für die islamische Welt heute noch ist.

Wir werden diesem Pilgerweg, dem **Camino de Santiago,** der in unseren Tagen eine richtiggehende Renaissance erlebt, auf weiten Teilen und bis an sein Ziel folgen.

Seine Blütezeit erlebte der Jakobsweg wohl im frühen Mittelalter. Seine Ausstrahlung auf das Denken und die Kunst jener Zeit beeinflusste nicht nur die Entwicklung des damals von den Mauren bedrohten und größtenteils besetzten Spanien sehr, sondern wirkte sich auf ganz Europa aus.

Den Verlauf des Weges, der heute teilweise noch mit den Trassen der bestehenden Straßen identisch ist, zieren bedeutende Städte, Kirchen und Klöster, wie Perlen eine Kette.

Vor acht- oder neunhundert Jahren gab es für einen gläubigen Christenmenschen wohl kaum ein größeres Abenteuer, als nach Santiago de Compostela zu pilgern. Die Reisenden waren nicht selten ein ganzes Jahr und mehr unterwegs.

Die **Pilgerfahrt** war eine Reise ins Ungewisse, eine glückliche Rückkehr nicht immer gewiss. Wer etwas zu vererben hatte, machte vor der Abreise sein Testament, denn so mancher wurde ein Opfer des Weges. Nicht nur Pilger aller sozialen Schichten traf man auf dem Camino de Santiago, sondern auch fahrende Ritter auf der Suche nach Abenteuer, Gesindel auf der Suche nach fetter Beute, sowie Bettler und Geschäftemacher. Ja man liest sogar von Pilgern, die gegen Entgeld die Bußwallfahrt für einen Reichen stellvertretend übernahmen, der sich die Buße erkauft hatte und in der Zwischenzeit zu Hause weiter seinen profitabeln Geschäften nachgehen konnte.

Man muss sich vergegenwärtigen, dass es damals noch keine Straßenkarten gab, kein richtiges Straßennetz, keine Beschreibungen über das Ziel oder über Unterkunftsmöglichkeiten unterwegs. Man fragte sich durch und bezog seine Informationen aus Gesprächen, die man abends in Herbergen führte. Nicht selten wurden die Leute unterwegs des Wanderns müde und machten sich sesshaft. Andere fanden überhaupt nicht bis zum Wallfahrtsziel Santiago und kehrten unverrichteter Dinge um.

CAPITULUM bujus Almae Apostolicae et Metropolitanae Ecclesiae Compostellanae sigilli Altaris Beati Jacobi Apostoli custos, ut omnibus Fidelibus et Peregrinis ex toto terrarum Orbe, devotionis affectu vel voti causa, ad limina Apostoli Nostri Hispaniarum Patroni ac Tutelaris **SANCTI JACOBI** *convenientibus, authenticas visitationis litteras expediat, omnibus et singulis praesentes inspecturis, notum facio: ……*

hoc sacratissimun Templum pietatis causa devote visitasse. In quorum fidem praesentes litteras, sigilo ejusdem Sanctae Ecclesiae munitas ei confero.

Datum Compostellae die …… mensis ……
anno Dni ……

Secretarius Capitularis

Pilgerbrief

Im Laufe der Jahrhunderte zeigten sich erste Anzeichen eines „Touristenbooms". Es entstanden richtiggehende Touristenführer mit Ratschlägen und Hinweisen, in denen auf Reisende zu Pferd und zu Fuß eingegangen wurde.

Der aus Frankreich stammende Aymeric Picaud schrieb irgendwann im 12. Jh. im Auftrag des Kluniazenserordens so etwas wie einen Reiseführer über den Pilgerweg. Wer damals des Lesens mächtig war, konnte sich aus diesem „Liber Sancti Jacobi", später als „Codex Calixtinus" (Papst Kalixtus II. hatte dem Werk höchstselbst seinen Segen gegeben) bekannt gewordenen Dokument über den Verlauf des Weges, über Land und Leute, Sitten und Gebräuche, aber auch „über die Verbrechen der bösen Wirte am Weg" unterrichten.

Gesetze wurden erlassen, die sogar den Handel mit Pilgersouvenirs regelten wie dem schwarzen Bernstein oder der Jakobusmuschel „vieira", dem Symbol eines jeden Santiago-Pilgers, die wie ein Ausweis auch Zutritt zu den Pilgerherbergen gestattete.

Das äußere Erscheinungsbild des mittelalterlichen Pilgers war das eines Wanderers in der für die damalige Zeit typischen Reisekleidung – ein kurzer Überrock, der das Gehen nicht behinderte, ein weiter Umhang, der gegen Wind und Wetter schützte und des nächtens als Decke diente, ein Hut mit breiter Krempe zum Schutz gegen Regen und Sonne und natürlich der lange Pilgerstab, der „bordón". Er war genauso unverzichtbar wie die Jakobsmuschel oder der ausgehöhlte Kürbis, der als Trinkbehältnis diente. Auf den Pilgerstab konnte man sich in schwierigem Gelände stützen und er war eine Waffe gegen Wölfe, wilde Hunde oder übles Gesindel. Und da die Wege kaum irgendwo wirklich sicher waren, reiste man gerne in Gruppen, um gegen die Gefahren entlang des Weges besser gewappnet zu sein.

Zur Ausrüstung des Pilgers gehörte schließlich noch ein Wandersack, der traditionsgemäß aus Reh- oder Hirschleder war und der nie verschlossen wurde, um zu signalisieren, dass man als argloser Zeitgenosse unterwegs war, und nicht etwa unlauteres Interesse am Hab und Gut seiner Mitpilger hatte.

Jaca war die erste Station der Pilger auf spanischem Boden. Sie hatten bereits die beschwerliche Anreise durch Frankreich und die ermüdende Überquerung des 1.632 m hohen Col de Somport hinter sich. Stellt man sich vor, dass vor rund neunhundert Jahren höchstens ein Saumpfad über das Gebirge führte, kann man begreifen, dass so mancher, der das Pilgergelübde abgelegt hatte, schon an dieser Stelle liebend gerne umgekehrt wäre und sich eine andere Form des Büßens oder Bittens ausgesucht hätte.

Aber die Mühen begannen erst. Vor den Wallfahrern lagen noch gut 800 km Wegstrecke durch die ausgeglühten Ebenen der Tierra de Campos und über die unwirtlichen Berge des Cebreiro.

Mehr über den Jakobsweg und seine lange Geschichte ist auf der nächsten Route von Iruña/Pamplona nach Burgos und noch mal auf der Route von León nach Santiago de Compostela zu lesen.

ROUTE: Wir verlassen Jaca in westlicher Richtung und folgen der N-240 ***Santa Cilia de Jaca*** *(Camping Pirineos, siehe Tour 6, Zaragoza – Jaca) nach* ***Puente la Reina de Jaca.*** *Parallel zur Straße verläuft der markierte Pfad des Jakobsweges.*

Am Ortsrand von **Puente la Reina de Jaca** (Hotel Anaya an der N-240) sieht man ein altes Straßenschild mit der Aufschrift „Santiago de Compostela 822 km".

ROUTE: Weiter auf der N-240 am nördlichen Ufer des türkisgrünen Stausees Embalse de Yesa entlang bis ***Yesa.*** *Parallel zur N-240 entstand eine neue Autobahn (A-21).*

Am Beginn des Stausees sieht man auf einem Erosionshügel die Reste des verlassenen Dorfes **Tiermas** (Camping Vila de Tiermas zwischen N-240 und Stausee, KM 339-340). In alten Pilgerführern wird der Ort noch wegen seiner Thermalbäder aus römischen Tagen aufgeführt.

Abstecher zum Kloster Leyre

Ab **Yesa** lohnt ein ca. 4 km langer Abstecher nach Norden hinauf in die Sierra de Leyre zum Kloster **Monasterio de Leyre [Parkplatz, N42° 38' 10.5" W1° 10' 15.9"]** *(geöffnet tgl. 10 - 19 Uhr, letzter Einlass 45 Min. vor Schließung. Gregorianische Gesänge kann man werktags um 9, 19 und 21.05 Uhr und sonntags um 11.30, 19 und 21.05 Uhr hören; www.monasteriodeleyre.com).* Oben (Parkplatz) wird man mit einer herrlichen Aussicht über den Embalse de Yesa belohnt.

Die Abtei San Salvador de Leyre wurde schon im 11. Jh. gegründet und war Grabstätte der Könige von Navarra, bevor das Kloster San Juan de la Peña (siehe dort) mit der Vereinigung von Navarra und Aragón an Bedeutung gewann.

Sehenswert ist vor allem die romanische **Klosterkirche** (Chorhaupt mit drei Apsiden, sehr schönes Westportal) und die darunter liegende **Krypta** aus dem 11. Jh. Bemerkenswert in der Krypta sind die mächtigen Tonnengewölbe, die auf hohen Bögen und überraschend kurzen Säulen mit ornamentierten Würfelkapitellen ruhen. Heute ist das Kloster noch von 19 Benediktinermönchen bewohnt. Ein Teil des Klosters dient als Gästehaus und Pilgerherberge.

Um Leyre rankt sich eine hübsche Geschichte über einen Mönch, der über der Schönheit der Natur die Zeit vergaß. Eines Tages lauschte der Klosterbruder Virila dem Lied der Nachtigall, begann zu träumen, vergaß die Zeit und als er ins Kloster zurückkam, waren 300 Jahre vergangen.

Abstecher nach Sos del Rey Católico

ABSTECHER: Ab Yesa bietet sich Gelegenheit zu einem Abstecher südwärts vorbei am ***Castillo Javier*** *nach* ***Sangüesa/Zangoza*** *und* ***Sos del Rey Católico*** *machen.*

Castillo Javier

Zumindest auf die wenigen Kilometer bis zur Burg von Javier sollte man nicht verzichten. Denn dort wartet eine prächtige Ritterburg auf Sie, wie man sie sich romantischer kaum vorstellen kann.

Schon auf der Fahrt nach Javier ist man beeindruckt angesichts der gewaltigen Mauern und Türme des **Castillo Javier (Xavier) [Parkplatz, N42° 35‘ 33.6“ W1° 12‘ 58.0“]** *(geöffnet März - Okt. 10 - 18.30 Uhr, Nov. 10 - 17.30 Uhr, Dez. - Feb. 10 - 16 Uhr; https://www.santuariojaviersj.org/).*

Das mächtige, gotische Gebäudeensemble hat seine Wurzeln im 10. Jh., erhielt seine heutige Ausdehnung und Erscheinung aber ausgangs des 18. Jh. Besuchenswert ist das Anwesen, zu dem heute auch ein Hotel gehört, vor allem wegen seiner eindrucksvollen Kunstsammlung, mit Werken spanischer Maler aus dem 15. Jh. bis in die Moderne. Beachtung verdienen weiter eine flämische Wachsfigurenplastik aus dem 18. Jh., die den Heiligen San Francisco Javier auf dem Totenbett darstellt, die Alabasteraltarwand aus dem 16. Jh. mit der Anbetung der Heiligen Drei Könige sowie die Christuskapelle aus dem 15. Jh.

Sangüesa/Zangoza am Río Aragón ist eine der ältesten Städte Navarras. Erwähnenswert ist die **Kirche Santa María la Real** mit ihrem romanischen Portal an dem u. a. ein erhängter Judas dargestellt ist, dann die gotische **Kirche Santiago** aus dem 12. Jh. und unter den Profanbauten der ehemalige romanische **Palast der Könige von Navarra**.

13 km weiter südöstlich liegt **Sos del Rey Católico [N42° 29‘ 58.4“ W1° 12‘ 55.9“]**, ein hübsches altes Städtchen, das sich rühmen kann, Geburtsort von König Fernando el Católico, des „Katholischen Königs“ von Aragonien zu sein. Der **Sada-Palast**, in dem König Ferdinand 1452 das Licht der Welt erblickte, kann besichtigt werden *(geöffnet Di - Fr 10 - 13 + 16 - 19 Uhr, Sa + So 10 - 14 + 16 - 19 Uhr).*

Sehenswert ist außerdem die Pfarrkirche **San Esteban** (Portal, Chorgestühl, Krypta).

Und ein Spaziergang durch das hübsche Städtchen lohnt allemal!

Am östlichen Ortsrand liegt in prächtiger Lage der einladende **Parador de Sos del Rey Católico**, *siehe Beschreibung nächste Seite.*

ABSTECHER: Bei ***Liédena*** *stößt man wieder auf die Straße N-240.*

PARADOR

Parador de Sos del Rey Católico ****, 66 Zi., Arquitecto Sáinz de Vicuña. 1, Tel. +34 94 88 80 11; www.parador.es/de/paradores/parador-de-sos-del-rey-catolico; eingerichtet in einem ehemaligen Palais im typisch aragonesischen Stil, Restaurant, Bar, Terrasse, Garten, WLAN. Parkplatz. Keine Haustiere.

CAMPING

Sangüesa

Camping Cantolagua [N42° 34' 08.3" W1° 17' 00.3"], Paseo Cantolagua, 2/n, Tel. +34 948 43 04 49; www.campingcantolagua.es; 1. Jan. – 31. Dez.; am südlichen Ortsrand am Rio Arágon gelegen; ca. 1 ha – 70 Stpl.; Standardsanitärausstattung. Laden, Restaurant, Waschmaschine, Trockner, Schwimmbad, Tennis, WLAN. Mietcaravans. Ausguss für Chemikaltoiletten.

Lumbier

Camping Iturbero [N42° 39' 04.7" W1° 18' 08.3"], Camino de Iturbero, Tel. +34 948 88 04 05; www.campingiturbero.com; 3. Apr. – 3. Nov.; von der A-21 Ausfahrt Lumbier nehmen und noch ca. 3 km zum Ort. Der Platz liegt ca. 13 km nordwestlich von Sangüesa am östlichen Ortsrand von Lumbier, neben öffentlichem Freibad; ebene, leicht schattige Wiese; ca. 2 ha – 100 Stpl.; Standardsanitärausstattung. Restaurant, Laden, Waschmaschine. Mietbungalows.

HAUPTROUTE

ROUTE: Ab Yesa und Liédena auf der N-240/A-21 nordwestwärts Richtung Pamplona. Kurz nach Liédena wird die N-240 zur Autobahn A-21 bis ***Pamplona/Iruña****, das man nach rund 45 km erreicht.*

Bei **Liédena** wurden vor noch nicht allzu langer Zeit Reste einer Römersiedlung freigelegt. Der Pilgerweg Camino de Santiago überquerte einstmals, wie die Straße N-240 das heute tut, bei Liédena das Flüsschen Río Irati und führte weiter nach Nordwesten in die **Schlucht Hoz de Lumbier** (Camping Iturbero bei Lumbier, s. o.). Dort überspannte eine uralte Brücke aus der Römerzeit den Fluss, von der aber nur noch die Bogenansätze an den Ufern zu sehen sind. Heute führt der Pilgerpfad südlich der Hauptstraße entlang nach Monreal.

Pamplona/Iruña am Río Arga, Hauptstadt der Region Navarra mit heute annähernd 200.000 Einwohnern, liegt an den Südausläufern der Navarresischen Pyrenäen.

Das alte spanische Königreich **Navarra** war bis 1515 eigenständig, wurde nach der Eroberung von Pamplona/Iruña aber dem kastilischen Reich einverleibt. Ihre historisch verbrieften Sonderrechte und Privilegien, die *Fueros*, konnte die Provinz aber bis heute bewahren, wenngleich sie in unseren Tagen der spanischen Verfassung angepasst wurden.

Die Ursprünge der Stadt Pamplona gehen auf eine baskische Siedlung auf einem Hügel über dem Fluss Arga zurück. Auf nämlichem Hügel hielt sich der römische Feldherr Pompejus im Winter 75/74 v. Chr. auf. Das Lager hieß *Pompeiopolis*. Von ihm soll schließlich der Name der Stadt abgeleitet worden sein.

Im 6. Jh. wurde die Stadt Bischofssitz. Zweihundert Jahre später konnte man die Araber vertreiben. In der folgenden Zeit stellte sich die Stadt unter den Schutz Karls des Großen, der allerdings die Stadtbefestigungen schleifen ließ. Dafür rächten sich die Leute aus Iruña/Pamplona und überfielen das nach Frankreich zurückflutende kaiserliche Heer 778 auf dem Pyrenäenpass von Roncesvalles. Das Ereignis sollte die Grundlage für die Roland-Sage werden.

Seit dem 10. Jh. war Pamplona unter den Herrschern Sancho Garcés I. (905 – 925) und Sancho III. dem Älteren (1004 – 1035) Hauptstadt des Königreiches von Navarra.

Pamplona/Iruña, Plaza del Castillo. Foto: Spain.info.de

Später bildeten sich drei eigenständige, heftig rivalisierende Stadtviertel heraus – La Navarrería, San Nicolás und San Fernín – die aber zu Beginn des 15. Jh. durch das von Karl III. erteilte Unionsprivileg zwangsvereinigt wurden.

Zu den namhaften Söhnen der Stadt zählt Ignatius von Loyola, der Gründer des Jesuiten-Ordens. Der berühmte Radrennfahrer Miguel Indurain übrigens, mehrfacher Gewinner der Tour de France, wurde in Villava, einem Vorort im Norden von Pamplona, geboren.

Richtiggehend weltberühmt wurde Pamplona aber durch den amerikanischen Schriftsteller und Nobelpreisträger Ernest Hemingway. In seinem Roman „Fiesta" schildert er das Drumherum der legendären „Fiestas de San Fermín", das frühmorgendliche Stiertreiben durch die engen Gassen der Altstadt und die täglichen Stierkämpfe am Nachmittag während der Festtage.

Bedeutendste Sehenswürdigkeit in Pamplona ist die **Kathedrale [N42° 49' 10.4" W1° 38' 29.9"]** aus dem späten 14. Jh., die damals im gotischen Stil auf den Mauern einer romanischen Kapelle errichtet wurde *(geöffnet im Sommer Mo - Sa 10.30 - 17 Uhr; im Winter Mo - Sa 10.30 - 19 Uhr, letzter Einlass 1 Std. vor Schließung; www.catedraldepamplona.com)*. Beachtung verdient aber auch die **Hauptfassade**, die 1780 von Ventura Rodríguez im klassizistischen Stil geschaffen wurde.

Im dreischiffigen Kircheninneren findet man das **Alabastermausoleum** von König Karl III. (Carlos el Noble, 1378 – 1425) und seiner Gemahlin Doña Leonor de Trastámara y Castilla. Das Grabmal ist ein Werk Jehan de Lomes.

Angegliedert ist ein schöner gotischer **Kreuzgang** aus dem 13. Jh., der zu den schönsten mittelalterlichen Baudenkmälern der Stadt zählt.

Interessante Museen sind das **Diözesanmuseum** *(geöffnet Apr. - Okt. tgl. 10.30 - 18 Uhr; Nov. - März Mo - Sa 10.30 - 16 Uhr; www.catedraldepamplona.com/el-museo/)* im Bereich der Kathedrale und das **Navarra-Museum** in der Calle Santo Domingo, 47, **[N42° 49' 09.7" W1° 38' 46.8"]** *(geöffnet Di - Sa 9.30 - 14 Uhr + 17 - 19 Uhr, So 11 - 14 Uhr)*. Das Gebäude, welches das Navarra-Museum beherbergt, weist eine bemerkenswerte platereske Fassade auf. Ausgestellt sind in erster Linie Funde aus der Römerzeit, herrliche Mosaiken, Altarbilder und andere Kunstgegenstände. Zu den kostbarsten Schätzen des Museum zählt das Gemälde „Marqués de San Adrián" von

Stierhatz während des San Fermin Festes in Pamplona/Iruña. Foto: Spain.info.de

Goya und ein hispano-arabisches Elfenbeinkästchen von erlesener Machart.

Bei einem Bummel durch die Stadt sollte man auf die bemerkenswerte Fassade des **Rathauses** aus dem 18. Jh. an der Plaza Consistorial achten.

Nach einer Stadtbesichtigung und einem Bummel durch die Gassen zwischen Kathedrale und der arkadengesäumten **Plaza del Castillo** mit ihren zahlreichen Restaurants, kann man z. B. in einem der Cafés entspannen, etwa im Café Iruña, einem der ältesten in der Stadt. An der Theke des Cafés hat man Ernest Hemingway als Statue verewigt.

Das zweifellos größte Ereignis im Veranstaltungskalender der Stadt Pamplona ist seit Generationen die schon legendäre und weit über Spanien hinaus bekannte **Fiesta de San Fermín**. Die „Sanfermines", ein riesiges, fröhliches Volksfest, findet jedes Jahr vom 6. bis 14. Juli statt. Pamplona droht dann vor lauter Besuchern aus allen Nähten zu platzen.

Mittelpunkt des Festes sind der spektakuläre Stierlauf Encierro sowie Stierkämpfe in der **Stierkampfarena Plaza de Toros [N42° 48' 57.0" W1° 38' 25.6"]**, an denen die berühmtesten Matadores des Landes teilnehmen.

Und jeden Morgen um 8 Uhr findet das große Spektakel des „encierro", des Treibens der Kampfstiere durch die Gassen Pamplonas zur Stierkampfarena statt. Der nur kurze Weg der Stiere ist nach alter Tradition genau festgelegt. Viele der jungen Männer machen sich einen Spaß daraus, die Stiere zu reizen und verwegen vor ihnen herzulaufen, was nicht immer unblutig endet.

PRAKTISCHE HINWEISE – PAMPLONA/IRUÑA

Oficina de Turismo [N42° 49' 5.27" W1° 38' 39.23"], Calle San Saturnino 2, 31001 Pamplona/Iruña, Tel. +34 948 42 07 00; https://www.pamplona.es/en/tourist-information-office. *Geöffnet im Sommer 1. Juli - 30. Sept. tgl. 9 - 14 + 15 - 20 Uhr; im Frühjahr und Herbst 30. März - 30. Juni Mo - Sa 10 - 14 + 15 - 19 Uhr, So 10 - 14 Uhr; im Winter 1. Nov. - 30. März Mo - Sa 10 - 14 + 15 - 17 Uhr, So 10 - 14 Uhr.*

Feste, Folklore

Fiestas de San Fermín, zu Ehren des Schutzpatrons der Stadt, alljährlich zwischen 6. und 14. Juli, mit großer Stierhatz „encierro" durch die Straßen der Innenstadt. Folkloristisches Fest mit Umzügen, Feuerwerk und Viehmarkt;

www.sanfermin.com. In diesem Zusammenhang sei auf den Roman „Fiesta" von Ernest Hemingway hingewiesen, der die Atmosphäre dieser turbulenten Tage in Pamplona schildert.

RESTAURANTS

Casa Otano, San Nicolás, 5 - 1°, Tel. +34 948 22 50 05; www.casaotano.com; in der Innenstadt unweit der Plaza del Castillo, angenehmes Ambiente, gute Küche, mittlere Preislage. Sonntagabends geschlossen.
Gute, gern besuchte Tapas-Bars sind **El Espejo**, Ciudadela, 9-11, Tel. +34 948 22 87 81; sonntags geschlossen, sowie **del Museo**, San Gregorio 46-48, Tel. +34 948 30 29 12; sonntags und montags geschlossen. Beide Lokale liegen am Westrand der Innenstadt in unmittelbarer Nachbarschaft um die Ecke.

CAMPING BEI PAMPLONA/IRUÑA

Eusa bei Pamplona
Camping Ezcaba [N42° 51' 26.84" W1° 37' 28.27"] Tel. +34 948 33 03 15; www.campingescaba.com; Feb. - Nov.; 7 km nördlich Pamplona, über die N-121A Richtung Francia/Berriosuso zu erreichen; Wiese mit Laubbäumen auf einem Hügelrücken, ca. 4 ha – 200 Stpl.; Standardsanitärausstattung. Laden, Restaurant, Waschmaschine, Trockner, Schwimmbad, Fahrradverleih. WLAN. Mietcaravans- und Hütten.

Alternativ: **Camping Errota-El Molino [N42° 37' 27.2" W1° 50' 33.8"],** ganzjährig, in **Mendigorría,** ca. 6 km südl. von Puente la Reina, siehe dort, am Ende dieser Tour.

WOHNMOBIL-STELLPLÄTZE

Pamplona
Wohnmobil-Stellplatz Area Camper Pamlona [N42° 49' 15.98" W1° 39' 24.81"], Calle Biurdana, 1417. **Zufahrt:** Relativ stadtnah gelegener Platz im Nordwesten der Stadt im Stadtteil Trinitarios neben der Feuerwache Bomberos de Navarra. **Ausstattung:** Asphaltierter, schattenloser Platz für 35 Wohnmobile. Befahrbare Grauwasserausgussfläche, Versorgungssäule und Strom. **Geöffnet:** Ganzjährig. **Gebühr:** Pauschale inkl. V & E und Strom am Automat mit Münzen. Zur Innenstadt 10 Min. Fußweg.

Legarda bei Pamplona/Iruña
Wohnmobil-Stellplatz Area de El Camino [N42° 42' 36.5" W1° 46' 38.7"], A-12, KM 16,8. **Zufahrt:** Von der A-12 (Pamplona/Iruña – Logroño) südwestlich von Pamplona/Iruña bei KM 16,8 zur Raststätte „Acciona Biocombustibles" abzweigen. Platz beim Café der Raststätte. **Ausstattung:** Asphaltierte, schattenlose Parkplätze für 10 Wohnmobile. V & E für Wohnmobile, Strom, Duschen, Imbiss. Wasser kostenfrei bis 40 Liter. **Geöffnet:** Ganzjährig. **Gebühr:** Gebühr für Strom.

ROUTE: Wir verlassen Pamplona/Iruña über die Ringautobahn A-15 und folgen ab Ausfahrt 88 der Schnellstraße A-12 in Richtung ***Logroño****. Nicht versäumen sollte man den kurzen Abstecher von der A-12, Ausfahrt 18, nach* ***Sta-María de Eunate*** *(NA-601).*

Schon nach wenigen Kilometern erkennt man die **Kirche Santa María de Eunate [Parkplatz, N42° 40' 21.2" W1° 45' 40.5"]** *(geöffnet 9. - 21. Apr. tgl. 10.30 - 13.30 Uhr; 22. Apr. - 30. Juni + 1. Sept. - 31. Okt. Di - Fr 10.30 - 13.30 Uhr, Sa + So 11 - 13.30 + 16.30 - 18.30 Uhr; 1. Juli - 31. Aug. tgl. 10.30 - 13.30 + 17 - 18.30 Uhr; https://santamariadeeunate.es; Parkplatz, Pilgerherberge).*

Das Kirchlein von Eunate liegt unmittelbar am Jakobsweg beschaulich

Eine der vielen Stationen auf dem Jakobsweg - die Kirche von Eunate

inmitten von Feldern. Die Schlichtheit des achteckigen romanischen Baus, der von einem Bogengang mit schlanken Säulen und geschmückten Kapitellen umgeben ist, und die Ruhe der Landschaft harmonieren in eigenartig gelungener Weise. Das schlichte Kircheninnere kann besichtigt werden. Wenig Licht, das durch kleine Fenster mit Alabasterscheiben fällt, erhellt den Innenraum mystisch. Bemerkenswert ist eine Madonnenfigur in einer Altarnische.

*ROUTE: Ab Eunate auf der Landstraße westwärts ins nahe gelegene **Puente la Reina/Gares.***

Unweit östlich von Puente la Reina vereinigen sich an der Straßengabelung, markiert durch ein neuzeitliches **Pilgerdenkmal an der Albuergue Jakue [N42° 40′ 36.17″ W1° 48′ 23.67″]**, der **aragonische Zweig des Jakobsweges**, der vom Somport-Pass und über Jaca führte, mit dem **navarreser Zweig des Jakobsweges**, der die Pyrenäen über den einfacher zu bewältigenden, nur 1.057 m hohen Puerto Ibañeta querte.

Der Navarreser Weg führte über Pamplona/Iruña nach Puente la Reina/Gares und wurde vor allem von Pilgern aus Frankreich, England oder Irland benutzt. Man nahm diesen Übergang allgemein lieber als den über den beschwerlichen Somport-Pass.

Um den Pass Puerto Ibañeta (liegt rund 45 km nördlich von Pamplona, Straße N-135) und das anschließende **Tal von Roncesvalles** rankt sich die heldenhafte Sage um **Roland**, einem der 12 Ritter Karls des Großen.

Es heißt, dass ausgangs des 8. Jh. Karl der Große einen Feldzug gegen hispanisch-maurische Volksstämme unternahm. Unruhen im eigenen Frankenland zwangen aber bald zu rascher Rückkehr. Das kaiserliche Heer bestehend aus 40.000 Mann, zog schließlich über den Puerto Ibañeta (Roncesvalles) nordwärts Richtung Valcarlos.

Roland (auch Hruodland) führte die Nachhut der kaiserlichen Truppen, ein Heer von 20.000, als er von einer Übermacht von 50.000 Muselmanen und Sarazenen des Königs Marsilius überfallen wurde. Mit seinem elfenbeinernen Signalhorn Olifant, das laut durch das Bergtal hallte, warnte Roland den Haupttross. Roland und die seinen kämpften heldenhaft und hielten die Angreifer auf, bis das kaiserliche Heer außer Gefahr war, um schließlich ruhmbedeckt zu fallen. Im „Rolandslied" wird dieses Heldenepos besungen.

Puente la Reina/Gares [Parkplatz, N42° 40' 24.11" W1° 48' 46.21"] ist eine der traditionsreichen Städte am **Pilgerweg Camino de Santiago**.

Der Ort war im Mittelalter Ziel des dritten Tagesmarsches der Santiagopilger, die von Jaca her kamen. Puente la Reina/Gares war der Punkt des Jakobsweges, an dem sich alle Zweige des Camino Francés vereinigten und nun als Camino de Santiago, oder kurz „el camino", nach Westen weiter führten.

In Puente la Reina/Gares gab es Hospitäler und Herbergen die Obdach boten, die Pilger mit Brot, Milch und Wein versorgten und Kranke pflegten. Hier konnte man sich mit anderen Pilgern zusammentun und in Gruppen weiterreisen, um den Gefahren der Straße nicht allein ausgesetzt zu sein. Denn nicht nur ehrbare Wanderer waren unterwegs.

Die Massenbewegung nach Westen zog natürlich auch zwielichtige Gestalten an, die sich mehr oder weniger gewaltsam an den oft unkundigen Reisenden bereichern wollten.

Puente la Reina stammt aus dem 11. Jh. Seinen Namen trägt das Städtchen vermutlich zu Ehren von Doña Mayor, der Gemahlin König Sanchos III. des Großen (1000 – 1035). Ihr – einige Quellen sprechen auch von ihrer Nachfolgerin Doña Estefanía, Gemahlin Don García de Nájeras – ist der Bau der schönen sechsbogigen **Steinbrücke „Puente de los Peregrinos" [N42° 40' 15.2" W1° 49' 10.0"]** zu verdanken, die den ehemals wohl noch ungebändigten Río Arga überspannt und den Pilgern das Reisen ganz erheblich erleichterte.

Keiner der frühen Chronisten, der nicht Puente la Reina erwähnte. So z. B. Hermannus Künig von Vach, der in seinem „Wallfahrtsbuch" von 1495 (Straßburg, Neubearbeitung von K. Haebler 1899) schreibt: „Uber zwo myl komestü gen Ponteregina ... Auch findestü eyn hübsche brucken da stehen."

Ein Gang durch die schmale, durch hohe Häuserreihen immer schattige Hauptstraße Calle Mayor ist empfehlenswert. Über das Pflaster dieser Straße zogen Jahrhunderte lang die Pilger in ihrem typischen Habitus, der weiten, langen, schwarzen Pelerine (*pelegrino* = Pilger), dem breitkrempigen, vorne hochgeklappten Hut mit der Santiago-Muschel, dem Wahrzeichen der Pilger, auf dem Kopf und dem Pilgerstab mit der Kalebasse als Trinkgefäß in der Hand.

Kein Pilger, der nicht in der dem Apostel Jakobus geweihten **Kirche San-**

Millionen von Pilgern dürften sie schon überquert haben - die Brücke in Puente la Reina/Gares

tiago el Mayor [N42° 40' 19.7" W1° 48' 52.1"] in der Calle Mayor halt machte (*geöffnet Mo - So 10.30 - 19 Uhr*).

Das Bauwerk, das wir heute sehen, entstand im 15. Jh. auf den Mauern einer romanischen Kirche, von der nur das leider arg verwitterte Portal noch übrig ist. Im Inneren ist schräg gegenüber dem Eingang an der Nordwand des Kirchenschiffes der **Apostel Jakobus als Santiagopilger** in einer überlebensgroßen Holzplastik dargestellt.

PRAKTISCHE HINWEISE – PUENTE LA REINA/GARES

Oficina de Turismo [N42° 40' 17.37" W1° 49' 4.73"], Casa del Vinculo, Calle Mayor, 105, 31100 Puente la Reina/Gares, Tel. +34 948 34 13 01; www.puentelareina-gares.es. *Geöffnet im Sommer Di - Sa 10 - 14 + 16 - 19 Uhr, So 11 - 14 Uhr; im Winter Di - Fr 9.30 - 16.30 Uhr, Sa 10 - 14 Uhr, So 11 - 14 Uhr.*

RESTAURANTS

La Plaza, Calle Mayor, 52, Tel. +34 948 34 01 45; www.barrestaurantelaplaza.es; relativ einfaches Lokal, dafür leckere Tapas und Gerichte der lokalen Küche.
La Conrada, Paseo los Fueros, 17, Tel. +34 948 34 00 52; www.restaurantelaconrada.com; angenehmes Restaurant abseits der Hauptstraße, lokale Küche.

CAMPING

Puente la Reina/Gares

Camping El Real [N42° 40' 18.6" W1° 49' 24.1"], Albergue Santiago Apostol, Paraje El Real, Tel. +34 948 34 02 20; www.campingelreal.com; Öffnungszeit unklar; unweit westlich oberhalb von Puente la Reina/Gares gelegen; überschaubare, ebene, eingezäunte, erhöht gelegene Wiese, so gut wie schattenlos, mit Ausblicken. ca. 1 ha – 30 Stpl.; einfache Standardsanitärausstattung. Laden, Bar, Restaurant, Waschmaschine, Schwimmbad. Gemeinsame Sanitäreinrichtung mit der nebenan gelegenen Pilgerherberge „Albergue Santiago Apostol". Mietbungalows. Zufahrt etwas umständlich, zuletzt unbefestigt! Am Kreisverkehr am Westrand von Puente la Reina/Gares Richtung „Camping" (nicht auf die Autobahnauffahrt!), nach der Autobahnunterführung rechts halten, später wieder rechts, noch gut 1,5 km. Unterwegs Unterführung ohne Angabe der Durchfahrtshöhe, war aber mit einem 2,80 m hohem Fahrzeug passierbar (Angabe ohne Gewähr!).

Mendigorría

Camping Errota-El Molino [N42° 37' 27.2" W1° 50' 33.8"], Ctra. P. La Reina a Larraga, Tel. +34 948 34 00 82; www.campingelmolino.com; 1. Feb. – 15. Dez.; in **Mendigorría**, ca. 6 km südl. von Puente la Reina/Gares; ausgedehntes, so gut wie ebenes, gepflegtes Wiesengelände, durch geteerte Platzwege unterteilt, sehr lichter Baumbestand, nummerierte Stellplätze, sowie eine schattenlose, leicht geneigte, unparzellierte Wiese, oberhalb von Sportplätzen und dem Río Arga mit kleinem See, in ansprechender, ruhiger Lage; Sport- und Freizeiteinrichtungen sowie eine eingezäunte Mobilhomesiedlung angrenzend; ca. 6 ha – 150 Stpl. für Touristen + Dau.; gute Standardsanitärausstattung. Laden, Restaurant, Waschmaschine, Trockner, Hallen- und Freibad, Sauna, Tennis, Minigolf, Boots- und Fahrradverleih, Freizeiteinrichtungen, Bootsslipanlage. WLAN. V & E für Wohnmobile. Mietbungalows.

TOUR 8: PUENTE LA REINA/GARES – BURGOS

Länge der Tour: Rund 220 km. Plus Abstecher nach San Millán de la Cogolla ca. 25 km einfach. Plus Abstecher nach Santo Domingo de Silos ca. 70 km einfach.

Die Route: A-12 über **Estella/Lizarra** bis **Los Arcos** – N-1110 bis **Logroño** – A-12/N-120 über **Nájera** und **Santo Domingo de la Calzada** bis **Burgos**.

Umweg: Über **San Millán de la Cogolla.**

Abstecher: Nach **Santo Domingo de Silos**.

Reisedauer: Mindestens ein Tag. Abstecher nach Santo Domingo de Silos mindestens ein weiterer halber Tag.

Höhepunkte: Auf einem Teilstück des **Camino de Santiago** zwischen Puente la Reina und Estella wandern *** – das Portal der **Kirche San Pedro de la Rúa** * in Estella/Lizarra – **Logroños Kathedrale** – **Rioja-Weine** verkosten – die **Klöster Yuso** und **Suso** von San Millán de Cogolla – die Kirche, das Santo Domingo Grab und die Hühner von **Santo Domingo de la Calzada** ** – **im Parador** von Santo Domingo de la Calzada logieren – die **Kathedrale von Burgos** *** – die Klosterkirche der **Cartuja de Miraflores** ** bei Burgos – der Kreuzgang und die Säulenkapitelle im **Kloster Santo Domingo de Silos** *** – die Kirche mit den Grabmälern der aragonischen und kastilischen Könige im Kloster **Las Huelgas Reales** * in Burgos – die **Grabmäler** in der Kirche von Covarrubias.

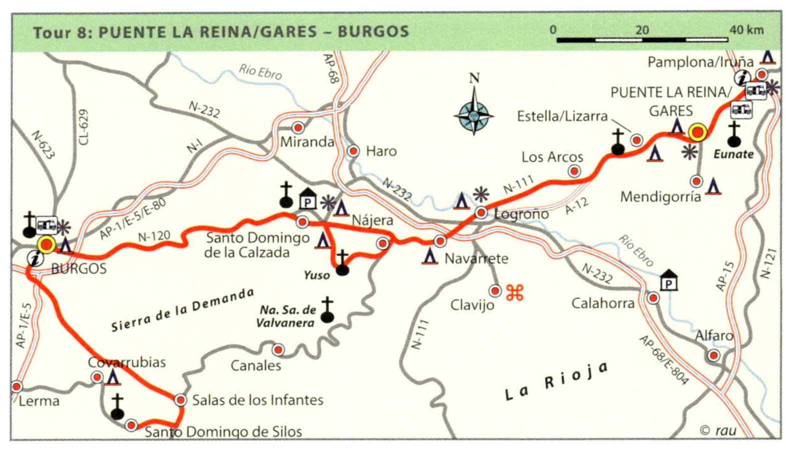

Mein Tipp! Wenn Sie als Autofahrer nun auch Lust bekommen haben, dem wirklich legendären, zwischenzeitlich aber extrem stark frequentierten Camino de Santiago ein Stück zu Fuß zu folgen, haben Sie zwischen Puente la Reina und Estella/Lizarra beste Gelegenheit dazu. Der Pilgerweg ist auf diesem Teilstück nur 19 km lang, gut markiert und streckenweise noch als originale Pflasterstraße erhalten.

Original erhaltenes altes Wegstück des Camino de Santiago mit Römerbrücke, bei Cirauqui

Der Weg führt durch einladende Landschaft und hübsche Dörfer und endet praktischerweise in Estella nicht weit vom Busbahnhof Estación de Autobuses entfernt. Von dort nimmt man einen Bus zurück nach Puente la Reina. Ein herrlicher Tagesausflug.

*ROUTE: Weiterreise auf der seit der Eröffnung der A-12 verkehrsentlasteten NA-1110 (ehemals N-111) nach Südwesten. Man passiert **Cirauqui/Zirauki** und **Estella/Lizarra**.*

Die parallel verlaufende Autobahn-A-12 ist ungünstiger, da sie die Orte am Jakobsweg umgeht!

An Leib und Seele gestärkt, wanderten die Pilger westwärts, über die alte **Steinbrücke** über den Río Arga, in welche die Calle Mayor heute wie damals direkt einmündet, hinaus aus Puente la Reina nach Cirauqui.

Außerhalb von **Cirauqui/Zirauki** (sehenswerte Kirche San Román) ist links der alten Straße (ehemalige N-111) noch ein Stück des alten Pilgerpfades Camino de Santiago in ursprünglichem Zustand erhalten, der hier streckenweise einer alten Römerstraße folgt und westlich des Ortes über eine Brücke aus Römertagen **(Puente y calzada romana)** über das Flüsschen Salado führt **[N42° 40′ 39.9″ W1° 53′ 45.0″]**.

Die alte Brücke über den Salado wird in vielen alten Pilgerberichten warnend erwähnt. Über diese Stelle gibt es eine hübsche Räuberpistole aus frühen Pilgertagen. Viele Wallfahrer waren im Mittelalter mit Pferd, Esel oder Maultier unterwegs. Und hier am Salado hatte sich eine Bande eingenistet, deren Masche es war, die Pilger dazu anzuhalten, ihre Pferde, Maulesel etc. im Salado zu tränken. Nun muss das Wasser aber von so übler Qualität gewesen sein, dass viele der Rösser an Ort und Stelle das Zeitliche segneten. Die gaunerhaften Abdecker aber hatten erreicht was sie wollten. Sie häuteten die Tiere und verkauften die Felle mit gutem Profit.

Estella/Lizarra, ein nicht sonderlich einladendes Städtchen, liegt am Fluss Ega. Der alte Stadtkern wird überragt von der **Kirche San Pedro de la Rúa [N42° 40′ 09.8″ W2° 01′ 45.9″]**, einem romanischen Bau aus dem 12. Jh. mit schönem Portal und Kreuzgang. An einem Säulenkapitell ist Roland in seinem sagenhaften Kampf mit Ferragut dargestellt.

Der alte Camino de Santiago führte lange südlich am Ort vorbei, bis König

Sancho Ramirez den Pilgerweg ausgangs des 11. Jh. durch Estella verlegte.

Angeblich hatten Hirten in Estella ein Marienwunder erlebt. Das Antlitz der Jungfrau von Puy soll ihnen in einem Sternbild erschienen sein. Und nach Ansicht des Königs sollten von nun an alle Pilger den wundertätigen Ort passieren. Die königliche Weisung missfiel den Äbten des nahen Kloster Irache allerdings sehr. Hatten sie doch auch ihren Vorteil von den Pilgerströmen, die bis dahin unmittelbar an ihrer Abtei vorbei zogen.

Mittelpunkt der im 12. Jh. zur Residenzstadt der Könige von Navarra erhobenen Stadt Estella ist die **Plaza San Martín** mit einem Brunnen und den arkadengeschmückten Fassaden des Königspalastes und dem später entstandenen ehemaligen Rathaus.

Ein weiterer bemerkenswerter Bau ist die **Kirche San Miguel** (12./13. Jh.). Das in schlichter gotischer Manier errichtete Gotteshaus macht vor allem durch das überraschend reich geschmückte Nordportal auf sich aufmerksam.

Im Ort Metauten, ca. 12 km westlich von Estella, findet man in der Carretera de Ganuza 1 das neue, moderne Trüffelmuseum **Museo de la Trufa [N42° 40' 39.5" W2° 07' 38.4"]** *(geöffnet Sa + So 10 - 14 Uhr; www.museodelatrufa.com).* Der Ort ist auf der N-132 Richtung Murieta und Abzweig zur kleinen Straße NA-7310 Richtung Metauten zu erreichen. Wer sich für die Gewinnung der „schwarzen Juwelen der Küche" interessiert, erhält hier viele Informationen über den kostbaren Speisepilz, vom Suchen und Finden bis zur köstlichen Verwendung in der Küche.

Abstecher zum Kloster Iranzu

Von Estella aus kann man einen Abstecher auf der NA-120 über **Abarzuza** 12 km nach Norden machen und erreicht so das **Kloster Iranzu [N42° 45' 00.2" W2° 02' 26.3"]** *(geöffnet 1. Mai - 30. Sept. tgl. 10 - 14 + 16 - 20 Uhr; 1. Okt. - 30. Apr. tgl. 10 - 14 + 16 - 18 Uhr).* Das ehemalige Zisterzienserkloster stammt aus dem 12. Jh. Beeindruckende Lage in einem engen Taleinschnitt der Sierra de Anida.

HAUPTROUTE

*ROUTE: Weiterreise auf der N-1110 über **Los Arcos** nach **Logroño**. Eilige werden die schnellere Autovia A-12 vorziehen.*

Auf der Weiterfahrt von Estella/Lizarra nach Südwesten sieht man knapp 3 km außerhalb der Stadt, von der Landstraße N-1110 aus, rechterhand das **Kloster Irache** liegen **[Parkplatz, N42°**

PRAKTISCHE HINWEISE – ESTELLA/LIZARRA

Oficina de Turismo [N42° 40' 11.02" W2° 1' 46.14"], Plaza San Martin 4, 31200 Estella/Lizarra, Tel. +34 848 42 04 85; www.turismo.navarra.es. *Geöffnet 1. Mai - 30. Juni Mo - Sa 10 - 15 + 16 - 18 Uhr; 1. Juli - 13. Sept. Mo - Sa 10 - 14 + 15.30 - 18.30 Uhr; 14. Sept. - 8. Okt. Mo - Sa 10 - 15 + 16 - 18 Uhr; sonst Mo - Sa 10 - 14 + 14.30 - 17.30 Uhr.*

RESTAURANT

La Cepa, Plaza de los Fueros, 15, Tel. +34 948 55 00 32; www.restaurantecepa.com; bekannt für seine hohe Schule der navarresischen Küche. Geöffnet zum Mittagessen Mo - Do, zum Mittag- und Abendessen Fr - Sa, dienstags geschlossen.

CAMPING

Camping Caravaning Lizarra [N42° 39' 25.4" W2° 01' 03.1"], Tel. +34 948 55 17 33; www.campinglizarra.com; Jan. – Dez.; von der A-12 (Puente la Reina – Irache) Ausfahrt 40 und noch ca. 1 km, teils schmale Straße, außerhalb südöstlich von Estella/Lizarra gelegen; ca. 4 ha – 100 Stpl. + 200 Dau.; Standardsanitärausstattung. Laden, Restaurant, Waschmaschine, Schwimmbad, Minigolf. WLAN im Receptionsbereich. V & E für Wohnmobile. Mietbungalows.

Rioja-Wein

Im Riojagebiet wird etwa seit dem 14. Jh. Wein angebaut. Wie es heißt, sollen damals Weinbauern aus Frankreich auf der Suche nach neuen Anbaugebieten gewesen sein. Ihre Rebstöcke zu Hause waren ein Opfer der Reblaus geworden. Hier im Ebrotal hatten sie ein ideales Fleckchen Erde gefunden. Gute Böden und ein günstiges Klima, das durch die schützenden Berge der Cordillera Cantabrica und der Sierra de la Demanda von den Atlantikwinden verschont bleibt, waren gute Voraussetzungen für einen ertragreichen Weinbau. Heute zählen die Rioja-Weine zu den besten Tropfen aus Spanien.

Man unterscheidet drei große Rioja-Anbaugebiete – **Rioja Alta** (das Gebiet am rechten Ebroufer), **Rioja Baja** (das Gebiet unterhalb von Logroño, dem Hauptort der Weinanbauregion) und **Rioja Alavesa** (das nördliche Gebiet zwischen linkem Ebroufer und den Ausläufern der Sierra Cantabrica).

Die am häufigsten angebauten Rebsorten sind die Sorten Tempranillo und Grenache (auch Garnacha). Fast drei Viertel der Produktion sind Rotweine.

Sein unvergleichliches Aroma erhält der Rioja in erster Linie während seiner Zeit des Lagerns in großen Eichenfässern, den Barricas. Die Lagerdauer in den Holzfässern ist auch einer der Faktoren, in welcher die Qualität der Wein ausgebaut wird. „Crianza" z. B. ist die Qualitätsstufe für Einsteiger quasi. Ein Jahr lang lagert der Wein im Holzfass und mindestens ein zweites Jahr ruht er in der Flasche, bevor er in den Handel gelangt. Die nächst höhere Qualitätsstufe stellt der „Reserva" dar. Er hat ebenfalls ein Jahr im Holzfass zu bleiben. Danach werden ihm aber drei Jahre der Reifung in der Flasche zugestanden. Die höchsten Weihen signalisiert die Qualitätsstufe „Gran Reserva". Diese hohe Qualität kann nur mit den Weinen der besten Jahrgänge erreicht werden. Sie reifen zwei volle Jahre, gelegentlich auch etwas länger, in den eichenen Barricas heran und werden danach noch drei Jahre in der Flasche gelagert, bevor sie ihr volles, edles Aroma entfalten können. Und junger Rioja, der noch im selben Jahr auf Flaschen gezogen wird, ohne vorher ein Eichenfass gesehen zu haben, ist unter der Bezeichnung „sin crianza" bekannt, ein feiner, frischer Rotwein.

39' 5.36" W2° 2' 39.96"]. Es ist eines der ältesten von Benediktinern im 10. Jh. in Navarra gegründeten Klöster. Es diente als Pilgerherberge und war im 15. Jh. Universität. Die sehenswerte **Kirche** ist teils romanisch, teils gotisch in einer Art Übergangsstil zwischen diesen beiden Kunstepochen erbaut.

Auf der Weiterfahrt passiert man im Ort Irache den weitläufigen **Campingplatz Iratxe Ciudad de Vacaciones [N42° 38' 45.39" W2° 3' 29.99"]**, ganzjährig geöffnet, zahlreiche Mietbungalows, Tel. +34 948 55 55 55; www.campingiratxe.com/.

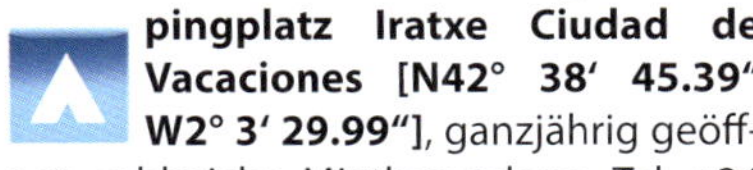

Los Arcos wird passiert, das einst eine Pilgerherberge hatte und ein wunderschönes Portal an der **Kirche Santa María** aufweist, dann **Torres del Río** (Kirche Santo Sepulcro mit achteckigem Grundriss aus dem 12. Jh.) und schließlich das von riesigen Neubausiedlungen umwucherte **Viana** (im alten Stadtzentrum stattliche Herrenhäuser, prächtiges Portal und bemerkenswerte Altarwand in der **Kirche Santa María**).

Hinter Viana öffnet sich das Ebrotal und wenig später sind wir in **Logroño**.

Logroño (ca. 151.000 Einwohner) ist Hauptort der gleichnamigen Provinz und Metropole der weiten, fruchtbaren Landschaftsregion **La Rioja** im Ebrotal. La Rioja ist über die Grenzen Spaniens hinaus bekannt für seine ausgezeichneten Rotweine. Weinfeste finden vornehmlich in der zweiten Septemberhälfte statt. Eines der feuchtfröhlichsten Weinfeste im ganzen Land feiert man aber Ende Juni in **Haro [N42° 34' 20.5" W2° 51' 17.0"]**. Der Ort liegt rund 40 km nordwestlich von Logroño im Anbaugebiet Rioja Alta. Dann fließt zur **Festividad de San Felice** der Wein in Strömen, und nicht nur in die durstigen Kehlen der Festbesucher, sondern man bespritzt und begießt sich mit Wonne aus allen denkbaren Gerätschaften gegenseitig mit Wein. Nicht umsonst hat das Fest seinen Beinamen „Batalla del Vino" erhalten. „Camping de Haro" siehe nächste Seite.

Logroño feiert sein Weinfest am 21. September zu Ehren von San Mateo. Einer der Höhepunkte ist, neben der Kutschenprozession, das Treten der Weintrauben auf dem Paseo de Espolón. Nebenbei ist die Festa de San Mateo mit viel Folklore verbunden.

Mein Tipp! Natürlich müssen Sie einen der Rotweine aus dem Riojagebiet zumindest einmal probieren. Wenn Sie dabei nicht gleich nach der Supertopklasse „Gran Reserva" suchen, finden Sie mit Sicherheit einen vorzüglichen Tropfen in den Supermercados der Gegend und das zu erschwinglichen Preisen. Die Einheimischen machen es übrigens nicht viel anders. Und wenigstens ein feiner „Crianza" ist in jedem guten Markt aufzutreiben.

Logroño wartet mit einigen wichtigen Baudenkmälern auf. Zu ihnen zählen vor allem die **Kathedrale Santa María de la Redonda** mit Barocktürmen und sehenswerten Seitenkapellen, dann die gotische **Kirche San Bartholomé** oder die **Kirche Santa María del Palacio** romanischen Ursprungs.

Eine bedeutende Weinbaustadt ist **Laguardia**. Der Ort liegt nur etwa 17

PRAKTISCHE HINWEISE – LOGROÑO

Oficina de Turismo de la Rioja [Parkmöglichkeit, N42° 28' 0.12" W2° 27' 0.76"], Portales, 50, 26001 Logroño, Tel. +34 941 29 12 60; www.lariojaturismo.com; am Westrand der verkehrsberuhigten Altstadt. *Geöffnet Juli - Sept. Mo - Fr 9 - 14 + 17 - 19.30 Uhr, Sa 10 - 14 + 17.30 - 19.30 Uhr, So 10 - 14 Uhr; Okt. - Juni Mo - Fr 9 - 14 + 16 - 19 Uhr, Sa 10 - 14 + 17 - 19 Uhr, So 10 - 14 Uhr.*

Feste, Folklore
Fiesta de la Vendimia Riojana/Weinfest in der dritten Septemberwoche.

CAMPING

Logroño
Camping La Playa [N42° 28' 15.5" W2° 27' 16.5"], Avda. de la Playa, 6-8, Tel. +34 941 25 22 53; www.campinglaplaya.com; 1. März – 31. Okt.; am nordwestlichen Ortsrand, über die N-232 Richtung Gasteiz/Vitoria zu erreichen; parzelliertes, ebenes, Gelände mit hohen Bäumen am Nordufer des Río Ebro; 1,5 ha – 50 Stpl.; einfache Standardsanitärausstattung. Restaurant, Imbiss, Waschmaschine, Trockner, WLAN. Mietbungalows.

Navarrete
Camping Navarrete [N42° 24' 58.1" W2° 33' 06.0"], Ctra. Entrena s/n, KM 1,5, Tel. +34 941 44 01 69; www.campingnavarrete.com; 10. Jan. – 13. Dez; 12 km südwestl. von Logroño über die N-232 und N-120, an der Straße Navarrete – Entrena, ca. 3 ha – 50 Stpl. + zahlreiche Dau.; Standardsanitärausstattung. Lebensmittel, Cafeteria, Waschmaschine, Schwimmbad, Tennis, WLAN.

Fuenmayor bei Logroño
Camping Fuenmayor [N42° 28' 57.9" W2° 34' 05.2"], Ctra. de la Estación 42, s/n, Tel. +34 941 45 03 30; www.campingslarioja.es/de/; www.fuenmayor.com; Jan. - Dez.; 12 km westlich von Logroño auf der N-124 Richtung Haro und weiter zum Ort, beschilderte Zufahrt in Fuenmayor; Wiese mit Laub- und Nadelbäumen; 6 ha - 90 Stpl.; Standardsanitärausstattung. Cafeteria, Restaurant, Waschmaschine, Trockner, Schwimmbad, WLAN. Mietbungalows.

Haro

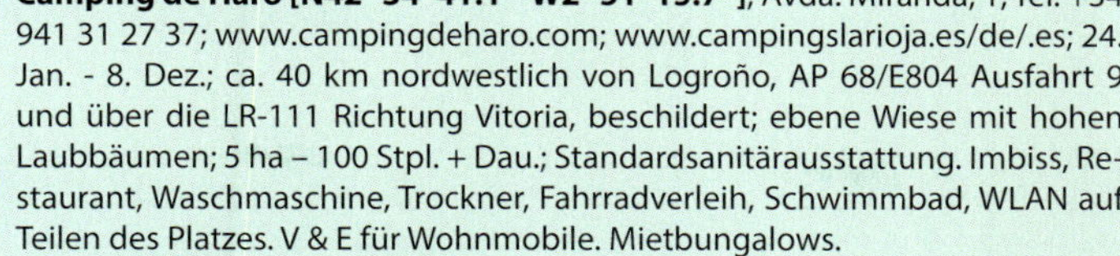

Camping de Haro [N42° 34' 41.1" W2° 51' 15.7"], Avda. Miranda, 1, Tel. +34 941 31 27 37; www.campingdeharo.com; www.campingslarioja.es/de/.es; 24. Jan. - 8. Dez.; ca. 40 km nordwestlich von Logroño, AP 68/E804 Ausfahrt 9 und über die LR-111 Richtung Vitoria, beschildert; ebene Wiese mit hohen Laubbäumen; 5 ha – 100 Stpl. + Dau.; Standardsanitärausstattung. Imbiss, Restaurant, Waschmaschine, Trockner, Fahrradverleih, Schwimmbad, WLAN auf Teilen des Platzes. V & E für Wohnmobile. Mietbungalows.

Castañares de Rioja

Camping De la Rioja [N42° 31' 48.45" W2° 55' 17.25"], Crta. Haro-Santo Domingo de la Calzada, KM 8,5, Tel. +34 941 30 01 74; www.campingdelarioja.es; 21. Januar – 11. Dez.; von der Straße LR-111(Haro – Santo Domingo de la Calzada) zur Landstraße LR-504 (Casalarreina – Castañares de Rioja) abzweigen und noch ca. 800 m zum Platz; ebene, weitläufige, parzellierte Anlage mit Baumschatten; 3,5 ha – 100 Stpl.; Laden, Imbiss, Restaurant, Waschmaschine, Trockner, Schwimmbad, Fahrradverleih. V & E für Wohnmobile. Mietbungalows.

km nordwestlich von Logroño mitten im Anbaugebiet Rioja Alavesa. Die alten **Festungsmauern** der Stadt auf einer Anhöhe der Ausläufer der Sierra Cantabrica machen deutlich, dass Laguardia ein strategisch wichtiges und oft umstrittenes Bollwerk in der Zeit der Kämpfe zwischen Mauren und Christen gewesen sein muss. Später stritten sich auch noch die Könige von Navarra und Kastilien um die Stadt. Ein Spaziergang durch die Gassen des Ortes mit seinen mächtigen Türmen Torre San Juan Bautista im Süden und Torre abacial im Norden, seinen alterwürdigen Adelshäusern und einladenden Bodegas lohnt genauso wie ein Bummel um die Mauern von Laguardia. Die ausgedehnten Weinfelder liegen einem hier nur so zu Füßen.

Rund 17 km südlich von Logroño liegt das Dorf **Clavijo**. Hier fand im Mai 844 die historische Schlacht des asturischen Heeres unter Ramiro I. gegen die maurischen Eindringlinge Abd ar-Rahmans II. statt. Eine Legende berichtet, dass der Heilige Jakobus (Santiago) dem christlichen Heer als kampfesmutiger Ritter voranritt und es zum Sieg führte. Von nun an hatte der Heilige den Beinamen „Matamoros", der Maurentöter.

*ROUTE: Weiterreise ab Logroño auf der Straße N-120 westwärts. Ihr folgen wir 27 km bis **Nájera** oder, falls der Umweg über die Klöster Yuso und Suso nicht geplant ist, weiter durch ausgedehnte Weinanbaugebiete bis **Santo Domingo de la Calzada** bzw. bis **Burgos**.*

Wiege der spanischen Sprache

San Millán de la Cogolla könnte man auch als die Wiege der kastilischen bzw. spanischen Schriftsprache bezeichnen. Zu Beginn des 11. Jh. machte ein Klosterschüler Notizen am Rande eines lateinischen Textes, den berühmt gewordenen „Glosas Emilianenses", die als die ersten schriftlichen Zeugnisse in romanischer, kastilischer Sprache gelten. Diese ersten Anfänge wurden im Kloster Santo Domingo des Silos in den „Gosas Silenses" fortgesetzt. Später wurde in den Universitäten von Salamanca und Valladolid das Kastilische – was wir als Spanisch bezeichnen ist im Grunde Kastilisch – weiter gepflegt, gefördert und quasi hoffähig gemacht. Persönlichkeiten wie Fray Luis de León, Kardinal Mendoza oder Antonio de Nebrija, Autor der ersten Grammatik der spanischen Sprache, waren bedeutende Wegbereiter. Und mit den Reisen der spanischen Entdecker fand die spanische Sprache bald eine weltweite Verbreitung. Heute sprechen auf der ganzen Welt annähernd 400 Millionen Menschen Spanisch.

Kloster San Millán de Yuso

Umweg über die Klöster Yuso und Suso

*UMWEG: A-12 Ausfahrt 21 Richtung **Nájera**.*

Ab **Nájera** bietet sich die Möglichkeit, einen Abstecher südwärts nach **San Millán de la Cogolla** zu unternehmen.

Dazu benützen wir zunächst die Straße LR-113 Richtung **Baños de Río Tobia**, zweigen aber schon nach 5 km über **Berceo** nach **San Millán de la Cogolla** ab. Dort liegt das gewaltige **Benediktinerkloster San Millán de Yuso [Parkplatz, N42° 19′ 29.8″ W2° 51′ 58.5″]** *(geöffnet Ostern - Sept. Di - So 10 - 13.30 + 16 - 18.30 Uhr, im Aug. auch Mo geöffnet; Okt. - Ostern, Di - So 10 - 13 + 15.30 - 17.30 Uhr; www.monasteriodesanmillan.com)*, großer Parkplatz. Die Anfänge des Klosters San Millán de Yuso reichen zwar zurück ins 11 Jh., der heutige Klosterkomplex entstand aber im Wesentlichen zwischen dem 16. und 18. Jh. Die große Sehenswürdigkeit ist – neben der wunderschönen **Klosterbibliothek** und dem eindrucksvollen **Kreuzgang** – ein silberbeschlagener Elfenbeinschrein aus dem 11. Jh., der die Reliquien des Heiligen Millán birgt. San Millán lebte im 6. Jh. als Einsiedler in den Bergen der Sierra de la Demanda und es heißt, dass er während seines hundertjährigen, gottgefälligen Lebens zahlreiche Wunder vollbrachte.

Ein Flügel der Klosteranlage wurde zum 4-Sterne-Hotel **Hostería del Monasterio de San Millán de Yuso** umgewandelt (****, 25 Zi., Tel. +34 941 37 32 77; https://hosteriasanmillan.com/; Restaurant, Parkplatz).

Etwa 2 km oberhalb von San Millán de la Cogolla liegt am Waldhang das

CAMPING – BERCEO

Camping Berceo [N42° 20′ 03.6″ W2° 51′ 17.3″], Termino El Molino s/n, Tel. +34 941 37 32 27; www.campingberceo.com; Jan. – Dez.; zwischen Berceo und San Millán de la Cogolla gelegen; relativ kleiner, aber ansprechend und relativ ruhig gelegener Platz neben dem Dorfschwimmbad; ca. 3 ha – 70 Stpl. + Dau.; Standardsanitärausstattung. Kiosk, Restaurant, Waschmaschine, Trockner, Schwimmbad, Fahrradverleih. WLAN im Receptionsbereich. V & E für Wohnmobile. Mietbungalows.

Monasterio de San Millán de Suso [Parkplatz, N42° 19′ 31.67″ W2° 51′ 57.29″] *(Das Kloster ist nur mit vorausgebuchter Führung zu besichtigen. Zubringer-Shuttlebus ab Reservierungszentrum, Abfahrten ab 9.55 Uhr bis 13.25 Uhr und ab 15.55 bis 17.55 alle halbe Stunde, Tel. +34 941 37 30 82; www.monasteriodesanmillan.com. Privatfahrzeuge zum Kloster Suso sind nicht erlaubt)*, teils im romanischen, teils im mozarabischen Stil erbaut. Von dort bietet sich ein weiter Blick ins Tal. Der Beiname Suso leitet sich vom lateinischen „sursum" für oben, ab.

ROUTE: *Zurück in Berceo nehmen wir die kleine Landstraße nach Norden und kommen, vorbei am Kirchlein* ***Ermita de Santa María de Cañas****, nach* ***Santo Domingo de la Calzada****.*

HAUPTROUTE

Der Ort **Santo Domingo de la Calzada** entstand aus der Einsiedelei des Heiligen Domingo, der hier im 11. Jh. für die Santiago-Pilger einen Weg (la calzada = Fahrbahn, Weg) ebnete und eine Brücke über das hiesige Flüsschen Río Oja baute. Von diesem bescheidenen Wasserlauf leitet die Region Rioja übrigens ihren Namen ab. Aus späterer Zeit ist noch die Mauer der Stadtbefestigung zu sehen. Bekannt wurde der Flecken Santo Domingo de la Calzada aber durch ein Wunder, das sich hier zugetragen haben soll, das „Hühnerwunder", s. u:

Der alte Ortskern ist für den allgemeinen Autoverkehr gesperrt. Die Parkplatzsituation ist schwierig. Straßenparkplätze findet man am ehesten noch an der Straße, die die Altstadt umgeht.

In der **Kathedrale [N42° 26′ 27.2″ W2° 57′ 13.3″]** von Santo Domingo de la Calzada aus dem 12./13. Jh. befindet sich unter der Vierung das **Grabmal des hl. Domingo**. Ebenfalls sehenswert ist das **Retabel des Hochaltars** aus dem frühen 16. Jh. Es stammt von Damián Forments.

Von der Landstraße aus, die den Ortskern heute umgeht, sieht man die Reste der mächtigen mittelalterlichen Stadtmauer.

Jedes Jahr am 12. Mai feiert die Stadt ein großes **Fest zu Ehren des hl. Domingo**, dem Schutzpatron von Sto. Domingo de la Calzada.

Die Festlichkeiten beginnen mit dem „Zug der Hammel". Zwei nach altem Brauch geschmückte Hammel werden zu Ehren des Heiligen geopfert. Es folgt die „Prozession der Zweige". Ein von Ochsen gezogener Wagen ist mit Zweigen der Steineiche beladen, mit denen das Grab des Heiligen geschmückt wird. Schließlich folgt der „Zug der Prioras". Die Frauen, die einmal einer alten Bruderschaft angehörten, tragen dabei mit Schleiern bedeckte Körbe auf dem Kopf. Weitere Prozessionen folgen am zweiten Tag des Festes wie der Zug des Brotes, der „Zug des Rades" u. a.

Mein Tipp: Santo Domingo de la Calzada wartet mit einem der schönsten **Paradores** im Lande auf. Die stattliche Herberge, der **Parador de Santo Domingo de la Calzada**, (59 Zi., Plaza del Santo, 3, Tel. +34 941 34 03 00; www.parador.es/de/paradores/parador-de-santo-domingo-de-la-calzada/), liegt mitten im Ort neben der Kathedrale. Der komfortable Parador ist in der ehemaligen Pilgerherberge **Hospital de Peregrinos** aus dem 12. Jh. mit

Die Hotelhalle im Parador de Santo Domingo de la Calzada

Das Mirakel der wiedererweckten Hühner

Eine Familie auf Pilgerfahrt nach Santiago de Compostela rastete einige Tage in einer der Herbergen bei Santo Domingo de la Calzada, was der Wirtstocher Gelegenheit gab, ein Auge auf den Sohn der Pilgerfamilie zu werfen. Dieser aber verschmähte offenbar die Avancen der Schönen, ganz wie es einem Pilgersmann wohl ansteht.

Die Versetzte rächte sich augenblicklich und versteckte einen kostbaren Becher der Wirtsfamilie im Gepäck des jungen Mannes. Seinen Wandersack, der gewöhnlich aus Hirschleder war, nicht zu verschließen galt übrigens als Zeichen, ein ehrlicher Pilger und kein Schnapphahn zu sein.

Die Familie reiste bei Morgengrauen weiter. Bald entdeckte der Wirt den Verlust des Bechers. Man verdächtigte sofort die so zeitig Abgereisten, schickte Verfolger nach und fand tatsächlich den Becher im Gepäck der Pilger. Ohne großes Federlesen wurde der Sohn zurückgebracht und gehängt.

Später gingen die fassungslosen Eltern nochmals zum Schindanger, um sich von dem am Galgen hängenden Sohn zu verabschieden. Mit freudigem Entsetzen aber stellten sie fest, ihr Sohn lebte noch! Schnell eilten sie nach Santo Domingo und unterrichteten den Präfekten. Der aber ließ sich gerade zum Mittagsmahl nieder und wies die überglücklichen Eltern rüde ab und meinte, ihr Sohn wäre wohl ebenso wenig lebendig, wie die gebratenen Hühnchen in der Herdpfanne. Und nichts und niemand könne ihn jetzt davon abhalten, den Braten augenblicklich zu verspeisen. Aber oh Wunder, Hahn und Henne, eben noch bratend, flatterten lebendig und unversehrt aus dem Ofen. Der noch völlig verdutzte und überwältigte Präfekt eilte zusammen mit der Familie zum Schindanger, um den tatsächlich noch lebenden Sohn vom Galgen zu nehmen. Und eine glückliche Familie konnte vereint gen Santiago weiterziehen.

In Erinnerung an diese Legende werden in der Kathedrale von Santo Domingo de la Calzada in einem verzierten Käfig auf einer kleinen Empore linkerhand vom Eingang heute noch ein weißer Hahn und eine weiße Henne gehalten.

historischem Ambiente eingerichtet. Wunderschöne Hotelhalle, Restaurant, etwas beengte Parkplatzeinfahrt.

Viele Wege führen nach Santiago de Compostela

Santo Domingo de la Calzada war eine wichtige und gut ausgestattete Station auf dem Camino de Santiago, oder genauer, dem langen „Camino Francés“. Seit dem Jahre 850 mühen sich Pilger auf diesem Wege nach Santiago de Compostela.

Obwohl auf dem Camino de Santiago Pilger aus allen christlichen Ländern Europas anzutreffen waren, stellten die Wallfahrer aus Franken, später aus Frankreich und dem Heiligen Römi-

PRAKTISCHE HINWEISE – SANTO DOMINGO DE LA CALZADA

Oficina de Turismo [N42° 26′ 27.7″ W2° 57′ 16.4″], Calle Mayor, 33, 26250 Santo Domingo de la Calzada, Tel. +34 941 34 12 38; www.santodomingodelacalzada.org. *Geöffnet 1. Mai - 3. Nov. tgl. 10 - 14 + 16 - 19 Uhr; 4. Nov. - 30. Apr. Di - So 10 - 14, Sa 16 - 19 Uhr.*

Feste, Folklore
Fiestas Patronales de Santo Domingo/Fest zu Ehren des hl. Domingo, Schutzpatron der Stadt, jedes Jahr vom 10. bis 15. Mai.

RESTAURANT

La Cancela, Calle Mayor, 51, Tel. +34 941 34 32 38; www.restaurantelacancela.com; rustikal, gute Küche, auch Spezialitäten aus der Riojaregion. Montags geschlossen.

CAMPING

Bañares
Camping Bañares [N42° 26′ 28.9″ W2° 54′ 54.6″], Ctra. Domingo de la Calzada, Tel. +34 941 34 01 31; www.campingbanares.es; ganzjährig; Abzweig von der N-120/A-12 östlich von Santo Domingo bei KM 42,2; ebene Wiesen mit Baumbestand, fast bis an die Autobahn reichend; Großparkplatz vorgelagert; ca. 10 ha – 200 Stpl. + 300 Dau.; Standardsanitärausstattung. Supermarkt, Cafeteria, Restaurant, Waschmaschine, Schwimmbad, Tennis, WLAN. Mietbungalows.

schen Reich, die größte Pilgerschar. Es bildeten sich rasch Pilgerrouten durch Frankreich heraus. So machte man sich z. B. vom Tour St-Jacques mitten in Paris auf und wanderte über Tours, Bordeaux und den Ibañeta Pass in den Pyrenäen, durch Roncesvalles, Pamplona, Puente la Reina, Logroño, Burgos und León bis Santiago. Insgesamt ein Weg von rund 1.800 km.

Die Wege bündelten sich an den Pyrenäenpässen Col de Somport und Roncesvalles und dann noch einmal in Puente la Reina zum eigentlichen Jakobsweg. Der von dort weiterführende Weg nach Santiago, die Hauptroute des Camino de Santiago, ist denn auch als **„Camino Francés“** bekannt.

Alternativ dazu gibt es den **Weg über Fonsagrada** und den **Nördlichen Weg**, die entlang der Kantabrischen Küste und entweder über Oviedo und Lugo oder über Ribadeo und Vilalba nach Santiago führen. Diese früher recht beschwerlichen Wege wurde vor allem in der Zeit benutzt, als die südlich des Kantabrischen Gebirges gelegenen Landesteile noch von den Mauren besetzt und für die Pilger recht unsicher waren.

Der **Englische Weg** diente vornehmlich Pilgern die per Schiff aus Irland, England, Nordfrankreich, Nordeuropa oder aus dem Baltikum nach Galicien kamen und von A Coruña oder Ferrol aus zu ihrer Wallfahrt nach Santiago starteten. Trotz der Beschwernisse einer Seereise galt dieser Weg als vergleichsweise einfach und vor allem als recht schnell.

Der **Weg über Fisterra und Muxia** ist eigentlich eine Verlängerung der Wallfahrt, eine Weiterreise, ein Abstecher nach der eigentlichen Pilgerfahrt. Man wollte das „Ende der Welt" erleben und auf den Spuren reisen, auf denen der Legende nach der Apostel während seiner Missionstätigkeit in Galicien wandelte.

Der **Portugiesische Weg** ist der traditionelle Weg aus dem benachbarten Portugal. Eine wichtige Station auf diesem Wege war Tui, eine der sieben alten Hauptstädte Galiciens

Die **Silberstraße**, die **„Via de la Plata"** schließlich, war der Weg der Christen, die aus den maurisch besetzten oder neu zurückeroberten Teilen Südspaniens nach Santiago pilgerten. Die Route folgte auf weiten Teilen einer alten Römerstrasse.

Auch aus dem Italienischen führen Wege der Jakobspilger über Frankreich nach Spanien. Einen der traditionellen Wege soll der Heilige Franz von Assisi gegangen sein.

Er ist heute als **Via Francigena** bekannt und wird in der Liste „Europäisches Kulturerbe" geführt.

Im wesentlichen führt der Italienische Weg über Mantova und Parma nach La Spezia und weiter durch die Provence und über Aix, Avignon, Montpellier und Carcassonne zum Somport-Pass in den Pyrenäen.

Zweige des Jakobsweges ab Deutschland und ab der Schweiz

Auch aus dem Gebiet Deutschland/Schweiz führten Pilgerwege zum Camino de Santiago. Im Mittelalter kannte man eine **„Oberstraß"** und eine **„Niederstraß"**. Allerdings liegen beide Wege heute unter den Trassen von Fernstraßen.

Die **Oberstraß** begann in der Schweiz am Kloster Einsiedeln und führte über Genf nach Frankreich, weiter über Arles und Toulouse zum Somport-Pass und schließlich über Jaca nach Puente la Reina, wo sich die Wege vereinigten.

Ein alternativer Zweig der Oberstraß verlief über Colmar im Elsass und weiter über Gérardmer, Vesoul, Dijon, Avallon, Vézelay (hier ist noch ein Stück des originalen Pilgerweges erhalten) ins Loiretal und über Orléans (es heißt, die prächtige Kathedrale dort sei nicht zuletzt durch die Scherflein von Tausenden von Pilgern möglich geworden), Saumur, Parthenay (Jakobsbrücke über den Thouet) und Bordeaux zum Pass Puerto Ibañeta und weiter über Roncesvalles nach Puente la Reina.

Für die **Niederstraß** war Aachen der Ausgangspunkt. Weiter führte der Pilgerweg über Brüssel, Paris, Tours und Bordeaux über den Puerto Ibañeta nach Roncesvalles und weiter nach Puente la Reina.

Heute ist der Camino de Santiago dank Unterstützung der Europäischen Union für Wanderer wie für Autotouristen überall gut markiert, natürlich auch in Santo Domingo de la Calzada.

Das war natürlich nicht immer so. Mit Sicherheit nicht zu Zeiten des Heiligen Domingo. Nicht von ungefähr ging der Heilige Mann jeden Tag, den der Herr ihm schenkte, kurz nach Sonnenuntergang und wieder kurz vor Morgengrauen durch den Ort und schlug dabei laut eine Trommel. Abends sollten die Trommelschläge verirrten Pilgern den Weg zur refugio, der Herberge im Ort, weisen und morgens wurden die Wallfahrer damit wieder auf den Weg geleitet. Noch heute wird der alte Brauch gelegentlich gepflegt, allerdings nicht immer zur Freude der Reisenden, die sich gerne noch eine Mütze Schlaf gegönnt hätten.

*ROUTE: Über **Belorado** und den 1.130 m hohen Puerto de la Pedreja kommen wir nach 71 km auf der N-120 nach **Burgos.***

Burgos – Das 900 m hoch in der rauen kastilischen Hochebene gelegene Burgos (ca. 176.000 Einw.) ist Hauptstadt der gleichnamigen Provinz in der Region Altkastilien. Gerne bezeichnet man Burgos auch als „Herz Kastiliens" oder als die „Wiege Kastiliens".

Erstmals urkundlich erwähnt wird Burgos 884 in den Aufzeichnungen der „Anales Compostelanos". Später wird auf eine erste einfache Befestigung König Alfonsos III. hier hingewiesen. Reste davon sind auf einer Anhöhe im Norden der Stadt erhalten. Am Fuße dieser Festung begann sich eine Gemeinde zu entwickeln.

Tatsächlich war die Stadt schon Mitte des 10. Jh. Residenz der Grafen von Kastilien und Fernán Gonzáles (siehe auch unter Covarrubias) erhob Burgos zur Hauptstadt.

Ferdinand I. vereinigte dann 1037 Kastilien mit den Königreichen León und Asturien und schuf mit dem vereinigten Königreich ein Bollwerk gegen die Maurenherrschaft in Spanien. Burgos wurde erste Hauptstadt des Reiches, bis die Katholischen Könige ihre Residenz 1492 nach Valladolid verlegten.

In dieser Zeit war der legendäre El Cid maßgeblich an den Geschicken seines Landes beteiligt. Siehe auch Kasten „El Cid" weiter hinten.

Zwischen 1936 und 1938 hatte die nationalspanische Regierung unter Generalísimo Franco ihren Sitz in Burgos.

Burgos ist aber nicht nur die Stadt mittelalterlicher Helden und der jüngeren Geschichte. Es war auch eine bedeutende Station der Santiago-Pilger.

In Burgos mit seinen zahlreichen Pilgerherbergen wie dem Hospital del Rey oder dem nahen Kloster Las Huelgas, mündete ein weiterer Weg in den „camino francés", den Hauptweg aus Puente

Das Stadttor Puerta Santa María in Burgos

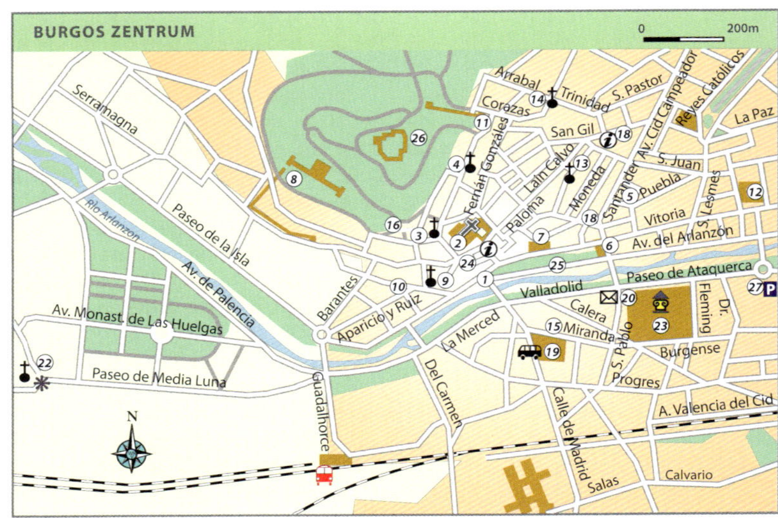

*BURGOS – **1** Stadttor Santa María und Puente de Santa María – **2** Kathedrale und Kathedral-Museum – **3** San Nicolás Kirche – **4** San Esteban Kirche, Museo del Retablo – **5** Casa del Cordón – **6** El Cid Denkmal – **7** Plaza Mayor – **8** Herrensitz des Cid – **9** Santa Águeda Kirche – **10** Erzbi-schöflicher Palast – **11** San Esteban Torbogen – **12** Museo Marceliano Santamaría, Antiguo Monasterio de San Juan – **13** San Lorenzo Kirche – **14** San Gil Kirche – **15** Casa de Miranda, Museo de Burgos – **16** Torbogen von Fernán González – **18** Information – **19** Busbahnhof – **20** Hauptpost – **21** Bahnhof – **22** Monasterio de Las Huelgas – **23** Museo de la Evolución Humana, Forum Burgos Evolución – **24** Plaza de San Fernando – **25** Paseo del Espolón – **26** Castillo und Parque de Castillo – **27** Parkplatz*

la Reina. Hier stießen die Wallfahrer, die den Weg über Bayonne und durch das Baskenland genommen hatten, dazu. Hermann Künig von Vach berichtet in seiner mittelalterlichen Reisebeschreibung über Burgos: „So komestu balde gen Burges in. Darinne fyndstü 32 spital".

Einen der sehr wenigen zentrumsnahen (gebührenpflichtigen) **Parkplätze (27) [N42° 20' 25.3" W3° 41' 38.2"]** ohne Höhenbeschränkung findet man an der Plaza Santa Teresa am großen Kreisverkehr (Durchgangsstraße N-120) an der Südseite der Brücke über den Río Arlanzón.

Einen **Stadtspaziergang** durch die Stadt am Río Arlanzón, die vor elfhundert Jahren von Diego Porcelos gegründet wurde, kann man am Südrand der Innenstadt an der **Ponte de San Pablo** beginnen.

Geht man vom oben erwähnten Parkplatz an der Plaza Santa Teresa nach Westen zur Ponte de San Pablo, passiert man das moderne Gebäude des **Museo de la Evolución [N42° 20' 22.3" W3° 41' 50.3"]**, ein Museum über die Evolution der Menschheit *(geöffnet Di - Fr 10 - 14.30 Uhr + 16.30 - 20 Uhr; Juli - Sept. auch Sa + So 10 - 20 Uhr)*.

Zwei Straßenzüge westlich vom Museo de la Evolución, zwischen den Straßen Calera und Miranda, findet man in der **Casa de Miranda (15)** gegenüber der Markthalle das **Museo de Burgos [N42° 20' 18.1" W3° 42' 00.4"]** *(geöffnet Juli - Sept. Di - Sa 10 - 14 Uhr + 17 - 20 Uhr, So 10 - 14 Uhr; Okt. - Juni 10 - 14 Uhr + 16 - 19 Uhr, So 10 - 14 Uhr; www.museodeburgos.com)*. Das archäologische Museum beherbergt eine umfangreiche Sammlung von Grabkunst von der Frühzeit bis zum Mittelalter. Man sieht Graburnen aus der Hallsteinzeit, römische Grabsäulen, Sarkophage, mozarabische Grabplatten und Grabmonumente aus der Zeit der Gotik und der Renaissance.

In der benachbarten **Casa de Ángulo** ist eine sehenswerte **Kunstabteilung** des Museo de Burgos untergebracht. Unter anderem sind Gegenstände aus dem Kloster Santo Domingo de Silos zu sehen, darunter eine kostbare **spanisch-arabische Elfenbeinschatulle** aus dem 11. Jh. und ein aus Elfenbein gearbeiteter **Flügelaltar** aus dem 10. Jh.

Schräg gegenüber vom Museo de la Evolución überquert man die Brücke de San Pablo stadteinwärts und wendet sich auf der anderen Flussseite an der Plaza del Cid mit dem **Cid-Denkmal (6) [N42° 20‘ 26.9“ W3° 41‘ 59.0“]** gleich links. Über den **Paseo del Espolón**, der schattigen Flanierpromenade von Burgos, kommen wir zum weiter westwärts gelegenen **Tor Santa María (1) [N42° 20‘ 20.3“ W3° 42‘ 11.7“]** an der gleichnamigen Brücke.

Westfassade der Kathedrale von Burgos

Die **Puerta Santa María (1)** mit ihrer figuren- und turmgeschmückten Südfassade stammt aus dem 14. und 16. Jh. In der unteren Figurenreihe sieht man in der Mitte den Stadtgründer Graf Diego Rodríguez Porcelos flankiert von zwei Stadträten, darüber in der Mitte Karl V., rechts davon El Cid und links aus der Beschauersicht Fernán Gonzáles, den kastilischen Grafen.

Durch das Tor kommt man auf die **Plaza del Rey San Fernando (24)**. Vor einem erhebt sich die mächtige erzbischöfliche **Kathedrale Santa María (2)**, die das Bild der Innenstadt beherrscht und ein Meisterwerk gotischer Architektur darstellt *(geöffnet 19. März - 31. Okt. tgl. 9.30 - 19.30 Uhr; 1. Nov. - 18. März Mi - Mo 10 - 19 Uhr, Di 10 - 16 + 16.30 - 19 Uhr, letzter Einlass 1 Stunde vor Schließung; www.catedraldeburgos.es)*.

Wir gehen rechts um die Kathedrale zur Plaza del Rey San Fernando und betreten das Kircheninnere durch das Südportal **Portada del Sarmental**. Im Bogenfeld über der Tür sieht man Christus, flankiert von Evangelisten an ihren Schreibpulten, darunter die Reihe der zwölf Apostel.

Im Inneren der drittgrößten Kathedrale Spaniens (nach Sevilla und Toledo), deren Grundstein zu Beginn des 13. Jh. von Ferdinand III., dem Heiligen, gelegt wurde, gehen wir geradeaus bis unter die über 50 m hohe, von einem herrlichen Gewölbe gekrönten **Vierungskuppel**. Am Boden markiert dort eine bescheidene Platte das **Grab des Cid** und seiner mutigen Frau Jimena.

Zur linken sieht man das kunstvoll gearbeitete **Chorgestühl** (Anfang des 16. Jh.) und die liegende Grabskulptur des Bischofs Mauricio.

Rechts erhebt sich der **Hochaltar** mit einem Altaraufsatz aus der Renaissance.

Wir gehen rechts um den Chorumgang hinter den Altar. Dort befindet sich an der Ostseite der Kathedrale die prächtige spätgotische **Kapelle des Condestable Hernández de Velasco,** dem Feldherrn Kastiliens. Geschaffen wurde die Kapelle, die von einem prächtig gearbeiteten Gitter abgeschlossen wird, von Simón von Köln. Die Kapelle ist mit herrlichen Steinmetzarbeiten, schönem Altaraufsatz und Wandschmuck ausgestattet.

Dominierend in der Mitte der Kapelle ist das aus Carrara-Marmor gearbeitete Grabmal des Konnetabels und dessen Gemahlin. Durch eine Tür in der rechten Ecke gelangt man in die kleine Sakristei. Dort ist ein Maria Magdalena-Bildnis von Leonardo da Vinci zu bewundern. Zur Besichtigung der Kapelle ist eine Eintrittskarte notwendig, die man in der Sakristei erwerben kann.

Rechts vom Hochaltar liegt ein vom eigentlichen Kirchenraum abgeschlossener Komplex. Dort findet man den sehenswerten **Kreuzgang** (Claustro).

Eine der Figurengruppen hier stellt Ferdinand III. und dessen Gemahlin Beatrix von Schwaben dar. Vom Kreuzgang aus gelangt man in die **Capilla de Santiago** (Kirchenschatz, Messgewänder), Ziel aller Santiagopilger, weiter in die **Capilla Santa Catalina,** in der u. a. der Ehevertrag von El Cid aufbewahrt wird, in die **Sakristei** und schließlich in den **Kapitelsaal** (flämische Wandteppiche aus dem 16. Jh., Bild „Maria mit dem Kind" von Memling). Für die Besichtigung des Kreuzgangs und des Kapitelsaals wird Eintritt verlangt.

An der Nordseite des Kirchenschiffs fällt die **Escalera Dorada**, eine schöne, doppelläufige Treppe mit herrlichem vergoldetem Geländer auf, die hinauf zum Nordausgang und zur **Portada de la Coronería** führt. Die Treppe ist eine Arbeit von Diego de Siloé aus dem Jahr 1523. Das Portal ist außen mit bewundernswerten Apostelstatuen geschmückt.

Links neben der Innentreppe liegt die **Santa Ana Kapelle** mit schöner Altarwand. Auf dem reich verzierten Retabel, das 1490 von Gil de Siloé geschaffen wurde, sieht man im Zentrum den Baum Jesse, in der Mitte die heilige Anna, die Mutter Mariä, und den heiligen Joachim.

Noch weiter links, am Ende des Kirchenschiffs nahe dem Westausgang, sieht man eine Uhr mit dem Beinamen **„Papamoscas"** (Fliegenfresser), nach einer Figur, die beim Stundenschlag den Schnabel öffnet.

Durch das Westportal der Kathedrale treten wir hinaus auf die **Plaza de Santa María** mit einem kleinen Brunnen. Der Platz wird beherrscht von der beeindruckenden 84 m hohen **Westfassade** der Kathedrale. Geschmückt von einer Fensterrosette, einem Figurenfries der kastilischen Könige und flankiert von zwei mächtigen Türmen in gotischer Manier strebt sie himmelwärts. Als Baumeister dieser großartigen Fassade wird Hans von Köln genannt.

Von der Plaza de Santa María gehen wir über die große Freitreppe, am Hotel und Restaurant Mesón del Cid vorbei, die wenigen Schritte hinauf zur **Kirche San Nicolás (3).** Sehr sehenswert ist in dieser hübschen kleinen Kirche der große, prächtig gearbeitete **Altaraufsatz** von Simón von Köln. Über den 450 Figuren des Altars thront die Jungfrau Maria und im Zentrum ist der hl. Nikolaus zu sehen.

San Esteban (4) [N42° 20' 29.8" W3° 42' 18.4"], ein weiterer bedeutender Kirchenbau, liegt ein paar Straßenzüge weiter nördlich. Bemerkenswert ist hier das **Museo del Retablo**, eine umfangreiche Sammlung von Altarwänden, die in der Kirche heute ausgestellt werden.

Wir gehen den gleichen Weg zurück bis zur **Plaza del Rey San Fernando** an der Südseite der Kathedrale, wenden uns links und setzen den Rundgang über die Calle Paloma fort. Wenig später wenden wir uns rechts und gelangen durch ein Tor zur hübschen **Plaza Mayor (7),** ehemals Plaza de José Antonio. Unter dem Platz befindet sich eine Tiefgarage.

An der Nordostseite verlassen wir die Plaza Mayor und kommen zur **Plaza de Santo Domingo de Guzman**. An der Nordseite, ein paar Schritte die Avenida Santander hinauf, liegt rechterhand der **Palast Casa del Cordón (5) [N42° 20' 31.2" W3° 41' 59.0"]** an der Plaza de la Libertad. Der Palast verdankt seinen Namen dem kordelartigen Fassadenschmuck. In diesem fürstlichen Palais aus dem 15. Jh. wurde Kolumbus, span. Cristóbal Colón, am 23. April 1497 nach seiner zweiten Reise in die Neue Welt von den Katholischen Königen Ferdinand und Isabella empfangen.

1506 starb hier Philipp der Schöne, Vater Kaiser Karls V., nach einem hitzigen Wettkampf. Der tragische Tod Philipps hatte dramatische Auswirkungen auf die Familie des Königs. Seine Gemahlin Johanna konnte den Tod nie verwinden und fiel für den Rest ihrer Tage in geistige Umnachtung. Sie ging als Juana la Loca, Johanna die Wahnsinnige, in die spanischen Geschichtsbücher ein (siehe auch unter Castillo de la Mota).

Später war in der Casa del Cordón der französische König Franz I. Gast Karls V., nachdem er dem Kaiser in der Schlacht von Pavia unterlegen war.

Von der Casa del Cordón gehen wir südwärts über die Plaza del Cid, die von einer mächtigen **Reiterstatue des Cid (6)** beherrscht wird, zurück zur Brücke über den Río Arlanzón.

Kunstliebhabern sei ein Besuch des **Museo Marceliano Santa María [N42° 20' 33.7" W3° 41' 42.9"]** empfohlen *(geöffnet Di - Sa 11 - 13.50 Uhr + 17 - 20.50 Uhr, So 11 - 13.50 Uhr)*. Man findet die Gemäldegalerie im östlichen Stadtbereich an der Plaza San Lesmes gegenüber der Klosterkirche San Juan. Zu sehen ist eine schöne Gemäldesammlung des Malers Marceliano Santa María, einem Impressionisten, der zwischen 1866 und 1952 in Burgos lebte.

Kulinarische Spezialitäten

Eine köstliche Versuchung auf kulinarischem Gebiet sind die feinen Blutwürste aus Burgos. Spezialitäten der regionalen Küche sind Milchlammbraten oder „Olla Podrida", eine Art von Schlachtplatte. Köstlich sind z. B. auch deftige Linsen- und Bohnengerichte wie „Caparrones", wozu runde Bohnen verwendet werden.

In den Konditoreien findet man Spezialitäten wie die Zuckermandeln von Briesca, kandierte Pinienkerne, oder

Prunkerker an der Casa del Cordón in Burgos

El Cid
Held und romantischer Ritter

Rodrigo Díaz de Vivar, Spaniens großer Heroe des Mittelalters, wurde 1026 in Vivar, einem Ort knapp 10 km nördlich von Burgos, geboren. Als Spross eines Grandengeschlechts trat er in königliche Dienste und kam an den Hof König Sanchos II. Aber Sancho, ein ehrgeiziger Machtmensch, wurde ermordet. Und sein Heerführer Rodrigo Díaz, der später den ehrenvollen Beinamen El Cid (vom arabischen „Sidi" für Herr) erhielt, verdächtigte Alfonso VI., den Bruder Sanchos, der Bluttat. Um seine Zweifel auszuräumen, habe El Cid Alfonso VI. in der Kirche Santa Águeda, die nicht weit westlich der Kathedrale liegt, schwören lassen, dass dieser keine Schuld am Tode seines Bruders habe.

Vielleicht um die Verbindungen zu dem ebenso misstrauischen wie draufgängerischen und erfolgreichen Heerführer zu festigen, gab Alfonso VI. seine Cousine Doña Jimena El Cid zur Frau. Es entstand ein lange, politisch erfolgreiche, aber auch romantische eheliche Verbindung.

Als El Cid seinen Verdacht über den Brudermord aber erneut und nun auch öffentlich äußerte, fiel er in Ungnade und Alfonso VI. verbannte den Recken im Jahre 1081.

PRAKTISCHE HINWEISE – BURGOS

Oficina de Turismo [N42° 20' 36.9" W3° 42' 00.8"], Plaza de Alonso Martínez, 7, 09003 Burgos. Tel. +34 947 20 31 25; https://www.turismocastillayleon.com/turismocyl/; http://turismo.aytoburgos.es/. *Geöffnet 15. Juni - 15. Sept. tgl. 9 - 20 Uhr; 16. Sept. - 14. Juni Mo - Sa 9.30 - 14 Uhr + 16 - 19 Uhr, So 9.30 - 17 Uhr.*

Oficina de Turismo [N42° 20' 24.06" W3° 42' 16.61"], Calle Nuño Rasura, Plaza Rey San Fernando, Tel. +34 947 28 88 74; www.aytoburgos.es; http://turismo.aytoburgos.es/. *Geöffnet 1. Juni - 30. Sept. 9 - 20 Uhr; 1. Okt. - 31. Mai 10 - 14 + 16 - 19.30 Uhr.*

Feste, Folklore, Märkte

El Curpillos, Prozession um das Kloster Las Huelgas, Mitte Juni.

San Pedro y San Pablo, großes, zwei Wochen dauerndes Stadtfest zu Ehren der Heiligen Peter und Paul, um den 29. Juni. Stierkämpfe, Straßenfeste mit Auftritten der Festvereine „Peñas", die am ersten Sonntag im Juli ihren großen Tag haben.

RESTAURANTS

Casa Ojeda, Calle Condestable, 2, Tel. +34 947 20 90 52; www.restauranteojeda.com; Nähe Casa del Cordón, alteingesessenes Lokal mit kastilischem Ambiente, sehr gute Küche, mittlere bis gehobene Preislage. Sonntagabends geschlossen.

Ob El Cid auf Grund des Rausschmisses nun eine politische Kehrtwende vollzog, oder ob er als alter Haudegen einfach nicht vom Kriegshandwerk lassen konnte, wird kaum noch geklärt werden können. Verbrieft ist allerdings, dass er in Zaragoza unverzüglich in die Dienste des dortigen Maurenfürsten trat und viele Siege gegen die christlichen Heere erfocht.

Vielleicht ließen die militärischen Erfolge der Gegenseite in Alfonso VI. den Gedanken reifen, dass die Verbannung von El Cid ein strategischer Fehler war. Tatsächlich versöhnte er sich mit El Cid. Viel erstaunlicher aber ist, dass das Gastspiel El Cids bei den feindlichen, weil islamischen Truppen und auf der Seite des Maurenfürsten keinerlei Auswirkungen auf die weitere Karriere des Ritters im katholischen Spanien hatte. Im Gegenteil, El Cid wurde zum strahlenden Helden der Reconquista. Und schon 1094 wurde er seinem Ruf als „Campeador", als Streiter für die christliche Sache und für die Vorherrschaft Kastiliens, wieder gerecht, als er València von den Mauren zurückeroberte. Zusammen mit seiner geliebten Gemahlin Jimena ließ er sich danach in València nieder, wo er bis zu seinem Tode im Jahre 1099 lebte.

Doña Jimena stand ihrem Gatten an Heldenhaftigkeit offenbar in nichts nach. Ihrem entschlossenen Handeln war es zu verdanken, dass das nun wieder von den Mauren belagerte València noch drei volle Jahre gehalten werden konnte. Dann musste Jimena nach Kastilien fliehen, nicht ohne València zuvor in Brand stecken zu lassen.

Bis 1921 waren El Cid und seine Gemahlin Jimena im Kloster San Pedro de Cardeña, ca. 10 km südöstlich von Burgos, bestattet. Danach fanden sie in der Kathedrale von Burgos ihre letzte Ruhestätte.

In der Versesammlung „El Cantar del Mío Cid", Spaniens großem Nationalepos und bedeutendstem Literaturwerk der altkastilischen Sprache, das von einem unbekannten Dichter stammt und 1180 erstmals veröffentlicht wurde, werden die Heldentaten des El Cid im Stil einer etwas verklärten Ritterromantik besungen.

Mesón del Cid, Pl. de Santa Maria, 8, Tel. +34 947 20 87 15; www.mesondelcid.es; bekanntes Lokal (mittlere Preislage) an der Plaza Santa María neben dem gleichnamigen Hotel, Blick auf die Kathedrale.

Rincón de España, Nuño Rasura, 11, Tel. +34 947 20 59 55; www.rincondeespana.com; nahe der Kathedrale, gute Küche zu erschwinglichen Preisen.

CAMPING

Camping Municipal Fuentes Blancas [N42° 20' 28.6" W3° 39' 27.9"], Tel. +34 947 48 60 16; www.campingburgos.com; Jan. – Dez.; städtischer Platz ca. 3,5 km östlich von Burgos an der Straße BU-800 Richtung Cartuja Miraflores; ebenes Gelände unter Pappeln; ca. 4 ha – 300 Stpl.; Standardsanitärausstattung. Laden, Restaurant, Waschmaschine, Trockner, Schwimmbad. V & E für Wohnmobile. Mietbungalows.

Cavia

Camping Quinta de Cavia [N42° 17' 32.3" W3° 51' 3.7"], Tel. +34 947 41 20 78; Jan. – Dez.; südwestlich von Burgos an der A-62/E-80 (Burgos – Valladolid), bei KM 17; ebene Wiese mit Schattenbäumen; ca. 2 ha – 100 Stpl.; Standardsanitärausstattung. Restaurant, Bar, Waschmaschine, Schwimmbad. WLAN.

Grabmal des Don Alfonso von Gil de Siloé in der Cartuja de Miraflores bei Burgos

WOHNMOBIL-STELLPLATZ BURGOS

Wohnmobil-Stellplatz Area de Burgos [N42° 21′ 0.42″ W3° 40′ 50.52″], Calle Farmacéutico Obdulio Fernández. **Zufahrt:** Im Nordosten der Stadt gelegen, vom Zentrum auf der Avenida del Arlanzón zur Avenida Cantabria nordwärts abzweigen und gleich wieder rechts ab auf die Calle Farmacéutico Obdulio Fernández, diese ca. 1,5 km bis zum großen Parkplatz, der für 30 Wohnmobile gegenüber dem Supermarkt Alcampo eingerichtet ist. **Ausstattung:** Ebener, asphaltierter, schattenloser Parkplatz mit 30 Stellflächen für Wohnmobile, falls nicht anderweitig zugeparkt. Bei einem hohen Wohnhaus. Grauwasserausguss. **Geöffnet:** Ganzjährig. **Gebühr:** Kostenlos. Kein Campingverhalten. Zum historischen Ortszentrum ca. 30 Minuten Fußweg.

„Yema", eine Leckerei, die auf geschlagenem, fein gezuckertem Eidotter basiert.

Ausflüge ab Burgos

Rund 4 km östlich der Stadt liegt die **Cartuja de Santa Maria de Miraflores [N42° 20′ 18.2″ W3° 39′ 26.9″]**, die Kartause Miraflores *(geöffnet Mo - Sa 10.15 - 15 + 16 - 18 Uhr, So 11 - 15 + 16 - 18 Uhr; www.cartuja.org)*. Mit dem Bau des Kartäuserklosters wurde Mitte des 15. Jh. begonnen. Unter den Katholischen Königen wurde er im isabellinischen Stil vollendet.

Sehenswert sind im Kircheninneren vor allem die prächtige **Altarwand**, das schön geschnitzte Chorgestühl und die kostbaren Steinmetzarbeiten und Grabplastiken von Gil de Siloé aus dem späten 15. Jh. Vor dem Altar steht das **Grabmal König Juan II.** und seiner Gemahlin Isabella von Portugal, den Eltern Isabellas der Katholischen. Wie man liest, soll die Altarwand mit dem ersten Gold verziert worden sein, das aus der Neuen Welt Ende des 15. Jh. nach Spanien kam. In einer Nische sieht man das **Grabmal des Infanten Don Alfonso**, mit der knienden Gestalt des Prinzen. Der Thronfolger starb sehr früh, was seiner Schwester Isabella, die später die Katholische genannt werden sollte, den Weg auf den kastilischen Thron ermöglichte.

Nicht ganz 2 km westlich des Stadtzentrums von Burgos (schlecht beschilderter Abzweig von der Straße N-120) liegt etwas versteckt das **Monasterio de Santa Maria la Real Las Huelgas Reales (22) [N42° 20′**

13.0" W3° 43' 15.5"] *(geöffnet Di - Sa 10 - 14 + 16 - 18.30 Uhr, So 10.30 - 15 Uhr; www.patrimonionacional.es/real-sitio/monasterio-de-sta-maria-la-real-de-las-huelgas)*. Die Anlage wurde ursprünglich errichtet, um den kastilischen Herrschern eine standesgemäße Residenz zu bieten, in der sie abseits der Staatsgeschäfte der leichten Muße und anderen Vergnügungen nachgehen konnten. Im 12. Jh. wandelten Alfonso VIII. und dessen Gemahlin Eleonore Las Huelgas in ein Zisterzienserinnenkloster um, das nur Damen der ersten Familien aufnahm. Die Abtei erlangte auf dem Gebiet der Rechtsprechung Bedeutung, zumal den Äbtissinnen die Gerichtsbarkeit und andere besondere Rechtsbefugnisse übertragen waren.

Zu besichtigen sind: Die **Klosterkirche** mit den **Grabmälern** vieler Aragónischer und Kastilischer Könige und Infanten, ein schöner romanischer **Kreuzgang**, eine interessante **Textilabteilung** mit königlichen Gewändern, sowie die Santiagokapelle, in der die Könige Kastiliens durch eine Figur des hl. Jakobus zu Rittern geschlagen wurden.

Abstecher zum Kloster Santo Domingo de Silos

Ein weiterer lohnender Ausflug von Burgos – für den man aber mindestens einen halben Tag vorsehen sollte – ist die Fahrt zum rund 70 km entfernten **Kloster Santo Domingo de Silos [Besucherparkplatz, N41° 57' 51.9" W3° 25' 11.2"]**.

*ROUTE: Um nach Santo Domingo de Silos zu gelangen verlässt man Burgos in südlicher Richtung über die autobahnähnliche A-1/E-5, zweigt aber schon nach knapp 10 km ab auf die Straße N-234 Richtung **Soria**. Der N-234 folgt man über **Hortigüela** und **Salas de los Infantes** bis **Hacinas** und zweigt hier westwärts ab nach **Santo Domingo de Silos**. Die Straße BU-903 dorthin passiert eine herrliche, wilde ca. 3 km lange Schlucht, an deren Ausgang das Dorf Santo Domingo de Silos mit seinem sehenswerten Kloster liegt.*

Die Straßenbeschilderung führt den Autofahrer durch einen bemerkenswert aufwendigen Straßentunnel auf den großen **Besucherparkplatz [N41° 57' 51.9" W3° 25' 11.2"]** am nördlichen Ortsrand. Von dort geht man durch das rustikale Dorf, mit teils recht alten, vom Verfall bedrohten Gehöften, die im krassen Gegensatz zur modernen Straßenanbindung stehen, zum sehenswerten Kloster. Der Weg zu Fuß nimmt etwa 5 Minuten in Anspruch.

Portal am Kloster Santo Domingo de Silos

Eines der prächtigen Säulenkapitelle im Kreuzgang des Kosters Santo Domingo de Silos

Auf der kleinen Plaza Mayor des über 1.000 m hoch gelegenen Dorfes Santo Domingo de Silos findet man in einem schönen alten Gebäude das Hotel Tres Coronas de Silos **, 16 Zi., Plaza Mayor, 6, Tel. +34 947 39 00 47; www.hoteltrescoronasdesilos.com; Restaurant.

Abadía Benedictino de Santo Domingo de Silos *(geöffnet Di - Sa 10 - 13 + 16.30 - 18 Uhr, So 12 - 13 + 16 - 18 Uhr, Führungen. Separate Gebühr für ein „Fototicket"; www.abadiadesilos.es).*

Die historische Abtei aus dem 11. Jh. wurde vom hl. Domingo wiedergegründet, nachdem sich seine früheren Bewohner auf der Flucht vor den Mauren in die Kantabrischen Berge zurückgezogen hatten.

Der Mönch Domingo stammte aus der Rioja-Region und war Vorsteher verschiedener Klöster. Allerdings beschränkte Domingo sein Wirken nicht nur auf religiöse und kirchliche Aufgaben, sondern war auch politisch tätig, was ihn schließlich dazu zwang, nach Kastilien auszuweichen. Er ließ sich in Silos nieder, gründete wie erwähnt das Kloster, machte es zu einer blühenden Abtei und starb hier nach einem wundertätigen Leben.

Von 1835 an verlöschte das klösterliche Leben fast 50 Jahre lang, bis es am 18. Dezember 1880 von Benediktinermönchen aus Frankreich revitalisiert wurde. Der Orden betreut das Kloster noch heute.

Das Kloster besitzt einen wunderschönen, zweistöckigen **Kreuzgang** (Claustro), der zu den schönsten und vollkommensten romanischen Baudenkmälern und Kunstschätzen in Europa, sicher aber auf der Iberischen Halbinsel zählt.

Der Innenhof hat eine leichte Trapezform und misst etwa 30 mal 33 Meter. Die Umgänge sind mit schön gearbeiteten Holzdecken versehen.

CAMPING – COVARRUBIAS

Camping Covarrubias [N42° 03' 31.5" W3° 30' 48.3"], Av. de Victor Barbadillo, Tel. +34 947 40 64 17; Jan. – Dez.; am östlichen Ortsrand, Zufahrt von der C-110 bei KM 25; geneigte Wiese mit Laubbäumen; ca. 2 ha – 70 Stpl.; Standardsanitärausstattung. Restaurant, Waschmaschine, Trockner.

Vor allem aber sind die **Kapitelle** der Doppelsäulen sehenswert, welche die 60 Arkadenbögen stützen. Die Kapitelle mit überaus fein gearbeiteten Tierfiguren, Fabelwesen und Ornamenten sind ganz besonders eindrucksvoll. Die schönsten Kapitelle findet man am Westumgang.

Von Kunstkennern werden aber die Basrelief-Tafeln an den Ecken der Umgänge noch höher eingeschätzt. Die Tafeln zeigen unter einem schwach angedeuteten Bogen überaus harmonisch angeordnete, schlanke Figuren aus Szenen im Leben Christi.

Geht man vom Eingang rechts und gegen den Uhrzeigersinn um den Kreuzgang, sieht man an den Ecken Bildtafeln mit folgenden Motiven: Nordostecke – Grab und Auferstehung Christi. Danach kommt man im Nordumgang am schön gearbeiteten Sarkophag des hl. Domingo aus dem 13. Jh. vorbei. Nordwestecke – Jesus mit den Jüngern von Emmaus, der ungläubige Thomas. Südwestecke – Mariä Verkündigung und Krönung, Baum Jesse. Südostecke – Christi Himmelfahrt, Ankunft des Heiligen Geistes (Pfingsten).

Bei einer Führung werden dem Besucher auch der Kelch des hl. Domingo, alte Manuskripte und die frühere Apotheke mit kostbaren Keramikgefäßen gezeigt.

*ROUTE: Den Rückweg nach Burgos kann man über die hübschen Städtchen **Covarrubias** oder **Lerma** wählen.*

Covarrubias ist ein einladender, sehenswerter Ort mit schöner Bogenbrücke über den Río Arlanza und mittelalterlichen Gebäuden.

Viele der stattlichen Patrizierhäuser sind in Fachwerkbauweise aufgeführt, deren Fassaden vielfach auf Steinsäulen ruhen.

Von der alten Stadtbefestigung ist noch der eigenwillig geformte, einer Pyramide nicht unähnliche **Doña Urraca Turm** erhalten.

Sehenswert ist die **Kirche** des Städtchens. Sie beherbergt – neben einem Kirchenmuseum – mehrere **Grabmäler** aus der Zeit zwischen dem 10. und 13. Jh.

Zwei davon haben besondere Bedeutung. In einem ist Prinzessin Christina beigesetzt, die aus dem fernen kühlen Norwegen stammte und 1258 Philipp, dem kastilischen Thronfolger, angetraut wurde.

Das andere Grabmal ist das von Fernán González. Der Diplomatie, Weitsicht und Zielstrebigkeit des Grafen ist es zu verdanken, dass die Grafschaft Kastilien, die er im 10. Jh. einte, zu einem ersten Bollwerk im Kampf gegen die Mauren wurde.

Das starke Kastilien des Grafen González wurde schließlich auch zur treibenden Kraft bei der Vereinigung der katholischen Königreiche in Spanien.

Lerma ist die alte Stadt des legendären Herzogs von Lerma, der für seine Verschwendungssucht berüchtigt war.

Seinen Reichtum hatte der Herzog zu Beginn des 17. Jh. als Günstling König Philipps III., der seinerseits mehr mit prunkvollen Festivitäten und rauschenden Bällen als mit ernsthaften Staatsgeschäften beschäftigt war, durch Korruption und andere Machenschaften zusammengetragen.

Der Herzogenpalast liegt an der sehenswerten Plaza Mayor, dem sehr schönen, von Arkaden gesäumten **Marktplatz**.

TOUR 9: BURGOS – SANTILLANA DEL MAR

Länge der Tour: Rund 260 km, ohne Abstecher. Abstecher nach Sahagún 36 km einfach. Abstecher zum Pico de Tres Mares 27 km einfach.

Die Route: Über die N-120/A-231 bis **Villasandino** – Landstraßen über **Castrojeriz, Itero de la Vega** und **Frómista** bis **Carrión de los Condes** – N-120 bis **Osorno la Mayor** – A-67 über **Aguilar de Campóo** und **Reinosa** bis **Torrelavega** – Landstraße bis **Santillana del Mar**.

Abstecher: Zum **Pico de Tres Mares.**

Reisedauer: Mindestens ein Tag, mit Abstechern mehr Tage.

Höhepunkte: Die **Kirche San Martín** ** in Frómista – die **Kirchen im Mudéjarstil** * in Sahagún – das **Höhlen-Museum** ** bei den Höhlen von Altamira – ein Bummel durch **die Gassen von Santillana del Mar** *** – **Kreuzgang und Stiftskirche Santa Juliana** ** in Santillana del Mar.

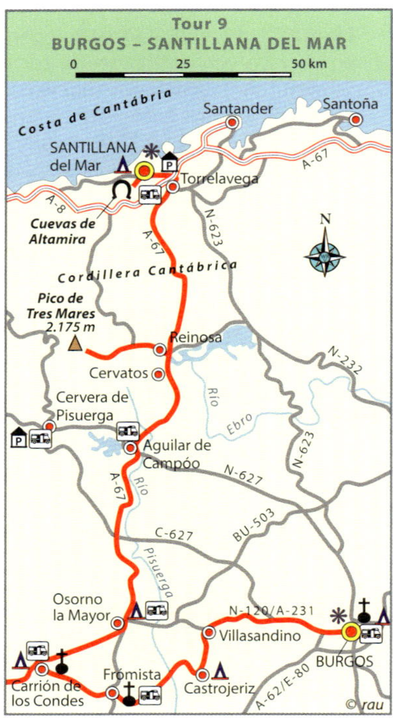

*ROUTE: Burgos verlassen wir auf der Straße N-120 zunächst in Richtung Valladolid, vorbei am Abzweig zum Kloster Las Huelgas Reales, nehmen aber schon nach rund 8 km die Straße A-231/N-120 über **Olmillos de Sasamón** (prächtige Burg, sowie Kirche aus dem 16. Jh.) bis **Villasandino**. In Villasandino zweigen wir südwärts ab nach **Castrojeriz**.*

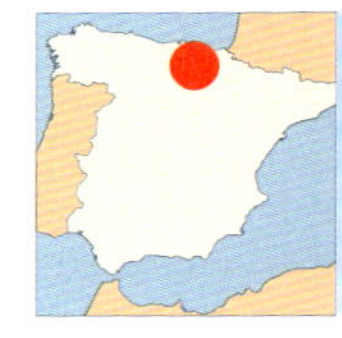

Der **Camino de Santiago** verläuft ein gutes Stück weiter südlich, folgt der Straße über Rabé de las Calzadas, Hornillos del Camino und Hontanas und trifft in **Castrojeriz** wieder auf unsere Route.

Die Reiseaufzeichnungen eines aus Bologna stammenden Paters namens Domenico Laffi, der Mitte des 17. Jh. nach Santiago pilgerte, schildert diese Wegstrecke folgendermaßen: „ ... (wir) wandern nach Castrojeriz („Castel Sorizz"), wo der Weg immer mit diesen verfluchten Heuschrecken bedeckt ist, die nicht nur die Früchte und das Gras verschlingen, sondern auch die Weinreben und sogar die Bäume."

Fast schnurgerade führt die Landstraße durch die ebene und recht eintönige Landschaft.

Schon von weitem erkennt man die **Burgruine von Castrojeriz** auf einem Hügel. Von dort ließ sich einst die ganze Ebene beherrschen.

Bei besonderem Interesse an Architektur und Geschichte des Pilgerweges nach Santiago empfiehlt sich eine Besichtigung der **Stiftskirche Santa María del Manzano [N42° 17' 33.8" W4° 07' 42.0"]**, ein im 12. Jh. im schlichten, strengen Stil des Zisterzienserordens errichteter Kirchenbau. Von besonderer kunsthistorischer Bedeutung ist die mittelalterliche **Madonnenfigur** „Santa María d'Almaçan", Namenspatronin der Kirche, sowie der große, Mariä Verkündigung geweihte **Altar** von Rafael Mengs aus dem 18. Jh.

Sehenswert sind weiter die **Kirche San Juan**, mit prächtigem, gotischem Hauptschiff und die **Kirche Santo Domingo [N42° 17' 19.1" W4° 08' 07.9"]** mit bemerkenswerten Wandteppichen, die nach Entwürfen von Rubens gefertigt wurden. Hier wurde das „Interpretationszentrum Camino de Santiago IACOBEUS" eingerichtet, das sich mit dem Jakobsweg, dem Sinn des Pilgerwegs, seiner Geschichte und seinen Pilgern befasst; *https://www.castrojeriz.com/de/lugares-para-visitar/iglesia-de-santo-domingo*.

Der **Camino de Santiago,** dem wir immer noch folgen, führt weiter durch die Tierra de Campos nach **Frómista**.

Zuvor überquert man bei **Itero de la Vega** auf der **Puente de Fitero [N42° 16' 43.40" W4° 14' 40.85"]**, einer alten **Römerbrücke** mit elf Bögen, den Fluss Pisuerga.

Ganz in der Nähe der Brücke sieht man das schlichte, ehemalige **Hospiz San Nicolás de Puente Fitero [N42° 16' 44.21" W4° 14' 35.53"]**. Der von Feldern umgebene Bau, an dem der Camino de Santiago unmittelbar vorbeiführt, stammt aus dem 12. Jh. ist restauriert und als Pilgerherberge mit 12 Plätzen wieder eingerichtet worden.

Die Gerichtssäule in Boadilla del Camino

In **Boadilla del Camino,** das am Wege nach Frómista liegt, kann man an der Kirche Santa María de la Asunción (15./16. Jh.) die markante, schön gearbeitete gotische **Gerichtssäule [N42° 15' 30.4" W4° 20' 48.4"]** „Rollo gótico jurisdiccional de Boadilla del Camino" sehen. Sie wurde einstmals als Dankessymbol für die richterliche Unabhängigkeit des Ortes errichtet, die

CAMPING

Castrojeriz

Camping Camino de Santiago [N42° 17' 27.4" W4° 07' 54.0"], Av. Camarasa, Tel. +34 947 37 72 55; www.campingcaminodesantiago.com/de/; 16. März – 10. Nov.; am östlichen Ortsrand Abzweig von der Straße nach Castellanos de Castro, unterhalb der Burgruine gelegen. Kleiner, einfacher Wiesenplatz unter Pappeln und Pinien. Ca. 1,5 ha – 40 Stpl. Restaurant, Bar, Waschmaschine, Schwimmbad, Fahrradverleih. WLAN im Receptionsbereich. V & E für Wohnmobile. Mietbungalows.

Melgar de Fernamental

Camping del Vivero [N42° 24' 28.21" W4° 14' 52.90"], Tel. +34 947 37 20 91; 15. Apr. – 30. Sept.; Zufahrt von der N-120 ca. 15 km nordwestlich von Castrojeriz; einfacher Übernachtungsplatz am Río Pisuerga, Schwimmbad, ca. 70 Stpl. Weiterbestand unklar.

Kaum ein Turm ohne Storchennester

König Enrique IV. dem Ort verliehen hatte. Dieses Privileg wurde 1482 von den Katholischen Königen bestätigt. Hier wurde Gericht gehalten und an der Säule wurden die Urteile vollstreckt.

Die im Frühjahr grüne und fruchtbare, später im Sommer dann durch die gnadenlose Sommerhitze ausgeglühte Landschaft der **Tierra de Campos**, durch die wir nun auf Frómista zusteuern, liegt fast baum- und strauchlos vor uns. Herrliche Ruhe herrscht in dieser ländlichen Abgeschiedenheit.

Die eintönige Ebene wird nur unterbrochen von den kirchturmbeherrschten Silhouetten weit verstreuter Dörfer und von einzelnen Taubenhäusern.

Bescheiden und weltfern wie die Landschaft erscheinen die Dörfer. Viele Häuser sind noch aus Lehm gemauert. In der Dürre des Sommers sicher ein trautes Heim. Was aber, wenn im November und Dezember Regengüsse die Campos überziehen?

Auffallend sind die vielen Storchennester, die man allenthalben sieht. Kaum ein Kirchturm, der nicht mit mindestens einem Nest belegt ist. Und vor allem in der Zeit Mai/Juni sieht man in jedem Nest ein Storchenpaar, das seinen Nachwuchs versorgt.

Von der ehemaligen Größe **Frómistas,** das einst wichtige Pilgerstation mit nicht weniger als vier Herbergen war und ein bedeutendes Mauren- und Judenviertel in seinen Mauern beherbergte, ist nichts mehr geblieben, außer einem einzigen Zeugen aus der Blütezeit der Stadt – der **Kirche San Martín [N42° 15‘ 58.5“ W4° 24‘ 22.7“]** *(geöffnet Apr. - Sept. tgl. 9.30 - 14 + 16.30 - 20 Uhr; Okt. - März tgl. 10 - 14 + 15.30 - 18.30 Uhr; www.fromista.com)*. Dieses überaus vollkommene romanische Bauwerk aus der Mitte des 11. Jh. ist der Rest eines ehemaligen Klosters, das auch Pilgerherberge war. Die Kirche gilt als das in seinen Proportionen wohl ausgewogenste romanische Bauwerk in Nordspanien. Die perfekte Harmonie seines Äußeren mit dem bescheidenen Figurenschmuck an den Köpfen der Dachsparren und das schlichte, dreischiffige Innere der Basilika mit drei Chorapsiden und dem achteckigen Vierungsturm sind bewundernswert.

Sehenswert ist weiter die gotische **Kirche San Pedro [N42° 16‘ 05.2“ W4° 24‘ 19.4“]** *(geöffnet Ostern - 12. Okt. tgl. 10 - 13.30 + 16 - 19 Uhr)*, in der als besonderer Kirchenschatz ein heiliger Santiago im Pilgergewand zu sehen ist. In der Kirche findet man auch das Museum von Frómista.

Außerdem ist die **Kirche Santa María del Castillo** mit prächtiger Altarwand und mit Gemälden des kastilischen Malers Fernando Gallego sehenswert.

Rund 13 km westlich von Frómista lohnt ein kurzer Abstecher von der P-980 zum Dorf **Villalcázar de Sirga**. Das Dorf, hervorgegangen aus einer alten Siedlung des Templerordens, wartet mit einem herrlichen **Südportal** an der nicht zu übersehenden **Kirche Santa María la Blanca [N42° 18‘ 59.5“ W4° 32‘ 32.8“]** auf *(geöffnet 1. Mai - 15. Okt. tgl. 10.30 - 14 + 16.30 - 19 Uhr; 16. Okt. - 30. Apr. Sa + So und feiertags 12 - 14 + 17 - 18.30 Uhr)*. In der dreischiffigen Kirche sieht man in der durch ein Gitter abge-

Ein Glanzstück der Romanik, die Kirche San Martín in Frómista

Oficina de Turismo Frómista, Crta.Astudillo, S/N. 34440 Frómista, Tel. +34 979 81 01 28 / 672 14 69 94; www.fromista.com.

WOHNMOBIL-STELLPLATZ – FRÓMISTA

Wohnmobil-Stellplatz Area de Estacionamiento de Autocaravanas de Frómista [N42° 15' 53.4" W4° 24' 44.5"], Paseo de Julio Senador s/n, Tel. +34 979 81 00 01. **Zufahrt:** Am Westrand von Frómista unterhalb der Straße P-980 Richtung Carrión de los Condes vor einem Sportareal gelegen. **Ausstattung:** Befestigter, ebener, gebührenfreier Parkplatz für ca. 10 Wohnmobile, jederzeit frei zugänglich. Frischwasser, Grauwasser- und Chemikaltoilettenausguss. Lt. Anschlag Aufenthalt ohne Campingbetrieb (keine Tische und Stühle, keine Markise, nicht grillen) und max. 48 Stunden. **Geöffnet:** Ganzjährig. **Gebühr:** Kostenlos.

schlossenen **Jakobskapelle** die Statue der wundertätigen „Virgen Blanca", der „Weißen Madonna" und einen prächtig gearbeiteten gotischen Steinsarkophag, das Grabmal Don Felipes (Sohn König Ferdinands III. des Heiligen) und Doña Leonor Ruiz de Castro, der Gemahlin des Infanten.

An der hübschen **Plaza Mayor** findet man nette Bodegas und Hostals, wie die Pilgerherberge „Casa del Peregrino" oder das Gasthaus „Mesón Villasirga", das bekannt ist für seine deftige Hausmannskost und seine Wildspezialitäten.

*ROUTE: Rund 19 km weiter nordwestlich (P-980) liegt **Carrión de los Condes.***

Sehenswert in dem kleinen Marktflecken **Carrión de los Condes**, der wichtiger Etappenplatz mit zahlreichen Hospizen und Herbergen an der Pilgerstraße nach Santiago war, ist der **Figurenfries** am Rundbogen des Nordportals der **Kirche Santiago [N42° 20' 17.9" W4° 36' 13.3"]**, die eingezwängt in einer Häuserzeile an der Plaza liegt *(geöffnet tgl. 11 -14 + 16.30 - 19.30 Uhr).*

In der Mitte des Frieses, der im 12. Jh. entstand und um 1990 restauriert wurde, thront Christus, rechts und links Apostel, darunter ein Bogen mit Skulpturen, die menschliche Tätigkeiten, Arbeiten und Handwerke darstellen.

Am östlichen Ortsrand liegt das **Kloster Santa Clara** aus dem 13. Jh., von dem es heißt, dass hier der hl. Franz von Assisi auf seiner Pilgerfahrt nach Santiago Herberge gefunden haben soll.

Einen Besuch lohnt auch die romanische **Kirche Santa María del Camino [N42° 20' 14.1" W4° 36' 06.2"]**. Sie stammt aus dem 12. Jh. Unter einem Vordach erkennt man eine Reihe von schon ziemlich verwitterten Figuren, das sich auf das Wunder der hundert Jungfrauen beziehen soll.

Etwas außerhalb findet man am Ufer des Carrión das **Benediktinerkloster San Zoilo [N42° 20' 23.4" W4° 36' 36.8"]**, dessen **Kreuzgang** aus dem 16. Jh. eine Sehenswürdigkeit ist *(geöffnet Apr. - 15. Okt. 10.30 - 14 + 16.30 - 20 Uhr; 16. Okt. - März Mo - Fr 10.30 - 14 Uhr, Sa + So und feiertags 10.30 - 14 + 16 - 18.30 Uhr; http://www.carriondeloscondes.org/ayuntamiento/cultura-y-turismo/)*.

Das Kloster beherbergt die Grabmäler der Grafen von Carrión. In einem Teil des Gebäudes ist heute das schöne Hotel Real Monasterio San Zoilo eingerichtet.

Zu Carrión de los Condes, das im Heldenepos „Cantar del Mío Cid" eine herausragende Rolle spielt, gehört die Geschichte ihrer habgierigen Grafen, die an die reiche Mitgift der Töchter des Cid kommen, sich aber nicht mit der Bürde der Ehefrauen belasten wollten. Die Herren zogen nach València, wo El Cid residierte, warben höflich und formgerecht um die vergoldeten Hände der Cid-Töchter und waren erfolgreich. Doch kurz nach der Hochzeit verstießen sie ihre Frauen. Wenig später ereilte die Mitgiftschwindler standesgemäß und auf Geheiß des Cid das Schicksal auf dem Turnierplatz. Die Töchter aber wurden Infanten aus den Häusern Navarra und Aragonien angetraut.

PRAKTISCHE HINWEIE – CARRIÓN DE LOS CONDES

Oficina Municipal de Turismo [N42° 20' 17.74" W4° 36' 10.42"], Callejón de Santiago s/n, 34120 Carrión de los Condes, Tel. +34 979 88 09 32; www.carriondeloscondes.es. *Geöffnet Mo - Fr 10 - 14 + 16 - 19 Uhr, Sa 10.30 - 14 + 16 - 19 Uhr, So 11 - 14 Uhr.*

Punto de Información [N42° 20' 13.83" W4° 36' 3.70"], Calle Santa Maria s/n, 34120 Carrión de los Condes, Tel. +34 979 88 09 32; www.carriondeloscondes.es. *Geöffnet Mai - August Mo - Fr 11 - 14 Uhr + 17 - 19 Uhr, Sa 11 - 14 + 17 - 19 Uhr, So 11 - 14 Uhr.*

CAMPING

Camping El Edén [N42° 20' 08.6" W4° 36' 15.1"], Crta. C-615, KM 12; Tel. +34 979 88 07 14; 1. Apr. - 31. Okt.; Zufahrt im Ort von der C-615 (Richtung Palencia) nach der Kirche Santa María rechts durch schmale Gassen hinab zum Platz, schlecht beschildert, an der Weggabelung vor dem Backsteinhaus besser links halten; einfacher Übernachtungsplatz, ebene Wiese im Pappelwäldchen am südwestl. Ortsrand am Río Carrión, kleiner Park angrenzend, ca. 5 Min. zu Fuß zur Plaza; ca. 1 ha – 90 Stpl.; Standardsanitärausstattung. Restaurant, WLAN.

WOHNMOBIL-STELLPLATZ

Wohnmobil-Stellplatz Area de Servicio de San Zoilo [N42° 20' 18.31" W4° 36' 29.56"], Calle de Las Huertas San Zoilo, Tel. +34 979 88 09 32; **Zufahrt:** Vom Ortszentrum zum westlichen Ortsrand auf der Straße zum Kloster von San Zoilo, nach der Flussbrücke links (südwärts) abzweigen, beschildert. **Ausstattung:** Kostenloser Platz für 10 Wohnmobile neben der Sporthalle, befahrbare V & E-Station mit Frischwasserhahn und Grauwasser- und Chemikalausguss. Max. Aufenthalt 48 Stunden. **Geöffnet:** Ganzjährig. **Gebühr:** Kostenlos. Weiterbestand fraglich. Öffentliches Freibad nahebei.

Knapp 40 km westlich von Carrión de los Condes liegt **Sahagún** (Camping Pedro Ponce [N42° 22′ 14.84″ W5° 2′ 30.36″], 1. März – 31. Okt., Tel. +34 987 78 04 15; www.villadesahagun.es/camping/), einst eine reiche und wichtige Stadt am Camino de Santiago. König Alfonso VI. förderte im 11. Jh. maßgeblich die Entwicklung der Stadt und hielt hier zeitweise sogar Hof. Zusammen mit seinen vier Frauen fand er in der **Benediktinerabtei Santa Cruz [N42° 22′ 14.13″ W5° 2′ 1.16″]** *(geöffnet Di - Sa 10 - 13 + 16 - 18 Uhr, So 10 - 13 Uhr)* seine letzte Ruhestätte. Das Kloster war lange eines der einflussreichsten am Pilgerweg nach Santiago. Im angeschlossenen **Museo de Santa Cruz de las Madres Benedictinas** findet man ganz bemerkenswerte Kunstwerke, wie die Prunkmonstranz des Goldschmieds Enricque de Arfe oder die „Virgen Peregrina", eine gekrönte Marienfigur mit Jesuskind, die mit einem Pilgerstab dargestellt ist.

Von besonderer Bedeutung in Sahagún sind die **Kirche San Lorenzo [N42° 22′ 22.5″ W5° 01′ 47.7″]** mit deutlichen Elementen des Mudéjarstils, weiter die **Kirche San Tirso [N42° 22′ 15.5″ W5° 01′ 57.9″],** die im 12. Jh. teils im romanischen, teils im Mudéjarstil errichtet wurde.

Carrión de los Condes, Santiago Kirche, Portal

Zur Kantabrischen Küste

*ROUTE: In Carrión de los Condes verlassen wir den alten Pilgerweg Camino de Santiago, um nach Norden an die Kantabrische Küste zu reisen. Dazu fahren wir von Carrión auf der Straße N-120 nordostwärts. Nach 22 km stoßen wir in **Osorno la Mayor** auf die Schnellstraße A-67 und folgen ihr 128 km nach Norden über **Aguilar de Campóo** und **Reinosa** bis **Torrelavega.***

WOHNMOBIL-STELLPLATZ – OSORNO LA MAYOR

Wohnmobil-Stellplatz Area de Los Chopos de Osorno [N42° 25′ 01.7″ W4° 21′ 06.4″]. Zufahrt: An der Straße N-611 (Osorno – Santander) bei KM 59. **Ausstattung**: Beschilderter, asphaltierter, ebener, schattenloser Platz für 30 Wohnmobile, Frischwasser, Grauwasser- und Chemikaltoilettenausguss. Bei einer Raststätte mit Cafeteria, Hotel und Laden. Öffentliche Toiletten und Duschen. Überwachungskamera. **Geöffnet:** Ganzjährig. **Gebühr:** Kostenlos. Maximaler Aufenthalt 48 Stunden.

PRAKTISCHE HINWEISE – AGUILAR DE CAMPÓO

Oficina de Turismo [N42° 47' 34.43" W4° 15' 43.41"], Paseo Cascajera, 10, 1, 34800 Aguilar de Campóo, Tel. +34 979 12 36 41; www.aguilardecampoo.com. *Geöffnet tgl. 11 - 13.30 + 16 - 18 Uhr.*

PARADOR

Parador de Cervera de Pisuerga ***, 80 Zi., Ctra. de Resoba, Tel. +34 979 87 00 75; www.parador.es/de/paradores/parador-de-cervera-de-pisuerga/; sehr ruhig und ansprechend in herrlicher Berglandschaft oberhalb eines Stausees knapp 3 km nordwestlich von Cervera de Pisuerga an der Straße nach Resoba gelegen. Restaurant, Bar, Garten, schöne Terrasse, WLAN. Parkplatz.

WOHNMOBIL-STELLPLÄTZE

Wohnmobil-Stellplatz Area de Las Campas [N42° 47' 10.5" W4° 15' 26.3"] Paseo del Soto, 19, Tel. +34 979 12 20 05; www.aguilardecampoo.com; **Zufahrt:** Vom Ortszentrum von Aguilar de Campóo auf dem Paseo del Soto südwärts, neben den Sportanlagen. **Ausstattung:** Beschilderter Platz für 10 Wohnmobile, Frischwasser, Grauwasser- und Chemikalausguss, beleuchtet. **Geöffnet:** Ganzjährig. **Gebühr:** Kostenlos.

Cervera de Pisuerga
Wohnmobil-Stellplatz El Maderao [N42° 52' 16.95" W4° 29' 59.63"], Calle Puente de San Roque, Tel. +34 979 87 06 95. **Zufahrt:** Von Aguilar de Campoo nordwestwärts auf der CL-626 Richtung Cervera de Pisuerga, im Ort weiter auf der Straße CL-627 Richtung Potes, nahe der Flussbrücke gelegen, beschildert. **Ausstattung:** Unschön gelegener Platz für 10 Wohnmobile in einem Industrieviertel der Stadt, Frischwasser und Grauwasser- und Chemikalausguss. **Geöffnet:** Ganzjährig. **Gebühr:** Kostenlos. Picknickplatz und Restaurant/Cafe 200 m entfernt. Max. Aufenthalt 48 Stunden.

Aguilar de Campóo am Ufer des Río Pisuerga wartet mit einer trutzigen **Festung** auf dem Berg Peña Aguilón auf.

Zu den sehenswerten Bauwerken zählt die gotische **Stiftskirche San Miguel [N42° 47' 33.3" W4° 15' 36.7"]** mit markantem Glockenturm. Die Grafen von Aguilar hatten sich San Miguel als Grabkirche ausgewählt, was ihre herausgehobene Stellung dokumentiert. Die Kirche liegt unmittelbar an der arkadengesäumten **Plaza de España**, dem Hauptplatz der Stadt.

Westlich von Aguilar trifft man auf das **Kloster Santa María la Real [N42° 47' 46.9" W4° 16' 18.6"]** mit schöner Kirche und sehenswertem Kreuzgang. Das Kloster, in dem eine Posada eingerichtet ist, liegt an der Straße, die am Stausee vorbei (Wassersportmöglichkeiten) hinauf ins 25 km weiter westlich gelegene **Cervera de Pisuerga** (900 m) führt. Etwas außerhalb des Ortes liegt der gleichnamige **Parador de Cervera de Pisuerga [N42° 52' 20.35" W4° 31' 15.01"]** (siehe oben).

Auf gut ausgebauter Straße erreichen wir über **Cervatos,** mit seiner sehr sehenswerten romanischen Stiftskirche, den Ort **Reinosa [N43° 0' 26.13" W4° 7' 30.74"]**.

Abstecher zum Pico de Tres Mares

Bei ausreichend zur Verfügung stehender Zeit empfiehlt sich ab Reinosa ein Abstecher über die CA-183 nach Westen und über **Fontibre [Parkplatz, N43° 01' 02.0" W4° 11' 25.9"]** (Fußweg zur Quelle des Ebro Nacimiento del Río Ebro) zum Wintersportgebiet **Alto Campóo [Parkplatz, N43° 02' 14.0" W4° 22' 20.4"]** im Massiv der Sierra de Peña Labra (ca. 25 km). Mit einem Sessellift kann man auf den 2.175 m hohen

Kantabrisches Gebirge mit dem Picos de Europa Massiv

Gipfel Pico de Tres Mares gelangen. Bei klarem Wetter bieten sich von dort oben prächtige Ausblicke auf das Kantabrische Gebirge und seine Gipfel bis hin zu den 2.624 m hohen **Picos de Europa** weiter im Westen.

Das Bergmassiv hier ist Quellgebiet mehrerer Flüsse, die in verschiedene Richtungen fließen und demnach in verschiedene Meere („tres mares") münden, in das Mittelmeer der Ebro-Nebenfluss, in den Atlantik der Pisuerga (über den Duero) und der Río Nanasa ins Kantabrische Meer bei San Vincente.

HAUPTROUTE

ROUTE: Weiterreise ab Reinosa [N43° 00' 26.1" W4° 07' 30.7"] auf der A-67 nordwärts. Kurz hinter Reinosa beginnt eine schöne Fahrt durch die Kantabrischen Berge und durch eine wilde Schlucht hinab nach ***Torrelavega****. Wenige Kilometer westlich der Stadt verlassen wir die A-67 an der Ausfahrt 187 und fahren westwärts ins 6 km entfernte* ***Santillana del Mar****.*

Kurz vor Santillana führt ein beschilderter Abzweig zur **Höhle von Altamira [Parkplatz, N43° 22' 41.19" W4° 7' 25.00"]** mit ihren weltbekannten prähistorischen Wand- und Deckenmalereien. Die Höhle wurde 1879 von Marcelino Sanz de Sautuola und seiner Tochter María entdeckt. Spektakulär war die Entdeckung deshalb, weil die verzweigte Höhle 30 ausgezeichnet erhaltene Wandmalereien von überwältigender Ausdruckskraft aus der Steinzeit enthielten.

Die etwa 14.000 Jahre alten, farbigen Bilder waren bei ihrer Entdeckung so gut erhalten, dass sie anfänglich als unecht und nicht als frühgeschichtliche Meisterwerke angesehen wurden. Heute stehen die Wandmalereien von Altamira längst in der UNESCO-Liste des Weltkulturerbes.

Dargestellt sind Tiere, wie z. B. Bisons in diversen Posen, Pferde, Wildschweine oder Hirsche. Geschickt wurde bei der Platzierung der Motive der Untergrund des Felsens gewählt, was den Malereien eine zusätzlich Plastizität und eine fast mystische Ausstrahlung verleiht.

Leider sind die Höhlen für die Allgemeinheit nicht mehr zugänglich. Die Atemluft der früheren Besucher, oft Tausende täglich, schaffte in den Höhlen ein Kleinklima, das die Entstehung von Bakterien und Schimmelpilzen ermöglichte, die – hätte man dem Besucherstrom nicht Einhalt geboten – die Malereien vollends vernichtet hätten.

Der Besucher kann dafür ein **Museum** *(geöffnet Mai - Okt. Di - Sa 9.30 - 20 Uhr, So 9.30 - 15 Uhr, im Aug. So bis 18 Uhr; Nov. - Apr. Di - Sa 9.30 - 18 Uhr, So 9.30 - 15 Uhr, letzter Einlass 30 Min. vor Schließung; www.culturaydeporte.gob.es/mnaltamira/en/home.html)* mit der minutiösen und millimetergenauen Nachbildung der Höhle von Altamira und ihrer prähistorischen Malereien besichtigen.

Die Besucherzahlen für die eigentliche Höhle von Altamira ist auf eine Besichtigung pro Woche für fünf Personen beschränkt. Diese Führungen finden jeden Freitag um 10.40 Uhr statt und dauern genau 37 Minuten. Will man zu den Glücklichen gehören, nimmt man an einer Verlosung unter den Museumsbesuchern zwischen 9.30 Uhr und 10.30 Uhr für denselben Tag teil.

Santillana del Mar, das „Rothenburg Nordspaniens"

Santillana del Mar dagegen, das man als das „Rothenburg Spaniens" bezeichnen könnte (auch was den Besucherstrom anbetrifft), lohnt einen Besuch sehr. **Parkplatz am Plaza de Rey (26) [N43° 23' 17.1" W4° 06' 35.4"]** am Ortseingang.

Das hübsche Landstädtchen war im Mittelalter ein vielbesuchter Wallfahrtsort. Dass es auch einmal eine Grafschaftsstadt und Adelsresidenz war, bezeugen die vielen erhaltenen Palais.

An der Kreuzung rechts ist im ehemaligen **Kloster Regina Coeli (2)** aus dem späten 16. Jh. das **Diözesanmuseum** untergebracht *(geöffnet im Sommer Di - So 10 - 13 Uhr + 16 - 19.30 Uhr, im Winter bis 18.30 Uhr;http://www.santillanamuseodiocesano.net/)*. Zu sehen ist eine schöne Sammlung Kantabrischer Sakralkunst.

Man geht die Calle Santo Domingo hinauf. Die Verlängerung rechts sind die Gassen Carrera, Cantón und El Río. Die Straßenzeile endet schließlich am Platz vor der Stiftskirche Santa Juliana, die dem Ort seinen Namen gab.

Rechts und links der Straßen reihen sich alte Adelshäuser, geschmückt durch schöne Wappen, Fenster und Balkone. Viele der Häuser stammen aus dem 16. Jh. und sind in ihrem äußeren Erscheinungsbild seither kaum verändert worden.

Das erste Haus auf der linken Seite ist der **Palacio de Peredo (5)** des Marques de Benemejis und auf der rechten Seite ist das Haus der Familie Villa die **Casa de los Villa (6)** aus dem 18. Jh. Der Sinnspruch der Familie, in einem Wappen festgehalten, lautet: „Ein gutes Sterben ehrt das ganze Leben".

An der Weggabelung halten wir uns rechts, passieren weiter oben die **Casa de los Bustamante** rechterhand, und gehen die von Gaststät-

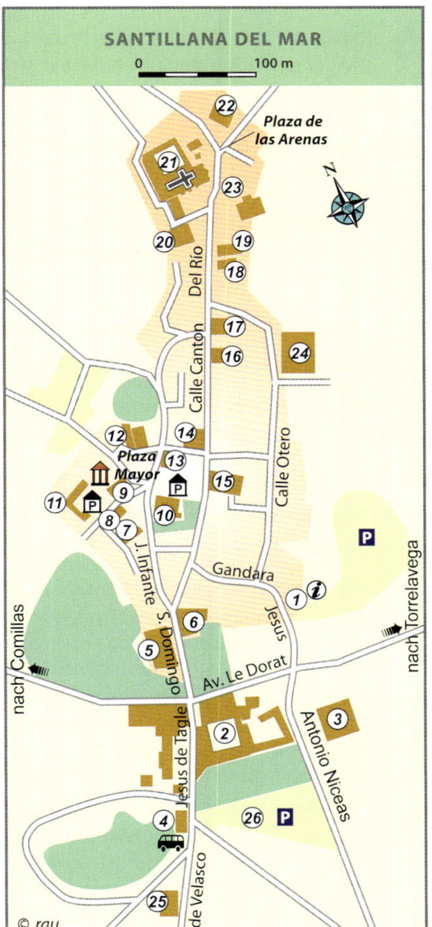

SANTILLANA DEL MAR

***1** Touristeninfo*
***2** Museo Regina Coeli, Klarissinnenkonvent*
***3** Dominikanerkonvent San Ildefonso*
***4** Busstop*
***5** Palacio de Peredo, Marques de Benemejis*
***6** Casa de los Villa*
***7** Casa del Aguila*
***8** Casa-Torre de la Parra*
***9** Ayuntamiento*
***10** Parador*
***11** Anex des Paradors „Gil Blas"*
***12** Torre de Don Borja*
***13** Torre del Merino*
***14** Casa de Valdivieso*
***15** Torre de los Velarde*
***16** Casa de Leonor de la Vega*
***17** Casa de los Villa, auch Casa de „Los Hombrones"*
***18** Casa de los Quevedo*
***19** Casa de los Cossio*
***20** Casa de los Abades*
***21** Kirche Santa Juliana und Kreuzgang*
***22** Palacio de los Velarde*
***23** Museo Jesus Otero*
***24** Colegio*
***25** Casa de los Tagle*
***26** Plaza de Rey, Parkplatz*

ten und Souvenirläden gesäumte Calle del Cantón hinab. Schon fast am Ende der Straße liegen rechterhand die **Casa de Leonor de la Vega (16)** und die **Casa de los Hombrones (17)**.

Später kommt man an einer Viehtränke mitten auf der Straße vorbei und steht dann auf dem Platz vor der Stiftskirche. Rechts liegen die **Casa de los Quevedo (18)** und die **Casa de los Cossio (19).** Das Haus links am Platz, die **Casa de los Abades (20),** wird das „Haus der Erzherzogin von Österreich" genannt (18. Jh.). Es ist mit Wappen und vergitterten Fenstern reich geschmückt. Es heißt, dass viele der vornehmen Palais in Santillana durch die Reichtümer entstanden, welche die Adelsfamilien im Zuge der Eroberung der Neuen Welt in Amerika erwarben.

Die romanische **Colegiata de Santa Juliana/Stiftskirche Santa Juliana (21)** aus dem 12. Jh. ist der Märtyrerin Juliana geweiht *(geöffnet Juli + Aug. tgl. 10 - 13.30 Uhr + 16 - 19.15 Uhr; Sept. - Juni Di - So 10 - 13.30 + 16 - 19.15 Uhr; www.santillanadelmarturismo.com/colegiata-santa-juliana/)*. Eine Reliquie der Heiligen wird in der Kirche verehrt. Im Inneren sind vor allem der Sarkophag der Kirchenpatronin und die Altarwand sehenswert.

Besondere Beachtung verdient der romanische **Kreuzgang (21)** mit seinen romantischen, efeuumrankten

Auch urige, dennoch komfortable Unterkünfte findet man in Santillana del Mar

Arkadenbögen und den wunderschönen Kapitellen an den Säulchen.

Auf dem Platz hinter der Stiftskirche sieht man den Renaissancepalast **Palacio de los Velarde (22)**.

Wir gehen zurück bis zur Calle Las Lindas, rechts, oder durch die Calle del Racial wieder zurück und gelangen zur prächtigen **Plaza Mayor** (Plaza de Ramón Pelayo), dem zentralen Hauptplatz des Städtchens.

Am Straßeneck links ragt der **Torre del Merino (13)** (Turm des Landvogts) aus dem 14. Jh. auf. Rechts sieht man den Turm **Torre de Don Borja (12)** (15./16. Jh.) mit Wappen und Emblemen der Familie Barreda. Im Inneren ein schöner Hof.

An der Westseite des Platzes liegt das **Rathaus (9)** erkenntlich durch die Bogengänge. Und daneben erheben sich die **Casas del Águila y de la Parra (8)**.

Ziemlich genau gegenüber ist in der Casa Barreda-Bracho der **Parador de Santillana „Gil Blas" (10)** eingerichtet (sehr schönes 4-Sterne-Haus, 54 Zi., Tel. +34 942 02 80 28; https://www.parador.es/de/paradores/parador-de-santillana-del-mar). Benannt ist die Nobelherberge nach einer Figur aus dem gleichnamigen volkstümlichen Schelmenroman des französischen Schriftsteller Le Sage. Gil Blas, dem ein abenteuerliches Leben bevorsteht, wird in dem Roman in Santillana del Mar geboren.

Am Parador vorbei gehen wir durch die Calle Juan Infante zurück zum Ausgangspunkt.

Südlich des Städtchens liegt an der Straße nach Puente de San Miguel der **Zoologische Garten** von Santillana del Mar *(geöffnet tgl. 9.30 bis Sonnenuntergang; www.zoosantillanadelmar.com)*, mit exotischen und heimischen Tieren, mit einem Schmetterlingsgarten, Aquarium, Vogelhaus, Bärengehege, Bauernhof mit Haustieren, Rotwild etc. Parkplatz, Restaurant.

Übrigens: Ein hübsches Souvenir aus Santillana sind Holzpantinen, die eigenartigerweise nicht nur einen Absatz unter der Ferse, sondern auch absatzähnliche Gebilde vorne unter den Fußballen haben. Früher sicher eine geschickte Sache, wenn man durch die vom Regen (keine Seltenheit in diesem Landesteil) aufgeweichten Gassen gehen musste.

PRAKTISCHE HINWEISE – SANTILLANA DEL MAR

Oficina de Turismo del Gobierno de Cantabria [N43° 23' 21.2" W4° 06' 27.9"], Calle de Jesús Otero Oreña, 20, 39330 Santillana del Mar, Tel. +34 942 81 88 12; www.santillana-del-mar.com; nahe eines weiteren Parkplatzes. *Geöffnet: Sommer tgl. 9 - 21 Uhr; Winter 9.30 - 14 + 16 - 19 Uhr*.

Puntos Municipales de Información Turística [N43° 23' 26.45" W4° 6' 29.72"], Plaza Mayor, s/n, Tel. +34 687 78 33 80.

PARADOR

Parador de Santillana „Gil Blas", 54 Zi., Plaza Ramón Pelayo, 11, Tel. + 34 942 02 80 28; https://www.parador.es/de/paradores/parador-de-santillana-

gil-blas; eingerichtet im ehemaligen Adelspalast der Familie Barreda-Bracho aus dem 15. Jh. Restaurant, Bar, Terrasse, Garten, WLAN. Parkplatz. Keine Haustiere.

CAMPING

Camping Santillana [N43° 23' 34.2" W4° 06' 48.1"], Ctra. a Comillas, KM 6,0, Tel. +34 942 81 82 50; www.campingsantillana.com; Jan. – Dez.; am Westrand des Ortes bei KM 6,0 der CA-131; etwas erhöht gelegenes, teils unebenes Wiesengelände mit zwei großen Geländestufen und einem Wiesenrondell bei einem vielbesuchten Restaurant. Nach Regen stellenweise tiefgründiger Boden. Nummerierte, nur wenig wirklich ebene Stellplätze ganz unterschiedlicher Größe. Schmale Platzwege und für große Einheiten etwas beengte Platzverhältnisse. Ca. 5 ha – 150 Stpl.; Standardsanitäreinrichtungen. Laden, Restaurant, Imbiss, Schwimmbad, Waschmaschine, Trockner, Tennis, Minigolf, WLAN im Receptionsbereich; Mietbungalows; ca. 10 Gehminuten zur Ortsmitte.

Queveda

Camping Altamira Camping Park [N43° 22' 52.1" W4° 04' 51.8"], Barrio las Quintas, Tel. +34 942 84 01 81; www.campingaltamira.es; Mitte März – Ende Nov.; ca. 3 km südöstlich von Santillana bei KM 3,6 an der Straße CA-131 Richtung Barreda; ca. 2 ha – 100 Stpl.; einfache Standardsanitärausstattung. Laden, Restaurant, Waschmaschine, Schwimmbad. Mietbungalows.

WOHNMOBIL-STELLPLATZ SANTILLA DEL MAR

Wohnmobil-Stellplatz Parking Santillana del Mar [N43° 23' 12.18" W4° 6' 9.38"], Calle Castío, 5. **Zufahrt:** Von Santillana del Mar auf der Straße Richtung Barreda und weiter auf der Calle Castio zum Platz neben dem Busbahnhof. **Ausstattung:** Ebener, asphaltierter, gemischter Parkplatz mit 10 Stellflächen für Wohnmobile. Keine Einrichtungen. **Geöffnet:** Ganzjährig. **Gebühr:** Kostenlos.

Das rustikale Ambiente des malerischen Ortes wird in Santillana del Mar sehr gepflegt.

TOUR 10: SANTILLANA DEL MAR – LEÓN

Länge der Tour: Hauptroute rund 295 km, Alternativroute rund 280 km.

Die Hauptroute: Über die Küstenstraße C-6316 bis **Unquera** – N-634/A-8 bis **Ribadesella** – N-634 bis **Arriondas** – N-625 bis **Cangas de Onís** – (Abstecher nach Covadonga) – N-625 bis **Riaño** – N-621 bis **Cistierna** – N-625 bis **Mansilla de las Mulas** – N-601 bis **León.**

Alternative: Über die Küstenstraße C-6316 bis **Unquera** – N-621 über **Panes** (Abstecher ins Tal des Casaño) nach **Potes** – Abstecher nach **Fuente Dé/Picos de Europa** – N-621 über **Riaño** bis **Cistierna** – N-625 bis **Mansilla de las Mulas** – N-601 bis **León**.

Reisedauer: Mindestens ein Tag. Mit Abstecher zu den Picos de Europa und evtl. Wanderungen mindestens zwei oder mehr Tage.

Höhepunkte auf der Hauptroute: Die Strände an der **Kantabrischen Küste** – (alternativ zur Küstenroute die landschaftlich überaus reizvolle Fahrt durch das **Tal des Casaño** *** (AS-114 und eine **Wanderung ins Cares-Hochtal** **) – **Wandern im Picos de Europa Nationalpark am Lago de la Ercina** *** bei Covadonga – die Berglandschaft auf der **Fahrt** von Cangas de Onís durch die Schluchten der **Desfiladero los Beyos** nach **Riaño** *** – **Leóns Kathedrale** *** – der **Konvent San Marcos** und das **Landesmuseum** ** in León.

Höhepunkte auf der Alternativroute: Fahrt von Panes durch die Schluchten der **Desfiladero de la Hermida** nach Potes – mit der Seilbahn ab Fuente Dé in die **Picos de Europa** *** – die **Bergfahrt** ** von Potes **nach Riaño – León** s. o.

Küste und Strand von Comillas

*ROUTE: Weiterreise von Santillana del Mar auf der Straße CA-131 nach Westen und über **Cóbreces** mit seiner neugotische Klosterkirche, **Comillas** und **San Vicente de la Barquera** nach **Unquera.***

PRAKTISCHE HINWEISE – COMILLAS

Oficina de Turismo [N43° 23′ 05.9″ W4° 17′ 29.2″], Joaquín del Piélago, 1, 39520 Comillas, Tel. +34 942 72 25 91; www.comillas.es. *Geöffnet Juni - Sept. tgl. 9 - 21 Uhr; Okt. - Mai Mo - Sa 9.30 - 16.30 Uhr, So 9 - 15 Uhr.*

CAMPING

Camping de Comillas [N43° 23′ 17.2″ W4° 16′ 59.3″], Tel. +34 942 72 00 74; www.campingcomillas.com; 1. Juni – 5. Okt.; Straße CA-131 (Santillana – San Vicente) bei KM 23 am östl. Ortsrand von Comillas; Platzteile beiderseits der Straße C-131 oberhalb des Meeres; ca. 3,5 ha – 280 Stpl.; Standardsanitärausstattung. Laden, Waschmaschine, Trockner, WLAN. Über die Straße und über Treppen hinab zum langen, breiten Sandstrand. V & E für Wohnmobile.

San Vicente de la Barquera

Camping El Rosal [N43° 23′ 20.1″ W4° 23′ 08.2″], Ctra. de la Playa, s/n, Tel. +34 942 71 01 65; www.campingelrosal.com;1. Apr. – 30. Sept.; Zufahrt von der N-634 meerwärts; Terrassen in einem Pinienhain in sehr schöner Lage an der Bucht mit Blick auf die Stadt; ca. 5 ha – 350 Stpl.; Standardsanitärausstattung. Laden, Restaurant, Waschmaschine, Trockner, WLAN auf Teilen des Platzes. V & E für Wohnmobile.

Camping Caravaning Oyambre [N43° 23′ 4.50″ W4° 20′ 16.46″], Barrio los Llaos, s/n, Tel. +34 942 71 14 61; www.oyambre.com; 6. März - 19. Okt.; Zufahrt vom Ort zunächst auf der NA-634 und weiter CA-131 (San Vicente de la Barquera-Comillas) ostwärts bis zum Platz an der Straße zwischen KM 27 und KM 28; weitläufiges Wiesengelände, teils mit schattigen Bäumen ; 4 ha – 120 Stpl. + Dau.; Standardsanitärausstattung. Restaurant, Cafeteria, Waschmaschine, Trockner, Frei- und Hallenbad, Fahrradverleih, WLAN. Mietbungalows. Stellplätze für Wohnmobile vor der Schranke.

Comillas, seit Alfonso XII. (1857 – 1885) ein beliebtes Seebad und Sitz einer Päpstlichen Universität, wartet mit einem sehenswerten, **malerischen Ortskern** mit schönen Villen auf. Im Park des **Sobrellano-Palastes [Parkplatz, N43° 23‘ 06.4“ W4° 17‘ 36.6“]**, dem Sitz des Marqués de Comillas, der 1881 und 1882 auch als königliche Sommerresidenz diente, findet der Besucher einen kleinen, eigenwilligen Pavillon mit Turm namens **„El Capricho“**, ein Werk des Architekten Antonio Gaudí. Heute befindet sich im El Capricho ein vorzügliches **Restaurant** gleichen Namens.

Zudem bietet Comillas einladende **Sandstrände** sowie einen Golfplatz.

Auf der Weiterfahrt von Comillas nach Westen erkennt man rechts oben ein mächtiges Bauwerk, das die Universität beherbergt.

12 km weiter kommen wir durch das einladend gelegene **San Vicente de la Barquera** mit hübscher **Plaza Mayor**, Burg, schöner Promenade und **Sandstrand**. Camping (s. o.).

Auf der Weiterfahrt nach **Unquera** entlang schöner Küstenlandschaften hat man einen hübschen Blick zurück auf San Vicente de la Barquera.

Alternativroute über Potes und Picos de Europa

Falls Sie der nachstehend geschilderten Alternativroute über Potes nicht folgen wollen, bitte weiter mit **„Hauptroute“** weiter hinten.

*ALTERNATIVROUTE: In **Unquera** Abzweig auf die N-621, der wir südwärts entlang des Río Deva folgen. Die Straße führt hinauf durch die gut 20 km lange, enge, wilde Schlucht **Desfiladero de la Hermida** und vorbei am sehenswerten Kloster Na. Sa. de Lebeña hinein in das Bergmassiv der **Picos de Europa** zunächst nach **Potes**.*

Zu den Sehenswürdigkeiten des reizvoll im Valle de Liébana gelegenen Ortes **Potes [Parkplatz „El Ferial“, N43° 09‘ 15.5“ W4° 37‘ 31.7“]** zählen die alten Holzfassaden der Häuser sowie **La Torre del Infantado**, ein massiver, mittelalterlicher Turm, in dem der Marqués de Santillana seine „serranillas“ schrieb und der heute als Rathaus dient.

Sollten Sie unbedingt mal probieren: Eine der lokalen Spezialitäten ist z. B. **„cocido lebaniego“**, ein deftiges Eintopfgericht.

Vor allem die herzhafte Hausmannskost Asturiens hat eine lange bäuerliche Tradition. Vorzügliche, würzige Wurstwaren sind wichtiger Bestandteil der Eintöpfe. Dazu gehören vor allem die Blutwurst „morcielles“, auch als geräucherte Variante zu haben, oder die Paprikawürste „chorizo“, die als Eintopfeinlage auch „compagnos“ heißen.

Basis der meisten Eintöpfe sind Kartoffeln, Tomaten, Weißkohl, Zwiebeln, Paprika und vor allem die Faba, eine große, weiße, butterweiche Bohne. Ein anderer beliebter Eintopf, die berühmte „fabada“, ist auch ganz der großen Bohne Faba gewidmet.

Ein typisches Tischgetränk Asturiens ist die **Sidra**, ein herrlicher Most, der in Kastanienholzfässern zu feinem Apfelwein herangereift ist. Und viele Kenner sind der felsenfesten Überzeugung, die Sidra Asturiens ist der beste Apfelwein, oder zumindest einer der besten Apfelweine, die man auf der Welt finden kann. Vor allem bei den „Espicha“, den traditionellen Kellereifesten fließt die Sidra reichlich, wobei man den Apfelwein nach altem Brauch mit Freunden aus ein und derselben großen Schale trinkt. Dabei ist das Einschenken aus großer Höhe in die Trinkschale schon eine Zeremonie für sich.

Der regionale Oberbegriff für Eintöpfe ist übrigens „potes“, nach dem Topf oder Kessel, in dem man auf den Bauernhöfen ehemals die dicken Eintopfsuppen kochte. Ob allerdings auch der Ort Potes davon seinen Namen ableitet, war nicht in Erfahrung zu bringen.

Abstecher nach Fuente Dé im Picos de Europa Massiv

Ab **Potes** kann man auf gut ausgebauter Gebirgsstraße über **Camaleño**

PRAKTISCHE HINWEISE – POTES

Oficina de Turismo [N43° 9' 16.90" W4° 37' 27.48"], Plaza de la Independencia, 30, 39570 Potes, Tel. +34 942 73 81 26.

Feste, Märkte

Montags bunter **Wochenmarkt** mit regionalen Produkten z. B. Käse, Honig, Orujo Tresterschnaps, Würste etc.

RESTAURANT

El Bodegón, San Roque, Tel. +34 942 73 02 47; vorzügliche Küche zu moderaten Preisen. Eine der lokalen Spezialitäten ist z. B. „cocido lebaniego", ein deftiges Eintopfgericht.

CAMPING

Camping La Viorna [N43° 09' 15.9" W4° 38' 36.0"], Ctra. Santo Toribio, Tel. +34 942 73 20 21; www.campinglaviorna.com; 1. Apr. – 31. Okt.; westlich des Ortes Richtung Santo Toribio; ca. 2 ha – 150 Stpl.; Standardsanitärausstattung. Laden, Restaurant, Waschmaschine, Trockner, Schwimmbad, WLAN im Receptionsbereich. V & E für Wohnmobile.

Camping La Isla-Picos de Europa [N43° 09' 27.4" W4° 39' 22.1"], Ctra. Potes-Fuente Dé KM 2, Tel. +34 942 73 08 96; www.campinglaislapicosdeeuropa.com; 1. Apr. – Mitte Okt.; ca. 4 km westlich an der Straße nach Espinama und Fuente Dé. Wiesen in schöner Berglandschaft; ca. 1,5 ha – 110 Stpl.; Standardsanitärausstattung. Laden, Restaurant, Schwimmbad, WLAN.

La Vega de Liébana

Camping El Molino [N43° 05' 41.0" W4° 38' 40.3"], Tel. +34 942 73 60 09; http://www.campingencantabria.com/; 1. Juni – 15. Okt.; ca. 7 km südlich von Potes an der N-621 bei La Vega. Einfacher, kleiner Platz auf Wiesen zwischen Straße und Río Deva in schöner Berglandschaft; ca. 1 ha – 60 Stpl.; Standardsanitärausstattung. Laden, Imbiss.

und **Espinama** bis hinauf nach Fuente Dé und in die Nähe der Berggipfel **Picos de Europa** gelangen.

Im Tal von Camaleño findet man das ehrwürdige **Kloster von Santo Toribio [Parkplatz, N43° 09' 01.9" W4° 39' 09.2"]**. Die Franziskanerabtei war schon im 9. Jh. durch die *Kommentare zur Apokalypse* des Beato de Liébana bekannt, der damit ein Meisterwerk mittelalterlicher Miniaturenkunst geschaffen hatte. Das Kloster beherbergt zu dem eine **kostbare Reliquie**, das *Ligum Crucis*, das als größtes Stück Holz vom Kreuze Christi gilt. Durch diese Reliquie wurde das Kloster Toribio zu einem der vier Orte der Christenwelt erhoben, an dem der Gläubige einen sog. Jubiläumsablass erlangen kann.

Nach knapp 25 km endet die Straße in 1.000 m Höhe beim **Parador** in **Fuente Dé**. Von dort bietet sich Gelegenheit, einen längeren Spaziergang zur Quelle Fuente Dé, dem Ursprung des Río Deva, zu unternehmen. In Fuente Dé ist man umgeben von prächtiger Berglandschaft und man genießt einen herrlichen Bergblick auf den 2.370 m hohen Cortes. Möglichkeiten zu ausgedehnten Bergwanderungen.

Beim Parador liegt die **Talstation der Seilbahn [große Parkplätze, N43° 08' 39.1" W4° 48' 46.1"]**, die hinauf zum fast 2.000 m hoch gelegenen Aussichtspunkt **Mirador del Cable** führt. Der Panoramablick von dort ist grandios. Die Bahn verkehrt täglich von 10 bis 18 Uhr.

Schon 1918 wurde ein Gebiet am Picos de Europa Massiv bei Covadonga zum Nationalpark erklärt, damals der erste seiner Art in Spanien. Vor einigen Jahren wurde das Schutzgebiet erheblich erweitert und ist nun als **Nationalpark Picos de Europa** mit rund 65.000 Hektar Fläche einer der größten Nationalparks in Europa. Das Gebiet erstreckt sich über

Teile der Regionen Asturien, Kantabrien und Kastilien-León. Außer Hochgebirgslandschaften findet man hier aber auch ausgedehnte Eichen-, Buchen- und Birkenwälder in denen noch Bären, Gemsen, Wölfe, Adler und andere selten gewordene Tierarten leben.

Mein Tipp! Wer diesen Abstecher nach Fuente Dé unternimmt, wird in Potes übernachten, da die verbleibende Zeit für den Rest der Etappe nach León

Picos de Europa in Fuente Dé

kaum ausreicht und die Auswahl an Campingplätzen auf dem restlichen Teil der Strecke bis León sehr begrenzt ist.

*ALTERNATIVROUTE: Weiterreise von **Potes** auf der N-621 über **Llánaves de la Reina** bis **Riaño**.*

Lässt man den oben beschriebenen Abstecher in die Berge des Picos de Europa Massivs aus, braucht man auf einen weiten **Blick auf die Picos de Europa** keineswegs zu verzichten. Die Straße N-621 führt ab Potes in ihrem weiteren Verlauf nach Südwesten durch eine einsame, anmutige Landschaft. Auf dem kurvenreich, zwar sehr schönen, aber zwischen den Bergdörfern **La Vega** und **Llánaves la Reina** recht steilen Passsträßchen geht es hinauf zum 1.609 m hohen Pass **Puerto de San Glório [Parkplatz, N43° 04′ 01.0″ W4° 45′ 57.2″]**. Diese Strecke ist m. E. nur geübten Caravanern mit wendigem, gut motorisiertem Gespann zu empfehlen!

Genau auf der Passhöhe zweigt nach rechts (westwärts) ein unbefestigter Fahrweg ab, der nach 2,2 km am **Aussichtspunkt Collado de Llesba [N43° 04′ 35.5″ W4° 44′ 58.8″]** bei einer Bärenstatue endet. Der Blick auf die Bergkette Picos de Europa bei klarem Wetter ist herrlich.

*ALTERNATIVROUTE: Der weitere Verlauf unserer Route führt auf der N-621 durch wilde Schluchten (Gargantas) talwärts, über **Portilla de la Reina** und über das immer noch 1.104 m hoch gelegene Bergdorf **Bóca de Huérgano** (Camping Alto Esla [N42° 58‘ 20.7“ W4° 55‘ 47.2“], Ctra. Santander s/n, Tel. +34 987 74 01 39, www.altoesla.eu; Ende Juni – Anf. Sept., einfacher Übernachtungsplatz; ca. 30 Stpl.) nach **Riaño**. Die Straße N-621 folgt noch eine Zeit lang dem gewundenen Lauf des Río Esla bis **Cisterna**. Ab hier nimmt man die wesentlich weniger kurvenreiche N-625 bis **Mansilla de la Mulas.** Von dort auf der N601 (A-60) ins nur noch 13 km entfernte **León.***

HAUPTROUTE

*ROUTE: Von Santillana del Mar auf der Straße CA-131 nach Westen und über **Cóbreces, Comillas** und **San Vicente de la Barquera** nach **Unquera.***

Man zweigt in Unquera aber nicht nach Süden ab, sondern folgt der N-634, später der Schnellstraße A-8/E-70 weiter nach Westen und über **Llanes** bis **Ribadesella (Ausfahrt 326)**.

Umweg

Mein Tipp! Wahlweise zur küstennahen N-634 Richtung Ribadesella kann

Ribadesella, beliebtes Seebad an der Costa Verde

man ab **Panes** (12 km südwestlich von Unquera) der Bergstraße AS-114 durch das **Tal des Casaño**, der unterwegs wilde Schluchten bildet, folgen.

Über **Arenas de Cabrales** (berühmt für seinen Blauschimmelkäse; Camping Naranjo de Bulnes [N43° 18′ 00.2″ W4° 48′ 12.2″], 1. März – 31. Okt., bei KM 32,6; lohnender Abstecher ins Cares-Hochtal), weiter über **Póo de Cabrales** (schöner Bergblick), **Avín** (Camping Picos de Europa [N43° 20′ 05.20″ W4° 56′ 46.2″], ganzjährig, bei KM 16) und **Soto de Cangas**, alles hübsche Bergdörfer, gelangt man schließlich nach **Cangas de Onís**.

Für diese Strecke (rund 56 km) wird man zwar etwas mehr Zeit als für die küstennahe, bequemere Variante benötigen, dafür ist sie landschaftlich aber noch um einiges reizvoller und bei schönem, klaren Wetter eher zu empfehlen!

HAUPTROUTE

Ribadesella, ein beliebter Jachthafen und Ferienort, liegt an der Mündung des Río Sella.

*ROUTE: Weiterreise von Ribadesella auf der N-634 nach **Arriondas/Parres** (Camping Sella [N43° 23‘ 08.1“ W5° 11‘ 03.6“], 19. März - 1. Nov.). In Arriondas verlässt man die Hauptstraße und nimmt die N-625 über **Cangas de Onis**.*

Cangas de Onís, die alte Hauptstadt Asturiens am Río Sella, ist heute ein betriebsames Städtchen und ein wichtiger Ausgangspunkt für Bergtouren und Wanderungen im westlichen Teil des Nationalparks Picos de Europa.

Abstecher zum Wallfahrtsort Covadonga

*ABSTECHER: Der Abstecher führt von **Cangas de Onís** über **Soto de Can-***

PRAKTISCHE HINWEISE – CANGAS DE ONÍS

Oficina de Turismo, Ave. de Covadonga, 21 (Casa Riera), 33550 Cangas de Onís, Tel. +34 985 84 80 05; www.cangasdeonis.com. *Geöffnet 1. Juli - 15. Sept. tgl. 9 - 20 Uhr; 16. Sept. - 30. Juni Mo - Sa 10 - 14 + 16 - 19 Uhr, So 10 - 14 Uhr.*
Centro de Visitantes „Pedro Pidal" del Parque Nacional de Picos de Europa [N43° 21′ 03.7″ W5° 07′ 32.1″], Büro für Besucher des Nationalparks Picos de Europa, Lagos de Covadonga, 43, 33550 Cangas de Onís, Tel. +34 985

84 86 14; www.parquenacionalpicoseuropa.es/visitas/visitas/. *Geöffnet tgl. 10 - 18 Uhr.*

PARADOR

Parador de Cangas de Onís ****, 64 Zi., Villanueva, Tel. +34 985 84 94 02; www.parador.es/de/paradores/parador-de-cangas-de-onis; in Villanueva, ca. 3 km nordwestlich an der Straße nach Arriondas; eingerichtet im ehemaligen Kloster San Pedro de Villanueva aus dem 12. - 18. Jh.; am Rio Sella; komfortables, gepflegtes Haus, gutes Restaurant, Bar, Garten, Terrasse, Fahrradverleih, WLAN. Parkplatz.

CAMPING – SOTO DE CANGAS BEI CANGAS DE ONÍS

Camping Covadonga [N43° 20' 49.4" W5° 05' 00.8"], Tel. +34 985 94 00 97; www.camping-covadonga.com; 1. Juni – 20. Sept.; in Soto de Cangas, ca. 100 Stpl.; Laden, Restaurant, Miethütten. Informationsstelle über Bergführer für Tagestouren.

WOHNMOBIL-STELLPLATZ CANGAS DE ONÍS

Wohnmobil-Stellplatz Campervan Area/Parking El Llerau [N43° 21' 7.86" W5° 7' 31.23"], Calle Vega de Contranquil. **Zufahrt:** Vom Ortszentrum ca. 800 m auf der Avenida de Covadonga ostwärts, über die Flussbrücke des Rio Gueña und auf der Calle del Llerau zum großen Parkplatz beim Busbahnhof. **Ausstattung:** Asphaltierter, gemischter Parkplatz mit 4 Stellflächen für Wohnmobile. Frischwasser, Grauwasser- und Chemikaltoilettenausguss. **Geöffnet:** Ganzjährig. **Gebühr:** Kostenlos.

gas** südostwärts zum Wallfahrtsort **Covadonga.

Knapp 6 km nordöstlich von Cangas de Onís liegt die Höhle **Cueva del Buxu**. Schmale, recht schlechte Zufahrt von der Straße nach Soto de Cangas und Panes aus. Keine Parkmöglichkeit in Höhlennähe *(geöffnet Mi - So, Führung obligatorisch, Führungen um 10.15, 11.15,12.50, 13.15 Uhr, Infos im nahen Hotel la Casona de Cardes [N43° 21' 16.3" W5° 05' 43.8"], Tel. +34 985 94 02 43).* In der Höhle, die sich an einem steilen Hang befindet, sind **prähistorische Felszeichnungen** zu sehen. Die Höhle kann nur auf Führungen von 30 Minuten Dauer besichtigt werden. Das Tageskontingent ist auf 25 Besucher beschränkt! Rechnen Sie mit Wartezeiten!

Covadonga, Wiege des spanischen Königtums, ist ein malerisch an den Ausläufern der Picos de Europa gelegener Ort und ein bedeutendes Wallfahrtsziel in Asturien.

Die Geschichte von Covadonga reicht weit zurück ins Mittelalter. Nach dem Sieg der Mauren bei Jerez de la Frontera in Andalusien im Jahre 711, zog sich *Pelayo*, ein westgotischer Fürst im Süden Spaniens, zurück nach Covadonga. Dort in der Abgeschiedenheit der Berge schmiedete er mit seinen verbliebenen Recken an Plänen zur Rückeroberung des Landes.

722 tauchte plötzlich ein vom Emir von Córdoba entsandtes Heer im Tal von Covadonga auf, offenbar in der Absicht, endgültige Verhältnisse zu schaffen und den letzten christlichen Widerstand zu brechen. Aber die Mauren zogen den Kürzeren, Fürst Pelayo und seine Mannen siegten. Das Ereignis muss so eindrucksvoll gewesen sein, dass sich die christliche Schar der Asturier, allen voran Pelayo, dazu ermuntert fühlte, ihr Land zum Königreich auszurufen. Und Cangas de Onís wurde zur ersten Hauptstadt erkoren.

Asturien wurde so zum ersten Königreich auf der iberischen Halbinsel. Somit hat Covadonga das gute Recht, sich als Wiege des spanischen Königtums zu rühmen.

Die Grotte Santa Cueva mit dem Marienheiligtum in Covadonga

Vor der Kirche von Covadonga sieht man ein Denkmal zu Ehren des Fürsten Pelayo.

Übrigens ist auch der Ortsname *Covadonga* aufs engste mit dem glücklich abgewehrten Maurenansturm von 722 verbunden. Die Legende berichtet, dass es die Muttergottes höchstselbst so fügte, dass das christliche Heer den Sieg davontrug. Eine nahe Grotte, die **Santa Cueva [N43° 18′ 26.3″ W5° 03′ 12.3″]**, wurde als Standort für ein Marienheiligtum gewählt.

Seit undenklichen Zeiten verehren dort die Gläubigen die **Santina**, ein Marienbildnis, das die Virgen de las Batallas, die Jungfrau der Schlachten und Schutzpatronin Asturiens darstellt. Und im Laufe der Geschichte wurde aus „covadominica", der alten Bezeichnung der Santa Cueva, der Ortsname „Covadonga". Jedes Jahr am 8. September finden sich Tausende von Gläubigen und Pilgern in Covadonga zu Ehren der „Jungfrau der Schlachten", der Santina, ein.

In einem kleinen **Museum** im Ort sind viele der Votivgaben und Geschenke ausgestellt, die Gläubige im Laufe der Jahrhunderte der Jungfrau der Schlachten dargebracht haben. Eines der wertvollsten Exponate dürfte eine juwelenbesetzte Krone sein.

Wandermöglichkeiten bei Covadonga im Nationalpark Picos de Europa

Mein Tipp! Bei ausreichend zur Verfügung stehender Zeit sollte man von **Covadonga** aus noch 12 km weiter auf allerdings nicht sonderlich guter, kurvenreicher und steiler Bergstraße über den Aussichtspunkt **Mirador de la Reina** bis zum See **Lago de Enol** und zum benachbarten **Lago de la Ercina [Straßenende, Parkplatz, N43° 16′ 19.7″ W4° 58′ 57.7″]** im Nationalpark Picos de Europa fahren. Dort, auf einem steinigen Hochplateau in über 1.200 m Höhe, gibt es eine Berghütte, von der aus Wanderwege zu weiteren Berghütten starten. Erkundigen Sie sich jedoch über die Wetter- und Geländeverhältnisse vor Beginn einer Wanderung entweder in Covadonga oder auf dem Campingplatz Covadonga in Soto de Cangas! Dort kann man auch die Dienste von Bergführern für Tagesausflüge in Anspruch nehmen.

Jedes Jahr am 25. Juli ist die Gegend um den Lago de Enol Schauplatz eines bunten **Hirtenfestes** mit viel Folklore.

*ROUTE: Von Covadonga zurück nach Cangas de Onís und auf der N-625 südwärts nach **Riaño**.*

Die rund 60 km lange Fahrt auf der N-625 von Cangas de Onís über die Kantabrischen Kordilleren nach **Riaño** ist (ein klarer Tage vorausgesetzt) landschaftlich überaus reizvoll. Lange schlängelt sich die kurvenreiche teils recht schmale Straße entlang des Wildbachs Río Sella und durch die Schluchten der dramatisch engen und steilen **Desfiladero de los Beyos** hinauf zum Aussichtspunkt **Mirador de Oseja de Sajambre [N43° 08′ 10.3″ W5° 02′ 16.2″]** und weiter zum 1.280 m hohen Pass **Puerto del Pontón**. Eine schon fast spektakulär zu nennende Passfahrt.

Die Straße führt im weiteren Verlauf hinab zu den Ufern des schönen grünen Stausees **Embalse de Riaño**.

Der alte Ortsteil von **Riaño** ist in den Fluten des Stausees Embalse de Riaño, der den Río Esla staut, versunken.

Der neu entstandene Ort liegt wunderschön hoch über dem Stausee mit herrlichem Panoramablick auf die umliegenden Berge.

*ROUTE: Die Straße N-621 folgt ab Riaño noch eine Zeit lang dem gewundenen Lauf des Río Esla bis **Cisterna.** Langsam bleiben die Berge zurück, die eintönige Landschaft wird ebener. Ab Cisterna nimmt man die wesentlich weniger kurvenreiche N-625 bis **Mansilla de la Mulas.** Von dort auf der N-601 (A-60) ins nur noch 13 km entfernte **León**.*

León (ca. 124.000 Einwohner) liegt 823 hoch am Río Bernesga. Es gibt Vermutungen, dass der Stadtname nicht etwa mit dem Löwen, der im alten Stadtwappen zu sehen ist, zusammenhängt, sondern vielmehr auf das Lager der römischen Legion **Legio VII Gemina Pia Felix**, das sich um 70 n. Chr. angeblich hier befand, zurückzuführen sei. Und aus „legio" für Legion sei im Laufe der Zeit León geworden.

Auf dem Eroberungszug zum Apostelgrab in Santiago wurde León 988 durch das Maurenheer unter Almansur dem Erdboden gleichgemacht. Almansur übrigens konnte Santiago nie vollständig erobern. Die christlichen Heere schlugen die Mauren im Jahre 1002 in der Schlacht von Calatañazor und retteten das große christliche Heiligtum im letzten Augenblick vor der Zerstörung durch maurische Truppen.

Um das Jahr 1000 dann war León Hauptstadt des asturischen Königreichs

Am Stausee Embalse de Riaño an den südlichen Ausläufern der Cordillera Cantabrica

und später Zentrum eines eigenständigen Reiches, dem es seinen Namen verlieh. Mitte des 13. Jh. dann erfolgte die Vereinigung der Königreiche León und Kastilien. Die Stadt León verlor an Einfluss.

In der Zeit der Pilgerbewegung im Zusammenhang mit der Jakobusverehrung war León eine wichtige Station auf dem Pilgerweg, die im Codex Calixtinus, dem mittelalterlichen „Reiseführer" der Santiagopilger, ausdrücklich erwähnt war. Im Kalixtinischen Kodex war León Ziel der achten Pilgeretappe.

Heute ist León Provinzhauptstadt und ein lebhaftes wirtschaftliches Zentrum im Norden Spaniens.

Der Grund, sich der nervenaufreibenden Jagd nach einem Parkplatz in der Innenstadt auszusetzen, liegt im wesentlichen bei drei herausragenden Baudenkmälern, der Kathedrale, der Kirche San Isidoro und dem Konvent San Marcos.

Ein relativ großer **Parkplatz [N42° 36' 02.5" W5° 33' 51.0"]** östlich hinter der Kathedrale bietet sich als Ausgangspunkt zur Stadtbesichtigung an, um dann den Stadtrundgang an der **Plaza de la Regla** an der Kathedrale zu beginnen. Hier findet man auch das **Touristeninformationsbüro**.

Die bedeutendste Sehenswürdigkeit Leóns ist zweifellos die herrliche **Kathedrale Santa María de Regla [N42° 35' 57.3" W5° 34' 02.5"]** *(geöffnet Mai - Sept. Mo - Fr 9.30 - 13.30 + 16 - 20 Uhr, Sa 9.30 - 12 + 14 - 18 Uhr, So 9.30 - 11 + 14 - 20 Uhr; Okt. - Apr. Mo - Sa 9.30 - 13.30 + 16 - 19 Uhr, So 9.30 - 14 Uhr, letzter Einlass 30 Min. vor Schließung; www.catedraldeleon.org)*. Zwei mächtige Türme flankieren die giebelgeschmückte Westfassade des gotischen Bauwerks aus dem 13. Jh., die von einer großen **Fensterrosette**, vier Fensterbögen und einem dreigeteilten **Portal** mit Figurenschmuck aufgelockert wird. Eine der Heiligenfiguren links von der Marienfigur Virgen Blanca am Haupteingang stellt den hl. Jakobus dar. Dieses Portal lässt vermuten, dass sich der Architekt Enrique Maese an den Kathedralen von Chartres, Reims und Amiens orientierte.

Das dreischiffige Kircheninnere mit Querschiff und drei Altarapsiden besticht durch die herrlichen **Glasfenster**, wahrscheinlich die schönsten ihrer Art in ganz Spanien. Beachtung verdient außerdem in der **Capilla Mayor** die Altartafel aus dem 15. Jh. von Nicolás Francés. Hier sind die Reliquien des Schutzheiligen der Stadt, San Froilán, beigesetzt. Unter den Grabmälern im Chorumgang findet sich auch das von Ordoño II. (Regierungszeit 914 – 924), des ersten in León residierenden Königs.

Leóns eindrucksvolle Kathedrale Santa María de Regla

Ein sehenswerter **Kreuzgang** aus der Zeit des 13./14. Jh. schließt sich der Kathedrale an. Dort ist das **Kirchen-**

museum untergebracht *(geöffnet Mai - Sept. Mo - Sa. 9.30 - 13.30 + 16 - 20 Uhr, So 9.30 - 11 + 14 - 20 Uhr; Okt. - Apr. Mo - Sa 9.30 - 13.30 + 16 - 19 Uhr, So 9.30 - 14 Uhr. Separater Eintritt für Kreuzgang und Kirchenmuseum. Letzter Einlass 60 Min. vor Schließung; www.catedraldeleon.org)*. Ausgestellt sind Gemälde (Pedro de Camañas „Anbetung der Könige" zählt hier zu den kostbarsten Stücken), Skulpturen (die teils ehemals die Fassade der Kathedrale zierten) und eine herrlich gearbeitete Bibel im Mudéjarstil aus dem frühen Mittelalter, sowie andere kostbare Handschriften.

Das Stadtpalais Palacio de los Guzmanes

Von der Kathedrale gehen wir die breite Avenida Ancha (Avenida Generalísimo Franco) nach Westen (rechts), wenden uns rechts in die Calle Cervantes und gehen immer geradeaus weiter bis zur Plaza de San Isidoro. Hier sieht man linkerhand die romanische **Real Colegiata de San Isidoro de León/ Stiftskirche San Isidoro [N42° 36' 01.7" W5° 34' 14.6"]** *(Kirchenmuseum geöffnet 1. Mai - 24. Juli Mo - Do 10 - 14 + 16 - 19 Uhr, Fr + Sa 10 -14 + 16 - 20 Uhr, So 10 - 15 Uhr; 25. Juli - 27. Sept. Mo - Sa 9 - 21 Uhr, So 9 - 15 Uhr; 28. Sept. - 30. Apr. Mo - Sa 10 - 14 + 16 - 19 Uhr, So 10 - 14 Uhr; Führungen; www.museosanisidorodeleon.com/en/)*. Sie liegt innerhalb des ehemals mauerbewehrten Altstadtviertels. Reste der mittelalterlichen Stadtmauer sind an der Nordseite der Kirche noch gut zu erkennen.

Mit dem Bau von San Isidoro wurde im 11. Jh. auf den Mauern eines von Almansur zerstörten Bethauses begonnen. Die Kirche sollte die Reliquien des Heiligen aufnehmen, dem das Gotteshaus geweiht ist, aber auch als Begräbniskirche der Könige von León und Kastilien dienen.

Aus der Entstehungszeit der Kirche ist nur die Eingangshalle (Narthex) erhalten. Was wir heute besichtigen können, stammt aus dem 12. Jh. und ist vor allem wegen der Architektur interessant. Der Grundriss in Form eines Kreuzes (wie in Jaca und Frómista) wird hier noch verfeinert.

Beachtenswert an der Südfassade zur Platzseite hin sind die beiden romanischen Portale **Portada del Cordero** (Portal der Schafe, 11. Jh.) und **Portada del Perdón** (Portal der Vergebung, 12. Jh.) mit Darstellungen biblischer Szenen (Opfer Isaaks, Christi Himmelfahrt u. a.) in den Tympanons.

Im Inneren können der **Kirchenschatz (Tesoro)**, darunter der Reliquienschrein des hl. Isidoro und ein Kelch aus Halbedelstein (wahrscheinlich Onyx) aus dem 11. Jh. der Doña Urracas und das **Königliche Pantheon**, die Grabstätten der Könige, besichtigt werden. 23 gekrönte Herrscher sind hier beigesetzt. Die Gewölbe der Königsgruft sind mit herrlichen **Wandmalereien** ausgeschmückt, die das Pantheon zu einem der wertvollsten Kunstschätze der spanischen Romanik machen.

Besondere Aufmerksamkeit verdienen die **Fresken** aus dem 12. Jh. im Narthex und die Kapitelle, deren Formenreichtum und Motivvielfalt fesselt.

Man kann nun über die Calle Ramón y Cajal von der Westseite der Stiftskirche San Isidoro und über die geradeaus weiter und am Stadtgarten Jardines El

Cid entlangführende Calle Ruiz de Salazar zurück zur Avenida Ancha gehen. Dort trifft man auf den von Türmen flankierten Stadtpalast **Palacio de los Guzmanes [N42° 35' 53.8" W5° 34' 13.8"]** aus dem 16. Jh. von Rodrigo Gil de Hontañón (heute Provinzverwaltung).

Gegenüber der Westseite des Palacio de los Guzmanes fällt der Natursteinbau **Casa de Botines** auf, ein Werk des katalanischen Architekten Antonio Gaudí aus dem vergangenen Jahrhundert.

Weiter rechts und gegenüber der verkehrsreichen, zentralen **Plaza Santo Domingo** findet man an der kleinen **Plaza San Marcelo** (Kirche San Marcelo) vor dem Alten Rathaus einige Restaurants.

Nun kann man den Stadtspaziergang (links, ostwärts) durch die engen, winkeligen Gassen der Altstadt (La Rúa, Conde de Rebolledo, Markthalle, Azabachería, Plegaria) bis zur hübschen **Plaza Mayor Constitución Española [N42° 35' 51.1" W5° 34' 00.1"]** fortsetzen. Mittwochs und samstags ist hier gewöhnlich Markt. Mitunter werden von den Marktleuten noch die auf dem Lande früher typischen Holzpantinen „madreñas" getragen.

Über die Calle Mariano Domínguez Berrueta zurück zur nahen Kathedrale.

In der Nähe liegt an der Hauptstraße Ancha die alte **Merino Apotheke [N42° 35' 55.1" W5° 34' 04.6"]** mit schöner Inneneinrichtung aus dem frühen 19. Jh.

Sehr sehenswert ist die **prächtige Fassade** des **Antiguo Convento de San Marcos [N42° 36' 06.7" W5° 34' 53.5"]** am gleichnamigen Platz weiter im Nordwesten der Stadt am Río Bernesga.

Im Inneren des ehemaligen Klosterpalastes des Ordens der Santiagoritter und wichtigen Spitals mit Pilgerherberge am Santiagoweg, ist in der Sakristei der Kapelle das **Museo de León** untergebracht. Das Landesmuseum der Region León zeigt vor allem sakrale Kunst des Mittelalters *(geöffnet Di - Sa 10 - 14 + 16 -19 Uhr; Okt - Juni 10 - 14 + 17 - 19 Uhr; So 10 - 14 Uhr; www.museodeleon.com).*

Große Teile des ehemaligen Konvents sind heute zum Fünf-Sterne-Parador „San Marcos" umgebaut. Wunderschöne Hotelhalle mit Artesonado-Decke.

PRAKTISCHE HINWEISE – LEÓN

Oficina de Información Turística deLeón [N42° 35' 56.6" W5° 34' 03.0"], Plaza de Regla, 3, 24003 León, Tel. +34 987 23 70 82; www.turisleon.com/en/. *Geöffnet 1. Juli - 15. Sept. Mo - Sa 9.30 - 14 + 17 - 20 Uhr, So 9.30 - 17 Uhr; 16. Sept. 30. Juni Mo - Sa 9.30 - 14 + 16 - 19 Uhr, So 9.30 - 17 Uhr.*

Feste, Folklore

Zu den bedeutendsten religiösen Stadtfesten zählen die feierliche **Gründonnerstagsprozession „La Ronda"**, sowie die **Prozession „Los Pasos"** am Karfreitag, bei der Figurengruppen mit Motiven aus der Passionsgeschichte durch die Gassen der Altstadt getragen werden.

„Las Cabezadas", eine eigenwillige Zeremonie, die jedes Jahr am letzten Sonntag im April im Kreuzgang der Kirche San Isidoro stattfindet. In einer nicht sonderlich ernsten Zeremonie nicken sich die Stadträte und die Honoratioren des Kirchenrates heftig zu. Dieses symbolische Zunicken geht angeblich auf einen historischen Kompetenzstreit zwischen Stadt und Kirche zurück.

San Juan und San Pedro, großes Stadtfest vom 21. bis 30. Juni.

RESTAURANTS

Bodega Regia, C/Regidores, 9, Tel. +34 987 21 31 73; www.regialeon.com/en/; zentral gelegenes, beliebtes Hotel/Restaurant mit regionaler Küche. Sonntags geschlossen.

Casa Pozo, Plaza de San Marcelo, Tel. +34 987 22 30 39; gegenüber dem Rathaus, gute Küche zu erschwinglichen Preisen. Sonntags geschlossen.

Nueva Racimo de Oro, Plaza San Martín, 8, Tel. +34 987 21 47 67, https://racimodeoro.com; in der Altstadt, Spezialität Spanferkel, mittlere Preislage.

PARADOR

Parador San Marcos de León *****, 186 Zi., Plaza de San Marcos, 7, Tel. +34 987 23 73 00; www.parador.es/de/paradores/parador-de-leon; Luxusherberge mit dem originalen Ambiente eines Klosterpalastes des 16. Jh., Restaurant, Garten, Terrasse, WLAN. Parkplatz.

CAMPING

Die Stadt León selbst verfügt über keinen Campingplatz. Die nächsten Plätze liegen in Golpejar de la Sobarria, in Villadangos del Páramo und in Hospital de Órbigo.

Golpejar de la Sobarria
Camping Ciudad de León [N42° 35′ 26.6″ W5° 31′ 51.2″], Ctra N-601 León – Valladolid (salida a Golpejar de la Sobarriba), Tel. +34 987 26 90 86; www.campingleon.com; Mai – Sept.; ca. 5 km östlich von León, Zufahrt von der N-601 bei KM 322 und noch 2 km zum Platz, vorbei an den Sendemasten und noch 200 unbefestigte Zufahrt talwärts; kleiner, einfacher Übernachtungsplatz mit dichtem, niederen Pinienbestand, neben einer Reihenhaussiedlung. 1,5 ha – 60 Stpl.; Standardsanitärausstattung. Laden, Restaurant, Bar, Waschmaschine, Schwimmbad, WLAN. Mietbungalows.

Villadangos del Páramo
Camping Camino de Santiago [N42° 30′ 41.4″ W5° 46′ 23.2″], N-120, KM 324, Tel. +34 987 68 02 53; www.campingcaminodesantiago.com; 15. Apr. – 1. Sept.; rund 20 km südwestlich von León an der N-120 bei KM 324; Zufahrt im Ort nur aus östlicher Richtung erkennbar beschildert! Direkt am Camino de Santiago und in Hörweite zu N-120 und AP-71 gelegen; einfacher Übernachtungsplatz am Westrand des Ortes (Gehnähe); ebenes, eingezäuntes Wiesengelände, teils Schatten durch Pappeln; ca. 2,5 ha – 80 Stpl.; Standardsanitärausstattung. Restaurant, Bar, Schwimmbad.

Ein weiterer Campingplatz liegt bei **Hospital de Órbigo**, siehe dort, Etappe 12 (León – Ponferrada – Santiago de Compostela).

WOHNMOBIL-STELLPLÄTZE

León
Parking de Autocaravanas [N42° 36′ 15.78″ W5° 35′ 3.67″], Avda. de los Peregrinos, 3. **Zufahrt:** Wohnmobil-Stellplatz der Stadt León, im westlichen Stadtbereich Nähe Convento San Marco und am León Plaza Einkaufszentrum. Oberhalb des Río Bernesga. **Ausstattung:** Asphaltierter, gemischter Parkplatz mit ca. 20 Wohnmobilstellflächen. Frischwasser, Grauwasser- und Chemikaltoilettenausguss. **Geöffnet:** Ganzjährig. **Gebühr:** Kostenlos. Cafeteria „La Isla“ angrenzend. Zur Innenstadt 20 Min. Fußweg.

Ribaseca bei León
Parking Autocaravanas de Leon Area de Ribaseca [N42° 32′ 39.7″ W5° 35′ 17.6″], Ctra. León – La Bañeza, KM 1,5, Tel. +34 629 87 85 85; www.parkingautocaravanasleon.com. **Zufahrt:** Von León auf der Landstraße N-630 (León - Cembranos) ca. 5 km südwärts Richtung Cembranos, dann zur CL-622 Richtung Ribaseca abzweigen und noch ca. 1 km weiter. **Ausstattung:** Ebener, asphaltierter, eingezäunter Platz für ca. 20 Wohnmobile an der Straße CL-622. Frischwasser, Grauwasser- und Chemikaltoilettenausguss, Strom, WC, Dusche, Waschmaschine, Trockner. WLAN, videoüberwacht, beleuchtet. Laut durch Straße. **Geöffnet:** Ganzjährig. **Gebühr:** Pauschale inkl. V & E-Einrichtung, Strom, WC, Dusche.

TOUR 11: LEÓN – OVIEDO – SANTIAGO DE COMPOSTELA
ÜBER DIE COSTA VERDE UND A CORUÑA NACH SANTIAGO

Länge der Tour: Rund 590 km.

Die Route: Über die AP-66 oder die N-630 bis **Oviedo** – A-66/A-8 bis **Gijón** – A-8 bis **Avilés** – A-8/N-632 über **Cudillero** bis **Canero** – N-634/A-8 über **Luarca, Navia** und **Ribadeo** bis **Villaronte** – AC-862 über **Viveiro** und **Ortigueiro** bis **Ferrol** – AP-9 bis **A Coruña** – N-550 bis **Santiago de Compostela.**

Reisedauer: Mindestens zwei Tage.

Höhepunkte: Die **Höhlen von Valporquero** – die **Kathedrale** und ihre **Cámera Santa** ** in Oviedo – die Küste der **Rías Altas** ** bei Viveiro oder Ortigueira – **A Coruñas** „Kristallfassaden" und Museen – die **Kathedrale in Santiago de Compostela** ***.

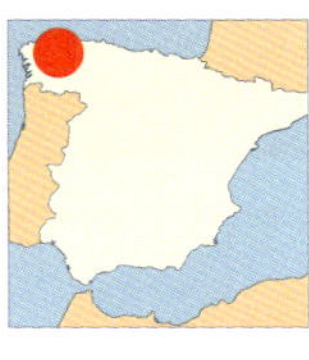

Diese Route führt in einem Umweg über die nordspanische **Costa Verde** und über einen Nebenzweig des Camino de Santiago, und nicht auf dem Hauptweg „Camino francés", nach Santiago de Compostela.

ROUTE: Von León auf der N-630 nordwärts über ***La Robla*** *oder über die etwas weiter westlich verlaufende, streckenweise gebührenpflichtige Autobahn AP-66 nach* ***Oviedo****, das man nach insgesamt gut 120 km erreicht.*

Die **Cuevas de Valporquero de Torío [Parkplatz, N42° 54' 22.5" W5° 33' 30.8"]** *(geöffnet Mai - Sept. tgl. 10 - 18 Uhr; März, Apr., Okt., Nov., Dez. tgl. 10 - 17 Uhr. Führungen; www.cuevadevalporquero.es)* liegen ca. 47 km nördlich von León. Am einfachsten sind die Höhlen vom Ort **La Robla** aus zu erreichen. Weiter von La Robla am Abzweig von der N-630 zur CL-626 bis **Robles de la Valcueva** und **Vegacervera**, hier nordwärts bis Abzweig nach **Valporquero de Torío**.

Die von unterirdischen Flussläufen gebildete, sehenswerte, beleuchtete Tropfsteinhöhle kann auf gut einstündigen Führungen besichtigt werden. Höhlentemperatur 7°C, rutschfestes Schuhwerk empfehlenswert.

ROUTE: *Weiter nördlich passiert man auf der N-630 den 1.379 m hohen Puerto de Pajares, trifft 20 km weiter auf die Autobahn AP-66 und erreicht nach weiteren 36 km schließlich* ***Oviedo****.*

Oviedo, Innenhof eines historischen Adelspalastes und Blick zur Kathedrale

Oviedo/Uviéu, die altehrwürdige Hauptstadt des Principado de Asturias, des Prinzipats Asturien, ging aus einer Klostersiedlung hervor, die Benediktinermönche im 8. Jh. zu Ehren des hl. Vinzenz gegründet hatten. Fruela von Asturien errichtete daneben eine Residenz, in die Alfonso II. 792 den asturischen Hof aus Cangas de Onís verlegte und Oviedo so zur Hauptstadt seines Reiches erkor. Mit der beginnenden Zurückdrängung der Mauren nach Süden wurde der Königshof nach León verlegt. Die Bedeutung der Stadt begann zu sinken.

Einen neuen, in erster Linie wirtschaftlichen Aufschwung erfuhr Oviedo dann im 18. Jh. als sich hier eine Waffenfabrik ansiedelte. Ein nachhaltiger Schub in der Stadtentwicklung folgte nochmals im 19. Jh. mit Beginn des Steinkohlebergbaus in der Region.

Zur Geschichte der Stadt gehören aber auch die Aufstände von 1934, als sich die Bergarbeiter gegen die Regierung erhoben, und die Kämpfe 1937 während des Bürgerkrieges.

Heute ist Oviedo auch Universitätsstadt und Sitz der Escuela de Minas, einer Hochschule für Bergbau.

Leider stellte sich das Parken in Oviedo vor allem in der Innenstadt (geschweige denn in der Altstadt um die Kathedrale) bei unseren Besuchen – mehr noch als in anderen spanischen Städten – immer als großes Problem dar!

Oviedo mit seinem schönen **Parque de San Francisco [N43° 21' 39.3" W5° 51' 08.3"]** mitten in der Stadt weist einige sehr sehenswerte Baudenkmäler auf.

Die hochgotische **Kathedrale San Salvador de Oviedo [N43° 21' 44.8" W5° 50' 37.6"]** *(geöffnet im Juni tgl. 10 - 14 + 16 - 20 Uhr; Juli + Aug. tgl. 10 - 20 Uhr; März, Apr., Mai, Okt. tgl. 10 - 14 + 16 - 19 Uhr; Sept. tgl. 10 - 19 Uhr; Jan., Feb., Nov., Dez. tgl. 10 - 14 + 16 - 18 Uhr, an Sams-*

tagen nur bis 18 Uhr; letzter Einlass 30 Minuten vor Schließung; https://catedraldeoviedo.com/de/) entstand im 14. Jh., wurde aber im 16. Jh. durch einen Kreuzgang, den Chorumgang und eine Vorhalle erweitert. Beeindruckend neben der **Westfassade** mit dem 80 m hohen Turm und der filigranen Turmspitze, ist im Inneren die verschwenderisch reich geschnitzte **Altarwand** aus dem frühen 16. Jh., eine Arbeit der Bildhauer Giraltez und Balmased und der Maler Alonso de Berruguete, Picardo und Bingeles.

Im Kirchenschiff links findet man das **Grabmal der Schutzpatronin Asturiens**, der hl. Eulalia und im nördlichen Querschiff die **„Capilla del Rey Casto Alfonso II"** (Kapelle König Alfonso II. des Keuschen), die Grabkapelle der asturischen Könige mit dem Grabmal König Alfonsos II. (792 – 842).

Ursprungszelle der Kathedrale war die **„Cámera Santa"** eine ehemalige Palastkapelle aus der Zeit Alfonsos II., die einzig dazu geschaffen wurde, den Reliquienschatz des Hauses Asturien aufzunehmen. Die Kapelle wurde im 12. Jh. mit romanischen Skulpturen mit Kreuzigungsszenen (nur noch Fragmente vorhanden) und Aposteln, die die Schäfte der sechs Säulenpaare schmücken, versehen.

Die Cámera Santa wurde während der Bergarbeiteraufstände 1934 fast vollständig zerstört, zwischenzeitlich aber wieder vollständig rekonstruiert.

Heute beherbergt die Cámera Santa den **Kirchenschatz** (Tesoro) der Kathedrale. Neben historischen Kreuzen (darunter das legendäre vergoldete **Cruz de la Victoria**, das Siegeskreuz von Covadonga, das im Besitz des Westgotenfürsten Pelayo gewesen sein soll, und das mit Edelsteinen verzierte **Cruz de los Ángeles**, das Engelskreuz aus dem 9. Jh. von Alfonso II.) wird in der Cámera Santa auch ein kostbarer **Reliquienschrein** aus Zedernholz mit silbernen Basreliefs aufbewahrt, den Alfonso VI. 1075 stiftete. Zu den Kostbarkeiten hier zählt auch eine **Achatschatulle** von Fruela II. aus dem Jahre 910.

Sehenswert ist ferner – neben dem Domplatz mit schönen Stadtpalästen aus dem 15. und 17. Jh. vor der Kathedrale – das **Archäologische Museum von Asturien** an der Ostseite der Kathedrale *(geöffnet Mi - Fr 9.30 - 20 Uhr, Sa 9.30 - 14 + 17 - 20 Uhr, So 9.30 - 15 Uhr; https://www.museoarqueologicodeasturias.es/)*.

PRAKTISCHE HINWEISE – OVIEDO

Oficina de Turismo en Oviedo [N43° 21′ 41.9″ W5° 50′ 53.7″], Calle Marqués de Santa Cruz, 33007 Oviedo; Tel. +34 985 22 75 86; www.oviedo.es. *Geöffnet tgl. 10.30 - 18 Uhr.*

RESTAURANTS

Casa Fermín, San Francisco, 8, Tel. +34 985 21 64 52; www.casafermin.com; Haus der gehobenen Preisklasse, Wildspezialitäten. Sonntags Ruhetag.

El Raitán, Plaza de Trascorrales 6, Tel. +34 984 08 59 72; gute regionale Küche, mittlere Preislage. Sonntagabends geschlossen.

Las Campanas de San Bernabé, San Bernabé, 2, Tel. +34 985 22 49 31; vorzügliche Küche zu erschwinglichen Preisen. Sonntags Ruhetag, im August geschlossen.

WOHNMOBIL-STELLPLATZ – OVIEDO

Wohnmobil-Stellplatz Parking Autocaravanas Oviedo [N43° 22′ 57.66″ W5° 49′ 26.20″], Calle Daniel Moyano. **Zufahrt:** Vom Stadtzentrum nordostwärts auf der Autovia Industrial AS-II bis zum Abzweig der Straße zur Sporthalle Polideportivo Arena. Hier im Wohngebiet Parkplatz mit Stellflächen für 16 Wohnmobile. **Ausstattung:** Ebener, asphaltierter Parkplatz. Frischwasser, Grauwasser- und Chemikaltoilettenausguss. **Geöffnet:** Ganzjährig. **Gebühr:** Kostenlos.

Ein anderes besuchenswertes Museum der Stadt, das **Museum de Bellas Artes de Asturias,** liegt unweit südlich der Kathedrale *(geöffnet Juli + Aug. Di - Sa 10.30 - 14 + 16 - 20 Uhr, So 10.30 - 14.30 Uhr; Sept. - Juni Di - Fr 10.30 - 14 + 16.30 - 20.30 Uhr, Sa 11.30 - 14 + 17.30 - 20 Uhr, So 11.30 - 14.30 Uhr; www.museobbaa.com/en/)*. Das Museum der Schönen Künste in Asturien ist in einem Stadtpalast des Valerde Clans aus dem 18. Jh. untergebracht.

Etwa 4 km nordwestlich von Oviedo, zu erreichen über die Carretera de los Monumentos, liegen auf der Anhöhe von **Naranco** die Reste des Palastes von Ramiro I. aus dem Jahre 848. Der Bau mit seinen wunderschönen, von verzierten Säulen getragenen Loggien gilt als eines der schönsten Beispiele der Romanik in Asturien. Bemerkenswert ist u. a. das Gewölbe über der großen Halle, das in diesen Ausmaßen im 9. Jh. eine kleine Sensation darstellte. Aus der Palasthalle wurde später die **Kirche Santa María del Naranco [N43° 22′ 44.8″ W5° 51′ 57.5″]**. Unweit davon liegt die Kirche **San Miguel de Lillo [N43° 22′ 49.2″ W5° 52′ 04.8″]**, die ehemalige Palastkapelle. Leider stürzte die Michaelskirche im 15. Jh. größtenteils ein und wurde später mehr schlecht als recht wieder aufgebaut.

Die knapp 30 km nördlich von Oviedo beginnende Küste Asturiens, die **Costa Verde,** ist größtenteils steil und felsig. Sie weist aber in den Buchten oft herrliche weite **Sandstrände** auf, so z. B. bei Colunga, westlich von Ribadesella, bei Villaviciosa, Salinas, El Puntal oder bei Cudillero.

PRAKTISCHE HINWEISE – GIJÓN

Oficina de Turismo [N43° 32′ 38.3″ W5° 40′ 01.1″], Calle Rodriguez Sampedro (Espigón Central de Fomento del Puerto Deportivo), 33206 Gijón, Tel. +34 985 34 17 71; https://www.gijon.es/de; nordwestl der Stadt am Sportboothafen. *Geöffnet tgl. 10 - 14.30 + 16.30 - 19.30 Uhr.*

CAMPING

Deva

Camping Municipal Deva Gijon [N43° 30′ 50.2″ W5° 35′ 53.8″], Camin de la Pasadiella, Tel. +34 985 13 38 48; www.campingdeva-gijon.com; Jan. - Dez.; ca. 4 km östlich der Stadt, Zufahrt von der N-632; geneigte Wiesen mit Geländestufen; ca. 7 ha – 280 Stpl.; gute Standardsanitärausstattung. Laden Restaurant, Imbiss, Waschmaschine, Trockner, Schwimmbad, Tennis, Bogenschießen. V & E für Wohnmobile. Mietbungalows.

Caravia bei Colunga

Camping Arenal de Moris [N43° 28′ 23.1″ W5° 10′ 58.3″], Ctra. de la Playa s/n, Tel. +34 985 85 30 97; www.arenaldemoris.com; 1. Apr. – 15. Sept.; ca. 50 km östlich von Gijon, A-8/E70 Ausfahrt Caravia und weiter nach Caravia, hier nordwärts zum Platz, beschildert. Zum Strand 200 m. Terrassengelände mit jungen Bäumen. ca. 5 ha – 160 Stpl.; Standardsanitärausstattung. Laden, Restaurant, Imbiss, Waschmaschine, Trockner, Schwimmbad, Tennis. Mietbungalows.

WOHNMOBIL-STELLPLATZ GIJÓN

Wohnmobil-Stellplatz Area de El Arbejal, Gijon [N43° 32′ 41.00″ W5° 41′ 44.19″], Poligono Puerto Musel, Playa de El Arbeyal. **Zufahrt:** Vom Stadtzentrum von Gijon ca. 2,5 km westwärts Richtung Playa de L'Arbeyal am nördlichen Rand des Stadtteils La Calzada. **Ausstattung:** Asphaltierter Parkplatz mit 18 Stellflächen für Wohnmobile, am Strand Playa de L'Arbeyal mit Promenade. Frischwasser, Grauwasser- und Chemikaltoilettenausguss. **Geöffnet:** Ganzjährig. **Gebühr:** Kostenlos. In der Nähe Bushaltestelle (Bus 1, 4, 6 zum Zentrum) und Restaurants. Campingleben nicht erlaubt. Max. Aufenthalt 48 Stunden.

Playa de Aguilar, Muros de Nalón. Foto: Spain.info.de

Gijón/Xixón, eine moderne Hafenstadt mit gut 272.000 Einwohnern, liegt zwischen zwei Buchten, von denen die östliche schöne Strände (Playa de San Lorenzo) aufweist. Die westliche Bucht wird vornehmlich vom Hafen eingenommen. Dort findet man an der **Plaza del Marqués** schöne Stadtpalais und Herrenhäuser aus dem 15. und 16. Jh. mit hübschen Fassaden.

Cimadevilla, der alte Stadtteil von Gijón, liegt auf einer Halbinsel am Ende des San Lorenzo Strandes, an deren Nordende sich eine zu Fuß zu erreichende moderne Monumentalskulptur von Chillida mit dem Titel „Lob des Horizonts" [N43° 32′ 56.8″ W5° 39′ 46.8″] erhebt, die rasch zum neuen Wahrzeichen der Stadt wurde.

Auf der Weiterfahrt nach Westen bietet sich in **Avilés** Gelegenheit einen Abstecher nordwärts zum rund 20 km entfernten **Cabo de Peñas [N43° 39′ 22.5″ W5° 50′ 48.1″]** zu unternehmen (Leuchtturm, Restaurant). Schöne Aussicht vom Kap, Asturiens nördlichstem Punkt.

CAMPING

Viveiro

Camping Vivero [N43° 40′ 05.8″ W7° 35′ 58.7″], Cantarrana s/n, Tel. +34 982 56 00 04; www.campingvivero.com; 1. Juni – 30. Sept.; in Viveiro beschilderter Abzweig an der Flussbrücke, einfacher Übernachtungsplatz in Strandnähe; ca. 1 ha – 80 Stpl.; WLAN.

Foz

Camping San Rafael [N43° 35′ 13.8″ W7° 16′ 59.6″], Playa Peizas s/n, Tel. +34 982 13 22 18; www.campingsanrafael.com.uy/sitio/; 6. Apr. – 12. Okt.; von der N-642 ca. 3 km nordwestlich von Foz meerwärts abzweigen; 1,5 ha – 90 Stpl.; einfache Standardsanitärausstattung. Imbiss, Waschmaschine, WLAN.

Barreiros

Camping Gaivota [N43° 33′ 44.4″ W7° 12′ 27.9″], Playa de Benquerencia, Tel. +34 982 12 44 51; https://www.agaivotacamping.com/de/hause/; 1. Apr. – 16. Okt.; im Ort beschilderter Abzweig von der N-634; ebene Wiese mit einigen Bäumen; 1 ha – 60 Stpl.; einfache Standardsanitärausstattung. Laden, Restaurant, Imbiss. Mietbungalows. Über die Straße zum Strand.

CAMPING – VALDOVIÑO BEI FERROL

Camping Valdoviño [N43° 36′ 43.2″ W8° 08′ 58.3″], Estrada Ferrol- Cedeira, Tel. +34 981 48 70 76; 1. Apr. – 1. Nov.; Abzweig im Ort von der Küstenstraße AC-566 meerwärts; leicht terrassierte Wiese mit Laubbäumen, im Wohngebiet; 2 ha – 70 Stpl.; Standardsanitärausstattung. Laden, Restaurant, Fahrradverleih, WLAN. Zum Strand ca. 500 m.

WOHNMOBIL-STELLPLATZ – FERROL

Wohnmobil-Stellplatz Parking Malata Area de Ferrol [N43° 29′ 35.61″ W8° 14′ 23.56″], Acceso Norte, Ctra. de la Malata. **Zufahrt:** Ca. 1 km nordwestlich von Ferrol, AP-9/FE-15 Exit „A Malata". **Ausstattung:** Ashpaltierter, schattenloser Parkplatz mit 15 markierten Stellflächen für Wohnmobile beim Stadion A Malata, nahe der Strände Covas, San Jorge und Doniño. Frischwasser, Grauwasser- und Chemikaltoilettenausguss. **Geöffnet:** Ganzjährig. **Gebühr:** Kostenfrei.

Schöne Strände findet man westlich von Avilés bei **Salinas** und in der Bucht **Concha de Artedo**, die nördlich des hübschen Ortes **Cudillero** liegt.

Bei Cudillero gibt es mehrere Campingplätze, die aber alle nur zwischen Anfang Juni und Mitte/Ende September geöffnet sind.

Westlich von Cudillero bietet sich abermals Gelegenheit, zu einem Kap mit prächtigem Meer- und Küstenblick abzuzweigen. Das **Cabo Vidio** liegt nur etwa 5 km nördlich der Hauptstraße N-632.

Hübsch ist die Lage auch von **Luarca** (Camping Los Cantiles [N43° 32′ 56.7″ W6° 31′ 27.4″], Tel. +34 985 64 09 38; http://www.campingloscantiles.com/index_de.html; ganzjährig, V & E für Wohnmobile), einem Küstenstädtchen mit Sandstränden an der Mündung des Río Negro.

Der weitere Verlauf unserer Reise nach Westen führt in die Küstenlandschaft der **Rías Altas**, diesen weit ins Land reichenden schmalen Meeresbuchten, die teils an Fjorde erinnern.

Sehr schön ist die Küstenszenerie z. B. westlich von **Viveiro** an der gleichnamigen Ría mit den zwischen Felsen eingelagerten kleinen Sandstränden. Auch wenn das Atlantikwasser selbst im Hochsommer nur abgehärtete Naturen lockt, zu einem Bad in der Sonne laden die Strände allemal ein.

*ROUTE: Weiterreise ab Viveiro auf der in Küstennähe verlaufenden C-642 entlang der Ría de Santa Marta de Ortigueira und über **Ortigueira** bis **Campo del Hospital.** Dort verlassen wir die Hauptstraße und folgen der C-646 zunächst westwärts bis **Cedeira** und dort südwärts bis **Ferrol.***

San Andrés de Teixido [N43° 42′ 35.1″ W7° 59′ 00.7″], ein kleiner, völlig abgeschiedener Wallfahrtsort an der rauen Felsküste nordöstlich von **Cedeira** hat für die Gläubigen Galiciens lange Tradition und für die Bewohner der Rías Altas seit Generationen eine große Anziehungskraft.

Hier wurden Weihgeschenke, oft einfach aus Wachs oder Brotkrumen geformt, niedergelegt, die z. B. den Dank der Gläubigen nach überstandenen Krankheiten oder Leiden symbolisierten.

Wallfahrten oder Bittprozessionen hatten aber nicht nur einen religiösen Hintergrund. Sie waren immer auch eine gerne genutzte Gelegenheit der ländlichen Bevölkerung für Märkte und gesellschaftliche Kontakte.

Ferrol, dank seiner geschützten Lage schon im 17. Jh. ein viel benutzter Hafen der Amerikasegler, ist heute einer der bedeutendsten spanischen Marinestützpunkte mit Kriegshafen, Werften und entsprechenden Industrieansiedlungen.

A Coruña (ca. 245.000 Einwohner) ist Verwaltungssitz der gleichnamigen Provinz.

Das Zentrum der Stadt und ihr Altstadtviertel liegen auf einer von zwei Buchten flankierten Halbinsel.

Vor allem in der Zeit des 16. Jh. war A Coruña ein oft umkämpfter Marinestützpunkt der legendären spanischen Armada. Von hier aus lief 1588 die Flotte König Philipp II., bestehend aus 130 schwer bewaffneten Galeonen, zur Schlacht gegen die Engländer aus, die schließlich vor dem Kap Trafalgar für die „Unbesiegbare Armada" ein tragisches Ende nahm.

Heute ist der Hafen mehr denn je eine der wichtigsten wirtschaftlichen Säulen der Region. A Coruña hat sich zum sechswichtigsten Handels- und Fischereihafen ganz Spaniens entwickelt.

Eine der namhaften Töchter der Stadt ist die Schriftstellerin Emilia Pardo-Bazán (1852 – 1921). Das **Casa-Museo [N43° 22' 09.9" W8° 23' 40.1"]**, ihr Geburthaus in der Rúa Tabernas 11 *(geöffnet Juli - Aug. Mo - Fr 9 - 15 Uhr; Sept. - Juni Mo - Fr 10 - 14 + 16 - 20 Uhr, freitagnachmittags geschlossen; www.casamuseoemiliapardobazan.org)*, ein stattliches Herrenhaus aus dem 18. Jh., das heute Sitz der Real Academia Galega ist, kann besichtigt werden. Der Eintritt ist frei. In einigen Räumen ist ein bescheidenes Museum eingerichtet, das Manuskripte, Briefe, Möbel etc. der galicischen Schriftstellerin zeigt.

Schön ist die Szenerie an der Hafenbucht der Altstadt am Park **Jardines Méndez Núñez [N43° 22' 05.2" W8° 24' 04.8"]** und an der **Avenida de la Marina.** Dort leuchten dem Besucher die Häuserfassaden mit ihren berühmten verglasten Balkonen und Veranden, den **„Cristalíras"**, in strahlendem Weiß entgegen. Sie brachten A Coruña den Beinamen „Ciudad de Cristal", Stadt aus Glas, ein.

Zwischen Avenida de la Marina und Ayuntamiento oder Casa do Concello, dem Rathaus, liegt die hübsche, verkehrsberuhigte **Plaza de María Pita [N43° 22' 18.2" W8° 23' 46.9"]**. Sie ist fast vollständig von Häusern mit verglasten Veranden umgeben. Hier finden Sie jede Menge Cafés und einen der wenigen öffentlichen Parkplätze der Stadt.

Die Plaza ist übrigens nach einer resoluten galicischen Patriotin aus dem 16. Jh. benannt.

Der Überlieferung nach ist es María Pita zu verdanken, dass A Coruña 1589, nach der spanischen Niederlage am Kap Trafalgar, nicht von den anrückenden englischen Truppen unter Sir Francis Drake eingenommen werden konnte. María Pita überraschte den vorauseilenden englischen Fahnenträger und schlug Alarm, wodurch die Einnahme der Stadt gerade noch verhindert werden konnte.

Das Museumshaus **Casa Museo María Pita [N43° 22' 15.9" W8° 23' 32.5"]** liegt wenige Straßen östlich des Platzes in der Straße Herrerías.

Mein Tipp! Falls Sie Zeit und Lust haben, sich kostenlos ein paar schöne Uhren anzuschauen, dann gehen Sie doch ins Uhrenmuseum **Museo de los Relojes** im **Rathaus [N43° 22' 17.0" W8° 23' 45.6"]**, Praza de María Pita, 1. Es ist aber für Besucher nur zwischen 17 und 19 Uhr von Montag bis Freitag zugänglich! In den Salons und Gängen der noblen Etagen des Rathauses ist eine bemerkenswerte Sammlung von 82 Uhren unterschiedlicher Herkunft ausgestellt. Die wertvolle Kollektion wurde 1972 von Antonio Ríos Mosquera der Stadt gestiftet.

Östlich der Plaza de María Pita erstreckt sich die **Ciudad Vieja**, die Altstadt A Coruñas. Besichtigen kann man hier in der Avenida Puerta de Aires, 23 (außer während der Gottesdienste) die romanische Stiftskirche **Colegiata de Santa María del Campo/Igrexa da Colexiata [N43° 22' 15.2" W8° 23' 34.9"]** aus dem 12. bis 15. Jh.

Ein Gebäude an der Nordseite der Kirche beherbergt das **Museu de Arte Sacro**, ein Museum über sakrale Kunst *(geöffnet Juni - Sept. Di - Fr 9 - 14 Uhr, Sa 10 - 13 Uhr; Okt. - Mai Di - Fr 10 - 13 + 15.30 - 17.30 Uhr, Sa 10 - 13 Uhr, Eintritt frei; http://www.turismocoruna.com/web/corTurServer.php?idSecweb=97&id*

A Coruña, Plaza de María Pita. Foto: Spain.info.de

Categoria=119). Hauptgegenstand der Ausstellung ist eine Sammlung von 100 schönen Objekten der Silberschmiedekunst aus verschiedenen Kunstepochen und Schulen.

Ganz am Südostende der Altstadt sieht man auf einer kleinen Halbinsel im Hafen das **Castillo de San Antón [Parkplatz, N43° 21′ 57.7″ W8° 23′ 18.6″]** liegen. Während der Zeit Philipps II. war die Festung ein wichtiges Bollwerk zum Schutze des Hafens und ihre Kasematten ein gefürchtetes Gefängnis.

Heute ist hier das **Museu Arqueológico e Histórico,** das Museum für Archäologie und Geschichte, eingerichtet *(geöffnet Juli + Aug. Di - Sa 10 - 21 Uhr, So 10 - 15 Uhr; Sept. - Juni Di - Sa 10 - 19.30 Uhr, So 10 - 14.30 Uhr. Letzter Einlass 30 Min. vor Schließung; https://museos.xunta.gal/en/arqueoloxico-coruna).*

Für Kunstbeflissene hält A Coruña das **Museo de Belas Artes [N43° 22′ 21.3″ W8° 23′ 59.0″],** das Museum der Schönen Künste, Rúa Zalaeta, im Norden der Innenstadt bereit *(geöffnet Di - Fr 10 - 20 Uhr, Sa 10 - 14 + 16.30 - 20 Uhr, So 10 - 14 Uhr; https://museobelasartescoruna.xunta.es).* In das moderne Museumsgebäude wurde geschickt ein früheres Kapuzinerkloster aus dem 18. Jh. integriert.

Das Museum, das zu den bedeutendsten seiner Art in Galicien gezählt wird, zeigt Gemälde, Stiche, Keramiken und Skulpturen aus der Zeit zwischen dem 16. und 20. Jh. Ausgestellt sind u. a. Werke von Murillo, Tintoretto, Rubens oder Goya ebenso, wie Arbeiten Galicischer Maler des 19. und 20. Jh.

An der Westseite der Altstadt findet man an der Rúa Albert Camus, einer Parallelstraße der Umgehungsstraße Paseo Marítimo, ein Museum neueren Datums, das **„Domus – Casa del Hombre“ [N43° 22′ 39.3″ W8° 24′ 24.0″]** (Haus der Menschheit) *(geöffnet Mai + Juni, Sept. - Dez. Mo - Fr 10 - 19 Uhr, Sa + So 11 - 19 Uhr; Juli - Aug. tgl. 10 - 20 Uhr; Jan. - Apr. Mo - Fr 10 - 18 Uhr, Sa + So 11 - 19 Uhr; https://museos.xunta.gal/es/domus).*

Dieses Wissenschaftsmuseum fällt durch seinen, vom japanischen Architekten Arata Isozaki entworfenen, eigenwilligen Bau auf. In diesem interaktiven Museum ist Berühren endlich einmal nicht verboten, sondern erlaubt und ausdrücklich erwünscht. Besucher können mit vielen der Exponate hantieren und dabei selbst kleine Experimente durchführen.

Angeschlossen ist ein IMAX-Kino mit Riesenleinwand zur Präsentation spektakulärer, dreidimensional wirkender Filme.

Es bietet sich an, vom Domus auf der Paseo Marítimo (Carretera de Circumvalación) noch ein Stück weiter hinaus an die Nordwestspitze der Halbinsel zu fahren.

Man passiert dabei das **Aquarium Finisterrae [Parkplatz, N43° 22' 57.3" W8° 24' 37.2"]**, ein riesiges, modernes Seeaquarium *(geöffnet Juli + Aug. tgl. 10 - 20 Uhr; März - Juni + Sept. - Dez. tgl. 10 - 19 Uhr; Jan. + Feb. Mo - Fr 10 - 18 Uhr, Sa + So 11 - 19 Uhr; https://www.coruna.gal/mc2/gl/aquarium-finisterrae)*.

In gewaltig großen gläsernen Tanks und Becken kann man die Meeresfauna- und Flora, so wie sie im Atlantik vor der galicischen Küste anzutreffen ist, auf einem gemütlichen Rundgang erleben. Eine der Attraktion ist z. B. die „Nautilus", ein gläserner Beobachtungssaal mitten in einem gigantischen Bassin mit 4,5 Millionen Liter Wasser, in dem sich die größten Fische des Atlantiks tummeln.

Etwas weiter kommt man am nicht weit westlich der Straße gelegenen **Torre de Hércules [Parkplatz, N43° 23' 02.2" W8° 24' 07.79"]** vorbei. Vom Parkplatz, der auch gerne als Wohnmobilstellplatz (ohne jegliche Einrichtungen, außer Mülltonnen) genutzt wird, führt ein Fußweg zu dem antiken Turm, von dem aus man einen schönen Blick auf die Stadt und nach Westen auf die Küste hat *(geöffnet Juni - Sept. tgl. 10 - 21 Uhr; Okt. - Mai 10 - 18 Uhr, letzter Einlass 30 Min. vor Schließung; www.torredeherculesacoruna.com/index.php?s=36)*. Es heißt, der Leuchtturm, der ausgangs des 18. Jh. sein heutiges Aussehen erhielt, sei schon seit dem 2. Jh. in Betrieb und somit das älteste Leuchtfeuer der Welt.

In der Umgebung des Leuchtturms gruppiert sich die Skulpturensammlung des **Parque Celta**. Zu sehen sind Plastiken und Kunstobjekte Galicischer Künstler, deren Motive sich auf Legenden und Geschichten beziehen, die man sich im Zusammenhang mit dem Leuchtturm und mit Galicien erzählt. So erinnern z. B. die „Ara Solis" an einen uralten Sonnenkult, die „Ártabros" an die vorgeschichtlichen Einwohner Caruñas oder „Breogán", am Rondell am Beginn des Weges zum Turm, an den keltischen Fürsten und Gründer von Brigantias, der Keimzelle der heutigen Provinz Coruña.

ROUTE: Von A Coruña nach ***Santiago de Compostela*** *(64 km) bedient man sich am einfachsten der N-550.*

Eine detaillierte Beschreibung von **Santiago de Compostela** finden Sie am Ende der nächsten Tour 12, León – Ponferrada – Santiago de Compostela (über den Camino Francés/Jakobsweg).

PRAKTISCHE HINWEISE – A CORUÑA

Oficina de Turismo [N43° 22' 16.4" W8° 23' 46.9"], Plaza de María Pita, 6, 15001 A Coruña, Tel. +34 981 92 30 93; http://www.turismocoruna.com/m/index.php?idioma=es. *Geöffnet Feb. - Okt. Mo - Fr 9 - 20.30 Uhr, Sa 10 - 14 + 16 - 20 Uhr, So 10 - 19 Uhr; Nov. - Jan. Mo - Fr 9 - 19.30 Uhr, Sa 10 - 14 + 16 - 19 Uhr, So 10 - 19 Uhr.*

Oficina de Turismo A Coruña, Rúa Celedonio de Uribe, 2, 15006 A Coruña, Tel. +34 881 88 12 78; https://www.turismo.gal/inicio.

Punto de Información Turística de A Coruña, Torre de Hércules, Doctor Vázquez Iglesias, 1, 15002 A Coruña; http://www.turismocoruna.com.

RESTAURANTS

Coral, Callejón de la Estacada, 9, Tel. +34 981 20 05 69; alteingesessenes Fischspezialitätenlokal, wird mit zu den besten Restaurantadressen am Ort gezählt, gepflegte Küche, guter Service, gehobene Preislage.

La Penela, Plaza de María Pita, 12, Tel. +34 981 20 92 00; www.lapenela.com; einladendes Lokal am Stadtplatz, gute Küche zu erschwinglichen Preisen. Sonntagabends geschlossen.

CAMPING

Santa Cruz bei A Coruña

Camping Los Manzanos [N43° 20' 54.3" W8° 20' 08.8"], Rua As Maceiras, 2, Tel. +34 981 61 48 25; www.campinglosmanzanos.com; 5. Apr. – 15. Okt.; ca. 9 km östl. von A Coruña und etwas östlich von Santa Cruz, Abzweig von der N-VI (A Coruña – Betanzos) nach Santa Cruz; ca. 20 ha – 100 Stpl.; Standardsanitärausstattung. Laden, Restaurant, Schwimmbad, Mietbungalows.

Bergondo bei Betanzos

Camping Santa Marta [N43° 18' 35.3" W8° 14' 39.3"], Babio, 23, Tel. +34 981 79 58 26; Juni – Sept.; von A Coruña auf der N-VI über Guisamo Richtung Bergondo; ebene Wiese, schattig durch hohe Laubbäume; 3 ha – 180 Stpl.; Standardsanitärausstattung. Laden, Restaurant, Schwimmbad, Tennis. V & E für Wohnmobile. Mietbungalows.

WOHNMOBIL-STELLPLÄTZE

Wohnmobil-Stellplatz Parking A Coruña [N43° 22' 17.9" W8° 26' 41.4"], Puerto de San Pedro de Visma, Carretera del Portiño, Tel. +34 981 18 43 44; www.turismocoruna.com; **Zufahrt:** Ca. 5 km nordwestl. von A Coruña entfernt, westlich des Ortes San Pedro de Visma gelegen. **Ausstattung:** Gepflasterte, leicht schräge Großparkplätze oberhalb der Meeresbucht San Pedro mit Platz für ca. 50 Wohnmobile. Frischwasser, Grauwasser- und Chemikalausguss, öffentliches WC, Picknickzone, beleuchtet. **Geöffnet:** Ganzjährig. **Gebühr:** Kostenlos. Max. Aufenthalt 48 Stunden; 1 km entfernt das Einkaufszentrum Los Rosales/Carrefour.

Wohnmobil-Stellplatz Area de Marina-Coruña [N43° 22' 11.69" W8° 23' 16.40"], Paseo Marítimo Alcalda Francisco Vázquez s/n, Muelle de las Ánimas, Tel. +34 881 92 04 82; www.parkingcaravanascoruna.com/en/. **Zufahrt:** am Südostrand der Altstadt von La Coruña am Sportboothafen Marina Coruña. **Ausstattung:** Ebener, asphaltierter, schattenloser Parkplatz mit 15 Stellflächen für Wohnmobile. Frischwasser, Grauwasser- und Chemikaltoilettenausguss, Strom, Dusche, WC, Waschmaschine, Trockner, Kiosk, Imbiss, Aufenthaltsraum mit WLAN. **Geöffnet:** Ganzjährig. **Gebühr:** Pauschale inkl. V & E-Einrichtung, Strom, Wasser. Zum Altstadtzentrum 10 Min. zu Fuß.

Der Leuchtturm Torre Hércules bei A Coruña

TOUR 12: LEÓN – PONFERRADA – SANTIAGO DE COMPOSTELA AUF DEM „CAMINO FRANCÉS" NACH SANTIAGO

Länge der Tour: Rund 330 km. Abstecher nach Lugo 18 km einfach.

Die Route: Über die N-120 bis **Astorga** – A-6 über **Ponferrada** bis **Pedrafita do Cebreiro** – LU-634 über **Samos** bis **Sarria** – C-535 und N-540 bis **Guntín de Pallares** – N-547 bis **Santiago de Compostela.**

Abstecher: Nach **Lugo**.

Reisedauer: Mindestens ein Tag, besser mehr Tage.

Höhepunkte: Die Kathedrale und das Bischofspalais in **Astorga** * – die **Templerburg** in Ponferrada – das Bergdorf **El Cebreiro** ** und seine Lage – das **Kloster Samos** ** – die **Stadtmauer von Lugo** ** – die **Kathedrale** *** in Santiago de Compostela und ihre **Museen** *** – Logieren im **Parador „Hostal dos Reis Católicos"** *** in Santiago.

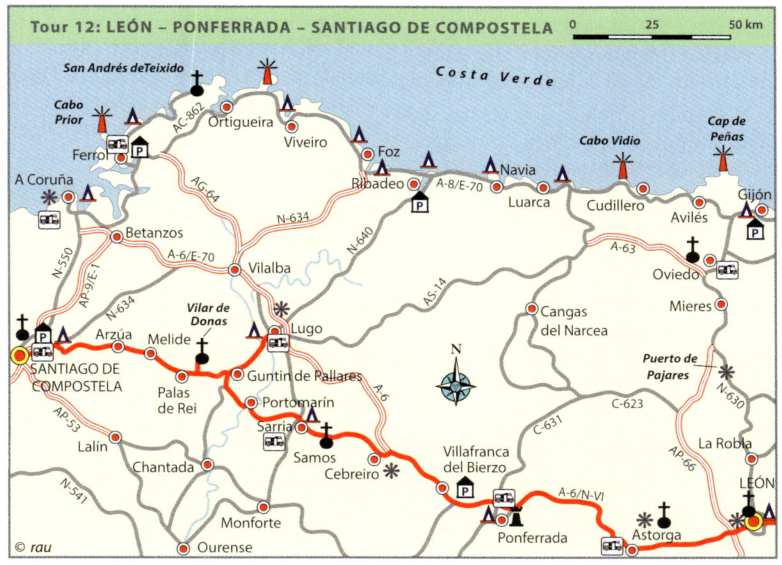

Auf dem „Camino Francés" (Jakobsweg) nach Santiago de Compostela

Übrigens: In Nordspanien sind auf weite Strecken **autobahnähnliche Schnellstraßen** entstanden, die teilweise mautpflichtig sind. Diese Schnellstraßen führen meist entlang der einstigen Nationalstraßen, z. B. N-120 oder N-VI. Die bisherigen Nationalstraßen sind dadurch stark verkehrsentlastet worden und somit bequemer zu befahren. Weiterer Vorteil für Besichtigungen unterwegs: Die „alten" Nationalstraßen führen in aller Regel wesentlich näher an Orte und Städte heran oder gar durch sie hindurch.

ROUTE: Man verlässt León auf der gut ausgebauten N-120/AP-71 in süd-

*westlicher Richtung und erreicht über **Villadangos del Páramo** (Camping Camino de Santiago [N42° 30‘ 41.4“ W5° 46‘ 23.2“] siehe Tour 10, Santillana del Mar – León) und über **Hospital de Órbigo** nach 45 km **Astorga** (Ausfahrt 36 der AP-71 zur N-VI).*

In **Virgen del Camino**, nur wenige Kilometer westlich von León, liegt unmittelbar an der Straße die sehr moderne **Kirche La Virgen del Camino**. Das neuzeitliche Gebäude entstand 1961 nach Plänen des Architekten und Dominikanermönchs Fray Francisco Coello de Portugal. Von kunsthistorischer Bedeutung sind die großen Bronzeplastiken an den äußeren Kirchenwänden. Sie stellen die 12 Apostel und die hl. Maria dar. Mittelpunkt des Heiligtums ist ein Barockaltar aus dem 17. Jh. mit einer geschnitzten Madonnenfigur der Virgen del Camino, der Hl. Jungfrau vom Wege.

Wer sehr an der Geschichte des Jakobsweges und an der bemerkenswerten Kirchenkunst interessiert ist, die sich entlang des Weges entfaltet hat, sollte sich in **Villadangos del Páramo** die **Santiago Kirche** ansehen. Besonderes Augenmerk verdient in der Kirche eine Reiterstatue im Zentrum der sehenswerten **Altarwand**, die den hl. Jakobus als **Santiago Matomoros**, St. Jakob den Maurentöter, darstellt.

Der Zusatz „Páramo“ im Ortsnamen bezieht sich übrigens auf eine alte Bezeichnung der einstmals recht öden Hochebene hier, die vor Jahrhunderten von der Bevölkerung so genannt wurde.

Die alte historische Brücke **Puente de Órbigo** aus dem 13. Jh., die vielbogig den Río Órbigo überspannt, liegt etwas weiter nördlich des Ortes **Hospital de Órbigo**.

Genau über diese Brücke, einer der bedeutendsten Flussübergänge am Jakobsweg, verläuft einst wie heute der Pilgerweg „Camino de Santiago“, auf den wir in León wieder gestoßen sind.

Im 15. Jh. soll die Brücke Schauplatz einer legendären Begebenheit gewesen sein, die später als „Paso Honroso“ in die spanische Literatur eingehen sollte. Don Suero de Quiñones brach hier in einem dreißig Tage dauernden Turnier gegen „alle waghalsigen Ritter“ 300 Lanzen im Namen des Apostels Jakobus zu Ehren der Dame seines Herzens, bevor er seine Pilgerfahrt nach Santiago de Compostela fortsetzte.

16 km westlich von Hospital de Órbigo liegt **Astorga** am Rande der ausgedehnten Meseta, der Hochebene, die von Burgos bis westlich von León reicht.

Heute führt die alte Straße N-VI Richtung Ponferrada (die neue A-6 umgeht die Stadt im Südwesten!) am östlichen Stadtrand in Sichtweite des Bischofspalais und der nebenan liegenden Kathedra-

CAMPING

Hospital de Órbigo

Camping Don Suero de Quiñones Hospital de Orbigo [N42° 27′ 58.7″ W5° 52′ 53.6″], Tel. +34 987 36 10 18; www.hospitaldeorbigo.com/index.php/municipio/camping; Ende Apr. – 30. Sept.; über N-120 Richtung Astorga, 32 km westlich von León Abzweig bei KM 335 an der Flussbrücke nordwärts Richtung Benavides, dann beschildert. Achtung! Die Zufahrt zum Campingplatz zweigt gleich nach der Brücke am Ortsbeginn unvermittelt rechts ab! Ebene Wiese unter Laubbäumen; ca. 2 ha – 50 Stpl. + zahlreiche Dau.; einfache Standardsanitärausstattung. Laden, städt. Schwimmbad nebenan. Sehr stark mit Dauercampern belegt!

Benavides de Órbigo

Camping El Antojano [N42° 29′ 54.2″ W5° 53′ 38.8″], Prao Palacio, s/n, Tel. +34 987 37 02 76; http://www.aytobenavides.es/turismo-y-ocio/camping/; 1. Juli – 31. Aug.; ca. 5 km nördlich von Hospital de Órbigo über die LE-420, am südlichen Ortsrand von Benavides gelegen; ca. 1 ha – 20 Stpl. + zahlr. Dau.; einfache Standardsanitärausstattung. Laden, Bar, städt. Schwimmbad nebenan.

Kathedrale, Bischofspalast und Stadtmauer in Astorga

le von Astorga vorbei. Ein Besuch lohnt. Es gibt **Parkmöglichkeiten [N42° 27' 30.1" W6° 03' 16.0"]** am Straßenrand an der Parkanlage vor der Stadtmauer unterhalb der markanten Kathedrale. Ein Fußweg führt hinauf zur Stadtmauer und in die Stadt zur Kathedrale.

Astorga, das römische „Asturica Augusta", war schon zu jener Zeit ein wichtiger Knotenpunkt an zwei bedeutenden Heer- und Handelswegen, der Via Traiana und der Via de la Plata, der Silberstraße nach Gijón.

Aber auch für die Santiagopilger war Astorga eine wichtige Station. Alte Reisebeschreibungen berichten, dass die Wallfahrer hier in nicht weniger als 22 Herbergen und Hospizen betreut werden konnten. Vor allem vom Hospiz San Juan links von der Kathedrale hieß es, dass dies der Ort sei, „wo den Pilgern große Barmherzigkeit zuteil wird".

Die der Jungfrau Maria geweihte **Kathedrale von Astorga [N42° 27' 27.7" W6° 03' 24.5"]** stammt aus dem 15. Jh. und ist im Grunde ein gotisches Bauwerk *(geöffnet 1. Apr. - 31. Okt. tgl. 10 - 20.30 Uhr; 1. Nov. - 31. März tgl. 10.30 - 18 Uhr; Eintritt frei an Sonntagen im Nov.; letzter Einlass 30 Min. vor Schließung; www.catedralastorga.com)*. Allerdings wurde die von zwei mächtigen, viereckigen Türmen flankierte Fassade mit dem bewundernswerten **Portal** erst zweihundert Jahre später vollendet. Sie weist viele Stilelemente der Renaissance auf. Im hohen Inneren der dreischiffigen Kathedrale ist vor allem die **Altarwand** des Hochaltars mit ihrem reichen Figurenschmuck, eines der bedeutendsten Werke von Gaspar Becerra aus dem 16. Jh., sehenswert.

Das angegliederte **Museo Catedralicio/Diözesanmuseum** *(Öffnungszeiten wie Kathedrale)* zeigt sakrale Kunst, Skulpturen und Goldschmiedearbeiten aus der Zeit vom 11. bis ins 13. Jh.

Nur ein kurzes Stück weiter stadteinwärts liegt linkerhand der nicht zu übersehende **Palacio Episcopal [N42° 27' 27.7" W6° 03' 21.6"]**, auch **Palacio de Gaudí** genannt, *(geöffnet Mai - Okt. tgl. 10 - 14 + 16 - 20 Uhr; Nov. - Apr. tgl. 10.30 - 14 + 16 - 18.30 Uhr, letzter*

PRAKTISCHE HINWEISE - ASTORGA

Oficina de Turismo de Astorga [N42° 27' 26.6" W6° 03' 21.6"], Pl. Eduardo de Castro, 5, 24700 Astorga, Tel. +34 987 61 82 22; www.turismoastorga.com. *Geöffnet Di - Sa 10 - 14 + 16 - 18.30 Uhr, So 10 - 14 Uhr.*

CAMPING

Villamejil bei Astorga
Camping Reino de León [N42° 33' 36.9" W6° 01' 35.7"], Calle Fragua 6, Tel. +34 676 46 55 13; www.campingreinodeleon.es; 1. Jan. – 31. Dez.; auf der LE-451 von Astroga ca. 15 km nordwärts Richtung Quintana del Castillo, im Ort beschilderter Abzweig; ebener Wiesenplatz am Rio Tuerto; ca. 1 ha – 50 Stpl.; einfache Standardsanitärausstattung. Laden, Restaurant. WLAN. Mietbungalows.

WOHNMOBIL-STELLPLATZ - ASTORGA

Wohnmobil-Stellplatz Parking Plaza de Toros [N42° 27' 7.49" W6° 3' 55.10"], Ctra. de Sanabria, Tel. +34 +34 (0)987 61 82 22. **Zufahrt:** Von der A-6 (Madrid – Coruña) Exit 326 und weiter auf Landstraße LE-133 und LE-141, beschildert. **Ausstattung:** Geschotterter, fast schattenloser Platz für 15 Wohnmobile an der Stierkampfarena am westlichen Ortsrand. Frischwasser, Grauwasser- und Chemikaltoilettenausguss, Dusche, beleuchtet. Max. Aufenthalt 72 Stunden. **Geöffnet:** Ganzjährig. **Gebühr:** Kostenlos. Ca. 10 Min. Fußweg zur Kathedrale und Gaudi-Palast.

Einlass 30 Min. vor Schließung; www.palaciodegaudi.es/en/). Antonio Gaudí, der phantasievolle katalanische Architekt, hat dieses bischöfliche Palais um 1889 im neugotischen Stil erbaut. Der Bau erinnert an eine mittelalterliche Burg.

Das Palais beherbergt heute das **Museo de los Caminos/Pilgermuseum**, das sich auch mit der Geschichte des Santiago-Pilgerweges befasst *(geöffnet Mai - Okt. tgl. 10 - 14 + 16 - 20 Uhr; Nov. - Apr. 10.30 - 14 + 16 - 18.30 Uhr; www.palaciodegaudi.es/en/museo-de-los-caminos).* So sieht man im Untergeschoss antike und mittelalterliche Gegenstände, darunter Münzen und Sarkophage. Im Erdgeschoss sind Dokumentationen und Exponate über den Santiago-Pilgerweg ausgestellt.

Das erste Obergeschoss wird von der **Palastkapelle** mit schönen Bleiglasfenstern und einem sehr lichten Salon eingenommen. Ausgestellt ist eine umfangreiche Sammlung sakraler Kunstgegenstände.

Das zweite Obergeschoss schließlich steht einer ständigen Gemäldeausstellung Leóneser Künstler zur Verfügung.

Keinesfalls sollten Sie Astorga den Rücken kehren, ohne vorher die **„Mantecadas"** gebührend gekostet zu haben. Mantecadas ist ein wunderbar lockeres Feingebäck, das mit viel Butter zubereitet wird und weit über Astorga hinaus seine glühenden Liebhaber hat.

Der **Camino de Santiago** führt ab Astorga auf der kleinen Landstraße LE-142 über Sta. Catalina de Somoza und Rabanal del Camino westwärts.

*ROUTE: Auf der autobahnähnlichen A-6 oder auf der verkehrsärmeren N-VI über den 1.221 m hohen Puerto del Manzanal nach **Ponferrada** (Ausfahrt 382 der A-6) und 20 km weiter nach **Villafranca del Bierzo**.*

Ponferrada ist eine Stadt der Neuzeit mit viel Industrie, auch Montanindustrie. Einen großen **Parkplatz [N42° 32' 38.8" W6° 35' 12.0"]** findet man im Süden der Stadt, ca. 500 m von der Templerburg entfernt.

Ponferrada leitet seinen Namen von einer Brücke mit Eisengeländer ab, der „pons-ferrata", die der Bischof von Astorga im 11. Jh. über den Río Sil hatte erbauen lassen. Der Bau der Brücke machte Ponferrada rasch zu einer wichtigen Station der Santiagopilger. Im 12.

Jh. errichtete der Templerorden hier oberhalb des Río Sil eine mächtige Ritterburg zum Schutze des Pilgerweges und als strategischen Stützpunkt. Heute zählt das prächtige **Castillo de los Templarios [N42° 32' 35.3" W6° 35' 36.1"]** zu den sonst eher bescheidenen Sehenswürdigkeiten von Ponferrada.

Ganz in der Nähe liegt die **Basilika Nuestra Señora de la Encina [N42° 32' 39.7" W6° 35' 31.1"]**, die im ausgehenden 16. Jh. entstand und zur Erinnerung an eine wundertätige Erscheinung der Schutzpatronin der Bierzo-Gegend errichtet wurde.

Ab Ponferrada ist ein allerdings etwas zeitraubender **Abstecher zu den Las Médulas [N42° 27' 20.6" W6° 45' 58.4"]** möglich. Das sind Steinbruchreste aus römischer

Die Burg des Tempelritterordens in Ponferrada

PRAKTISCHE HINWEISE – PONFERRADA

Oficina de Turismo, Calle Gil y Carrasco, 4, 24400 Ponferrada, Tel. +34 987 42 42 36; www.ponferrada.org. *Geöffnet Mo - Sa 10 - 14 + 16 - 18 Uhr, So 10 - 14 Uhr.*

RESTAURANTS

Ponferrada

Mesón del Camino, Av. de Molina, 20, 10, Tel. +34 620 33 33 05; www.mesonelcamino.com; gemütliches Ambiente, man serviert auch regionale Spezialitäten. Mittagessen täglich, Abendessen nur freitags und samstags.

Villafranca del Bierzo

Méndez, Calle Espíritu Santo, 1, Tel. +34 987 54 00 55; regionale Küche, gute Hausmannskost, man bietet 12 Gästezimmer an.

PARADOR

Parador de Villafranca del Bierzo, 40 Zi., Av. Calvo Sotelo, 28, Tel. +34 987 54 01 75; www.parador.es/de/paradores/parador-de-villafranca-del-bierzo/; sehr komfortables Haus. Restaurant, Bar, Terrasse, Garten, Schwimmbad, Sauna, WLAN. Parkplatz. Keine Haustiere.

CAMPING

Villa Martin de la Abadia

Camping El Bierzo [N42° 33' 42.91" W6° 44' 45.72"], Tel. +34 987 56 25 15; www.campingbierzo.com; Juni – Sept.; 12 km westwärts auf der A-6, Ausfahrt

bei KM 399 und über die N-VI zum Ort; Wiese mit Baumschatten am östlichen Ortsrand; ca. 4 ha - 80 Stpl.; einfache Standardausstattung. Restaurant, Cafeteria. Mietbungalows.

WOHNMOBIL-STELLPLATZ – PONFERRADA

Wohnmobil-Stellplatz Parking Area Albergue de Peregrinos [N42° 32' 36.09" W6° 35' 12.66"], Calle Obispo Camilo Lorenzo, 2. **Zufahrt:** Platz liegt gegenüber dem weiter vorne angegebenen Parkplatz, ca. 600 m vom Templerkastell entfernt, am südlichen Stadtrand gelegen. **Ausstattung:** Asphaltierter, ebener, schattenloser Parkplatz für 24 Wohnmobile. Frischwasser, Grauwasser- und Chemikaltoilettenausguss. **Geöffnet:** Ganzjährig. **Gebühr:** Kostenlos. WC und Duschen können im Pilgerhostal nebenan benutzt werden. Campingverhalten nicht erlaubt.

Zeit, die zwischenzeitlich natürlich längst wieder bewachsen sind und nun eine hübsche Hügellandschaft mit roten Felsklippen bilden. Man erreicht die Gegend, wenn man über Villalibre de la J. und die N-536 Richtung Ourense fährt.

*ROUTE: Weiterreises von Ponferrada auf dem Jakobsweg nach **Villafranca del Bierzo**,*

Villafranca del Bierzo, heute ein Weinstädtchen mit zwei romanischen Kirchen und einer mächtigen Burg aus dem 16. Jh., war einst wichtige Pilgerstation mit mehreren Herbergen am Jakobsweg. Hermannus Künig von Vach schreibt in seinem „Wallfahrtsbuch" (Straßburg, 1899): „... hastü V myl gen Willefrancken, da drinck den wyn mit klugen gedancken, dan er bornet manchem abe syn hertz das er uß geht als eyn kertz."

Im Grunde verdankt der Ort Villafranca del Bierzo seine Entstehung überhaupt dem wachsenden Pilgerstrom im Mittelalter. Die Bedeutung Villafrancas stieg in Pilgerkreisen erheblich, als der spanische Papst Calixtus III. Mitte des 15. Jh. Villafranca ein einmaliges Sonderrecht verlieh, das es behinderten Pilgern erlaubte, schon in der **Santiagokirche [N42° 36' 14.8" W6° 48' 28.7"]** (12. Jh.) *(geöffnet 1. Juli - 15. Sept. Di - So 10.30 - 13.30 + 17 - 20 Uhr)* vor den Toren der Stadt und nicht erst in Santiago de Compostela den Jubiläumsablass zu bekommen, der die gleiche Bedeutung und Wirkung hatte, wie der am Grab des Apostels erlangte Ablass.

Alleine die gewaltige **Burg [N42° 36' 16.0" W6° 48' 35.9"]** der Markgrafen von Villafranca aus dem 16. Jh. und die **Kirche San Nicolás** mit ihrer eindrucksvollen Fassade, hinter deren Mauern lange auch ein Jesuitenkolleg tätig war, lassen noch heute erahnen, wie einflussreich die Stadt und ihre Grafen einst gewesen sein müssen.

*ROUTE: Weiterreise ab Villafranca del Bierzo auf der Autovía A-6 mit ihrer imposanten Trassenführung hinauf zum 1.109 m hohen **Puerto Piedrafita do Cebreiro**. Auf der Passhöhe verlassen wir die A-6 an der Ausfahrt **Pedrafita o Cebreiro** und folgen der LU-633, die zunächst südwärts hinauf nach **O Cebreiro** und weiter westwärts über **Tricastela** und **Samos** nach **Sarria** führt.*

In dem bescheidenen, über 1.290 m hoch gelegenen Bergdörfchen **O Cebreiro [Parkplatz, N42° 42' 29.4" W7° 02' 32.3"]** sind noch einige **„Palozzas"** erhalten. Palozzas sind Rundhäuser keltischen Ursprungs mit ovalem Grundriss und konischem Strohdach. In einem der archaischen Rundbauten aus Feldstein ist das kleine **Volkskundliche Museum** untergebracht *(geöffnet 15. Juni - 15. Sept. Di - Sa 8.30 - 14.30 Uhr; 16. Sept. - 14. Juni Di - Sa 11 - 18 Uhr, Eintritt frei; https://museos.xunta.gal/en/cebreiro/)*.

Jeder Winkel des auf einem schmalen Bergrücken gelegenen Dorfes strahlt

Vergangenheit aus, besonders die alte, historische **Hosperia San Giraldo de Aurillac** (Tel. +34 982 36 71 82). Die ehemalige Pilgerherberge wurde jüngst restauriert und bietet nun 6 Hotelzimmer mit Restaurant und Cafeteria in urigem Ambiente an.

Nebenan wurde die hübsche frühromanische **Kirche Santa María la Real** aus dem 9. Jh. im Inneren schön restauriert. Sie ist die älteste Kirche am Jakobsweg. In alten Tagen soll sich hier vor einem Ungläubigen ein Wunder ereignet haben, als sich Hostie und Wein tatsächlich in Fleisch und Blut Christi verwandelten. Die Messgefäße von damals, darunter der legendäre Kelch „Heiliger Gral Galiciens", sind im rechten Seitenaltar zu sehen. In der Kirche wird eine Statue der Santa María la Real, der Schutzpatronin der Gegend, aus dem 12. Jh. verehrt. Zu ihrem Ehrentag am 8. September pilgern oft mehr als 30.000 Gläubige aus allen Teilen Nordspaniens nach O Cebreiro; *www.jakobspilger-westwärts.de/kathedralen/o-cebreiro-iglesia-de-santa-maria-la-real-de-o-cebreiro/*.

In dem kleinen Dorf, das sich heute ganz den Pilgern widmet, gibt es mehrere Souvenirläden und mehrere Herbergen, wie die **Pilgerherberge Albergue de peregrinos de O Cebreiro** *(ganzjährig von 13 bis 22 Uhr geöffnet, Tel. +34 660 39 68 09)*. Sie hält 104 Betten in 2 Schlafsälen für Reisende bereit.

*ROUTE: Weiterreise auf der kurvenreichen, aber gut ausgebauten LU-633 über die Anhöhe **Alto de San Roque (1.270 m) [N42° 41‘ 55.14“ W7° 5‘ 2.72“]** mit einem eindrucksvollen **Pilgerdenkmal** zum 1.337 m hohen Puerto el Poyo. Es folgt eine schöne Fahrt über Hügel und Berge mit herrlichen Ausblicken über **Triacastela** zum **Kloster Samos.***

Das **Kloster Samos [N42° 43‘ 54.7“ W7° 19‘ 37.2“]**, mit vollem Namen *De los Santos Julián y Basilica de Samos*, eines der ältesten Klöster in Spanien, kann besichtigt werden *(geöffnet Mo - Sa 9.30 - 12.30 + 16.30 - 18.30 Uhr, So 12.45 - 13.30 + 16.30 - 18.30 Uhr; www.abadiadesamos.com)*. Die meisten Gebäude des ausgedehnten Klosterkomplexes entstanden vornehmlich in der Zeit zwischen dem 16. Jh. und dem 18 Jh. im Renaissance- und im Barockstil.

Bemerkenswert sind vor allem die beiden **Kreuzgänge,** der Kreuzgang der Nereiden aus dem 16. Jh. und der Kreuzgang des Feijóo. Dem Benediktinerpater Benito Jerónimo Feijóo (1676 – 1774)

O Cebreiro, die Kirche Santa María la Real und die alte Pilgerherberge rechts

Kloster Samos, Portal der Kosterkirche

hat das Kloster seinen Aufstieg zum Kultursymbol Galiciens zu verdanken. Achten Sie bei einer Besichtigung der **Klosterkirche** auf die Darstellung des Doctor Anselmus in einem der Pendentife (Dreiecke im Übergang zwischen Rotunde und Säulen). Bemerkenswert ist, dass der Gelehrte mit Augengläsern dargestellt ist. Es dürfte sich um eine der frühesten Darstellungen eine Brille handeln.

ROUTE: Weiter auf der LU-633 über ***Sarria*** *nach* ***Portomarín****.*

Portomarín ist ein Dorf neueren Datums. Es liegt oberhalb der alten Pilgerstadt, die dem aufgestauten Río Miño zum Opfer fiel. Lediglich die alte Kirche wurde abgetragen und oben, weithin sichtbar, wieder aufgebaut. Bei niedrigem Wasserspiegel des Stausees liegen einige Ruinen des alten Dorfes frei. Ein unschöner, trostloser Anblick.

ROUTE: 13 km weiter westlich von Portomarín stoßen wir auf die N-540. Ihr folgen wir 8 km nach Norden bis zur N-547, auf die wir westlich von ***Guntín de Pallares*** *treffen. Wer einen* ***Abstecher nach Lugo*** *vorhat, dem bietet sich hier eine günstige Gelegenheit dazu.*

Abstecher nach Lugo

Falls Sie dem Abstecher nach Lugo nicht folgen, bitte weiter mit **Hauptroute**.

Lugo, das römische *Lucus Augusti*, das von den Touristenströmen nach Santiago de Compostela eher stiefmütterlich behandelt wird und wurde, wartet mit einer Sehenswürdigkeit auf, die sogar in der UNESCO-Liste schützenswerten Weltkulturerbes aufgeführt ist – die monumentale **Stadtmauer** von

CAMPING – SARRIA

Camping Vila de Sarria [N42° 46′ 34.6″ W7° 23′ 43.5″], Tel. +34 982 53 54 67; www.campingviladesarria.com; Ostern – Ende Sept.; an der LU-P-5602 bei KM 17,5 Richtung Pintin gelegen, am östlichen Ortsrand von Sarria, aus Samos kommend, rechts ab (beschildert) und noch 900 m; so gut wie ebene Wiesen, unter dichten Eichen und anderen Laubbäumen; ca. 1,5 ha – 50 Stpl.; einfache Sanitärausstattung. Restaurant, Cafeteria, Waschmaschine. WLAN.

WOHNMOBIL-STELLPLATZ – SARRIA

Wohnmobil-Stellplatz Rebellón Deportivo de Sarria [N42° 46′ 18.09″ W7° 24′ 36.52″], Calle de Castelao, 4-14. **Zufahrt:** Vom Ortszentrum auf der LU-546 ca. 1 km südwärts bis Abzweig in die Calle de Castelao im südlichen Ortsbereich neben der Sporthalle Pavillón Polideportivo Municipal und Tennisplätzen gelegen. **Ausstattung:** Ebener, geschotterter Parkplatz für ca. 15 Wohnmobile. Frischwasser, Grauwasser- und Chemikaltoilettenausguss. **Geöffnet:** Ganzjährig. **Gebühr:** Kostenlos.

Lugo. Die 2.140 m lange Mauer ist ein perfekt erhaltenes Beispiel römischer Wehrarchitektur. Vor allem nach dem Sieg über den gefürchteten Lusitaner Viriato um 130 v. Chr. sollten die Grenzen Iberias, das Land der Asturen, Kantabrier und Galicier mit solchen Bollwerken gesichert werden. Noch heute umfasst der Schutzwall mit ungezählten Türmen und Bastionen die (heute verkehrsberuhigte) Altstadt komplett und lückenlos. Die Mauerkrone ist so breit, dass sie leicht begehbar ist. Ein schöner, aussichtsreicher Spazierweg.

Die **Kathedrale von Lugo [N43° 00' 32.7" W7° 33' 32.0"]** *(geöffnet tgl. 8.30 - 20.45 Uhr, Eintritt frei)*, an der Praza Santa María, gilt als ein leuchtendes Beispiel für den spätromanischen Baustil im Norden Spaniens. Ein von der Bevölkerung innig verehrtes Bildnis im Kircheninneren ist die **Virxe dos Ollos Grandes**, die Jungfrau mit den großen Augen, die in einer Prunkmonstranz in einem barocken Heiligenschrein hinter dem Altar aufbewahrt wird.

Weiter sind in der Kathedrale das **Grab der Santa Froila** und die seitlichen **Altaraufsätze** mit platereskem Schmuck von Corniellis de Hollanda zu beachten.

Außerdem ist in der Kathedrale das **Diözesanmuseum** untergebracht *(geöffnet Juni - Okt. Di - Sa 10 - 14 + 16 - 20 Uhr; Nov. - Mai Di - Sa 11 - 14 + 16 - 19 Uhr; www.diocesisdelugo.org)*. Neben archäologischen Exponaten, einer Münzkollektion und Sammlungen religiöser Kunstobjekte wird der sog. „Crismón de Quiroga" aus dem 5. Jh. gezeigt, der als ältestes Zeugnis des Christentums in Galicien gilt.

Unweit nördlich der Kathedrale, an der Praza da Soidade im historischen Altstadtzentrum, ist im ehemaligen Franziskanerkloster mit Kreuzgang, Küche und Refektorium heute das **Provinzmuseum Lugo [N43° 00' 41.6" W7° 33' 33.5"]** eingerichtet *(geöffnet Mo - Fr 9 - 21 Uhr, Sa 10.30 - 14 + 16.30 - 20 Uhr, So 11 - 14 Uhr; www.museolugo.org)*. Hier kann man Goldschmiedearbeiten aus römischer Zeit ebenso bewundern wie das „Burela Geschmeide", dann Wappen, schöne Keramiken aus Lugo und aus Galicien, archäologische Fundstücke, Kunstgegenstände u. a.

HAUPTROUTE

*ROUTE: Unsere Hauptroute folgt der N-547 westwärts über **Palas de Rey, Melide, Arzúa** und **Cerceda** bis nach **Santiago de Compostela**.*

Nur 4 km abseits der N-547 liegt östlich von **Palas de Rey** die **„Iglesia de San Salvador de Vilar de Donas" [N42° 53' 33.2" W7° 48' 38.7"]**, das romanische Kirchlein der Damen *(geöffnet 9 - 21 Uhr)*. Beim Betreten der Kirche sollte man dem **Portal** seine Aufmerksamkeit schenken. Es ist mit romanischen und gotischen Motiven reich geschmückt und weist darüber hinaus

PRAKTISCHE HINWEISE – LUGO

Oficina de Turismo [N43° 00' 36.3" W7° 33' 30.6"], Praza do Campo, 11, 27001 Lugo, Tel. +34 982 25 16 58; http://concellodelugo.gal/gl/lugo-destino-turistico. *Geöffnet Aug. Di - Sa 11 - 13.30 + 17 - 19.30 Uhr, So 11 - 14 Uhr; übrige Zeit tgl. 10.30 - 14 + 16.30 - 19 Uhr.*

WOHNMOBIL-STELLPLATZ

Wohnmobil-Stellplatz Parking Pabellon Área Servicio Autocaravanas Lugo [N43° 00' 16.5" W7° 33' 43.0"], Calle de Santiago. **Zufahrt:** Südlich der Stadt von der N-VI ab zur Rúa Santiago und weiter zum Pavillón Municipal Deportes. **Ausstattung:** Asphaltierter, gemischter Parkplatz mit Platz für 15 Stellplätze vor der Sporthalle Pavillón Deportes, unterhalb des Stadtparks Parque de Rosalía de Castro, in aussichtsreicher Lage. Frischwasser, Grauwasser- und Chemikaltoilettenausguss. **Geöffnet:** Ganzjährig. **Gebühr:** Kostenlos. Max. Aufenthalt 48 Stunden. In Gehnähe zur Altstadt (Stadtmauer).

Eisenbeschläge auf, die zu den ältesten ihrer Art in ganz Galicien zählen. Im Inneren sind an den Wänden die **Grabplatten** von Mitgliedern des Ordens der Sankt-Jakob-Ritter und adligen Familien der Gegend bemerkenswert. Von den Damen, von denen die Kirche ihren Namen ableitet, sind aber nur noch wenige Fragmente der ansonsten eindrucksvollen **Fresken** (vor allem in der Apsis) übriggeblieben.

Kirchenchroniken berichten, dass die Kirche einst Teil eines Klosters war, das Mitte des 12. Jh. von den Eltern des Juan Arias und der Familie Arias Pérez de Monterroso del Castillo de Sirgal gegründet und von Nonnen des Benediktinerordens geführt wurde. Zu den ersten Benediktinerinnen, die ins Kloster einzogen, gehörten die *Donas* (Herrinnen) Bela und Elvíra. Von ihnen leitet sich der Name „Vilar de Donas" ab. 1194 kamen Kloster und Kirche als Stiftung an den Orden der Jakobsritter und 1382 stellte König Juan II. das Kloster unter seinen Schutz.

Der Weg der Pilger nach Santiago

Auf dem legendären **„Camino de Santiago"**, genauer auf dem „Camino francés", nähern wir uns dem historischen Pilgerziel Santiago de Compostela.

„E ultreia, e suseia! – Weiter und Voran! Das war der traditionelle Gruß der Santiagopilger. Wie viele Wochen mögen die Pilger vor Jahrhunderten seit der mühsamen Überquerung der Pyrenäen nun schon unterwegs gewesen sein auf einem Weg, den wir heute per Auto in vier Tagen oder weniger bewältigen können? Sie hatten die Hügel um Logroño und Burgos hinter sich und sie hatten in der gleißenden Sonne die Tierra de Campos durchquert. Hatten in Astorga nochmals ihre Kräfte gesammelt, um die beschwerlichen Montañas de León zu schaffen und wanderten nun auf Palas de Rey zu, der vorletzten Station vor Santiago de Compostela, das Ziel der Wallfahrt in greifbarer Nähe.

Die meisten Pilger hatten eine Zeit der Entbehrungen und Strapazen hinter sich. Eindringlich wird klar, wie tief der Glaube, wie intensiv der Anstoß und der Wille damals gewesen sein müssen, um diese Reise ins buchstäblich Unbekannte anzutreten.

Lange gab es ja keinen „Codex Calixtinus", der den Weg beschrieb. Und wie enttäuscht müssen jene gewesen sein, die ihr Ziel erst gar nicht gefunden haben. Viele Pilger fanden in Spanien eine neue Heimat. Ihnen wurde das Ansiedeln entlang des Jakobsweges durch Privilegien schmackhaft gemacht. Die christlichen Könige waren auch an ausländischen Siedlern, die sich als Bauern, Händler oder Handwerker niederließen, sehr interessiert. Denn es ging um nicht weniger als den von den Mauren zurückeroberten Norden Spaniens neu zu besiedeln.

In Chroniken über die lange **Geschichte des Pilgerweges** wird berichtet, dass der Anlass zu einer Pilgerfahrt nach Santiago in fast allen Fällen Buße und Abbitte für eine begangene Sünde war. Dass aber schon die Beschimpfung eines Mitbürgers mit Worten wie Bastard, Dieb, Hexer o. ä. genügte, um als Buße eine Reise nach Santiago aufgebrummt zu bekommen, gibt doch zu denken und weist auf das noch etwas anders geartete Ehrgefühl jener Tage hin.

Als Zeugnis, Santiago tatsächlich erreicht zu haben, wurde allen Pilgern von kirchlicher Seite ein Schreiben mitgegeben, das sie als Pilger auswies und das es galt, in gewissen Etappenorten beglaubigen zu lassen.

Was mögen die Pilger vor siebenhundert und mehr Jahren wohl empfunden haben, nach monatelangen Mühen? Waren sie noch in der Lage, hier, fast am Ende des nicht enden wollenden Weges, zu ermessen, dass sie endlich am Ziel waren, dass das Wandern ein Ende hatte – zunächst wenigstens? Was wartete in Santiago auf sie, das zu diesem Fegefeuer auf Erden, zu dieser nach damaligen Maßstäben gigantischen Pilgerfahrt aufforderte?

Heute ist der gesamte **Jakobsweg** auf der originalen Route, die nur streckenweise mit dem Verlauf der neuzeitlichen Straßen übereinstimmt, ausgeschildert und mit Hinweis- und Informationstafeln versehen, sodass der legendäre Weg von jedem, der gut zu Fuß ist, erwandert werden kann.

Aber die Gründe heute, dem alten Pilgerweg nach Santiago zu folgen, unterscheiden sich bei den meisten Wanderern von der Motivation, die den mittelalterlichen Wallfahrer antrieben. Waren es einst ausschließlich religiöse Gründe, sehen es viele Zeitgenossen heute mehr als eine sportliche Herausforderung an, die fast 900 km unter die Wanderstiefel zu nehmen.

Andere veranlasst wohl auch die reiche romanische Architektur entlang des Weges, Blasen und wunde Füße in Kauf zu nehmen. Und bestimmt scheuen auch heute noch viele Pilger die Mühen nicht, aus religiösen und meditativen Gründen nach Santiago zu wandern. Eine gute Erfahrung ist sicher, auf dem langen Weg den Kopf, die Gedanken frei zu bekommen und die oft müßigen Alltagsbelange auf den endlos langen Wanderungen durch Gebete zu verdrängen.

Aber wie in alten Tagen erwerben Santiagopilger auch heute noch ihren „Credencial del Peregrino", ihren **Pilgerpass**, für bislang knapp 10 Euro. Das Papier berechtigt zu kostenlosen Übernachtungen in den Pilgerherbergen und es ist, gestempelt an den Übernachtungsstationen, später der untrügliche Nachweis, dass man tatsächlich den Camino de Santiago zu Fuß (Fahrrad, Pferd) bewältigt hat.

Auch das traditionelle **Symbol eines jeden Santiagopilgers** ist das gleiche wie vor Jahrhunderten, die „vieira" genannte Schale einer Jakobsmuschel, die in früheren Tagen den Wallfahrern nicht nur als Erkennungszeichen, sondern auch als Schöpflöffel und Trinkschale gleichermaßen diente.

Bevor die Pilger einstmals in Santiago einzogen, galt es, sich vom Reisestaub zu reinigen, sich in einem Fluss zu waschen.

Die traditionellen Pilgerinsignien – Wanderstab, Kalebasse und Jakobsmuschel

Lavacolla heißt der Ort vor Santiago, wo man das nach alter Tradition tat. Heute ist der Ort eher durch den dortigen Flughafen bekannt.

Endlich auf der Plaza del Obradoiro in Santiago de Compostela angekommen führte der erste Weg der Pilger in die Kathedrale – falls sie nicht schon vorher auf dem berühmt-berüchtigten Marktplatz Paraíso von gewieften Händlern, cleveren Geldwechslern oder listigen Wirten aufgehalten wurden.

In der Kathedrale hieß es, die ganze Nacht auszuharren und fromme Lieder zu singen. Was für ein Konzert und was für eine babylonische Sprachenvielfalt muss das gewesen sein. Die Sprachen ganz Europas schallten durch das Kirchenschiff. Und über die Musikbegleitung des Gesangs wird von allen nur denkbaren Instrumenten berichtet, von Zimbeln und Leiern, Zithern und Trompeten etc.

Jakobspilger in O Cebreiro

Im ersten Morgengrauen wurde dann die Messe gelesen und in mehreren Sprachen wiederholt. Dann wurden die Opfergaben dargebracht, ein für die Priesterschaft von Santiago offenbar sehr bedeutsamer Vorgang, denn er wurde von besonders sprachkundigen Geistlichen überwacht. Und wie es heißt, wurden die Gaben streng danach unterschieden, ob sie nun für den Heiligen Jakobus oder besser für die Truhen der Kirche bestimmt waren.

Lohn der mühseligen Reisestrapazen war früher und ist es für den gläubigen Pilger auch heute noch, der Erlass aller seiner Sünden.

Heute erwirkt schon einen Sündenerlass, wer anhand von Herbergsstempeln in seinem Pilgerpasses nachweisen kann, dass er zumindest einhundert Kilometer zu Fuß oder zweihundert Kilometer mit dem Fahrrad auf dem Camino zurückgelegt hat. Und er muss binnen zwei Wochen vor oder nach seiner Ankunft in Santiago beichten.

Großzügig wird dagegen der Sündenerlass allen gewährt, die das Grab des Apostels Jakob in einem **Heiligen Jahr** (wenn der 25. Juli auf einen Sonntag fällt, siehe auch weiter hinten unter „Porta Santa") besuchen. Dann nämlich werden den Besuchern des Jakobsgrabes alle ihre Sünden nach dem Gebet eines Vaterunsers ohne weitere „Vorleistungen" erlassen. Der Zustrom der Pilger in einem Heiligen Jahr ist denn auch um ein Vielfaches höher als in anderen Jahren, in denen schon mer als 150.000 Besucher nach Santiago strömen. Nicht umsonst wartet Santiago de Compostela mit zahlreichen Pilgerherbergen auf, von denen die größte nicht weniger als 3.000 Betten bietet.

HAUPTROUTE

Obwohl – im Gegensatz zu früheren Pilgern – erst Tage mit dem Auto unterwegs, spürt man auch heute noch eine gewisse Spannung, eine Neugierde, wenn man sich **Santiago de Compostela** nähert. Ungeduldig erwartet man das Ortsschild der Stadt.

Am Stadtrand treffen wir an der Repsol-Tankstelle und einem Mc-

Donalds-Imbiss auf einen großen, ampelgeregelten Kreisverkehr [N42° 53′ 30.2″ W8° 31′ 59.8″], ein wichtiger Verteiler im Stadtverkehr. Dort folgt man dem Schild „catedral" und versucht (falls mit Pkw unterwegs!) in der Avenida de Juan XXIII. im **Parkhaus Aparcamiento Juan XXIII/Xoán XXII [N42° 53′ 2.51″ W8° 32′ 40.34″]** (Einfahrtshöhe 2,00 m) (außerdem großer Busparkplatz und **Touristeninformation**) rechts der Straße noch vor dem Convento San Francisco zu parken. Auf der zentralen **Praza do Obradoiro (2)** vor der Kathedrale ist das Parken schon lange nicht mehr erlaubt.

Wohnmobilfahrer halten sich an erwähntem Kreisverkehr rechts und fahren ca. 500 m ostwärts auf der N-550 Richtung A Coruña zum links der Straße gelegenen, gebührenpflichtigen **Großparkplatz,** auch **Wohnmobilstellplatz, [N42° 53′ 40.1″ W8° 31′ 55.9″]**. Achtung! Der Parkplatz ist aber nicht von der Schnellstraße N-550 aus direkt zungänglich. Man fährt bis zum nächsten großen Kreisverkehr, umrundet diesen und biegt südwärts ab auf die rechts parallel zur Schnellstraße verlaufende Rúa do Cruceiro da Coruña, von der ein Abzweig zum Großparkplatz möglich ist. Eine überlegenswerte Alternative ist die, das Mobil auf dem Campingplatz As Cancelas zurück zu lassen und mit dem Bus in die nahe Stadt zu fahren.

Sollten Sie auf dem Jakobsweg als Pilger unterwegs sein, wird die erste Anlaufstelle natürlich das **Oficina de Peregrinos (28)** sein, auch **Officina de Acogida al Peregrino** genannt, *(geöffnet Ostern - 31. Okt. tgl 10.30 - 18.30 Uhr; 1. Nov. - Ostern tgl. 10 - 19 Uhr, letzter Einlass 1 Std. vor Schließung; Tel. +34 981 56 88 46; www.oficinadelperegrino.es)*, das sich in der Straße Rúa Carretas, 33, die von Norden her hinein in die Altstadt und zur Kathedrale an der Praza do Obradoiro führt. Es ist seit einiger Zeit hier neu und modern eingerichtet worden.

Das alte Carretas-Asyl wurde 2019 restauriert und bietet den ankommenden Pilgern im historischen Gewölbesaal die Möglichkeit zum Ausruhen und als Warteraum zur Ausgabe der „Compostela". Man erhält hier den allerletzten Stempel der Pilgerschaft „Pietatis causa" im Credential del Peregrino, dem Pilgerpass, und die „Compostela", die offizielle Beglaubigung der Kathedrale, wenn man den Jakobsweg aus religiösen oder christlichen Motiven absolviert hat. Wenn die Reise aus nichtreligiösen Gründen vollzogen wurde, erhält man lediglich die „Compostela simplex".

Santiago de Compostela

Die Entstehung des galicischen **Santiago de Compostela,** Galiciens Hauptstadt mit heute ca. 98.000 Einwohnern, ist aufs engste mit der Anziehungskraft des Santiagograbes in der hiesigen Kathedrale verbunden. Legende ist, wie die Gebeine des Apostels Jakobus nach Galicien kamen.

Jakobus der Ältere, Sohn des Zebedeus, Bruder des Johannes, soll zu Beginn unserer Zeitrechnung von Iria Flavia aus, dem heutigen Hafenstädtchen Padrón an der Mündung des Río Ulla und damals Hauptstadt des römischen Galicien, 20 km südwestlich Santiago, zur Missionstätigkeit in Spanien aufgebrochen sein. Nach einer gewissen Zeit kehrte er nach Palästina zurück. Dort wurde er ein Opfer der Christenverfolgung und im Jahre 44 auf Befehl von Herodes Agrippa enthauptet. Anhänger des Apostels sollen seine sterblichen Überreste zurück nach Galicien gebracht haben.

Ein historisch verbriefter Hinweis darüber, dass der Heilige Jakobus je wirklich die iberische Halbinsel betreten hat, findet sich aber bis heute nirgends. Wohl aber findet man in der Apostelgeschichte den Hinweis auf die Enthauptung des Heiligen Jakobus während der Regierungszeit von Herodes Agrippa. Wo das Grab des Heiligen aber ist, weiß man nicht genau. Es wird in Jerusalem vermutet. Vielleicht war diese Ungewissheit eine der Ursachen für die Legende über das Jakobusgrab.

Erst im 9. Jh. fanden Hirten angeblich das **Apostelgrab in Galicien**. Ein leuchtender Stern hatte sie zu der Stelle auf

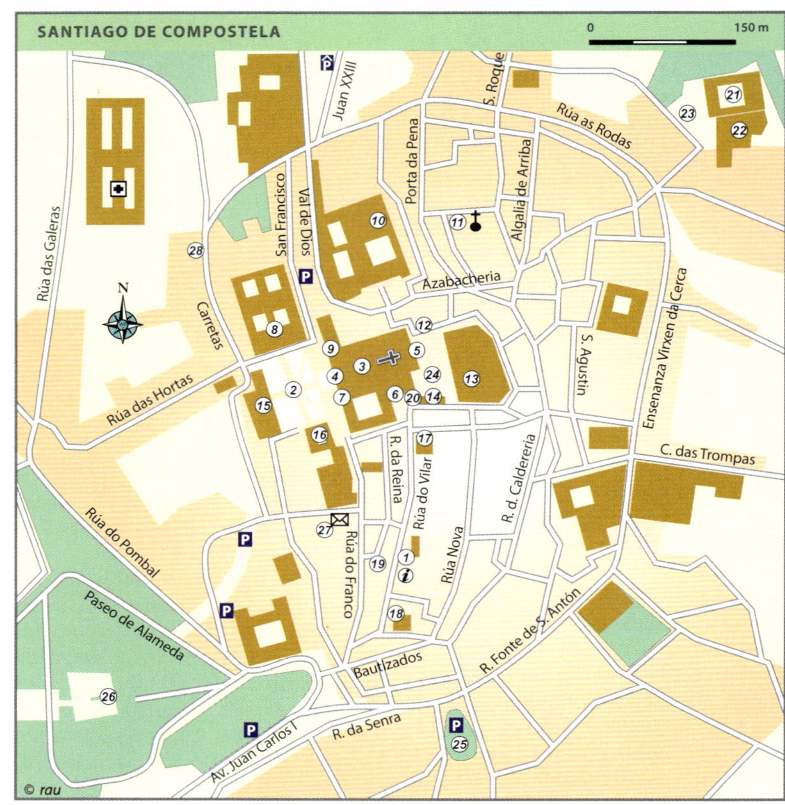

*SANTIAGO DE COMPOSTELA – **1** Information – **2** Praza do Obradoiro – **3** Kathedrale – **4** Pórtico de la Gloria – **5** Puerto del Perdón – **6** Puerta de las Platerías – **7** Museum – **8** Parador, Hostal dos Reis Católicos – **9** Pazo de Xelmírez – **10** Kloster u. Kirche San Martín Pinario – **11** Kirche San Miguel dos Agros – **12** Casa de la Parra – **13** Kloster San Pelayo de Antealtares – **14** Casa de la Canónica – **15** Pazo de Raxoi – **16** Colegio San Jerónimo – **17** Casa do Cabildo – **18** Pazo de Bendaña – **19** Altstadt – **20** Museo das Peregrinacións – **21** Museo do Pobo Galego – **22** Kloster Santo Domingo de Bonaval – **23** Galicisches Zentrum für Zeitgenössische Kunst – **24** Praza de Quintana – **25** Praza de Galicia – **26** Iglesia de Santa Susana – **27** Hauptpostamt – **28** Pilgerbüro*

einem Feld geführt. Aus ***campus stellae, Feld der Sterne***, wie der Ort anfänglich genannt wurde, wurde im Laufe der Zeit ***Compostela***. Andere Quellen berichten, das Grab des Apostels sei auf einem alten, vergessenen Friedhof – *compostum* – wieder entdeckt worden, was letztlich zum Stadtnamen führte.

Die Nachricht über das Wiederauffinden des Apostelgrabes, von Theodemir, Bischof von Iria Flavia auch rasch bestätigt, veranlasste König Alfonso II. im 9. Jh. den Heiligen zum Schutzpatron des spanischen Reiches auszurufen. Über der Fundstätte wurde eine **Kapelle**, später eine Kathedrale errichtet, die **Kathedrale von Santiago de Compostela**.

Im gleichen Jahrhundert soll der heilige Jakobus, oder Santiago, der Legende nach im Jahre 844 in der Schlacht von Clavijo bei Logroño (siehe dort) den spanischen Rittern erschienen und dem

Heer im Kampf gegen die Mauren vorangestürmt sein. Natürlich siegte das christliche Heer. Santiago, der glorreiche **„Matomoros", der Maurentöter**, war von Stund an der Heilige, den es galt im Kampf gegen den Islam zu bemühen. Mit dem Ruf „Santiago y cierra España" (Sankt Jakob und vorwärts Spanien) zogen die christlichen Heere der Reconquista künftig in den Kampf gegen die Mauren.

Dass das Urteil über die Echtheit der Santiagoreliquien in Kirchenkreisen nicht überall uneingeschränkt geteilt wurde, macht zum Beispiel eine Notiz von Martin Luther deutlich. Frei zitiert meinte der Reformator etwa, ob die gefundenen Gebeine nun die des heiligen Jakob seien, oder ob an dem Fundort ein toter Hund oder ein totes Ross lag, „waiß man nit".

Bald wurde das Apostelgrab zum vielbesuchten Wallfahrtsziel, das zwischen dem Jahr 1000 und dem späten 13. Jh. seine Blütezeit erlebte. Später allerdings wurde der Pilgerweg mehr und mehr auch das Arbeitsgebiet von Schnapphähnen und Beutelschneidern, die im Mäntelchen des Pilgers ihr Unwesen trieben.

Schließlich verbarg man die Reliquien im späten 16. Jh. vor Plünderern und der Pilgerstrom versiegte. Erst Ende des 19. Jh. wurden, oh Wunder, die Reliquien bei Arbeiten im Chorraum der Kathedrale aufs neue entdeckt und Santiago de Compostela hatte seine Anziehungskraft und seine Pilger wieder.

Papst Calixtus II., der auch dem Codex Calixtinus, dem Pilgerführer aus dem Jahre 1149 sein Plazet gegeben hatte, erkannte schon früh die Wirkung des Wallfahrtsortes auf die christlichen Gemeinden und verlieh der Kathedrale den Segen des „vollkommenen Jubiläumsablasses". Papst Alexander III. erweiterte das Privileg durch den Zusatz „immerwährend". Santiago wurde neben Jerusalem und Rom eine Heilige Stadt der Christenheit.

Nach dem Kodex der katholischen Kirche gilt das Jahr, in dem der Namenstag des Apostels Jakobus (25. Juli) auf einen Sonntag fällt, als Heiliges Jahr. Pilgern, die in diesem Jahr Santiago besuchen, wird die Gnade eines Jubiläumsablasses zuteil. Das erste **Heilige Jahr von Compostela** wurde 1179 gefeiert. In Heiligen Jahren ist auch das Tor **Porta Santa** an der Kathedrale geöffnet. Die Heiligen Jahre kehren in Intervallen von 6, 5, 6 und

Seit Jahrhunderten das Ziel langer Pilgerfahrten, die Kathedrale von Santiago de Compostela

11 Jahren wieder. Das letzte Heilige Jahr war 2010. Das nächste Heilige Jahr wird 2021 und das letzte Heilige Jahr in diesem Jahrtausend wird 2094 sein.

Spaziergang zu den Sehenswürdigkeiten in Santiago de Compostela

Eine Stadtbesichtigung beginnt man am besten auf der großen, eindrucksvollen **Praza do Obradoiro (2) [N42° 52' 49.7" W8° 32' 44.1"],** die von repräsentativen Gebäuden eingerahmt wird und dem weiten Platz ein eindrucksvolles Erscheinungsbild verleihen.

An der Ostseite erhebt sich die dominierende **Kathedrale (3)**.

Links der Kathedrale schließt der **Palacio Gelmírez (Pazo de Xelmírez – 9)** an *(geöffnet Apr. - Okt. tgl. 9 - 20 Uhr; Nov. - März tgl. 10 - 20 Uhr; www.santiagoturismo.com/monumentos/pazo-de-xelmirez-2)*. Das erzbischöfliche Palais aus dem 12. Jh. mit einer Fassade aus späterer Zeit kann besichtigt werden. Sehenswert ist vor allem der **Salón Sinodal** aus dem 13. Jh. mit schönem Kreuzgewölbe und interessanten Steinmetzarbeiten an den Kragsteinen.

Gegenüber der Kathedrale sieht man den alten **Palacio de Rajoy (Pazo de Raxoi – 15)** mit seinem Arkadengang an der klassizistischen Fassade. Er dient heute als Rathaus.

Beeindruckend an der Nordseite des Platzes ist das **Hostal dos Reis Católicos (8)** mit schöner Fassade und prächtigem plateresken **Portal**. Aus dem ehemaligen, nach dem Fall Granadas 1492 von den Katholischen Königen gestifteten Pilgerhospital wurde eine Luxusherberge (Parador) mit fünf Sternen.

Pórtico de la Gloria, das Hauptportal der Kathedrale von Santiago de Compostela

Der ausgedehnte Gebäudekomplex des Paradors gruppiert sich um vier Innenhöfe, in deren Mitte sich eine gotische Kapelle (heute Konzertsaal) befindet. Die Innenhöfe lohnen eine Besichtigung *(geöffnet Mo - Fr + So 12 - 14 + 16 - 18 Uhr; www.santiagoturismo.com/monumentos/hostal-dos-reis-catolicos/)*.

Die Front des **Colegio San Jerónimo (Colexio de San Xerome – 16)** schließt den Platz an der Südseite ab. Das Gebäude stammt aus dem ausgehenden 16. Jh. Es wurde damals errichtet, um das von Erzbischof Alonso III. Fonseca gegründete Kollegium aufzunehmen. Heute ist hier das Rektorat der Universität von Santiago untergebracht.

Hoch, mächtig, breit, bedeckt von der Patina der Jahrhunderte und überladen von barockem Schmuck erhebt sich die prächtige **Obradoiro-Fassade** der **Kathedrale (3)** – der Endpunkt des Jakobsweges, das Ziel von Millionen von Pilgern nicht nur im Mittelalter. Oben, im schwungvoll hochgezogenen, turmgekrönten Giebel eine Statue des hl. Jakobus im Pilgerkleid. Die beiden gewaltigen, 74 m hohen Türme rechts und links stehen an Prunk der Fassade in nichts nach *(geöffnet Apr. - Okt. tgl. 9 - 20 Uhr; Nov. - März tgl. 10 - 20 Uhr; www.catedraldesantiago.es)*.

Nachdem die erste Kirche über dem Apostelgrab 977 von Maurenfürst Almansur zerstört worden war – bemerkenswerterweise ließ der Maure die Reliquien des Heiligen aber nicht antasten – wurde 1075 auf Veranlassung des Bischofs Diego Peláez und unter Leitung des Baumeisters Bernardo mit dem Bau der heutigen Kathedrale begonnen. Es entstand zunächst die Capilla del Salvador (Erlöserkapelle) im frühromanischen Stil, später der Chorumgang und danach, unter dem Einfluss des Cluniazenserordens, der dreischiffige Kirchenraum und das ebenfalls dreischiffige Querhaus. 1128 konnten die Bauarbeiten abgeschlossen werden.

Im 17. und vor allem im 18. Jh. erfuhr die Kathedrale umfassende Umbauarbeiten. Unter dem Architekten Casa y Novoa wurde vor allem die Obradoiro-Fassade mit Barockelementen verziert.

Über die doppelte **Freitreppe**, Anfang des 17. Jh. von dem in Jaén geborenen Erzbischof Maximilian in Auftrag gegeben, gehen wir hinauf zum Portal und treten in das romanische Kircheninnere.

Im Narthex, der Vorhalle, verdient der mit herrlichen Steinmetzarbeiten und Figuren reich geschmückte **Pórtico de la Gloria (4)** alle Aufmerksamkeit. Das großartige Portal entstand zwischen 1150 und 1188 und gilt als glanzvoller Abschluss der ausgehenden Zeit der Romanik. Geschaffen wurde das Portal von Baumeister Mateo (Matthäus), einem gelernten Brückenbauer, der mutig an diesem für damalige Größenvorstellungen gigantischen Portikus zu arbeiten begann. Zuvor aber hatte Matthäus schon sein Können als Baumeister bewiesen. Mit der Krypta hatte er auf schwierigem, unebenen Terrain die Basis der Kathedrale geschaffen.

Detail der barocken Obradoiro-Fassade der Kathedrale

In der Mitte des Portals sieht man eine mit Ornamenten bedeckte **Säule**. Auf ihr thront der Apostel Jakobus mit verklärtem Gesichtsausdruck. An diese Säule legten und legen die Pilger eine Hand, um ihr Anliegen, das Motiv zur Wallfahrt, vorzubringen. Tiefe Aushöhlungen in Form der fünf Finger sind an dieser Stelle entstanden.

Im mittleren **Tympanon** (Bogenfeld über den Türen) thront monumental (3 m hoch) der Erlöser mit den Wundmalen, flankiert von den vier Evangelisten mit ihren typischen Symbolen (Johannes mit dem Adler, Lukas mit dem Stier, Matthäus und Markus mit dem Löwen) und umgeben von den vierzig Gerechten. In den Bögen des Pórtico die Gestalten der 24 Alten aus der Apokalypse. An den Säulen, die das Portal flankieren sieht man ausdrucksvolle Apostelfiguren.

Reliquiar des hl. Jakobus in der Krypta der Kathedrale

Durch die Säulenreihen des 97 m langen und 20 m hohen **Hauptschiffes** gehen wir nach vorne bis zur **Crucero** (Vierung), die von einer 32 m hohen Kuppel überwölbt wird. Dort sieht man ein dickes Seil von der hohen Decke hängen, an das an hohen Kirchenfesten der *Botafumeiro*, „der „König der Weihrauchfässer", gehängt und von acht Männern mit mächtigem Schwung durch das ganze, riesige Querschiff geschwenkt wird. Der *Botafumeiro* ist gewöhnlich im Kirchenmuseum zu sehen.

Die Beweihräucherung des gesamten Kirchenschiffes hatte zu Zeiten der großen Pilgerströme in früheren Tagen aber nicht nur einen zeremoniellen, sondern wohl auch einen ganz profanen, praktischen Hintergrund. Hunderte von reuigen Pilgern, die monatelang unterwegs gewesen waren, füllten, vermutlich in ihren täglich bei Wind und Wetter, Tag und Nacht getragenen Pilgerhabitus gekleidet, den Kirchenraum mit ihrem recht irdischen Odeur der Wandermühen, der mit den aromatischen Rauchschwaden aus dem Weihrauchfass übertönt werden sollte.

Der Brauch des Weihrauchfasses wurde vermutlich im 14. Jh. in den liturgischen Ablauf integriert. Schon lange vorher wurden in Palästen und Tempeln Lampen mit duftenden Essenzen oder Räucherpfannen aufgestellt, in denen wohlriechende Pflanzen wie Myrre, Rauchharz aber auch Oliven verbrannt wurden. Und ab dem 16. Jh. wird berichtet, dass der Botafumeiro in der Kathedrale von Santiago zum Schwingen gebracht wurde.

Wir gehen weiter zum prunkvollen **Hauptaltar**, in dessen Mitte der **heilige Jakobus**, angetan mit einer silbernen, mit Edelsteinen besetzten Pelerine thront. An den Seiten des Altars führen je eine kleine, schmale Tür und Stufen hinauf in den Altar. Die Pilger treten dort hinter die mit Silber bedeckte Jakobusstatue und umarmen und küssen den Heiligen. Für alle Gläubigen ist dies die Krönung ihrer Pilgerfahrt!

Unter dem Altar, durch kleine Türen zugänglich, die **Krypta** mit dem reich verzierten, silbernen **Reliquienschrein** des hl. Jakobus.

Beachtung verdienen auch die zahlreichen **Seitenkapellen** im Chorumgang, so die Kapelle Mondragón (rechts vom Altar) aus dem 16. Jh. mit dem sehenswerten Terrakotta-Relief „Kreuzabnahme" von Miguel Ramón.

Im rechten Längsschiff befindet sich der Eingang zum **Tesoro** *(Kirchenmuseum geöffnet Apr. - Okt. Di - So 10.30 - 20 Uhr; Nov. - März tgl. 10 - 20 Uhr; www.catedralde-santiago.es)*. In zwei Sälen wird dort der **Kirchenschatz** gezeigt. Ausgestellt sind dort u. a. kostbare aus Silber und Gold gearbeitete Monstranzen und andere liturgische Gerätschaften.

Am **Kreuzgang** vorbei gelangt man in den ersten Stock des Museums. Dort sieht man herrliche **Wandteppiche**. Von der Balustrade schöner Blick auf die Plaza del Obradoiro und die Stadt.

An der Fassadenseite an der Plaza del Obradoiro findet man am Treppenaufgang den Eingang zum **Museum der Kathedrale** *(geöffnet Apr. - Okt. tgl. 9 - 20 Uhr; Nov. - März tgl. 10 - 20 Uhr; www.catedraldesantiago.es/es/museo/)*. In verschiedenen Räumlichkeiten sieht man u. a. Fundstücke, die bei Grabungen in der Kathedrale zu Tage gefördert wurden. Man kommt zur **Reliquienkapelle** und zur **Bibliothek**, in der das historische Manuskript „Liber Sancti Iacobi", besser bekannt als „Codex Calixtinus" und für gewöhnlich auch die großen silbernen Weihrauchfässer aufbewahrt werden. Es schließt die **Sala capitular**, der Kapitelsaal an, der Teile der Wandteppichausstellung aufnimmt.

Später geht man entweder um den Kathedralenkomplex herum zu dessen Südseite oberhalb der Praza das Praterias, oder man verlässt die Kathedrale durch die **Puerta de las Platerías (6),** die aus dem südlichen Querschiff auf eine breite Freitreppe hinab zur kleinen **Praza das Praterias** (Plaza de las Platerías, Platz der Goldschmiede) mit dem **Fuente de los Caballos** (Brunnen der Pferde) führt. Die Puerta de las Platerías ist übrigens einer der Teile der Kathedrale, der im romanischen Stil erbaut ist und auch so erhalten blieb. Der Figurenschmuck mit den Heiligen und den alttestamentarischen biblischen Szenen in den Bogenfeldern (Tympanons) über den Türen (z. B. Vertreibung aus dem Paradies links) wurde später angebracht. Rechts des Portals erhebt sich der Uhrenturm **Torre del Reloj**.

Ein paar Schritte östlich des Brunnens Fuente de los Caballos findet man das **Museo das Peregrinacions (20)**, Praza das Praterias, 2 *(geöffnet Di - Fr 9.30 - 20.30 Uhr, Sa 11 - 19.30 Uhr, So 10.15 - 14.45 Uhr; https://museos.xunta.gal/en/peregrinacions)*. Ein wichtiges Museum für alle, die sich für die lange Geschichte des Jakobsweges und des Pilgertums interessieren. Das Museum gibt Einblick in die Bedeutung des Jakobuskultes, dokumentiert die Entwicklung der Pilgerwege seit dem Mittelalter, die Herausbildung der verschiedenen Pilgerpfade und schließlich die Beziehung zwischen der Pilgerbewegung und der Stadt Santiago de Compostela.

Das von Säulengängen umgebene Eckhaus an der Südseite der Plaza de las Platerías links ist die **Casa da Conga (Casa de la Canónica – 14),** das ehemalige Haus der Domherren.

Der größere Platz hinter der Kathedrale, der etwas weiter oben anschließt, ist die **Praza da Quintana (24) [N42° 52‘ 48.9“ W8° 32‘ 38.4“]** mit der oberen Ebene der Lebenden, *La Quintana dos Vivos* und der unteren Ebene der Toten, *La Quintana dos Mortos*.

Durch die schmucklosen Gebäudemauern des Klosters **Mosteiro e Igrexa de San Paio (Pelayo) de Antealtares (13),** die den Platz im Osten umgeben, wirkt die Praça da Quintana ernst und wenig romantisch. Das Kloster ist eines der ältesten im Lande und wurde im 9. Jh. von Alfonso II. gegründet und dem Benediktinerorden übereignet. Eine der Hauptaufgaben der Mönche bestand darin, die kostbaren Reliquien unter dem Altar der damals existierenden Kirche zu beschützen.

Im Kloster ist ein Museum eingerichtet, das Religiöse Kunst, Malerei, Skulpturen und Goldschmiedekunst zeigt. Besonders stolz ist das Museum auf den alten Altar des Apostels Santiago aus der Kathedrale.

An der Chorseite (Ostseite) der Kathedrale fällt die **Puerta Santa** (auch Puerta del Perdòn), das Heilige Tor auf, das nur in einem Heiligen Jahr geöffnet wird.

Weiter oben, an der Nordseite des Platzes, sieht man die **Casa de la Parra (12).** Der hübsche Barockbau stammt aus dem 17. Jh. Seine Fassade ist verziert mit Wasserspeiern, Balustraden, Früchten u. ä.

Ein **Spaziergang durch die Gassen**, die „Rúas“, der Altstadt mit ihren Bogengängen an den grauen Häusern, ist reizvoll.

Von der Praza das Praterias gehen wir die **Rúa do Vilar** hinunter zur Praza do Toural. Ziemlich am Anfang der Gasse liegt linkerhand die **Casa del Deán [N42° 52' 47.2" W8° 32' 38.8"]**, das Haus des Dechanten, Rúa do Vilar, 1, einen Barockbau aus dem 18. Jh. Weiter unten an der Rúa do Vilar passiert man am Abzweig der Gasse Entrerúas linkerhand das Palais Pazo de Vaamonde, kurz darauf das Büro der **Touristeninformation (1) [N42° 52' 43.9" W8° 32' 40.2"],** um schließlich am ebenfalls linkerhand gelegenen **Pazo de Bendaña (18)**, dem Palast der Marqueses de Bendaña mit sehr schönen Gittern, Balkonen und Skulpturen auf die **Praça do Toural** zu stoßen

Am etwas weiter gelegenen kleinen Platz **Porta da Faxeiras [N42° 52' 38.4" W8° 32' 44.9"]** (Plaza Fajera) laden viele kleine Cafés zum Ausruhen ein, bevor man die schmale **Rúa do Franco** zurück zur Plaza del Obradoiro (2) nimmt. Auf dem Weg kann man sich unter den vielen Lokalen eines aussuchen, in dem man vielleicht zu Abend essen will oder man kann sich gleich im einladenden Café-Restaurant Dakar ein Tässchen Kaffee gönnen.

An schönen **Stadtpalais** kommt man vorbei, wenn man von der Praza do Toural aus durch die **Rúa Nova** zurück zur Kathedrale geht.

Weitere Sehenswürdigkeiten

Das **Kloster San Martín Pinario (10) [N42° 52' 56.1" W8° 32' 37.8"]** mit schönen Kreuzgängen aus dem 17. Jh. und einer sehenswerten **Kirche** mit plateresker **Fassade** liegt nördlich der Kathedrale an der Praza de San Martiño. Beachtung verdient in der Kirche vor allem die üppig dekorierte barocke **Altarwand**, ein Meisterwerk von Fernando Casas y Novoa aus der Mitte des 18. Jh. Sehenswert sind zudem die beiden barocken **Kanzeln**.

Noch ein gutes Stück östlich der Klosterkirche San Martín Pinario liegt nordöstlich der Innenstadt das ehemalige **Kloster Santo Domingo de Bonaval (22) [N42° 52' 57.3" W8° 32' 20.8"]** *(geöffnet Di - Sa 10.30 - 14 + 16 - 19.30 Uhr, So 11 - 14 Uhr)*. Es wurde 1220 vom hl. Dominikus für den Dominikanerorden gegründet. Schöne Renaissancefassade aus der Mitte des 16. Jh. an der Kirche, Pantheon berühmter Galicier wie Rosalía de Castro, Alfredo Brañas, Francisco Asorey oder Ramón Cabanillas.

Heute beherbergt das Kloster das **Museo do Pobo Galego (21),** Rúa de Valle Inclán 3 *(geöffnet Di - Sa 11 - 18 Uhr, So 11 - 14 Uhr; www.museodopobo.es)*. Das Museum des Galicischen Volkes dient als Museum für galicische Volkskunst und als Stadtmuseum. Ausgestellt sind Möbel, Musikinstrumente, Exponate aus dem galicischen Kulturkreis und dem Alltags- und Arbeitsleben der Bevölkerung. Fischfang, Ackerkultur, Handwerk, ländliche Architektur und Trachten nehmen dabei einen breiten Raum ein.

Besonderes Augenmerk verdient die dreifach gewundene **Wendeltreppe**. Sie gilt als Meisterwerk des Baumeisters Domingo de Andrades, dem es mit der klugen Konstruktion gelang, den Kreuzgang mit den Etagen des Gebäudes zu verbinden.

Die **Colegiata Santa María a Real de Sar [N42° 52' 20.1" W8° 32' 12.7"]** liegt südöstlich der Stadt an der Straße nach Codeso. Das im 12. Jh. gegründete Augustinerkloster weist eine dreischiffige Basilika auf, der nach dem Einsturz eines Teils des Kirchengewölbes beim Wiederaufbau im 18. Jh. starke Strebepfeiler angefügt wurden. Romanischer **Kreuzgang**.

PRAKTISCHE HINWEISE – SANTIAGO DE COMPOSTELA

Oficina de Turismo [N42° 52' 40.6" W8° 32' 41.80"], Rúa do Vilar, 63, 15705 Santiago de Compostela, Tel. +34 981 55 51 29; www.santiagoturismo.com. *Geöffnet Mai - Okt. tgl. 9 - 20 Uhr; Nov. - Apr. Mo - Fr 9 - 19 Uhr, Sa + So 9 - 14 + 16 - 19 Uhr.*

Parken

Falls mit Pkw unterwegs, am östl. Stadtrand (Repsol-Tankstelle, großer, ampelgeregelter Kreisverkehr **[N42° 53' 29.8" W8° 31' 59.3"]**, ein wichtiger Verteiler im Stadtverkehr), dem Schild „catedral" folgen und versuchen, in der Avenida de Juan XXIII. im **Parkhaus Aparcamiento Juan XXIII [N42° 53' 13.64" W8° 32' 33.71"]** (Parkhauseinfahrtshöhe 2,00 m, außerdem großer Busparkplatz und **Touristeninformation**) rechts der Straße noch vor dem Convento San Francisco zu parken.

Wohnmobilfahrer halten sich an erwähntem Kreisverkehr rechts und fahren ostwärts auf der N-550 Richtung A Coruña zum links der Straße gelegenen, gebührenpflichtigen **Großparkplatz [N42° 53' 40.1" W8° 31' 55.9"]**. Ein Teil ist als Wohnmobilstellplatz ausgewiesen mit V & E s. u.

RESTAURANTS

Casa Marcelo, Rúa Hortas, 1, Tel. +34 981 55 85 80; im Zentrum westlich der Praza do Obradoiro unterhalb der Rathausrückseite neben einer Kirche; hier isst man gut und vergleichsweise preiswert. Sonntag und Montag Ruhetage.

El Mercadito, Galeras, 18, Tel. +34 981 57 42 39; in modernem Ambiente werden Spezialitäten der Region serviert. Sonntagabends und montags geschlossen.

PARADOR

Parador de Santiago de Compostela, 131 Zi., Praza do Obradoiro, 1, Tel. +34 981 58 22 00; www.parador.es/de/paradores/parador-de-santiago-de-compostela/; Luxusherberge im historischen Pilgerhospital aus dem 16. Jh. Stilvolles Ambiente, sehr zentral direkt neben der Kathedrale gelegen, zwei gepflegte, teure Restaurants, Bar, Terrasse, Fahrradverleih, WLAN. Parkplatz. Keine Haustiere.

CAMPING

Camping As Cancelas [N42° 53' 21.8" W8° 31' 27.6"], Rúa do 25 de Xullo, 35, Tel. +34 981 58 02 66; www.campingascancelas.com; Jan. – Dez.; im nordöstlichen Stadtbereich, Zufahrt am ampelgeregelten Kreisverkehr (Repsol-Tankstelle) nach KM 721 Richtung A Coruña und gleich wieder rechts bergan und vorbei am Umspannwerk; steiler Terrassenplatz mit Laubbäumen; steile Auffahrt zu den teils schmalen Terrassen; ein Campinglatz, der sich auf Grund ständig starker Frequentierung um seine Gäste nicht bemühen muss; ca. 2 ha – 400 Stpl.; Standardsanitärausstattung. Restaurant, Waschmaschine, Trockner, Schwimmbad, WLAN, Brötchenservice. Am Ende der Terrasse B-VIII befindet sich eine V & E Station für Wohnmobile, Mietbungalows. Bushaltestelle unterhalb des Platzes, Linie 4 fährt zum Busstop am Westrand der Altstadt. Großes Einkaufszentrum nahebei.

Camping Monte do Gozo [N42° 53' 15.6" W8° 29' 32.3"], Rua do Gozo, 18, Tel. +34 981 55 89 42; 1. Juli – 31. Aug.; östlich der Stadt Zufahrt bei KM 3 von der Straße zum Flughafen Richtung San Marcos; 5 ha – ca. 200 Stpl.; Standardsanitärausstattung. Laden, Restaurant, Schwimmbad.

Camping San Marcos [N42° 53' 30.5" W8° 28' 35.3"], Tel. +34 981 57 09 35; 1. Jan. – 31. Dez.; ca. 3 km östlich von Santiago de Compostela, N-634a Richtung Flughafen; Übernachtungsmöglichkeit direkt am Camino de Santiago, Wiesen unter Laubbäumen; 2 ha – 200 Stpl.; Restaurant, Schwimmbad, einfache Sanitärs.

WOHNMOBIL-STELLPLATZ

Wohnmobil-Stellplatz Parking Área de Santiago [N42° 53' 39.86" W8° 31' 55.11"], Rúa de Manuel Maria s/n. **Zufahrt:** Am nördlichen Ortsrand bei der Repsol-Tankstelle am großen Kreisverkehr nordwärts ca. 500 m zum gro-

ßen Parkplatz für Busse und Wohnmobile abzweigen. **Ausstattung:** Ebener, asphaltierter, schattenloser, großer Parkplatz für ca. 100 Wohnmobile, ca. 2 km von der Kathedrale entfernt gelegen. Frischwasser, Grauwasser- und Chemikaltoilettenausguss. **Geöffnet:** Ganzjährig. **Gebühr:** Pauschale inkl. V & E-Einrichtung und Übernachtung für 2 Personen.

Milladoiro-Ames bei Santiago de Compostela
Wohnmobil-Stellplatz Parking Milladoiro [N42° 50′ 47.42″ W8° 34′ 50.23″], Travesa do Porto; www.concellodeames.org. **Zufahrt:** Auf der N-550 ca. 10 km südwestwärts Richtung Pontevedra, am westlichen Ortsrand von Milladoiro neben dem städt. Freibad gelegen. **Ausstattung:** Beschilderter Platz für ca. 20 Wohnmobile. Frischwasser, Grauwasser- und Chemikaltoilettenausguss. **Geöffnet:** Ganzjährig. **Gebühr:** Kostenlos. Zur Bushaltestelle nach Santiago de Compostela zu Fuß 15 Minuten. Max. Aufenthalt 48 Stunden.

Bertamiráns bei Santiago de Compostela
Wohnmobil-Stellplatz Área de Bertamiráns [N42° 51′ 36.55″ W8° 38′ 54.37″], Rúa das Pesqueiras. **Zufahrt:** Von Santiago auf der AG-56 westwärts und auf die AC-543 nach Bertamirans abzweigen und noch ca. 1 km zum Parkplatz des Carrefour-Supermarkts. **Ausstattung:** Allgemeiner Parkplatz mit ca. 12 Stellflächen für Wohnmobile. Frischwasser, Grauwasser- und Chemikaltoilettenausguss. **Geöffnet:** Ganzjährig. **Gebühr:** Kostenlos. Max. Aufenthalt 48 Stunden.

Die Kathedrale in Santiago de Compostela

Abstecher nach A Coruña

*ROUTE: Ein Abstecher ab Santiago de Compostela kann nordwärts ins rund 65 km entfernte **A Coruña** und an die Küste der **Rías Altas** führen. Man erreicht die Hafenstadt auf der N-550 oder über die Autobahn AP-1/E-1.*

Eine nähere Beschreibung von **A Coruña** finden Sie am Ende der vorangegangenen Tour 11, León – Oviedo – Santiago de Compostela.

VON DEN RÍAS ÜBER KASTILIEN INS EBRO-TAL

5 Touren – ca. 11 Tage

Der Klosterpalast Monasterio de San Lorenzo de El Escorial

TOUR 13: SANTIAGO DE COMPOSTELA – SANXENXO

Länge der Tour: Rund 390 km, ohne Abstecher.

Die Route: Über die DP-701/AC-404 bis **Baio** – AC-430 bis **Cánduas** – AC-431/433/432 bis **Cabo Vilán** – AC-432 bis **Vimianzo** – C-552 über **Cée** bis **Cabo Fisterra** – C-550 über **Muros, Noia** und **Ribeira** bis **Padrón** – C-550 über **Vilagarcía de Arousa, Cambados** und **O Grove** bis **Sanxenxo/Sangenjo.**

Reisedauer: Mindestens ein Tag.

Höhepunkte: Die **Küstenlandschaften** und **Strände** der **Rías Baixas** *** – der **Panoramablick am Cabo Fisterra** ** – Küste und Strände bei **O Grove** **.

Wer abgeschiedene, wilde Küstenstriche und weite, einsame Sandstrände liebt, sollte hinaus an die **Rías Baixas/ Rías Bajas** fahren, z. B. ans „Ende der Welt“ am **Cabo Fisterra/Finisterre**.

Dieser abgelegene Teil der Provinz Galicien macht einen etwas verschlafenen, vergessenen Eindruck. Zwischen den grünen, fruchtbaren Hügeln des feuchten, niederschlagsreichen Landstrichs liegen die Dörfer und Bauernhöfe mit den typischen Vorrats- und Speicherhäuschen aus Stein, den Hórreos, verstreut. Die raue Natur und die oft regenfeucht leuchtenden Landschaften erinnern oft an Gegenden in Irland oder in der Bretagne.

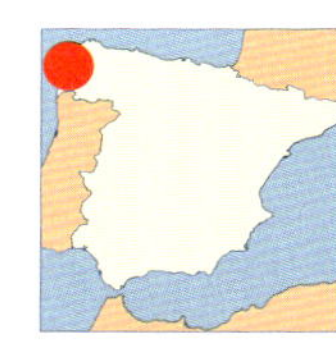

Das Klima wird stark vom nahen Atlantik beeinflusst. Nebel, tiefliegende Wolken und Nieselregen sind besonders in den Vormittagsstunden keine Seltenheit. Am beständigsten sind die sonnigen Schönwetterabschnitte gewöhnlich im September, der deshalb auch als empfehlenswerter Reisemonat für das westliche Galicien gilt. Aber eine Garantie dafür kann in dieser wetterwendischen Ecke niemand geben.

Der folgende **Routenvorschlag** empfiehlt sich vor allem bei ausreichend zur Verfügung stehender Zeit! Man sollte mindestens einen ganzen Tag dafür einplanen. Bei knappem Zeitplan fährt man besser von Santiago de Compostela direkt über Ourense nach Puebla de Sanabria (Tour 14, Sanxenxo – Puebla de Sanabria).

ROUTE: *Gleich nördlich von Santiago de Compostela verlässt man die Hauptstraße N-550 (Santiago – A*

*Coruña) und nimmt die Straße DP-701 nordwestwärts über **Portomouro (Entrepuentes), Santa Comba** und **Zás** bis **Baio**.*

Ab Baio kann man südwestwärts direkt nach **Cée** und hinaus zum **Cabo Fisterra** fahren. Landschaftlich viel reizvoller aber, allerdings auch etwas umständlicher und weiter, ist der Weg über **Laxe, Camariñas** und **Muxía**.

Ein Abstecher von Baio über Ponteceso nach **Malpica de Bergantiños [N43° 19' 22.8" W8° 48' 38.3"]**, einem kleinen malerischen Fischerdorf, lohnt. Es liegt noch 18 km weiter nordöstlich in einer geschützten Bucht an der sog. galicischen Todesküste „Costa da Morte". Die Bucht schützt den Hafen vor den ärgsten Nordweststürmen.

Östlich von **Laxe** erstrecken sich in der Ría de Corme y Laxe wunderschöne **Strände**.

Von Laxe fährt man auf der küstennahen C-433 bis **Ponte do Porte** und weiter über **Camariñas**, eine Hochburg des Klöppel-Kunsthandwerks, hinaus zum Leuchtturm hoch auf dem zerklüfteten Felskap **Cabo Vilán [N43° 09' 34.7" W9° 12' 37.8"]** mit prächtigem Panoramablick.

Molinos/Os Munhios (Camping Playa Barreira Leis [N43° 06' 54.3" W9° 09'34.6"], Tel. +34 981 73 03 04, Apr. - Okt.) und das hübsche Fischerdorf **Muxía** liegen an der Südseite der weit verzweigten Bucht Ría de Camariñas mit **Sandstränden**. Zu den bescheidenen Sehenswürdigkeiten in Muxía zählt die Seefahrerkirche **Santa María de la Barca** mit dem wundertätigen Stein „pedra dos cadris" davor.

Weiter südlich erreicht man über **Cée** schließlich den Ferienort **Corcubión**. In dem hübschen Hafenstädtchen findet man noch einige alte **Herrenhäuser** mit Steinwappen an den Fassaden und verglasten Veranden.

Von Corcubión aus kann man hinaus nach **Fisterra** an einer langen Sandbucht und weiter zum Leuchtturm am windumtosten **Cabo Fisterra/Finisterre [Parkplatz, N42° 53' 05.3" W9° 16' 18.2"]**, der westlichsten Landspitze Spaniens, fahren (Souvenirläden).

Ein durch nichts gestörter Blick auf das unendliche Meer, hinter dessen Horizont die Seefahrer lange das Ende der Welt vermuteten, das in ihren Augen von riesigen Drachen und Schiffe verschlingenden Ungeheuern bewacht wurde, entschädigt ein wenig für den langen Weg hierher. Mit etwas Glück kann man am Cabo Fisterra, wie an anderen Westkaps an der galicischen Küste natürlich auch, dramatisch schöne Sonnenuntergänge erleben.

An der Ostseite der Halbinsel erstreckt sich der geschützte Sandstrand **Praia Langosteira**.

Zurück in **Cée** (Industrie, Fischfang) folgen wir nun der Küstenstraße AC-550, vorbei an schönen **Sandstränden** wie der kilometerlangen **Praia de Carnota** oder der **Praia de Lariño** und erreichen das hübsche Fischerstädtchen **Muros [Touristeninformation, Parkplatz, N42° 46' 32.0" W9° 03' 29.2"]** an der weit ins Land schneidenden Bucht Ría de Muros y Noia. **Vorsicht** ist auch hier an den Atlantikstränden beim Baden geboten! Wellengang und Strömungen können gefährlich werden!

Kurvenreich folgt die Straße nun der Küste der Ría de Muros y Noia bis **Noia**, einem reizvollen Ort mit herrschaftlichen Häusern aus dem Mittelalter, interessanten Kirchen und einer lauschigen Plaza Mayor.

Weite **Strände** findet man südlich der Stadt bei **Porto do Son** (Camping Punta Batuda, Tel. +34 981 76 65 42; ganzjährig) oder bei **Queiruga**.

Je nach zur Verfügung stehender Zeit kann man die Rías Rundfahrt noch weiter ausdehnen und von Noia aus die südlich anschließende Halbinsel der **Sierra de Barbanza** ganz umfahren. Über **Sta. Eugenia/Ribeira** (Camping Coroso, Tel. +34 981 83 80 02, 1. Apr. - 30. Sept.) an der Ría Arousa, **A Pobra do Caramiñal** und **Boiro** erreicht man dann **Padrón** an der wichtigen Nord-Süd-Verbindung N-550 und unweit der Autobahn A-9/E-1.

Typisches Speicherhäuschen in Galicien

Dieser Umweg lohnt sich bei schönem Wetter vor allem dann, wenn man sich die Mühe macht und von A Pobra do Caramiñal hinauf nach Lesón am Fuße des **Mirador de la Curato** fährt und von dort noch etwa eine Stunde hinauf zum Aussichtspunkt wandert. Der Lohn der Mühe ist ein (bei klarem Wetter) grandioser **Panoramablick** auf die Küstenlandschaft der Rías.

Padrón [Parkplatz, N42° 44' 09.8" W8° 39' 40.7"], die zur Römerzeit als *Iria Flavia* bekannte Siedlung am Río Ulla gilt als legendärer Landungspunkt des Apostels Jakobus (siehe unter Santiago). Die Heiligenlegende berichtet, dass Jakobus auf seiner ersten Missionsreise nach Iria Flavia von seinem Schiff aus eine Predigt an die Lachse in der Bucht hielt. In der **Pfarrkirche Santiago [N42° 44' 20.9" W8° 39' 40.9"]** im Ort am Plaza Fillos e Amigos de Padrón, an der

CAMPING ZWISCHEN CÉE, FISTERRA UND MUROS

Estorde bei Corcubión / Cée

Camping Ruta de Finisterre [N42° 56' 39.4" W9° 13' 12.5"], Playa de Estorde, 216, Tel. +34 981 74 63 02; www.rutafinisterre.com; 15. Juni – 15. Sept.; westlich von Corcubión an der Straße AC-445 (Corcubión – Fisterre) bei KM 7 Richtung Fisterra gelegen; Terrassen nahe einer Sandbucht im Ort; 3 ha – ca. 150 Stpl.; Standardsanitärausstattung. Laden, Restaurant, Waschmaschine, WLAN. V & E für Wohnmobile.

Louro/ Muros

Camping San Francisco [N42° 45' 43.2" W9° 04' 21.1"], Camino do Convento, 21, Tel. +34 981 82 61 48; www.campingsanfrancisco.com/de/; 15. Juni – 24. Sept.; an der Straße nach Fisterra in San Francisco bergwärts, ebene Wiese mit Laubbäumen; ca. 1,5 ha – 80 Stpl.; einfache Standardausstattung. Laden, Restaurant, Waschmaschine, WLAN im Receptionsbereich. V & E für Wohnmobile. Hübsche Mietbungalows.

Camping A'Vouga [N42° 45' 38.2" W9° 03' 43.5"], Ctra. AC-550 KM 3 Muros-Fisterre, Tel. +34 981 82 61 15; 15, März – 15. Okt.; Terrassen unterhalb der C-550 östlich von San Francisco Richtung Fisterra, schön gelegen am Strand.; 1,5 ha – 60 Stpl.; einfache Standardsanitärausstattung. Restaurant, Waschmaschine, Trockner, Brötchenservice, WLAN im Receptionsbereich. V & E für Wohnmobile.

WOHNMOBIL-STELLPLATZ – MUXIA, BOIRO, FINISTERRE

Muxia

Wohnmobil-Stellplatz Área para Autocaravanas [N43° 5' 55.23" W9° 12' 46.40"], AC-440. **Zufahrt:** An der AC-440 zwischen Figureias de Ariba und Muxia gelegen, nahe der Praia da Cruz Sandbucht. **Ausstattung:** Ebener Parkplatz für 4 Wohnmobile. Frischwasser, Grauwasser- und Chemikaltoilettenausguss. **Geöffnet:** Ganzjährig. **Gebühr:** Kostenlos. Kein Campingleben gestattet. Max. Aufenthalt 48 Stunden.

Fisterra

Wohnmobil-Stellplatz Área Fisterra [N42° 54' 40.40" W9° 15' 49.06"], Calle la Coruña. **Zufahrt:** Am nördlichen Ortsrand von Fisterra. **Ausstattung:** Langgezogener, leicht unebener, schattenloser Schotterplatz am nördlichen Ortsrand von Fisterra mit Platz für ca. 30 Wohnmobile, in erhöhter Lage. Frischwasser, Grauwasser- und Chemikaltoilettenausguss, Strom, WC, WLAN. **Geöffnet:** Ganzjährig. **Gebühr:** Pauschale inkl. V & E-Einrichtung, Extragebühr für Strom und für Frischwasser, Platzwart kassiert. Max. Aufenthalt 72 Stunden. Ortszentrum fußläufig erreichbar.

Boiro

Wohnmobil-Stellplatz Area de Playa Jardin [N42° 38' 29.6" W8° 53' 49.0"], Ave. de la Compostela. **Zufahrt:** Von der AG-11 (Padrón – Ribeira) nach Boiro abzweigen, beschilderte Zufahrt in Boiro Richtung Strand Playa Jardin de Barrana, durch die Straße vom Strand getrennt. **Ausstattung:** Asphaltierte Fläche mit Platz für 12 Wohnmobile. Frischwasser, Grauwasser- und Chemikalausguss. **Geöffnet:** Ganzjährig. **Gebühr:** Kostenlos. Max. Aufenthalt 72 Stunden. Restaurant „Estrella del Mar" gegenüber.

Boiro-Chancelas

Wohnmobil-Stellplatz Área de Playa Mañóns [N42° 37' 58.21" W8° 51' 11.21"], Playa Mañóns. **Zufahrt:** Von Boiro auf der Landstraße DP-1106 Richtung Abanqueiro und nach ca. 3 km südwärts Richtung Strand Praia de Mañóns. Platz liegt links der Zufahrtsstraße zum Strand. **Ausstattung:** Eben, 5 Stellflächen auf Rasengitter, ca. 150 m vom Strand entfernt. Frischwasser, Grauwasser- und Chemikaltoilettenausguss. **Geöffnet:** Ganzjährig. **Gebühr:** Kostenlos. Max. Aufenthalt 72 Stunden.

Padrón

Wohnmobil-Stellplatz Padrón [N42° 43' 56.49" W8° 39' 40.71°], Travesia del Campo de la Feria. **Zufahrt:** Von der AG-11 (Boiro – Padrón) zum Ort Padrón abzweigen und zum Fußballplatz Campo Municipal do Souto westwärts abzweigen und weiter südwärts auf der Straße Travesia del Campo de la Feria zum Parkplatz. **Ausstattung:** Asphaltierter, ebener, gemischter Parkplatz mit 10 Stellflächen für Wohnmobile. Frischwasser, Grauwasser- und Chemikaltoilettenausguss. **Geöffnet:** Ganzjährig. **Gebühr:** Kostenlos.

Brücke über den Río Sar, ist unter dem Altar der Stein verborgen, an dem das Schiff festgemacht haben soll, mit dem der Leichnam des Heiligen vor langen Zeiten von Palästina nach Galicien gebracht wurde.

Andere bedeutende Bauwerke im historischen Stadtkern sind der **Bischofspalast Obispo de Quito**, das **Rathaus**, das **Kloster Del Carmen** und der Stadtplatz **Porta da Vila**, den ein gotisches Steinkreuz ziert und der Schauplatz eines der größten Märkte der Gegend ist.

Padrón ist Geburtsort der Dichterin und galicischen Heldin des 19. Jh. Rosalía de Castro. Im **Haus A Mantanza [N42° 44' 17.6" W8° 39' 08.4"]** in Bahnhofsnähe, in dem die Schriftstellerin lebte und starb, ist ein Museum eingerichtet.

Dem bislang einzigen Nobelpreisträger aus Galicien, Camilo Jose Cela, wurde an der Straße nach Santiago ein Denkmal gesetzt.

Als **kulinarische Spezialität** der Gegend gelten gebratene und mit Meersalz bestreute scharfe Paprikas.

ROUTE: Bei knappem Zeitplan erreicht man Sanxenxo von Padrón aus rasch und bequem über die Autobahn AP-9/E-1 und die SchnellstraßeAG-41.

Zeitraubender, dafür abwechslungsreicher, ist der Weg ab Padrón – nach der Überquerung des Río Ulla auf einer Brücke aus dem Mittelalter – auf der meernahen Straße PO-548 entlang der Bucht Ría de Arousa nach **Vilagarcía de Arousa**.

Vilagarcía de Arousa (Camping Río Ulla [N42° 38' 3.76" W8° 45' 36.57"], 5. Apr. – 20. Sept., Tel. +34 986 50 54 30, bei Bamio, Straße PO-548, KM 14) verdankt seine stürmische Entwicklung zum Sommerferienort seinen drei **Stränden**.

Ähnlich verhält es sich mit den weiter südlich gelegenen Küstenorten **Vilanova de Arousa** (Camping Playa Paisaxe, ganzjährig).

In den Rías werden intensiv Muscheln, Austern, Krabben, Langusten und andere Schalentiere gezüchtet. Allenthalben sieht man Plattformen in den Buchten, von denen aus die Unterwasserkulturen zugänglich sind.

In **Cambados** an der Ría de Arousa, einem Fischerort mit malerischen Winkeln, überqueren wir am nördlichen Ortsanfang die schöne **Plaza de Fefiñanes [N42° 31' 09.7" W8° 48' 48.6"]**, die von den wappengeschmückten Mauern eines herrschaftlichen Landsitzes (pazo), einer Kirche und von Arkaden umgeben ist.

Bekannt ist der Ort, der den königlichen Titel „Muy Noble Villa" trägt, für seinen **Albariño-Weißwein**. Die Reben sollen vor Zeiten von Santiagopilgern, andere sagen von Benediktinermönchen, von Rhein und Mosel nach Cambados gebracht worden sein. Falls Sie ein paar Fläschchen Albariño mitnehmen wollen, ist die Kellerei Bodegas del palacio de Fefiñanes eine gute Adresse dafür; www.fefinanes.com/en/.

Man erreicht **Vilalonga**. Hier bietet sich Gelegenheit, hinaus an die Landspitze von **A Toxa/La Toja** und nach **O Grove [Parkplatz, N42° 29' 45.96" W8° 51' 46.38"],** einem aufstrebenden Badeort, zu fahren. O Grove liegt auf einer Halbinsel, die durch eine von Sandstränden flankierten Landzunge mit dem Festland verbunden ist.

Besonders beliebt ist der berühmte **Strand A Lanzada** an der Südwestseite der Landenge. Unweit nördlich ist die **Insel A Toxa [N42° 29' 15.34" W8° 51' 9.97"]** vorgelagert, zu der eine Brücke hinüber führt.

Die Szenerie in den Buchten ist sehr reizvoll. Nicht umsonst haben sich betuchte Spanier O Grove als Domizil für ihre Sommervillen ausgesucht.

Es gibt hier gute Hotels fast aller Preisklassen ebenso wie eine Kuranlage, einen Golfplatz, ein Casino und auch Campingplätze. Die Seebäder an der galicischen Küste sind bei spanischen Sommerurlaubern überaus beliebt und werden in der Ferienzeit stark frequentiert, besser gesagt, sie sind dann überlaufen. Zumindest im Juli und August wird es ohne rechtzeitige Reservierung schwierig sein, eine akzeptable Unterkunft zu finden.

Kulinarische Spezialität sind Krusten- und Schalentiere aus den Rías, die beliebten **Mariscos**. Viele Restaurants bieten fangfrische Meeresfrüchte an.

Einen **schönen Küstenabschnitt** mit Sandbuchten zwischen Felsen, der bislang noch nicht – wie viele andere

PRAKTISCHE HINWEISE – CAMBADOS

Oficina de Turismo [N42° 30' 57.8" W8° 48' 52.9"], Paseo de la Calzada, 36630 Cambados, Tel. +34 986 52 07 86; www.cambados.es. *Geöffnet im Sommer Mo - Fr 10 - 14 + 17 - 20 Uhr, Sa + So 10.30 - 14 + 17 - 20 Uhr; im Winter Di - Fr 10 - 14 + 16.30 - 19.30 Uhr, Sa 10.30 - 14 + 16.30 - 19.30 Uhr, So 10.30 - 14 Uhr.*

Feste, Märkte

Albariño-Weinfest, jedes Jahr am ersten Wochenende im August; https://de.allexciting.com/fiesta-del-albarino-cambados/.

RESTAURANT

Posta do Sol, Ribeira de Fefiñas, 22, Tel. +34 986 54 22 85; https://www.restaurantepostadosol.es/; urige Kneipe am Meer, gute Küche, mittlere Preislage. Spezialitäten aus Meeresfrüchten.

PARADOR

Parador de Cambados, 58 Zi., Paseo de la Calzada, Tel. +34 986 54 22 50; www.parador.es/paradores/parador-de-cambados/; im ehemaligen Landsitz Pazo de Bazán aus dem 17. Jh. eingerichtet. Garten, Restaurant, Bar, Schwimmbad, WLAN. Parkplatz.

Küstenregionen hier – vollkommen verbaut ist, findet man zwischen San Vicente de Grove und Reboredo.

Küstenlandschaft bei Sanxenxo an der Ría de Pontevedra

*ROUTE: Von Vilalonga bzw. von O Grove aus südwärts nach **Sanxenxo**.*

Sanxenxo/Sangenjo [Parkplatz, N42° 29' 15.34" W8° 51'9.97"] ist ein weiteres Seebad und ein vielbesuchter Ferienort. Gerne lässt sich die Stadt auch als „touristische Hauptstadt mit fröhlichem Nachtleben" der Rías Baixas bezeichnen. Hier findet man neben umfangreichen touristischen Einrichtungen wie Hotels, Kneipen, Souvenirläden, Campingplätze auch einen Yachthafen und eine Reihe von Sandbuchten, die von Felsriegeln und Klippen unterbrochen werden. Besonders einladend sind der Hausstrand **Playa de Canelas**, die **Playa de Montalvo** und natürlich die weiter nördlich gelegene und bereits erwähnte **Playa de la Lanzada**.

PRAKTISCHE HINWEISE – SANXENXO/SANGENJO

Oficina de Turismo [N42° 23' 53.2" W8° 48' 19.4"], Puerto Deportivo Juan Carlos I., 36960 Sanxenxo, Tel. +34 986 72 02 85; www.turismodesanxenxo.com. *Geöffnet 1. Juli - 15. Sept. Mo - Sa 10 - 14 + 16 - 20.30 Uhr, So 10 - 14 Uhr; 16. Sept. - 30. Juni Di - Sa 9.30 - 14 + 16 - 19 Uhr.*

Feste, Märkte

Romaria de Nosa Señora de la Lanzada/Volksfest bei der Kirche A Lanzada, jedes Jahr am vierten Wochenende im August.

Santa Rosalía Fest zu Ehren der Schutzpatronin der Stadt, in der letzten Augustwoche.

RESTAURANT

La Taberna de Rotilio, Av. del Puerto 7 - 9, Tel. +34 086 72 02 00; www.hotelrotilio.com; gediegenes Hotelrestaurant in aussichtsreicher Lage am Hafen, Fischgerichte der galicischen Küche sind die Spezialität des Hauses.

CAMPING

Portonovo/Sanxenxo

Camping Paxariñas [N42° 23' 33.2" W8° 50' 40.7"], Playa de Paxariñas, Tel. +34 986 72 30 55; www.campingpaxarinas.com; 1. Apr. – 15. Okt.; ca. 2 km westlich von Sanxenxo bei Portonovo an der Küstenstraße PO-308 Richtung O Grove, Einfahrt direkt beim gleichnamigen Hotel; unebene, schattenlose Wiesen oberhalb der Steilküste und der Praia do Paxariñas, überwiegend

von Dauercampern auf den schönsten Stellplätzen mit Meerblick und von zahlreichen Mietbungalows belegt; ca. 3 ha – 150 Stpl. + Dau.; Standardsanitärausstattung. Laden, Imbiss, Waschmaschine, Trockner. WLAN. V & E für Wohnmobile. Mietbungalows. Naher Strand.

Camping Rias Baixas [N42° 24′ 04.4″ W8° 51′ 03.0″], Playa de Montalvo, 73, Tel. +34 986 69 00 15; www.campingriasbaixas.com; bei KM 22 der PO-308 westlich von Portonovo; 1. Mai – 13. Sept.; nahe der Playa Montalvo; Wiesengeviert mit lichtem Baumschatten; 2 ha – 80 Stpl.; Laden, Restaurant, Schwimmbad, Waschmaschine, Trockner, WLAN. Zum Sandstrand ca. 400 m.

Noalla / Sanxenxo

Camping Monte Cabo [N42° 24′ 59.3″ W8° 52′ 38.6″], Soutullo, 174, Tel. +34 986 74 41 41; www.montecabo.com; 15. März – 15. Nov.; von Sanxenxo auf der PO-308 (Sanxenxo – A Lanzada) ca. 11 km westwärts bis Abzweig zum Platz, noch ca. 1 km; Wiesengelände mit Terrassen mit Laub- und Nadelbäumenbäumen, oberhalb einer weiten Bucht; 1 ha – 30 Stpl.; einfache Standardsanitärausstattung. Restaurant.

San Vicente O Grove

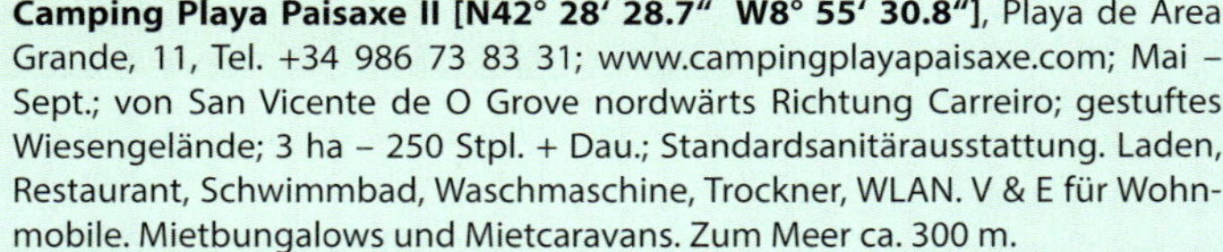

Camping Playa Paisaxe II [N42° 28′ 28.7″ W8° 55′ 30.8″], Playa de Area Grande, 11, Tel. +34 986 73 83 31; www.campingplayapaisaxe.com; Mai – Sept.; von San Vicente de O Grove nordwärts Richtung Carreiro; gestuftes Wiesengelände; 3 ha – 250 Stpl. + Dau.; Standardsanitärausstattung. Laden, Restaurant, Schwimmbad, Waschmaschine, Trockner, WLAN. V & E für Wohnmobile. Mietbungalows und Mietcaravans. Zum Meer ca. 300 m.

Camping Siglo XXI [N42° 27′ 16.5″ W8° 55′ 32.1″], La Barrosa, 38, Tel. +34 986 73 81 00; www.campingsiglo21.com; Ostern + 30. Apr. – 27. Sept.; im Ort südwärts Richtung Praia da Barrosa; langgestrecktes, befestigtes Gelände oberhalb des Barrosa-Strands, leicht schattig durch Palmen; 1,5 ha – 110 Stpl.; gute Standardsanitärausstattung. Jede Parzelle mit eigenem Sanitärhäuschen. Laden, Restaurant, Schwimmbad, WLAN. V & E für Wohnmobile.

Camping Muiñeira [N42° 27′ 36.59″ W8° 53′ 38.40″], Playa Raeiros, 38, Tel. +34 986 73 84 04; www.campingmuineira.es; 1. März – 15. Okt.; von San Vicente do Mar auf der Küstenstraße PO-317 ca. 3 km ostwärts, Platz liegt beiderseits der Straße am Meer; teilweise terrassiertes, teils schattiges, ebenes Gelände; ca. 1 ha – 70 Stpl.; einfache Standardsanitärausstattung. Laden, Imbiss, Restaurant, Waschmaschine, Trockner, Fahrradverleih, WLAN in Cafeteria.

Viele Campinganlagen in dieser Region sind stark mit Dauercampern belegt!

WOHNMOBIL-STELLPLATZ SANXENXO

Wohnmobil-Stellplatz Playa Pragueira [N42° 24′ 35.30″ W8° 51′ 41.56″], Playa Pragueira, Rega dos Besadoiros. **Zufahrt:** Von der Küstenstraße PO-308 (Sanxenxo – A Lanzada) zur Praia de Pragueira und zum Platz abzweigen. **Ausstattung:** Wiesenplatz mit Schattenbäumen oberhalb des Meeres mit Platz für ca. 40 Wohnmobilen. Frischwasser, Grauwasser- und Chemikaltoilettenausguss, Strom, WC, Dusche, Waschmaschine, Trockner. **Geöffnet:** Ganzjährig. **Gebühr:** Pauschale inkl. V & E-Einrichtung, WC. Extragebühr für Dusche.

Wohnmobil-Stellplatz Autocamper Sanxenxo Canelas Beach [N42° 23′30.90″ W8° 50′ 6.25″], Camiño de Canelas, Tel. +34 657 27 78 21, www.autocampersanxenxo.com. **Zufahrt:** An der Küstenstraße PO-308 ca. 1 km westlich von Portonovo. **Ausstattung:** Schattenlose Wiese mit Platz für 50 Wohnmobile. Beengte Verhältnisse. Frischwasser, Grauwasser- und Chemikaltoilettenausguss. Strom, WC, Dusche, WLAN, beleuchtet, videoüberwacht. **Geöffnet:** 11. Apr. - 14. Okt. **Gebühr:** Pauschale inkl. V & E-Einrichtung und Strom. Zur Praya de Canelas 300 m.

TOUR 14: SANXENXO – PUEBLA DE SANABRIA

Länge der Tour: Rund 275 km, ohne Abstecher.

Die Route: Über die PO-308 bis **Pontevedra** – N-541 bis **Ourense** – N-525 über **Verín** bis **Puebla de Sanabria.**

Reisedauer: Mindestens ein Tag.

Höhepunkte: Ein kurzer Bummel um die Plaza Mayor in **Ourense** – die Lage der **Burg Monterrei** bei Verín – die Landschaft im Naturpark um den **Lago de Sanabria.**

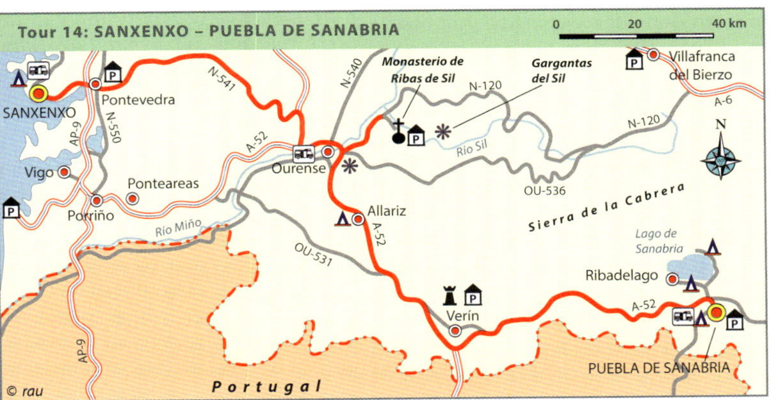

*ROUTE: Auf der küstennahen PO-308 über **Combarro** nach **Pontevedra**, 18 km.*

Die Straße nach Pontevedra passiert etliche Sandstrände. Einen schönen Blick auf die Ría de Pontevedra hat man vom

In den Rías bei Muros, Strand bei Louro

Aussichtspunkt „La Granja" bei Raxo aus. Leider ist die Küstenregion sehr und obendrein unschön bebaut und zersiedelt, so dass der Reiz dieser Landschaft verloren ist. Das ehemals hübsche Fischerdorf **Combarro** ist ziemlich verbaut, obwohl der Ort in seiner Gesamtheit unter Denkmalschutz steht und in der Tat einen schönen **Stadtplatz** aufweist. Die hübschen Winkel und die für die Gegend typischen, auf Pfeilern errichteten und oft von Kreuzen gekrönten Getreidespeicher, die „hórreos", muss man allerdings mit der Lupe suchen.

Pontevedra (ca. 83.000 Einwohner) **[Parkplatz, N42° 25′ 59.58″ W8° 38′ 9.58″]**, die Provinzhauptstadt, kündigt sich durch qualmende Industrie und ein unschönes Häusermeer an. Im **Altstadtkern [Parkplatz, N42° 26′ 10.18″ W8° 38′ 31.34″]**, den man über eine der Brücken über den Río Lérez erreicht, findet man einige sehenswerte Kirchen, vor allem **Santa María la Mayor**. Einladend ist auch die zentrale **Plaza de la Ferrería** mit der gotischen **Kirche San Francisco**.

Zu den ansonsten nicht sonderlich üppigen Sehenswürdigkeiten der Stadt ist noch die hübsche **Plaza de La Leña** zu zählen, auf der sich ein sog. „calvario", ein Bildstock mit religiösen Motiven, erhebt.

In einem der stattlichen Gebäude am Platz ist das **Museu Provincial [N42° 25′ 55.36″ W8° 38′ 36.48″]** eingerichtet *(geöffnet Di - Sa 10 - 21 Uhr, So 11 - 14 Uhr, Eintritt frei; http://www.museo.depo.gal/museo/horarios/ga.01010000.html)*. Zu sehen ist u. a. ein „Keltenschatz" aus der Bronzezeit, eine Silbersammlung und eine maritime Abteilung.

ROUTE: *Von Pontevedra auf der N-541 ostwärts durch mit Eukalyptus bewaldete Hügellandschaft hinab ins Tal des Río Miño und weiter ostwärts bis **Ourense**, 99 km.*

Die Provinzhauptstadt **Ourense** am Río Miño mit heute annähernd 106.000 Einwohnern galt schon den Römern als bekanntes Thermalbad. Die früheren Goldfunde im Río Miño gaben der Stadt ihren Namen.

Warme Quellen gibt es in Ourense heute noch, auch ein Zeugnis aus Römertagen, eine Brücke über den Miño, die **Puente Romano**. Man kann sie auf der Weiterfahrt von der Straße N-525 links gut sehen.

Die eher bescheidenen **Sehenswürdigkeiten** von Ourense gruppieren sich

PRAKTISCHE HINWEISE – PONTEVEDRA

Oficina de Turismo [N42° 25′ 57.49″ W8° 38′ 38.32″], Praza da Verdura s/n, 36002 Pontevedra, Tel. +34 986 09 08 90; www.visit-pontevedra.com. *Geöffnet Juni - Sept. Mo - Sa 9.30 - 14 + 16.30 - 20.30 Uhr, So 10 - 14 + 17 - 20 Uhr; Okt. - Mai Mo - Sa 9.30 - 14 + 16.30 - 19.30 Uhr, So 10 - 14 Uhr.*

PARADOR

Parador de Pontevedra, 45 Zi., Calle Barón, Tel. +34 986 85 58 00; www.parador.es/de/paradores/parador-de-pontevedra/; eingerichtet in einem Adelspalast aus dem 16. Jh. im Zentrum der Altstadt. Hotelgarten, Restaurant mit Terrasse, Garten, WLAN.

WOHNMOBIL-STELLPLATZ

Pontevedra
Wohnmobil-Stellplatz Área Pontevedra [N42° 26′ 0.16″ W8° 38′ 8.00″], Rúa José Malvar Figueroa, 46D. **Zufahrt:** Am nordöstlichen Stadtrand bei der modernen Brücke Ponte dos Tirantes über den Fluss Rio Lérez, neben dem Sportstadion gelegen. **Ausstattung:** Ebene, asphaltierter Parkplatz ausschließlich für 20 Wohnmobile. Versorgungssäule mit Frischwasser, Grauwasser- und Chemikaltoilettenausguss, beleuchtet. **Geöffnet:** Ganzjährig. **Gebühr:** Kostenlos.

um die zentrale **Praza Maior/Plaza Mayor** mitten in der verkehrsberuhigten Altstadt. Die **Kathedrale San Martin [N42° 20′ 11.06″ W7° 51′ 49.30″]** etwas nördlich der Plaza Mayor stammt aus dem 12. Jh., weist schöne Portale wie den **Pórtico del Paraíso,** und im Inneren einen bemerkenswerten **Altaraufsatz** von Corniellis de Hollanda sowie ein herrliches **Kuppelgewölbe** auf. Die Kathedrale wurde auf einem mittelalterliche Tempel errichtet, in dem man die Reliquien des Heiligen Martín von Tours aufbewahrte.

Wer sich sehr für sakrale Kunst interessiert, sollte unbedingt auch der **Kapelle Santo Cristo** mit schönem Barockbaldachin von Domingo de Andrade und dem **Museo Catedralicio [N42° 20′ 10.14″ W7° 51′ 47.32″]** an der Südseite der Kathedrale mit frühromanischen Gegenständen, einem herrlich gearbeiteten Prozessionskreuz aus der Werkstadt Antonio de Arfes (1510 – 1566), einen Besuch abstatten.

Hübsch ist der kleine Platz **Plazuela de la Magdalena**, wenige Schritte östlich der Plaza Mayor, mit einem seltenen **Kalvarien-Kreuz** in der Mitte.

Am Südrand der Praza Maior/Plaza Mayor liegt gegenüber dem Rathaus das **Archäologische Museum** *(geöffnet Di - Sa 9 - 21 Uhr, So 9 - 15 Uhr; www.musarqourense.xunta.es)*. Untergebracht ist das Museum im Pazo do Pispo aus dem 12. Jh., der aber im Laufe der Jahrhunderte mehrfach Umbauten erlebte. Bemerkenswert unter den Ausstellungen über Archäologie, die Römerzeit, das Mittelalter, über Megalith- und Grabkulte u. a. ist die über Burgen in Galicien.

Schließlich ist in der Rúa de Lepanto 8 das **Stadtmuseum Museo Municipal von Ourense** zu finden (Malerei, Skulpturen, Malerei, religiöse Ornamente) *(geöffnet Di - Sa 11 - 13.30 - 18.30 - 21.30 Uhr, So 11 - 13.30; Eintritt frei; https://museos.xunta.gal/en/municipal-ourense)*.

Falls Sie dem nachstehend geschilderten Abstecher in die Gargantas del Sil nicht folgen wollen, bitte weiter mit **„Hauptroute"!**

Abstecher in die Gargantas del Sil

ABSTECHER: Von Ourense auf der N-120 durch das Tal des Río Miño nach Nordosten Richtung Monforte. Ab ***Os***

PRAKTISCHE HINWEISE – OURENSE

Oficina de Turismo [N42° 20′ 14.47″ W7° 51′ 54.73″], Rúa Isabel Católica, 32005 Ourense, Tel. +34 988 31 79 30; www.turismodeourense.com. *Geöffnet Mo - Fr 9 - 14 + 16 - 20 Uhr, Sa + So 11 - 14 Uhr, So 11 - 14 Uhr.*

CAMPING

Allariz – Allaritz liegt rund 22 km südlich von Ourense und westlich der A-52. **Camping Os Invernadeiros [N42° 11′ 4.71″ W7° 49′ 5.27″]**, Estrada de Celanova s/n, Tel. +34 988 44 20 06; Jan. – Dez.; von der N-525 zum Ort abzweigen und auf der OU-300 Richtung Celanova und noch 300 m steil talwärts, ca. 1,5 km westl. von Allariz gelegen; Wiesen unter schattigen Bäumen; 1,2 ha – ca. 40 Stpl.; Standardsanitärausstattung. Laden, Imbiss, Waschmaschine, WLAN. Mietbungalows

WOHNMOBIL-STELLPLATZ OURENSE

Wohnmobil-Stellplatz Parking Termas Pozas Outariz [N42° 20′ 53.68″ W7° 54′ 44.55″], CV-402. **Zufahrt:** Vom Ortszentrum Ourense ca. 3 km westwärts entlang des Rio Miño auf der OU-402 (Rua da Pena do Vao) bis zu den Thermen Pozas Outariz am Südufer des Rio Miño und zum gemischten Parkplatz mit 25 Stellflächen für Wohnmobile. **Ausstattung:** Langgezogener, sandiger Platz mit Grasstreifen. Frischwasser, Grauwasser- und Chemikaltoilettenauguss. Über eine Fußgängerbrücke zu den Thermalquellen. **Geöffnet:** Ganzjährig. **Gebühr:** Kostenlos.

***Peares** Abzweig ostwärts ins **Tal des Río Sil** (Gargantas del Sil). Nach ca. 4 km liegt das ehemalige Kloster mit Parador.*

Um es vorweg zu nehmen, dieser Abstecher lohnt sich eigentlich nur für denjenigen, der Zeit mitbringt und sich sehr für spanische Kirchengeschichte interessiert.

In der Schlucht **Gargantas del Sil** wird der Río Sil, ein Nebenfluss des Río Miño, der wiederum als Grenzfluss zwischen Spanien und Portugal in den Atlantik mündet, heute hier durch mehrere Dämme gestaut. Eine schmale Straße, die m. E. für größere Fahrzeuge über Kastenwagengröße oder für Caravangespanne nicht geeignet ist, führt an der Südseite am Fluss entlang durch die Schlucht. Im Sommer werden Flussfahrten auf dem Río Sil angeboten. Startpunkt der Flussbote ist am zweiten Damm, der den Embalse de Santo Estevo aufstaut.

Die Flüsse Miño und Sil sind die Lebensadern eines alten Kulturgebietes. Schon im frühen Mittelalter verbanden sie die Atlantikhäfen mit dem Hinterland Galiciens und mit dem Norden. Sie waren Jahrhunderte lang die „vias“, die Wege, über die sich eine reiche monastische Kultur ausbreiten konnte. Zunächst siedelten sich an den oft nur schwer zugänglichen Ufern, wie am Río Sil, Einsiedeleien an. Und schon bald kannte man die Flussgestade unter den Bruderschaften als die „Riberas Sacras“, die „Heiligen Ufer“.

Bereits im 6. Jh. und nochmals im 10. Jh. bemühten sich Eremiten wie San Martín Dumiense oder San Rosende um Reformen und brachten die verstreut in Flusshöhlen lebenden Mönche dazu, sich in gemeinsamen Klöstern zusammenzufinden. Eine der ersten Klostergründungen war Santo Estevo de Ribas de Sil. Später dann, etwa ab dem 12. Jh., förderten die Monarchen Galiciens und Leóns die Ausbreitung des Mönchtums, allen voran den Zisterzienserorden.

Die Aufgabe der Klöster lag aber nicht alleine darin, die christliche Lehre zu verbreiten oder das klassische Wissen zu bewahren. Sie waren auch Vorreiter im agrarischen Bereich, kultivierten Weinberge und Olivenhaine, Kastanien- und Eichenwälder oder die Viehzucht. Sie nutzten die Wasserkraft der Flüsse und erbauten Mühlen und Schmieden. Und durch ihre Klosterbauten pflegten und entwickelten sie die Kunst des gotischen Baustils weiter.

HAUPTROUTE

*ROUTE: Der weitere Verlauf unseres Reiseweges führt ab Ourense über die Autobahn A-52 südwärts über **Allariz** (Camping Os Invernadeiros, s. o.) nach **Verín**, 70 km (Ausfahrten 160 und 155).*

In **Verín** soll auf der ersten Druckerpresse, die in Galicien aufgestellt wurde, 1494 das erste Messbuch „Misal Auriense“ gedruckt worden sein.

Südöstlich des Ortes liegt der alte Kurort **Cabreiroá,** dessen kohlensäurehaltigen Quellen heilende Wirkung zugesprochen wird.

PARADORES – VERÍN

Parador de Verín, 23 Zi., Subida a Monterrei, s/n, Tel. +34 988 41 00 75; www.parador.es/de/paradores/parador-de-verin/; in sehr schöner Lage mit Blick auf die Burg von Monterrei; Schwimmbad, Garten, Fahrradverleih, Restaurant, Bar, WLAN. Parkplatz. Von Okt. bis Anfang Februar geschlossen.

Monterrei bei Verin
Parador Castillo de Monterrei, 12 Zi., Castillo de Monterrei, s/n, Tel. +34 988 02 92 30; www.parador.es/de/paradores/der-parador-castillo-de-monterrei/; in der schönen Burg Monterrei eingerichtet, mit entsprechendem Ambiente; Restaurant, Bar, Fitnesscenter, WLAN. Parkplatz. Von Okt. bis Anfang Februar geschlossen.

Das Castillo de Monterrei bei Verín

Westlich und oberhalb von Verín findet man den Parador de Verín-Monterrei [N41° 56′ 38.1″ W7° 26′ 48.5″] (s. u.). Das einladende Hotel liegt in Sichtweite gegenüber der Burg **Castillo de Monterrei [N41° 56′ 48.5″ W7° 26′ 56.8″]**, die recht eindrucksvoll und weithin sichtbar auf einem Hügel liegt. Die trutzigen Mauern dieser Bilderbuchburg oberhalb eines nahezu zerfallenen Dorfes, durch das man zur Burg mit ihren dekorativen Loggien- und Arkadenbögen, den beiden mächtigen Wohntürmen und der hübschen Schlosskirche geht, sind gut erhalten.

Vom Parador wie von der Burg genießt man prächtige **Ausblicke** rundum ins Land.

Die portugiesische Grenze weiter südlich ist nur etwa 10 km entfernt (Autobahn A-75 nach Chaves, siehe **Portugal-Reiseführer aus dieser Buchreihe**). Diese Grenznähe verlieh der Burg von Monterrei in früheren Tagen große strategische Bedeutung.

*ROUTE: Weiterreise auf der Autobahn A-52 nach **Puebla de Sanabria,** 80 km (Ausfahrt 85).*

Rund 50 km östlich von Verín quert die Trasse der A-52 am **Portilla Canada** in fast 1.300 m Höhe die Provinzgrenze zu Kastilien-León, erreicht ihren höchsten Punkt weiter östlich am 1.325 m hohen Portilla de Padornelo und zieht von dort hinunter ins immerhin noch gut 900 m hoch gelegene **Puebla de Sanabria**, das 20 km nach der Passhöhe erreicht wird.

Die Silhouette des kleinen, hübschen, fast 1.000 m hoch gelegenen Ortes **Puebla de Sanabria** wird dominiert von den Mauern und Türmen des **Castillo de los Condes de Benavente,** einer Burg der Grafen von Benavente aus dem 15. Jh., und einer durchaus sehenswerten Pfarrkirche.

Von Puebla de Sanabria liegt 15 km nordwestlich entfernt der **Lago de Sanabria**. Der See, ein Relikt aus der Eiszeit und solchermaßen eine ausgesprochene Seltenheit in Spanien, liegt von Berghängen umgeben in einer herrlichen, waldreichen, einsamen Landschaft über 1.000 m hoch.

Auf dem Weg zum See gabelt sich nach etwa 12 km die Straße. Der Weg geradeaus führt am Südufer des Sees entlang nach **Ribadelago [N42° 07′ 17.3″ W6° 44′ 53.8″]** und passiert nach etwa 2 km Camping Los Robles, Näheres s. u.

Der noch vor dem See rechts (nordwärts) abzweigende Weg führt hinauf ins malerische Bergdorf **San Martín de Castañeda [N42° 08′ 06.8″ W6° 43′ 14.2″]** (6 km) mit einer bemerkenswerten romanischen Kirche.

Auf dem Wege dahin passiert man nach gut einem Kilometer Camping El Folgoso, Näheres s. u.

PRAKTISCHE HINWEISE – PUEBLA DE SANABRIA

Oficina de Turismo de Puebla de Sanabria [N42° 03′ 19.0″ W6° 38′ 02.9″], Muralla El Mariquillo, Castillo de Pueblo de Sanabria, 49300 Puebla de Sanabria, Tel. +34 980 620 734; www.pueblasanabria.com. *Geöffnet Mo - Fr 10 - 13 + 16 - 22 Uhr, Sa 10 - 14 + 17 - 20 Uhr, So 10 - 14 Uhr.*

PARADOR

Puebla de Sanabria

Parador de Puebla de Sanabria, 44 Zi., Av. Lago de Sanabria, 18, Tel. +34 980 62 00 01; www.parador.es/de/paradores/parador-de-puebla-de-sanabria/; untergebracht in einem neuzeitlichen Gebäude; Restaurant, Schwimmbad, Garten, WLAN. Parkplatz. Von November bis Anfang Februar geschlossen.

CAMPING

Puebla de Sanabria

Camping Isla de Puebla [N42° 02′ 56.8″ W6° 37′ 51.6″], Camino de Valcuevo, s/n, Tel. +34 980 56 79 54; www.campingzamora.es; 1. Apr. – 30. Sept.; Zufahrt im Ort beschildert, aber unscheinbarer Abzweig zum Fluss; ebene Wiese mit Pappeln und Mattendächern, durch Hecken in Stellplatzfelder unterteilt; unterhalb des östlichen Ortsrandes an einem Bachbett; ca. 3 ha – 120 Stpl., Standardsanitärausstattung. Laden, Waschmaschine, Schwimmbad, Restaurant/Bar in einer alten Mühle. Mietbungalows. V & E für Wohnmobile.

Camping am Lago de Sanabria

Camping Los Robles [N42° 07′ 01.3″ W6° 42′ 49.4″], Ctra. Puebla – Ribadelago, Tel. +34 980 62 67 35; www.campinglosrobles.com; 25. Juni – 31. Aug.; Zufahrt an der Straße nach Ribadelago, parkähnliches Gelände am Südufer des Sees Lago de Sanabria; ca. 40 Stpl.; Standardsanitärausstattung. Laden, Imbiss. In der Nähe liegt **Camping Peña Gullón [N42° 07′ 04.2″ W6° 41′ 28.5″]**.

Camping El Folgoso [Zufahrt, N42° 07′ 51.7″ W6° 42′ 07.1″], Ctra. Puebla de Sanabria a San Martin de Castañeda, Tel. +34 980 62 67 74; https://campingfolgoso.es/; 15. März – 31. Okt.; Einfahrt an der Straße nach San Martín de Castañeda; 1.035 m hoch gelegenes Gelände im dichten Eichenwald nahe dem nördlichen Seeufer; ca. 3,5 ha – 180 Stpl.; Standardsanitärausstattung. Laden, Restaurant, WLAN. Mietcaravans. V & E für Wohnmobile.

WOHNMOBIL-STELLPLATZ PUEBLA DI SANABRIA

Wohnmobil-Stellplatz Parking Puebla di Sanabria [N42° 3′ 8.98″ W6° 37′ 50.48″], Camino Pinar, 7. **Zufahrt:** Vom Ortszentrum ostwärts über die Brükke des Rio Tera und gleich danach rechts (südwärts) abzweigen auf die Straße Camino Pinar und noch 250 m zum Platz, am Fluss Rio Tera gelegen. **Ausstattung:** Keine Einrichtungen, beleuchtet. **Geöffnet:** Ganzjährig. **Gebühr:** Kostenlos. Kein Campingverhalten erlaubt. Schöner Blick zur Burg. Zum Zentrum ca. 1 km.

TOUR 15: PUEBLA DE SANABRIA – ZAMORA – SALAMANCA

Länge der Tour: Rund 175 km, ohne Abstecher.

Die Route: Über die A-52 bis **Rionegro del Puente** – N-631/N-630 (Ruta de la Plata) bis **Zamora** – A-66/E-803 bis **Salamanca.**

Abstecher: Nach **Ciudad Rodrigo, La Alberca** und **Béjar.**

Reisedauer: Mindestens ein halber Tag. Plus mindestens ein Tag für Salamanca, plus mindestens ein weiterer Tag für evtl. Ausflüge.

Höhepunkte: Die **Kathedrale** ** und das **Kirchenmuseum** ** von **Zamora** – **Salamanca** *** und seine Sehenswürdigkeiten, **Neue und Alte Kathedrale ***, Fassade ***** des Universitätsgebäudes, **Plaza Mayor** ** – die sehenswerten Orte **La Alberca** *** und **Candelario** **.

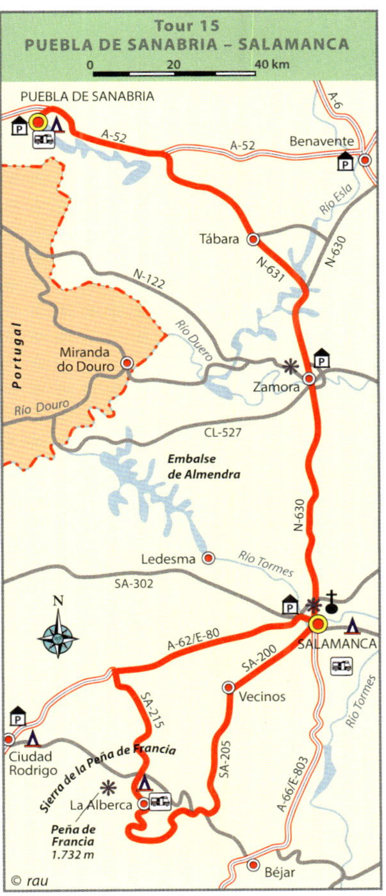

*ROUTE: 32 km östlich von Puebla de Sanabria verlassen wir die Autobahn A-52 an der Ausfahrt 49 und folgen der N-631 südostwärts. Die N-631 durchquert einsame, teils steppenartige Landschaften, passiert **Tábara** mit einer schönen romanischen Kirche und vielen Storchennestern auf dem Kirchturm und stößt nach 58 km auf die N-630, die „Ruta de la Plata". Nach weiteren 21 km kommt **Zamora** in Sicht.*

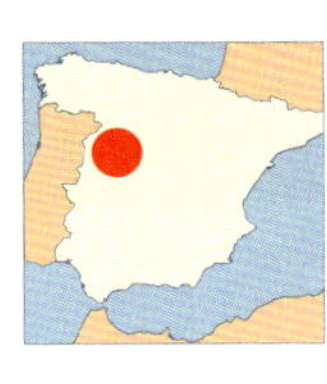

Die einst stark befestigte Stadt **Zamora** auf einer Anhöhe über dem Río Duero war während der Reconquista ein Bollwerk der Christen gegen die Maurenherrschaft. Die Stadt liegt an der Nahtstelle der Traditionslandschaften *Tierra del Vin* (Weinland) nördlich des Duero und *Tierra del Pan* (Brotland) südlich des Flusses.

Aber die Geschichte der Stadt ist weit älter. Sie reicht zurück bis vor unsere Zeitrechnung. Im frühen 8. Jh. dann bemächtigten sich die Mauren zum erstenmal der Stadt und nannten sie „Samurah". Aber schon wenige Jahrzehnte später konnten die Christen wieder einziehen – für 250 Jahre, dann waren die Mauren wieder am Zuge. Der mächtige Wesir Almansur eroberte 988 die Stadt und erst dem legendären El Cid gelang es, Zamora für die christlichen Herrscher zurückzuerobern.

Die Kathedrale von Zamora mit ihrer markanten Kuppel

Im 15. Jh. war Zamora das Wirkungsfeld der „Beltraneja" Juana, der Tochter Heinrichs IV. von Kastilien, die mit Isabella (später die „Katholische") um den Thron Kastiliens stritt. Grund der Fehde war der Umstand, das Juana von ihrem Vater zur Thronerbin bestimmt worden war. Nun munkelte man aber, Juana sei keine legitime Tochter des Königs. Beltrán de la Cueva, Günstling der Königin, soll der Vater gewesen sein. Dieser Makel störte den Adel, der Juana spöttisch und hinter vorgehaltener Hand „La Beltraneja" nannte. Der Adel hätte lieber Isabella, eine Halbschwester Heinrichs IV. auf dem Thron gesehen. Die entscheidende Schlacht wurde 1476 bei Toro am Duero, ca. 33 km östlich von Zamora, ausgefochten. Das Heer der Katholischen Könige siegte über das portugiesische Heer der „Beltraneja" (Juana war mit Alfonso V. von Portugal verheiratet), die nun für immer auf den spanischen Thron verzichten musste.

Über die Calle de la Vega (N-122) am Westrand der Altstadt fahren wir unterhalb der gut erhaltenen **Stadtmauer** entlang, parken wenn möglich dort **[N41° 30' 03.5" W5° 45' 17.2"]** in der Nähe der Kathedrale und gehen über Treppen hinauf in die **Altstadt**.

Oben in der Altstadt an der Iglesia de San Isidoro führt die Calle Portigo durch das ehemalige Adeligenviertel zur Plaza Pio XII., die in die weite Plaza de la Catedral übergeht.

Unweit nördlich der Plaza Pio XII. sieht man in der Stadtmauer das historische **Portillo de la Traición**, das Tor des Verrats. Durch dieses Tor betrat Bellido Dolfos, nach dem Mord an König Sancho II. El Fuerte (Sancho der Starke) die von El Cid Campeador belagerte Stadt.

Hoch über dem Río Duero liegt auf einem Felssporn die **Kathedrale [N41° 29' 56.9" W5° 45' 15.9"]** *(geöffnet Apr. - Okt. tgl. 10 -14, 17 - 20 Uhr; Nov. - März tgl. 10 - 14, 16.30 - 19 Uhr, letzter Einlass 30 Minuten vor Schließung; https://catedraldezamora.wordpress.com)*, aus dem 12. Jh., die durch ihre eigenartig mit Steinplatten schuppenartig gedeckte und von kleinen Ecktürmchen flankierte **Kuppel** mit byzantinischem Einfluss und dem gewaltigen, schon festungsähnlichen Turm auffällt. Die Kuppel ähnelt auf verblüffende Weise der Dachhaube der alten Kathedrale in Salamanca.

Neben der Südfassade mit dem schönen romanischen **Puerto e Obispo** (Bischofsportal) und dem klassizistischen Nordportal aus dem 17. Jh., sind vor allem das **Chorgestühl**, eine Arbeit von Rodrigo Alemán aus dem 15. Jh., die beiden sehr schönen **Mudéjar-Kanzeln** sowie die **Kuppel** im Inneren sehenswert.

Das **Kirchenmuseum** *(geöffnet Mo - Sa 10 - 14 + 17 - 20 Uhr, So 10 - 14 Uhr, letzter Einlass 15 Min. vor Schließung, Eintritt frei montags 17 - 20 Uhr)* nebenan im **Kreuzgang** aus dem 16. und 17. Jh. lohnt ebenfalls einen Besuch. Vor allem sind dort die herrlichen **Wandteppiche** aus Flandern sehenswert. Von besonderer Bedeutung sind die rund 9 mal 5 m großen **Gobelins** aus Brüsseler Manufakturen, die zum Teil aus dem 15. Jh. (Motive mit Szenen aus dem Trojanischen Krieg) bzw. aus dem 17. Jh. (Motive mit Krönungsszenen Hannibals) stammen. Im Treppenhaus des Museums sieht man eine Christusfigur aus dem 12. Jh.

Hinter der Kathedrale liegen ein kleiner Park und Mauerreste der ehemaligen **Festung Castillo Y Murallas de Zamora [N41° 29‘ 59.1“ W5° 45‘ 20.8“]** *(geöffnet Apr. - Juni + Sept. - Okt. Di - So 10.30 - 14 + 17 - 20 Uhr; Juli Di - So 10.30 - 14 - 19 - 22 Uhr; Aug. Di - So 10.30 - 14 + 18 - 21 Uhr; Jan. - März + Nov. + Dez. Di - So 10 - 14 + 16 - 18.30 Uhr; https://turismo-zamora.com/el-castillo-y-las-murallas-de-zamora.html)*. Von den Zinnen der Stadtmauer hat man einen schönen Blick über die Stadt und den Duero.

Bei ausreichend zur Verfügung stehender Zeit oder bei besonderem Interesse an romanischer Kirchenarchitektur lohnt ein Spaziergang durch die nordöstlich der Kathedrale gelegene Altstadt allemal.

Von der Rúa de los Notarios gelangt man über die weiterführende Rúa de los Francos (links die romanische **Kirche La Magdalena**) zunächst zur **Plaza de Viriato [N41° 30‘ 8.0“ W5° 44‘ 54.0“]**. Rechts sieht man den schön restaurierten **Renaissancepalast Condes de Alba y Aliste**, der heute den **Parador** beherbergt.

Geht man vor dem Parador rechts nach Südosten, gelangt man zum **Museum der Provinz Zamora [N41° 30‘ 04.0“ W5° 44‘ 51.8“]**, das im Palacio del Cordón an der Plaza Santa Lucia untergebracht ist.

Zurück zur Plaza de Viriato. An der linken (westlichen) Seite des Platzes liegt im ehemaligen Hospital de la Encarnación die Provinzverwaltung. An ihr vorbei gehen wir durch die Rúa Barandales nach Westen bis in die Nähe der Stadtmauer.

Etwas versteckt liegt dort hinter der romanischen Kirche **Santa María la Nueva** das **Museum de la Semana Santa [N41° 30‘ 12.4“ W5° 44‘ 57.5“]** *(geöffnet Di - Fr 10 - 14 + 17 - 20 Uhr, So 10 - 14 Uhr; www.semanasantadezamora.com)*. Ausgestellt werden hier die weit über die Stadt hinaus bekannten „Pasos“, sehr realistische, lebensgroße Figurengruppen, die Szenen aus der Leidensgeschichte Christi darstellen. In der Karwoche werden diese Pasos in feierlichen Prozessionen von kapuzenvermummten Trägern durch die Stadt getragen.

Die **Karwoche** ist von großer Bedeutung für das Kirchenjahr in Zamora. In den sieben Tagen vor jedem Ostersonntag finden nicht weniger als 17 Prozessionen statt. Auch wenn die Umzüge mit großem Ernst und dem ehrlichen Ausdruck religiöser Gefühle stattfinden, heißt das noch lange nicht, dass die Gassen und Kneipen in der Stadt nicht voller lebensfroher Besucher sind, die in jenen Tagen zu Tausenden nach Zamora kommen.

Besonders eindrucksvoll sind die Schweigeprozession „El Silencio“ bei Kerzenschein am Gründonnerstagabend und die Prozession der Umhänge „Las Capas“, bei denen Mitglieder von Bruderschaften den Weg mit Wachslaternen beleuchten, am Mittwoch vor Ostern.

Am Karfreitag findet in den frühen Morgenstunden die von Musik begleitete „Nazareno-Prozession“ statt.

Es gibt sogar einen traditionellen Osterimbiss. Nach altem Brauch isst man am Ostersonntag „Dos y pingada“, zwei Spiegeleier mit geröstetem Speck auf Toastbrot.

Über oben erwähnte Kirche Santa María la Nueva heißt es übrigens, dass es anlässlich eines Streits zwischen Adel

PRAKTISCHE HINWEISE - ZAMORA

Oficina de Turismo [N41° 29′ 57.2″ W5° 45′ 09.0″], Plaza Arias Gonzalo, 6, 49001 Zamora, Tel. +34 980 53 36 94; www.turismo-zamora.com. *Geöffnet Juli - Sept. tgl. 10 - 14 + 17 - 20 Uhr; Apr. - Mai Mo - Sa 10 - 14 + 16.30 - 20 Uhr; Okt. - März Mo - Sa 10 - 14 + 16 - 19.30 Uhr, So 10 - 14 Uhr.*

Feste, Folklore

Romería del Cristo de Valderrey, großes Volksfest im Valorio-Wald am Ostersonntag.

Romería de la Virgen de La Concha, Prozession am Pfingstmontag.

San Pedro, 21. bis 30. Juni, Zamoras großes, turbulentes Stadtfest mit bedeutendem überregionalen Keramik- und Töpfermarkt und der traditionellen **Feria del Ajo**, dem Knoblauchmarkt.

RESTAURANT

El Rincón de Antonio, Rua de los Francos, 16, Tel. +34 980 53 53 70; www.elrincondeantonio.com; sehr gute Küche, mittlere Preislage. Sonntagabends geschlossen.

PARADOR

Parador de Zamora, 50 Zi., Plaza de Viriato, 5, Tel. +34 980 51 44 97; www.parador.es/de/paradores/parador-de-zamora; in einem Renaissancepalast, sehr komfortabel, stilvolles Ambiente, schöner Innenhof, Schwimmbad, Sauna, Restaurant, WLAN im öffentlichen Bereich, Parkplatz.

und Volk im Jahre 1151 über den auf der Straße vor der Kirche abgehaltenen Markt zu erheblichen Zerstörungen an der Kirche kam. In die Stadtchronik ging das Ereignis als „Motín de la Trucha“ (Forellenaufstand) ein.

Erwähnt sei noch die **Kirche Santiago de los Caballeros**, die außerhalb der Stadtmauern westlich der Altstadt liegt. Die Kirche stammt aus dem 11. Jh. und weist Mudéjarelemente auf. Es heißt, dass hier El Cid zum Ritter geschlagen worden sein soll.

Abstecher nach Tordesillas

70 km östlich von Zamora liegt der Ort **Tordesillas** *(Camping El Astral [N41° 29′ 44.78″ W5° 0′ 17.63″]*, Tel. +34 983 77 09 53, Jan. - Dez.), der wegen des nach ihm benannten historischen Aufteilungsvertrages in die Geschichtsbücher einging. Näheres darüber finden Sie in der nächsten Tour 16, Salamanca – Segovia.

Auf dem Wege von Zamora nach Tordesillas passiert man auf der N-122 das Städtchen **Toro**, das hoch über dem Río Duero liegt. Toro ist das Zentrum in der sog. „Tierra del Vino“, dem Weinanbaugebiet südlich des Duero. Beachtung verdient vor allem die **Colegiata,** die Stiftskirche von Toro, mit bemerkenswerter **Kuppel**, sehenswertem **Westportal** und dem Gemälde **„La virgen de la mosca“** (Madonna mit der Fliege).

HAUPTROUTE

*ROUTE: Auf der Weiterfahrt umrunden wir den Felssporn an der Westseite von Zamora, auf dem die Kathedrale thront, überqueren den Duero und folgen der Straße A-66 bis **Salamanca,** das nach 65 km erreicht wird.*

Salamanca (ca. 145.000 Einwohner) ist zweifellos eine der sehenswertesten Städte Spaniens, für die man sich Zeit nehmen sollte. Einen Parkplatz im Altstadtbezirk von Salamanca zu finden, wird kaum gelingen. Gute Chancen hat man schon eher auf dem öffentlichen **Parkplatz „Salas Bajas“ [N40° 57′ 27.02″ W5° 40′ 37.57″]** am Südwestrand der Stadt am großen Kreisverkehr (N-630) an der Avenida Padre Ignacio Ellacuría oder an der Straße San Gregorio am nördlichen Tormesufer **[N40° 57' 34.0" W5° 40' 13.6"]** westlich der Römischen Brücke.

„Wer wissen will, der gehe nach Salamanca". Salamanca, Universitäts- und Provinzhauptstadt, war lange das blühende geistige Zentrum des alten Spanien. Seine Lehranstalten, in denen nicht selten 10.000 Studenten und mehr eingeschrieben waren, hatten in der damals bekannten Welt einen Ruf, wie er heute Harvard oder Oxford zugebilligt wird. Die herrlichen Bauwerke aus jener Zeit sind heute die großen Sehenswürdigkeiten der Stadt.

Die Entstehung Salamancas auf einem Hügel über dem Río Tormes liegt in der vorrömischen Zeit. Hannibal eroberte die Stadt 217 v. Chr. Aus der Römerzeit, in der Salamanca eine wichtige Station an der Heer- und Handelsstraße zwischen Mérida und Astorga war, ist noch die vielbogige Flussbrücke **Puente Romano [N40° 57' 33.0" W5° 40' 09"]** erhalten.

Mauren und Christen umkämpften die Stadt zwischen dem 8. und 11. Jh. mit wechselndem Erfolg. 1218 legte Alfonso IX. von León den Grundstein zur Universität, der ältesten Spaniens, die bis ins 16. Jh. ihren Ruf ausbauen konnte. Erst dann schmälerte die aufstrebende Universität von Valladolid die Bedeutung der Lehranstalt von Salamanca. Aber ihren Ruf als „eine der vier Leuchten der Welt", die sich neben den Lehrstühlen von Oxford, Bologna und Paris behaupteten, verloren die akademischen Institutionen Salamancas nicht.

In jener Zeit ist Salamanca aber auch Schauplatz rivalisierender Adelsgeschlechter, den legendären *Bandos*, die sich bis aufs Messer befehdeten. 1812 erzwingen die Spanier in einer Schlacht vor Salamanca zusammen mit den englischen Truppen Wellingtons den Abzug der Franzosen.

Unser **Stadtrundgang** beginnt am Südrand der Innenstadt, am **Convento de San Esteban (2) [N40° 57' 37.9" W5° 39' 48.4"],** einem Kloster aus dem 16. Jh. und einem Meisterwerk des Architekten Juan de Alava *(geöffnet tgl. 10 - 14 + 16 - 20 Uhr, letzter Einlass 45 Minuten vor Schließung; www.saintstephenspriory.com)*. Eine breite Freitreppe führt hinauf zur **Westfassade**. Die reich mit Figuren

Salamanca am Río Tormes

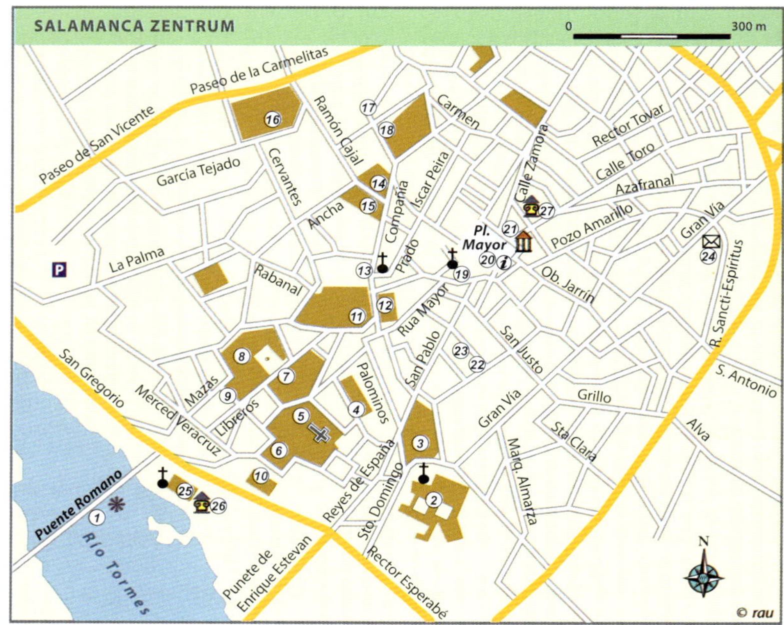

*SALAMANCA – **1** Puente Romano, Río Tormes – **2** Kloster San Esteban – **3** Convento de Las Dueñas – **4** Plaza und Palacio de Anaya – **5** Neue Kathedrale – **6** Alte Kathedrale – **7** Universität, Plateresk-Fassade – **8** Escuelas Menores – **9** Museo de la Historia de la Ciudad – **10** Casa Lis, Museo Art Nouveauy Déco – **11** Jesuitenkolleg La Clerecía – **12** Casa de las Conchas – **13** Kirche San Benito –**14** Palast Monterrey – **15** La Purisima, Augustinerinnenkirche – **16** Colegio Fonseca (Los Irlandeses) – **17** Las Ursulas, Ursulinen-Kloster – **18** Casa de las Muertes – **19** Kirche San Martín – **20** Plaza Mayor, Touristeninfo – **21** Rathaus – **22** Torre del Clavero, Plaza Colón – **23** Palacio La Salinas o de Fonseca – **24** Hauptpostamt – **25** Kirche Santiago – **26** Historisches Automobilmuseum **27** Stierkampfmuseum*

geschmückte und mit einem Gewölbe abgeschlossene, gut 30 m hohe Renaissancefassade im plateresken Stil ist sehr beeindruckend. Heiligenfiguren umgeben Szenen aus dem Martyrium des heiligen Stefan. Im krassen Gegensatz zur prunkvollen Fassade stehen die einfachen Bogenreihen des Klostervorhofs rechts davon.

Im Inneren kann man den **Hochaltar**, von José de Churriguera prunkvoll gestaltet, bewundern. Beachtung verdienen außerdem die **Freskomalereien** von Palomino im Chor. Dargestellt sind Szenen der triumphierenden Kirche. Weiter ist der **Kreuzgang „Claustro de los Reyes"** zu besichtigen.

Wenige Schritte nördlich von San Esteban liegt an der Plaza Santo Domingo der **Convento de Las Dueñas (3) [N40° 57' 39.9" W5° 39' 47.5"]**, ein Kloster, das im 14. Jh. von Dominikanern gegründet worden ist. Nur der schöne **Kreuzgang** aus dem 16. Jh. des von Klosterschwestern bewohnten Konvents kann besichtigt werden *(geöffnet Juni - Sept. Mo - Sa 10.30 - 12.45 + 16.30 - 18.30 Uhr; Okt. - Mai Mo - Sa 10.30 - 12.45 + 16.30 - 19.30 Uhr)*.

Nun überqueren wir die Calle de San Pablo und gehen die schmale Gasse Tostado hinauf zur Plaza de Anaya an der Nordseite der **Catedral Nueva (5) [N40° 57' 39.2" W5° 40' 00.2"]**, der

Neuen Kathedrale *(geöffnet Apr. - Sept. tgl. 10 - 20 Uhr; Okt. - März tgl. 10 - 18 Uhr, letzter Eintritt 45 Minuten vor Schließung; https://catedralsalamanca.org/catedral-nueva/).* Ganz besonders prächtig sind **Westfassade und Portal** des zu Beginn des 16. Jh. entstandenen gotischen Bauwerks. Nach über 200 jähriger Bauzeit konnten die Arbeiten an der Kathedrale 1733 abgeschlossen werden.

Portal der Neuen Kathedrale in Salamanca

Man könnte fast auf den Gedanken kommen, dass durch das reichverzierte Äußere mit seinen herrlichen Portalen, Türmen, Fialen und Kuppeln das Budget der Bauherren so strapaziert war, dass für die Innendekoration kaum noch Geldmittel zur Verfügung standen. Sehenswert ist das im Vergleich zur Westfassade eher schlichte, hochaufstrebende Innere allemal. Die **Seitenkapellen** rechterhand wurden von Juan de Alava geschaffen. Vor allem die Kapellen „Dorada" und „De Todos" sind reich mit Skulpturen ausgestattet. Der **Chor** im Barockstil stammt von Alberto Churriguera, das **Chorgitter** von dem französischen Künstler Duperier und das **Chorgestühl** ist eine Arbeit von José de Lara. Die Statuen Johannes der Täufer und Mutter Maria mit der hl. Ana hinter dem Chor werden Juan de Juni zugeschrieben. In der mittleren der Chorkapellen wird die Christusfigur „Cristo de las Batallas" aufbewahrt. Es heißt, El Cid habe die Figur auf seinen Feldzügen mitgeführt.

Unmittelbar hinter der Neuen Kathedrale, durch deren mächtigen Turm beinahe erdrückt, erhebt sich die **Catedral Vieja,** die **Alte Kathedrale (6)** *(geöffnet Apr. - Sept. tgl. 10 - 20 Uhr; Okt. - März tgl. 10 - 18 Uhr, letzter Einlass 45 Minuten vor Schließung; https://catedralsalamanca.org/catedral-vieja/).* Die Alte Kathedrale ist durch ihren markanten schuppenartig gedeckten, achteckigen Vierungsturm Torre del Gallo (Hahnenturm) zu erkennen. Die Alte Kathedrale ist im Grunde ein romanisches Bauwerk, weist aber auch einige wenige frühgotische Gewölbe aus dem 13. Jh. auf.

In die Alte Kathedrale gelangt man durch das rechte Seitenschiff der Neuen Kathedrale. Der Blick wird von der beeindruckenden, halbrunden **Altarwand** gefesselt, die in 53 Bilder aufgeteilt ist. Die von Nicolás Florentinos im 15. Jh. gemalten Tafeln stellen Szenen aus dem Leben Jesu und der Mutter Maria dar. Im Gewölbe darüber ein in leuchtenden Farben gehaltenes „Jüngstes Gericht".

In der Mitte der Altarwand, in einem gekrönten Vorsprung, sieht man die Figur der „Virgen de la Vega", der Schutzpatronin Salamancas. Die Figur ist in Kupfer gearbeitet, stammt aus dem 13. Jh. und thront auf einem Sitz, der mit Emailarbeiten aus Limoges verziert ist.

Sehenswert sind ferner die **Seitenkapellen im Kreuzgang**, besonders die „Capilla de Anaya" mit der aus Alabaster gearbeiteten Grabstätte des Kirchengründers Diego de Anaya, sowie das angeschlossene **Diözesanmuseum** mit wunderschönem Täfelwerk im Mudéjarstil, einer Gemäldesammlung des aus Salamanca stammenden Fernando Gallegos (15. Jh.), historischen Dokumenten und liturgischen Geräten.

Nur ein paar Schritte südlich der Alten Kathedrale findet man in der Calle Gibraltar, 14, die **Casa Lis** mit dem **Museo Art Nouveau y Art Déco (10) [N40° 57' 34.8" W5° 40' 00.3"]**, ein Jugendstilmuseum *(geöffnet 15. März - 15. Nov. Di - So 11 - 20 Uhr; 16. Nov. - 14. März Di - Fr 11 - 14 + 16 - 19 Uhr, So 11 - 20 Uhr; www.museocasalis.org)*, das sich mit moderner Kunst und vor allem eben mit Kunst aus der Epoche des Jugendstils befasst, eine in Spanien relativ wenig verbreitete Kunstrichtung. Herrliche, bunte Verglasungen im Inneren des Gebäudes sind allein schon einen Besuch wert .

Nicht weit südlich davon entfernt, nur die Straße Calle de San Gregorio ist zu überqueren, liegt das sehenswerte **Automobilmuseum Museo Historia Automocion de Salamanca (26) [N40° 57' 30.04" W5° 40' 1.73"]** an der Plaza del Mercado Viejo *(geöffnet Juli + Aug. Di - So 10 - 14 + 15.30 - 20.30 Uhr; sonst Di - So 10 - 14 + 17 - 20 Uhr; http://museoautomocion.com/es)*. Bei seiner Eröffnung 2002 war es das erste öffentliche Automuseum in Spanien. Es zeigt die Geschichte des Automobils vom Anfang bis in die Neuzeit mit über 100 Fahrzeugen.

Von der Westfassade der Kathedrale gehen wir durch die gegenüberliegende Calderón de la Barca einen Gebäudeblock bis zur Calle de Libreros, wenden uns rechts, gehen vorbei am rechterhand gelegenen **Museo de la Historia de la Ciudad (9),** dem Museum zur Stadtgeschichte, und kommen gleich darauf zum Herzen der alten Universitätsstadt, dem **Patio de las Escuelas [N40° 57' 41.3" W5° 40' 02.6"]**.

Wir gehen bis zum Fray Luis de León Denkmal mitten auf dem schmalen Platz und blicken zurück auf die **Fassade der Universität (7),** die über dem Portal im feinsten plateresken Stil geschmückt ist *(geöffnet 1. Apr. - 15. Sept. Mo - Sa 10 - 20 Uhr, So 10 - 14 Uhr; 16. Sept. - 31. März Mo - Sa 10 - 19 Uhr; www.usal.es)*. Hier fällt es nicht schwer, den Begriff „plateresk" zu verstehen, der von „platero", was Silber- oder Goldschmied bedeutet, abgeleitet wird. Die filigranen Steinmetzarbeiten an der Fassade könnten von einem Goldschmied entworfen sein.

Über dem Doppelportal ist der im 16. Jh. entstandene Fassadenschmuck vertikal durch Halbsäulen und horizontal durch Simse unterteilt. Das untere Drittel ziert ein Medaillon mit den Katholischen Königen und der griechischen Inschrift „Die Könige für die Universität und diese für die Könige". Das mittlere Drittel wird durch das gekrönte Wappen Karls V. und dem kaiserlichen Doppeladler links und dem Adler des hl. Johannes rechts beherrscht. Und im obersten Teil in der Mitte sieht man den Pabst mit Kardinälen, an den Seiten Venus und Herkules und in den Medaillons die Tugenden.

Gegründet wurde die Universität von Salamanca von König Alfonso IX. von León im Jahre 1218. 1254 richtete König Alfonso X. zwölf Lehrstühle ein und von Papst Alexander IV. erhielt die Universität das Privileg für „Allgemeine Studien", was die Lehranstalt mit denen von Bologna und Oxford gleichsetzte.

In Salamanca lehrten die großen Humanisten Spaniens wie Hernán Núñez de Guzmán oder Antoni und Diego de Covarrubias. Fray Luis de León, der oft von der Inquisition bedrängte große spanische Lyriker des 16. Jh. war Theologie-Professor in Salamanca. Von ihm ist überliefert, dass er seine Vorlesungen mit den Worten begann „Wie wir gestern sagten ...".

Unter den Namen der eingetragenen Studenten tauchen Namen auf wie Ignazio von Loyola, Cervantes, Calderón de la Barca oder Hernán Cortés.

Neben Theologie werden an der Universität Philosophie, Philologie, Rechtswissenschaften, Medizin, Naturwissenschaften und moderne Sprachen gelehrt.

In der Universität, auch **Escuelas Mayores** genannt, können einige Hörsäle besichtigt werden, die alle auf einen Innenhof hinaus gehen. Im Erdgeschoss liegen die **Aula Magna**, der offizielle Saal, mit flämischen Wandteppichen und die **Kapelle**, unter deren Marmoraltar die Urne des Fray Luis de León beigesetzt ist. Fray Luis hielt in dem nur mit rohen Holzbänken wahrlich spartanisch eingerichteten Hörsaal seine Theologie-Vorlesungen.

Plateresk-Fassade an der Universität

Im ersten Stock, den man über die breite, verzierte Treppe erreicht, liegt die **Bibliothek**, das Herz der Universität. Man betritt sie durch eine gotische Tür. In den kunstvoll gearbeiteten Regalen schlummern Schätze, Handschriften auf Pergament in Leder gebunden, griechische und lateinische Manuskripte und uralte Drucke. Insgesamt soll die Bibliothek über 50.000 Bände besitzen.

An der linken Ecke des Patio de las Escuelas befindet sich der mit einem plateresken Motiv geschmückte Eingang zur **Escuela Menores (8)** mit einem schönen, von Säulen gestützten Bogengängen umgebenen Patio *(geöffnet Mo - Sa 10 - 14 + 16 - 19 Uhr, Eintritt frei)*.

Im Saal **Calderón de la Carca** gegenüber ist die Freskenmalerei des Künstlers Fernando Gallego an der Decke sehenswert. Sie stellt den Himmel mit Stern- und Tierkreiszeichen dar und wird auch „Cielo de Salamanca", der Himmel von Salamanca, genannt. In dem Saal ist das **Museo de la Universidad** eingerichtet *(geöffnet Mo - Fr 10 - 14 Uhr, letzter Einlass 1 Std. vor Schließung)*.

Auf der anderen Seite des Innenhofs liegt die **Sala de Exposiciones** mit schöner Decke (wechselnde Ausstellungen).

Ebenfalls vom Patio de las Escuelas aus hat man Zugang zum **Museo de Salamanca** an der Westseite des Platzes. Das kleine Kunst- und Stadtmuseum ist im ehemaligen Palais des Alvárez Abarca eingerichtet. Alváres Abarca diente einstmals als einer der Leibärzte von Isabella der Katholischen.

Wir gehen durch die Calle de Libreros, die Straße der Buchhändler, weiter stadteinwärts (nordwärts).

Auf dem kleinen Platz San Isidro liegt vor uns das Jesuitenkolleg **La Clerecía (11) [N40° 57' 45.3" W5° 39' 59.1"]** *(geöffnet Mo - Fr 10.30 - 12.45 + 16 - 17.30 Uhr, Sa 10.30 - 13.30 + 16 -17.30 Uhr, So 10.30*

Fassade der Casa de las Conchas, dem Haus der Muscheln

- 13.30 Uhr, Führungen), die Päpstliche Universität, mit barocken Kirchtürmen. Der Bau war im 17. Jh. auf Veranlassung König Philipps III. und seiner Gemahlin Margarethe von Österreich für die Gesellschaft Jesu errichtet worden. Im Kircheninneren dominieren gewaltige Barockaltäre.

Rechts von der Barockkirche fällt die **Casa de las Conchas (12) [N40° 57' 45.8" W5° 39' 57.2"]** *(geöffnet Mo - Fr 9 - 21 Uhr, Sa 9 - 15 + 16 - 19 Uhr, So 10 - 14 + 16 - 19 Uhr, Eintritt frei)* durch ihren eigenartigen Mauerschmuck auf. Der Profanbau aus dem 15. Jh. ist an den Fassaden mit Jakobsmuscheln (las conchas) verziert. Nun war der Erbauer Talavera Maldonada zwar ehrenwerter Ritter des Jakobsordens, was eine Erklärung für die Fassadenzier wäre. Aus der Zeit des rivalisierenden Adels, der Zeit der Bandos, ist aber auch überbracht, dass der geltungssüchtige Jakobsritter durch die Muscheln für jedermann unübersehbar auf seine glücklich angeheiratete Verbindung zu einem Adelshaus, das die Jakobsmuschel im Wappen führte, hinweisen wollte. Wie dem auch sei, sehenswert ist der Bau mit den herrlichen schmiedeeisernen Fenstergittern und dem wunderschönen zweistöckigen Arkadengang um den Patio.

Zwischen Clerecía und Casa de las Conchas gehen wir die Calle de la Compañía hinunter, vorbei an der rechterhand gelegenen **Kirche San Benito (13) [N40° 57' 49.4" W5° 39' 56.9"]** und dem **Renaissancepalais der Grafen Monterrey (14)** aus dem 16. Jh. linkerhand, am Abzweig der Calle Ramón y Cayal. In dieser Gasse findet man gegenüber dem Grafenpalais die Augustinerinnenkirche **La Purisima (15) [N40° 57' 53.9" W5° 40' 01.3"],** die Grabkirche der Grafen Monterrey. In der Hauptkapelle mit schönem Marmorretabel verdienen vor allem das Marienbildnis „Inmaculada" (Unbefleckte Empfängnis) aus dem Jahre 1635, ein „San Jenaro" – beide von Ribera – und eine Kalvarienbergszene von Bassano Beachtung.

Bei Interesse an Kirchenkunst kann man noch ein gutes Stück weiter nach Westen gehen und stößt dann links auf das **Colegio Fonseca (16) [N40° 57' 54.6" W5° 40' 12.0"]**, das ehemalige Colegio de los Irlandeses *(geöffnet tgl. 10 - 13.30 + 16 - 19 Uhr; www.colegiofonseca.usal.es).*

Dieses Universitätskolleg wurde 1521 von Erzbischof Alonso Fonseca gegründet. Irisches Kolleg wird es genannt, weil in jener Zeit irische Priester hier ausgebildet wurden. Auch wenn die Umgebung nicht sonderlich attraktiv erscheint, eine Besichtigung des Inneren mit sehr schönem Innenhof (wahrscheinlich von Diego de Siloé) aus der Zeit der Renaissance und einer Altarwand von Alonso de Berruguete lohnt.

Folgt man dagegen vom Palacio de Monterrey der Calle de la Compañía noch ein kurzes Stück weiter nach Norden, öffnet sich ein kleiner Platz. Links liegt das **Convento de las Ursulas (17) [N40° 57' 56.7" W5° 40' 01.2"]** mit ei-

Die Zeichen an der Wand – Graffiti in Salamanca

Übrigens, Graffiti ist nicht erst eine Erscheinung unseres Sprühdosenzeitalters. Schon die Studenten der ehrwürdigen Universität von Salamanca versuchten sich im Wandbemalen. Der Grund war allerdings nicht Frust oder Geltungsbedürfnis, sondern überschäumende Freude. Freude der Studenten darüber, das schwere Examen an der weltberühmten und strengen Universität glücklich bestanden zu haben. Das wurde natürlich gebührend gefeiert. Und zu einem Fest in Spanien gehört natürlich ein Stierkampf. Mit dem Blut der erlegten Stiere haben die Studenten damals nach alter Tradition ihre Initialen oder das Wort „victor" samt Datum des bestandenen Abschlusses an die Außenwände der Universität gemalt.

Der alte Brauch wird heute noch gepflegt. Allerdings müssen die Studenten nicht mehr Stierblut aus der Arena holen, sondern sie verwenden rote Farbe.

nem von Diego de Siloé wunderschön gearbeiteten Marmorgrabmal des Erzbischofs Alonso Fonseca. Kirchenmuseum *(geöffnet Di - So 11 - 14 + 16.30 - 18 Uhr)*.

An der Ostseite des kleinen Platzes sieht man die schöne platereske Fassade der **Casa de las Muertes (18),** Calle Bordadores 6, aus dem 16. Jh.

Die Statue auf dem Platz erinnert an Miguel de Unamuno, Universitätsrektor, Dichter, Philosoph und Kämpfer im Bürgerkrieg 1936 – 1939. Unamuno starb 1938 in dem Haus mit der Gedenktafel neben der Casa de las Muertes. In der Francozeit wurde das Denkmal gelegentlich von Studenten mit roter Farbe bemalt, symbolischer Hinweis, dass das Herz des Francogegners immer noch für Spanien blutet, seine Ideen nicht tot sind.

Wir gehen zurück bis zum Palacio de Monterrey, wenden uns links (ostwärts) in die Calle Prior und gehen bis zur Plaza Mayor.

Unmittelbar vor dem Platz liegt an dessen Südwestseite rechts die Kirche **San Martín (19)** ein romanischer Bau aus dem 12. Jh. und ihr gegenüber die Cava Jazzy, ein immer voller Studententreff.

Durch einen Durchgang in der langen Gebäudefront betreten wir die **Plaza Mayor (20) [N40° 57' 52.5" W5° 39' 52.8"]**. Am besten setzt man sich gleich in den nächsten Caféhausstuhl und genießt bei einer Erfrischung den Eindruck, den der weite, elegante Platz auf den Besucher macht.

Der Platz zählt zu den schönsten Plazas in ganz Spanien, viele sagen, es sei der schönste Stadtplatz überhaupt. Die Einheitlichkeit der Bauten, die auflockernde Reihe der Arkaden und das gekonnte Maß der Anlage machen seine Großartigkeit aus.

Hier trifft sich tout Salamanca, hier pulsiert das Leben, hier flaniert man, kokettiert man oder trifft seine Verabredungen und redet stundenlang beim café solo. Unter den Arkaden findet man Geschäfte, Restaurants, Herbergen wie das **Hotel Garni Las Torres** oder Cafés wie das alteingesessene **Café Novelty** an der Nordseite, das seit 1905 Gäste bewirtet und wahrscheinlich das älteste Café in Salamanca ist.

Salamancas stattliche Plaza Mayor

Einer der Stammgäste des Cafés war der vor Jahren verstorbene Schriftsteller Torrente Ballester, der noch heute – nun als Bronzeplastik wohlgemerkt – an einem der Marmortischchen in Eingangsnähe sitzt.

Im Westflügel des Platzes ist ein Büro der **Touristeninformation (20) [N40° 57' 52.5" W5° 39' 52.8"]** zu finden.

Vom Nordflügel der Plaza Mayor geht man ein kurzes Stück auf der Calle Toro nordwärts bis zur nächsten Querstraße Doctor Piñuela, 5-7, in der das **Museo Taurino de Salamanca [27],** dem Stierkampfmuseum der Stadt, zu finden ist *(geöffnet Di - Sa 10.30 - 13.30 + 17.30 - 20 Uhr, So 10.30 - 13.30 Uhr; www.museotaurinosalamanca.es/)*. Es zeigt in verschiedenen Räumen alles, was man über die alte Kultur des Stierkampfs wissen möchte. Zu sehen sind kostbare Kampfkostüme, Bilder berühmter Matadore, Kunstobjekte zum Thema Stierkampf und Stierzuchtinformationen u.v.a.

Über die Calle de San Pablo gelangt man zurück zum Convento de San Esteban, Ausgangspunkt des Rundgangs.

Unterwegs sieht man am Ende der links abzweigenden Querstraße Miñagustín den imposanten **Torre del Clavero (22) [N40° 57' 46.5" W5° 39' 47.6"],** den „Turm des Schlüsselwächters" aus dem 15. Jh.

Und rechts liegt in der Calle de San Pablo, gegenüber der begrünten Plaza de Colón, der **Palacio La Salinas o de Fonseca (23)** oder **Palacio de Fonseca** (heute Stadtverwaltung). Der ehemalige Palast der Familie Fonseca weist einen schönen Arkadenhof auf, kann offiziell aber nicht besichtigt werden.

Ein Besuch Salamancas ist aber nicht komplett ohne einen abendlichen Stadtbummel.

Am besten beginnt man an der **Puente Romano (1) [N40° 57' 22.5" W5° 40' 16.6"]**. Von hier hat man einen schönen Blick auf Stadt und Kathedrale. Man überquert die Brücke und geht hinauf zur Kathedrale, um die sich im Abendlicht golden verfärbende Westfassade zu bewundern. Wer fotografiert – nur abends bzw. spät nachmittags ist die Fassade gut im Licht. Ebenso verhält es sich mit dem Portal der Universität.

Durch die nun viel belebteren Gassen gelangt man abermals zur Plaza Mayor, die abends voller Menschen und Betrieb ist, ein Erlebnis, das zu einem Salamancabesuch gehört.

Zu den **kulinarischen Spezialitäten** Salamancas zählen neben Wildbret, Lammragout, überbackenes Kalbsmaul oder gefülltes Hähnchen vor allem **„rabo de ternera estofado“**, geschmorter Kalbsschwanz, und die **„chanfaina salmentina“**, ein Gericht aus Reis, Paprikawurst, Geflügelklein und Lamminnereien.

Als kleines Gericht zwischendurch könnte z. B. **„farinatos“**, eine Wurstart mit einem Spiegelei gebraten, dienen.

PRAKTISCHE HINWEISE – SALAMANCA

Oficina Municipal de Turismo [N40° 57‘ 52.5“ W5° 39‘ 52.8“], Plaza Mayor 19, 37002 Salamanca, Tel. +34 902 30 20 02, + 34 923 27 24 08; www.salamanca.es/de/. *Geöffnet Mo - Fr 9 - 19 Uhr, Sa 10 - 19 Uhr, So 10 - 14 Uhr.*

Feste, Folklore

Lunes de Aguas (Wassermontag), erster Montag nach Ostermontag. In früheren Zeiten mussten die Straßendirnen die ganze Fastenzeit und die Karwoche über in das „Damenheim“ in Tejares am anderen Flussufer ins „Exil“ gehen. Am Wassermontag wurden die Damen dann, ein beliebter Spaß vor allem unter den Studenten, mit Booten wieder zurück gebracht. An der Landestelle an der Puente Romano feierten die Bürger Salamancas, die die Ankunft der Dirnen erleben wollten, derweilen ein großes Fest, bei dem der traditionelle **Osterkuchen Hornazo Salmantino** (aus Chorizo, einer sehr scharf gewürzten Wurst, Schinken, Speck, Schweinefleisch und Eiern) nicht fehlen durfte. Der Wassermontag ist immer noch ein großes Fest.

Fiesta de San Juan de Sahagún, am 12. Juni, zum Namensfest des Heiligen, das mit der Knoblauchernte zusammenfällt, sind die Märkte voller Knoblauchzöpfe.

Fiesta Virgen de la Vega de Salamanca, vom 8. bis 21. September, Salamancas großes Stadtfest, das zu Ehren der Schutzpatronin der Stadt gefeiert wird. Stierkämpfe, Viehmarkt, Tanzveranstaltungen, Freiluftkonzerte etc.

RESTAURANTS

Cerveceria del Comercio, C/Pozo Amarillo, 23, Tel. +34 923 26 02 80; urige Ausstattung mit Fliesen, dekoriert mit alten Stierkampfpostern, kastilische Küche mit Fleisch- und Fischgerichten.

Río de la Plata, Plaza del Peso, 1, Tel. +34 923 21 90 05; www.restauranteriodelaplata.es. Klein, aber gepflegte Küche, nette Bar, mittlere Preislage.

Paladini, Rua Mayor, 12, Tel. +34 923 21 23 89; einladendes Kellergewölbe, hauptsächlich italienische Küche, normale Preislage.

El Alquimista, Plaza San Cristóbal, 6, Tel. +34 923 21 54 93; www.elalquimista-restaurante.es/; traditionelle Küche in modernem Ambiente. Dienstagabends und mittwochs geschlossen.

Tapas-Bar

Momo, C/San Pablo, 13, Tel. +34 923 28 07 98; einfaches, beliebtes Tapasrestaurant im Retrolook. Ausgefallene Tapasideen.

PARADOR

Parador de Salamanca, 103 Zi., Teso de la Feria, 2, Tel. +34 92319 20 82; www.parador.es/de/paradores/parador-de-salamanca/; außerhalb der Innenstadt, sehr komfortables Haus, modernes Gebäude jenseits des Río Tormes. Die historische Innenstadt lässt sich auf einem ausgedehnten Spaziergang über die Puente Romano durchaus zu Fuß erreichen, schöner Stadtblick von den meisten Zimmern und von der Restaurantterrasse aus. Restaurant, Schwimmbad, Parkmöglichkeit.

CAMPING

Camping Regio [N40° 56‘ 58.07“ W5° 36‘ 55.23“], Ctra. Madrid, KM 4, Tel. +34 923 13 88 88; www.campingregio.com; Jan. – Dez.; Zufahrt Salamanca Sur von

der Umgehungsstraße N-630 in Richtung Ávila auf die N-501 und noch 4 km ostwärts, bei KM 90 am östl. Ortsrand von **Santa María de Tormes**; hinter dem Hotel Regio; erdiges, leicht schräges Gelände mit teils hohen Pappeln; ca. 3 ha – 200 Stpl.; Standardsanitärausstattung. Restaurant im Hotel, Schwimmbad, Laden, Waschmaschine, Trockner, Imbiss, Tennis, WLAN, Internetecke. Mietbungalows. V & E für Wohnmobile.

Cabrerizos
Camping Don Quijote [N40° 58' 29.9" W5° 36' 12.6"], Tel. +34 923 20 90 52; www.campingdonquijotesalamanca.com; 1. März – 31. Okt.; 4 km östlich von Salamanca an der Straße nach Aldealengua; ca. 4 ha – 120 Stpl.; Standardsanitärausstattung. Laden, Restaurant, am Río Tormes gelegen. Mietbungalows. Haltestelle der Busverbindungen nach Salamanca in der Nähe.

Villamayor
Camping Ruta de la Plata [N40° 59' 58.2" W5° 40' 44.4"], Camino Campo de Futbol Villamayor, s/n, Tel. +34 923 28 95 74; http://campingrutadelaplata.com/?lang=de; Jan. – Dez.; ca. 5 km nordwestlich vom Stadtzentrum Salamanca entfernt. A-62 (Salamanca – Valladolid) Ausfahrt 240 und nach Villamayor, Platz liegt ca. 400 m östlich des Ortes an der CM-546; sandiges, ebenes, gut schattiges, langgestrecktes Campingareal, fast bis zur Autobahn reichend; 1,5 ha – 60 Stpl.; einfache Standardsanitärausstattung. Kiosk, Waschmaschine, Schwimmbad, WLAN im Receptionsbereich. V & E für Wohnmobile. Bushaltestelle vor dem Platz.

Aldeaseca de Armuña
Camping La Capea [N41° 01' 38.5" W5° 40' 21.8"], Ctra. N-630 (Zamora - Salamanca), KM 384, Tel. +34 923 25 10 66; www.campingsalamancalacapea.com; 1. März – 31. Okt.; an der N-630 Richtung Zamora bei KM 384, 4 km nördlich von Salamanca gelegen; ca. 2 ha – 70 Stpl.; Standardsanitärausstattung. Laden, Imbiss, Restaurant, Waschmaschine, Schwimmbad, WLAN. Mietbungalows.

WOHNMOBIL-STELLPLATZ

El Encinar-Teradillos bei Salamanca
Wohnmobil-Sellplatz Área de Autocaravanas Paseo do Poniente, [N40° 52' 48.66" W5° 34' 51.35"], Paseo Pte. Paseo do Poniente, Urbanisacion El Encinar-Teradillos. **Zufahrt:** Von Salamanca auf der Landstraße CL-510 (Salamanca-Alba de Tormes) ca. 14 km südwärts bis zur Schlafstadt Urbansacion El Encinar, am Kreisverkehr zum Platz am südlichen Ortsrand abzweigen. **Ausstattung:** Gemischter Parkplatz mit 10 Stellflächen für Wohnmobile. Frischwasser und Grauwasserausguss in Bodenkasten. **Geöffnet:** Ganzjährig. **Gebühr:** Kostenlos. Bushaltestelle 300 m entfernt, Bus fährt bis ins Zentrum von Salamanca.

Ausflüge ab Salamanca

Bei ausreichend zur Verfügung stehender Zeit lohnen Abstecher auf der A-62/E-80 nach **Ciudad Rodrigo, La Alberca** und **Béjar**, die man gut zu einer Rundfahrt verbinden kann. Mindestens ein ganzer Tag sollte dafür zur Verfügung stehen.

ROUTE: Von Salamanca auf der A-62/E-80, einem der Hauptverbindungswege nach Portugal, südwestwärts bis ***Ciudad Rodrigo****, knapp 90 km.*

Ciudad Rodrigo, das römische *Augustobriga,* ist noch vollständig von ihren **mittelalterlichen Mauern** umgeben. Sehenswert ist die **Altstadt**, in der die Zeit stehen geblieben zu sein scheint. **Kathedrale** aus dem 12. Jh. mit Kreuzgang, Capilla de Cerralbo mit einem Gemälde von Ribera, malerische **Plaza Mayor**, schöne **Adelspaläste**.

ROUTE: La Alberca liegt rund 50 km südöstlich von Ciudad Rodrigo. Man nimmt die SA-220 knapp 40 km bis ***El***

PRAKTISCHE HINWEISE – CIUDAD RODRIGO

Oficina de Turismo [N40° 35' 57.6" W6° 32' 03.7"], Pl. de Amayuelas, 5, 37500 Ciudad Rodrigo, Tel. +34 923 49 84 00; www.viveciudadrodrigo.com. *Geöffnet Mo - Sa 10 - 14 + 16.30 - 18.30 Uhr, So 10 - 14 Uhr.*

PARADOR

Parador de Ciudad Rodrigo ****, 35 Zi., Plaza del Castillo, 1, Tel. +34 923 46 01 50; https://www.parador.es/de/paradores/parador-de-ciudad-rodrigo; im mittelalterlichen Alcázar des Enrique II. de Trastamara, stilvolles Ambiente. Gediegenes Restaurant, Bar, Terrasse, Garten, WLAN. Parkplatz.

CAMPING

Camping La Pesquera [N40° 35' 31.3" W6° 32' 04.2"], Huerta de la Toma, Tel. +34 923 48 13 48; http://campinglapesquera.es/; 15. Jan. – 15. Dez.; Zufahrt von der CL-526 Richtung Cáceres bei KM 324; kleiner, einfacher Übernachtungsplatz; Wiesengelände mit Baumbestand am Río Águeda; ca. 1 ha – 60 Stpl.; einfache Standardsanitärausstattung. Cafeteria, Laden, Waschmaschine, WLAN. Mietbungalows.

***Cabaco** und folgt dort der SA-201 10 km südwärts nach **La Alberca**.*

La Alberca [Parkplatz, N40° 29' 27.06" W6° 6' 43.23"] in den Bergen der Sierra de la Peña de Francia steht unter Denkmalschutz. Mit seinen romantischen Gassen, Plätzen, **alten Häusern** mit Balkonen und zierlichen Säulen gilt es als eines der malerischsten und volkstümlichsten Dörfer in der Provinz Salamanca.

An der zentralen, gepflasterten **Plaza Mayor**, die von eng aneinander gebauten Häusern mit säulengestützten Arkadengängen umgeben ist, kann man für kurze Augenblicke den Eindruck gewinnen, die Zeit sei hier seit Generationen stehen geblieben. Und – der Ort ist weithin bekannt für seine Schinkenspezialitäten.

Vor allem zum Fest „Nuestra Señora de la Asunción" vom 14. bis 18. August und zum Opferfest „Ofrenda" sind bei den Feierlichkeiten und Umzügen noch die kostbaren, schönen Trachten der Gegend zu sehen.

*ROUTE: Weiterreise ab La Alberca auf der SA-201, der Passstraße „Ruta de las Batuecas", südwärts. Nach der **Passhöhe „El Portillo"** (1.240 m) geht es über eine Serptentinenstraße an der Südflanke der Sierra de la Peña de Francia mit teils prächtigen Ausblicken hinab ins idyllische, üppig grüne Tal **Valle de las Batuecas** und schließlich nach **Las Mestas**. Diese Strecke ist m. E. Gespannen und über 2 m breiten Womos nicht zu empfehlen!*

Weiter über **Riomalo de Abajo** und **Sotoserrano** und vorbei an **Miranda del Castañar** (ein weiteres sehenswertes, schön auf einer Anhöhe mit Burg und Wehrmauern gelegenes Dorf) bis **Santibáñez de la Sierra**.

La Alberca, Plaza Mayor

PRAKTISCHE HINWEISE – LA ALBERCA

Oficina de Turismo [N40° 29′ 20.1″ W6° 06′ 36.4″], Calle La Puente, 9, 37624 La Alberca, Tel. +34 923 41 52 91; www.laalberca.com.

CAMPING

Camping Al Bereka [N40° 30′ 32.8″ W6° 07′ 22.4″], Ctra. SA-201, KM 76, Tel. +34 923 41 51 95; www.albereka.com; 15. März – 15. Okt.; 3 km nordwestlich von La Alberca an der SA-201 (La Alberca – Salamanca) KM 76; eingezäunte Wiesen mit Laubbäumen; ca. 120 Stpl.; Standardsanitärausstattung. Restaurant, Cafeteria, Bar, Schwimmbad, Mietbungalows.

El Casarito
Camping Sierra de Francia [N40° 31′ 17.5″ W6° 08′ 18.9″], Tel. +34 923 45 40 81; www.campingsierradefrancia.com; Ende März – Mitte Sept.; an der Straße SA-201 (La Alberca – Salamanca) bei KM 73, ca. 12 km nördlich von La Alberca; Wiesengelände mit hohen Laubbäumen im Naturpark Las Batuecas; 1,5 ha – 50 Stpl.; einfache Standardsanitärausstattung. Restaurant, Imbiss, Waschmaschine, Schwimmbad, Mietbungalows.

WOHNMOBIL-SELLPLATZ

Wohnmobil-Stellplatz Las Batuecas La Alberca [N40° 29′ 18.33″ W6° 6′ 57.21″], Estacionamiento de la Casa del Parque Natural Las Batuecas. **Zufahrt:** Am westlichen Ortsrand beim Casa del Parque Informationszentrum des Naturparks Las Batueca-Sierra de Francia, über die Avenida de las Batuecas zu erreichen. **Ausstattung:** Gemischter, asphaltierter Parkplatz mit 10 Stellflächen für Wohnmobile. Frischwasser, Grauwasser- und Chemikaltoilettenausguss. **Geöffnet:** Ganzjährig. **Gebühr:** Kostenlos. Kein Campingverhalten erlaubt. Zum Ortszentrum 500 m Fußweg. Max. Aufenthalt 48 Stunden.

Hier kann man entscheiden ob man über die SA-205/CL-512 direkt zurück nach Salamanca fährt (64 km), oder ob man einen **Umweg über Béjar** macht (Straße SA-220, 22 km südöstlich von Santibáñez de la Sierra gelegen).

In La Alberca hängt der Himmel voller Schinken

Zu den Sehenswürdigkeiten von **Béjar [N40° 23′ 03.2″ W5° 45′ 44.7″]** zählt in erster Linie die **Burg Palacio Ducal** aus dem 16. Jh.

Béjar mit seiner harmonischen Plaza Mayor im **Casco Antiguo**, der Altstadt, war lange ein bedeutendes Zentrum für die Herstellung von Tuchen, Wollgeweben und Decken.

Wenn man den Weg hierher unternimmt sollte man unbedingt auch dem Dorf **Candelario [N40° 22′ 05.9″ W5° 44′ 39.5″]** weiter südöstlich einen Besuch abstatten. In den teils recht steilen Gassen und vor allem um den Dorfplatz findet man schöne alte Häuser und romantische Winkel.

*ROUTE: Von Béjar aus gelangt man auf der A-66/E803 zurück nach **Salamanca**, das man nach 74 km wieder erreicht.*

TOUR 16: SALAMANCA – SEGOVIA

Länge der Tour:	Rund 280 km, ohne Abstecher.
Die Route:	Über die A-62/E-80 bis **Alaejos** – CL-602 über **Nava del Rey** bis **Medina del Campo** – (evtl. Alternativroute über **Tordesillas**, **Valladolid** und **Peñafiel** nach **Coca)** – CL-602 bis **Olmedo** – N-601 und Landstraße bis **Coca** – SG-342 bis **Cuéllar** – A-601 bis **Navalmanzano** – SG-222 über **Aguilafuente** nach **Turégano** – CL-603 und Landstraße über **Rebollo** nach **Pedraza de la Sierra** – Landstraße und N-110 bis **Segovia.**
Alternativroute:	Über **Tordesillas, Valladolid** und **Peñafiel** nach **Coca.**
Abstecher:	Nach **La Granja de San Ildefonso, Ávila** und **El Escorial.**
Reisedauer:	Mindestens ein Tag. Mit Alternativroute besser zwei oder mehr Tage. Plus mindestens ein separater Tag für die Abstecher ab Segovia.
Höhepunkte:	Die **Burg La Mota** * bei Medina del Campo – die **Burg von Coca** * – das **Kloster Santa Clara** in Tordesillas – das **Nationalmuseum für Skulpturen** *** und das **Colegio de San Gregorio** in Valladolid – das **Castillo von Peñafiel** – die **Burg von Cuéllar** * – die hübsche **Plaza Mayor von Pedraza de la Sierra** ** – **Segovias Römeraquädukt** ***, **Kathedrale** **, **Alcazar** *, **Plaza San Martín** * – Stadtblick vom **Miradouro del Terminillo** ** **auf Segovia – Palast und Gärten von La Granja** * – **Ávilas Stadtmauer** ***, **Basilica de San Vicente** **, **Kathedrale** * – **El Escorial** ***.

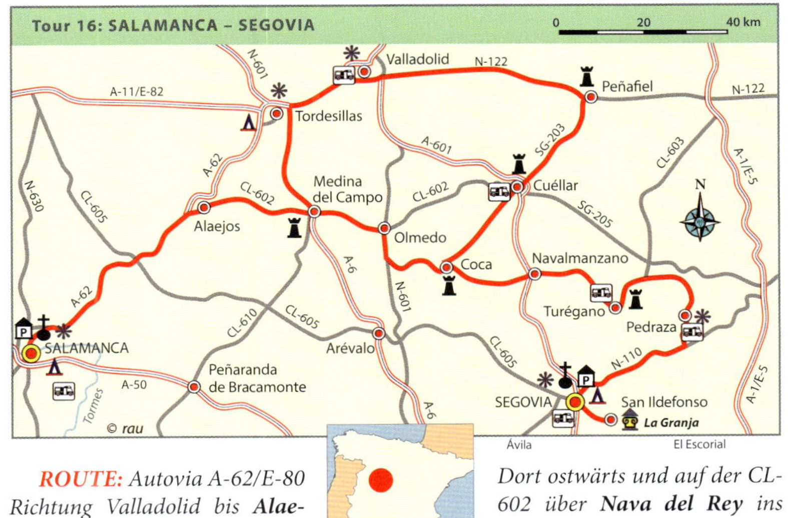

***ROUTE:** Autovia A-62/E-80 Richtung Valladolid bis **Alaejos,** das sich durch seine weithin sichtbare Kirche ankündigt.*

*Dort ostwärts und auf der CL-602 über **Nava del Rey** ins 30 km entfernte **Medina del Campo.***

Die Fahrt führt durch weite Ebenen, die im Frühjahr je nach Fruchtfolge mit der Pracht blühender Sonnenblumenfelder oder weiten, wogenden Getreidefeldern überzogen sind und im Herbst sonnenverbrannt und braun daliegen.

Auf einem Hügel über **Medina del Campo** thront das **Castillo de la Mota [N41° 18' 36.3" W4° 54' 33.9"]** *(geöffnet 1. Apr. - 30. Sept. Mo - Sa 11 - 14, 16 - 19 Uhr, So 11 - 14 Uhr; 1. Okt. - 31. März Mo - Sa 11 - 14, 16 - 18 Uhr, So 11 - 14 Uhr; https://www.castillodelamota.es/en/welcome-to-the-new-website-of-castillo-de-la-mota/)*, großer Parkplatz. Man erreicht die am östlichen Stadtrand gelegene Burg von der Straße nach Olmedo aus.

Die trutzige Burg mit ihrem wehrhaften Bergfried entstand im Wesentlichen Mitte des 15. Jh. nach Plänen des Baumeisters Fernando Carreño. Sie ist ganz aus roten Backsteinen errichtet, die ihr ein besonderes Aussehen verleihen.

Die Burg umgibt ein doppelter Mauerring. Mauern und Türme sind über und über mit Schießscharten versehen. Leider ist von der einst prunkvollen Ausstattung der Räume kaum noch etwas zu sehen. Am ehesten noch erinnern schöne Dekorationen im Mudéjarstil daran, dass La Mota auch königliche Residenz war.

Die Festung war ein beliebter Aufenthaltsort der Katholischen Könige, deren Wappen man über dem Burgtor sieht. Besonders Isabella weilte gerne in La Mota. 1504 starb sie auch hier. Auch ihre Tochter, Johanna die Wahnsinnige, verbrachte einige Zeit in La Mota. Johanna, Gattin Philipps des Schönen aus dem Hause Habsburg und Mutter Karls V., fiel nach dem frühen Tod ihres Mannes in geistige Umnachtung – erst 28 Jahre alt. Sie starb im Alter von 72. Und wie es heißt, sei die schwermütige Königin in der sog. „Frisierstube", einem ihrer bevorzugten Salons, stundenlang auf und ab gegangen, immer in der sehnsuchtsvollen Hoffnung, ihr längst verstorbener Gatte würde zu ihr zurückkehren.

Eine Zeit lang war die Burg der unfreiwillige Aufenthaltsort des schillernden Cesare Borgia, seines Zeichens Erzbischof. Aber nicht lange. Schon nach zwei Jahren gelang ihm die Flucht. Er konnte sich durch ein Fenster über die Mauer abseilen, wo unten schon ein Pferd bereitgestellt war. Ein Borgia wusste sich Helfer zu versichern.

Falls Sie der im Folgenden beschriebenen Alternativroute über **Tordesillas,**

Castillo de la Mota in Medina del Campo

Valladolid und **Peñafiel** nicht folgen, bitte weiter mit **„Hauptroute"** weiter hinten.

Alternativroute über Tordesillas, Valladolid und Peñafiel

*ALTERNATIVROUTE: Von Medina del Campo nach Nordwesten ins 26 km entfernte **Tordesillas**.*

Tordesillas an der A-62/E-80, rund 30 km südwestlich von Valladolid, ist ein kleines Landstädtchen am Duero, das in die Annalen der Geschichte durch den historischen **Vertrag von Tordesillas** einging.

1494 wurde dieser Vertrag auf Druck des einflussreichen Papstes Alexander VI. zwischen Portugal und Spanien (Kastilien) geschlossen. Durch die spektakulären Entdeckungen jenseits der Weltmeere sahen sich die beiden damals die Ozeane beherrschenden Seemächte wohl veranlasst, die Neue Welt (und die von dort zu erwartenden Reichtümer) unter sich aufzuteilen. Als Trennungslinie wurde ein Längengrad gewählt, der 370 Seemeilen westlich der Kapverdischen Inseln verläuft. Das Gebiet östlich dieser Nord-Süd-Linie (darunter Brasilien) sollte an Portugal, das Territorium westlich davon (darunter Mexiko) an Spanien fallen.

Parken in der historischen Innenstadt ist so gut wie nicht möglich. Einer der wenigen öffentlichen **Parkplätze [N41° 30′ 10.4″ W5° 00′ 20.4″]** liegt beim Busbahnhof in Nordwesten der Stadt am Kreisverkehr der N-VI und der N-122.

Der Campingplatz El Astral liegt noch in Gehnähe über die Duero-Brücke zur Altstadt.

Ein Spaziergang durch die Gassen von Tordesillas hinauf zum sehenswerten **Kloster Santa Clara [N41° 29′ 58.9″ W4° 59′ 52.8″]** lohnt sich *(geöffnet Mo - Fr 10 - 14 Uhr, Sa 10 - 14 + 16 - 18.30 Uhr, So 10.30 - 15 Uhr, letzter Einlass 1 Std. vor Schließung; https://www.patrimonionacional.es/en/visita/royal-monastery-santa-clara-tordesillas)*. Die Anlage war Mitte des 14. Jh. von Alfonso XI. erbaut und später von seinem Sohn Peter verändert und mit maurischen Bögen und Arabesken versehen worden, um seiner illegal angetrauten Nebenfrau ein standesgemäßes Domizil zu bieten.

Johanna die Wahnsinnige verbrachte nach dem Tode ihres Gatten Philipp des Schönen viele Jahre ihres tragischen, umnachteten Lebens hier im Kloster Santa Clara.

Zu den Sehenswürdigkeiten neben dem schönen Innenhof zählen vor allem die herrlichen Artesonadodecken im Thronsaal.

ALTERNATIVROUTE: Von Tordesillas auf der A-62/E-80 nach Nord-

PRAKTISCHE HINWEISE - TORDESILLAS

Oficina de Turismo [N41° 29′ 58.9″ W5° 00′ 4.2″], Casas del Tratado, 47100 Tordesillas, Tel. +34 983 77 10 67; http://www.tordesillas.net/oficina-de-turismo. *Geöffnet im Sommer Di - So 10 - 13.30 + 17 - 19.30 Uhr, So 10 - 14; im Winter tgl. 10 - 13.30 + 16 - 18.30 Uhr.*

PARADOR

Parador de Tordesillas, 68 Zi., Ctra. de Salamanca, 5, Tel. +34 983 77 00 51; www.parador.es/en/paradores/parador-de-tordesillas/; ca. 2 km südwestlich an der Straße nach Salamanca, komfortables, ansprechend gelegenes, stilvolles Gebäude; Hotelgarten, Schwimmbad, Bar, Restaurant, WLAN. Parkplatz.

CAMPING

Camping El Astral [N41° 29′ 44.7″ W5° 00′ 17.2″], Camino de Pollos, 8, Tel. +34 983 77 09 53, www.campingelastral.es/de/; Jan. – Dez.; A-62 Ausfahrt 157 und weiter ca. 1 km Richtung Salamanca; ebene Wiese mit Baumbestand am Rio Duero, Gehnähe zur Altstadt; ca. 2,5 ha – 120 Stpl.; Standardsanitärausstattung. Laden, Restaurant, Waschmaschine, Trockner, Schwimmbad, Minigolf, Tennis. WLAN, Internetecke. V & E für Wohnmobile. Mietbungalows.

osten und über ***Simancas*** *bis* ***Valladolid****, 28 km .*

Simancas [Parkplatz, N41° 35' 26.8" W4° 49' 47.7"] liegt an der A-62/E-80 gut 13 km südwestlich von Valladolid. Bekannt ist der Ort wegen seines **Castillos** aus dem 15. Jh., in dem später Kaiser Karl V. das spanische Staatsarchiv einrichtete, das bis ins vergangene Jahrhundert weitergeführt worden ist und heute eine Fundgrube für Wissenschaftler und Historiker darstellt. Besichtigung nur nach Voranmeldung!

Valladolid, ca. 299.000 Einwohner, Hauptstadt der gleichnamigen Provinz, besitzt seit dem 14. Jh. eine der führenden Universitäten des Landes und ist heute eine Stadt, deren wirtschaftlicher Schwerpunkt auf einer florierenden Metall- und Lebensmittelindustrie basiert.

Zweifellos zählt Valladolid zu den bedeutendsten Metropolen der historischen Communidad Autónoma de Castilla y León, die mit einer Fläche von mehr als 94.000 qkm immerhin ein Fünftel des spanischen Territoriums einnimmt.

Die bewegte Geschichte der Stadt, die sich aus der arabischen Gründung *Belad Valed* entwickelt haben soll, reicht zurück bis weit ins Mittelalter.

Vor allem die Zeit zwischen dem 13. und 17. Jh. war die Epoche, in der es Kastilien gelang, zur Großmacht in Europa aufzusteigen. Valladolid war damals Hauptstadt Kastiliens und nach dem Zusammenschluss der Königreiche Aragonien und Kastilien lange auch Hauptstadt des katholischen spanischen Königreiches.

Spätestens seit Peter I. dem Grausamen, der hier im 14. Jh. heiratete, war die Stadt bevorzugte Königsresidenz. Hier wurde 1469 die historische Hochzeit von Ferdinand von Aragonien und Isabella von Kastilien, den Katholischen Königen, gefeiert. Die Verbindung der beiden Reiche sollte die Basis für einen spanischen Nationalstaat werden.

Der damaligen Bedeutung Valladolids entsprechend wurden namhafte Künstler in die Stadt geholt, die Bauwerke schufen, deren Besichtigung einen Abstecher in die Innenstadt lohnen, auch wenn die Stadt in ihren Außenbezirken auf den ersten Blick nicht sonderlich anziehend wirkt.

Dem gelegentlich entnervenden Verkehrschaos und der großen Parkplatznot kann man etwas entspannter entgegensehen, wenn man als Durchreisender versucht, in der Nähe des Bahnhofs oder auf dem **Wohnmobil-Stellplatz Area de Servicios para Autocaravanas [N41° 39' 21.0" W4° 44' 16.1"]** zu parken und zu Fuß oder per Taxi zur Besichtigung aufbricht.

Von herausragender kunstgeschichtlicher Bedeutung ist das **Colegio de San Gregorio [N41° 39' 25.7" W4° 43' 25.1"]** (Calle Cadenas San Gregorio 1 im nördlichen Bereich der Innenstadt), das als eines der schönsten Beispiele des isabellinischen Stils gilt. Dieser Stil, eine Variante der Frührenaissance in Spanien, zeichnet sich durch seine überschwänglichen, filigranen Steinmetzarbeiten, ähnlich dem plateresken Stil späterer Zeit, aus. Besonders reich verziert sind das **Portal**, der zweistöckige **Innenhof** mit seinen herrlichen Galeriebögen und die **Kapelle**. Gegründet hatte das Colegio Fray Alonso aus Burgos, der in der Zeit der Katholischen Könige auch Bischof von Palencia war.

Im Kolleg ist das **Museo Nacional de Escultura Policromada,** das Nationalmuseum für polychrome Steinskulpturen eingerichtet *(geöffnet Di - Sa 10 - 14 + 16 - 19.30 Uhr, So 10 - 14 Uhr, freier Eintritt Sa 16 - 19.30 Uhr, So 10 - 14 Uhr; https://pt.valladolid.com/museu-escultura-policromada)*. Das Museum war 1828 gegründet worden, um die Sammlungen enteigneter Klöster und aufgelöster Prozessionsbruderschaften aufzunehmen. In seiner Bedeutung kann das Museum – freilich auf seine Art – mit dem Prado in Madrid konkurrieren. Der Prado verdankt seine herausragende Stellung seiner herrlichen Gemäldesammlung. Geläufig sind dort Namen wie Velázquez, Zurbarán, Goya, El Greco u. a. Die Künstler, die hier im Museum mit farbigen Skulpturen und Steinmetzarbeiten vertreten sind, schufen auf ihrem Gebiet kaum weniger bedeutende Werke, aber ihre Namen sind lange nicht so bekannt.

Zu den bedeutendsten Stücken dieser kolorierten Skulpturen des Museums zählen die Arbeiten des kastilischen Bildhauers Alonso Berruguete, der u. a. in Florenz die Arbeiten Michelangelos in den Medici-Kapellen von San Lorenzo studiert hatte. Berruguetes Werke sind im Erdgeschoss ausgestellt. Darunter sind u. a. ein „San Sebastián“, das „Opfer Isaacs“ und Fragmente des Altars der ehemaligen Kirche San Benito aus dem 16. Jh. zu finden.

Im Obergeschoss sieht man u. a. Werke Diego de Siloés (u. a. Chorgestühl von San Benito), von Juan de Juni („Entierro de Cristo“ – Begräbnis Christi), dem wahrscheinlich größten Bildhauer Spaniens im 16. Jh., von Gregorio Fernández, der aus Galicien stammte und im 17. Jh. in Kastilien arbeitete u. v. a.

Neben dem Colegio liegt die **Kirche San Pablo** mit herrlicher Fassade. Das Gebäude gegenüber ist der ehemalige **Renaissancepalast Philipps III.**

Besuchenswert ist weiter die nach Plänen von Juan de Herrera auf Anordnung König Philipps II. im 16. Jh. errichtete **Kathedrale [N41° 39' 09.7" W4° 43' 26.5"]** *(geöffnet Di - Fr 10 - 13.30 + 16.30 - 19 Uhr, Sa + So 10 - 14 Uhr, Eintritt frei in Kathedrale, Eintrittsgebühr für Museum; www.valladolid.com/catedral)*. Der Baufortgang zog sich aber ungewöhnlich lange hin und wurde eigentlich

PRAKTISCHE HINWEISE – VALLADOLID

Oficina de Turismo [N41° 38' 49.0" W4° 43' 45.4"], Calle Acera de Recoletos, 47001 Valladolid, Tel. +34 983 21 93 10; www.info.valladolid.es. *Geöffnet 1. Juli - 15. Sept. Mo - Sa 9.30 - 14 + 17 - 20 Uhr, So 9.30 - 15 Uhr; 16. Sept. - 30. Juni Mo - Sa 9.30 - 14 + 16 - 19 Uhr, So 9.30 - 15 Uhr.*

RESTAURANTS

La Criolla, C/Calixto Fernández de la Torre, 2, 10, Tel. +34 983 33 03 70; www.restaurantelacriolla.es; seit 1983 vom Chef Francisco Martínez und Familie geführt, verarbeitet werden Produkte der Region, montags geschlossen.

Don Bacalao, Pl. Santa Brigida, 5, Tel. +34 983 34 39 37; www.restaurantedonbacalao.es; beliebtes Lokal mit exquisiter, phantasievoller Küche. Sonntag- und montagnachmittags geschlossen.

CAMPING BEI VALLADOLID

Cubillas de Santa Marta

Camping Cubillas [N41° 48' 18.4" W4° 35' 13.4"], Tel. +34 983 58 50 02; www.campingcubillas.com; Feb. – Dez.; von der A-62 ca. 20 km nordöstlich von Valladolid bei KM 102 (Ausfahrt 102) abzweigen, südwestl. des Ortes; ebenes, teils steiniges Wiesengelände; ca. 3,5 ha – 120 Stpl. + Dau.; Standardsanitärausstattung. Laden, Restaurant, Imbiss, Waschmaschine, Trockner, Schwimmbad. WLAN. V & E für Wohnmobile. Mietbungalows.

WOHNMOBIL-STELLPLATZ

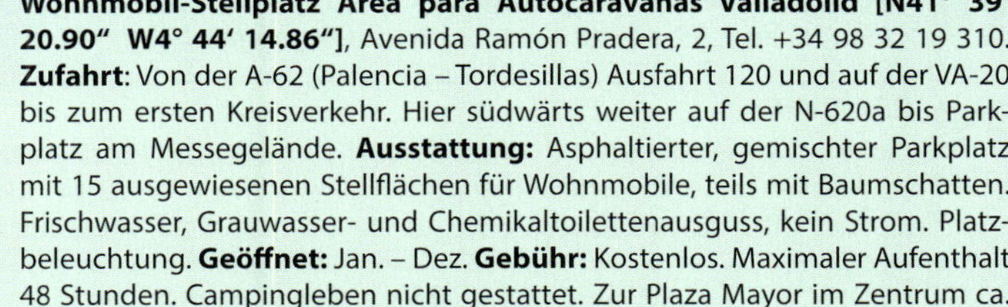

Wohnmobil-Stellplatz Area para Autocaravanas Valladolid [N41° 39' 20.90" W4° 44' 14.86"], Avenida Ramón Pradera, 2, Tel. +34 98 32 19 310. **Zufahrt**: Von der A-62 (Palencia – Tordesillas) Ausfahrt 120 und auf der VA-20 bis zum ersten Kreisverkehr. Hier südwärts weiter auf der N-620a bis Parkplatz am Messegelände. **Ausstattung:** Asphaltierter, gemischter Parkplatz mit 15 ausgewiesenen Stellflächen für Wohnmobile, teils mit Baumschatten. Frischwasser, Grauwasser- und Chemikaltoilettenausguss, kein Strom. Platzbeleuchtung. **Geöffnet:** Jan. – Dez. **Gebühr:** Kostenlos. Maximaler Aufenthalt 48 Stunden. Campingleben nicht gestattet. Zur Plaza Mayor im Zentrum ca. 10 Minuten zu Fuß. Verkehrslärm, auch nachts.

erst im 19. Jh. wirklich abgeschlossen. Entsprechend vielfältig sind die Stilelemente, die der Bau z. B. mit seiner barocken Fassade zeigt. Ihr angeschlossen ist das **Museum für Kirchenkunst** *(geöffnet wie Kathedrale)*.

Man kann von hier am **Universitätsgebäude** vorbei durch die Calle Librería nach Südosten gehen und gelangt zum **Palacio de Santa Cruz**, der heute ein Universitätskolleg beherbergt und einen schönen Innenhof aufweist.

Geht man weiter durch die Calle de Cardinal Mendoza nach Nordosten, gelangt man in die weiterführende Calle Colón. Hier findet man das **Casa Museo de Colón [N41° 39' 12.6" W4° 43' 04.7"]**, das Haus, in dem Kolumbus 1506 starb (Museum) *(geöffnet Di - So 10 - 14 + 17 - 20.30 Uhr; http://www.casadecolon.com/)*.

Zu den Sehenswürdigkeiten der Stadt zählen außerdem das **Museo Oriental [N41° 38' 39.0" W4° 43' 47.4"]** *(geöffnet Mo - Sa 10 - 14 + 16 - 19 Uhr, So 10 - 14 Uhr, So 10 - 14 Uhr; www.museo-oriental.es)*, ein Museum für asiatische Kunst mit schönen Sammlungen chinesischen Porzellans, erlesenen Lackarbeiten und kostbaren Elfenbeinschnitzereien von den Philippinen, sowie das **Cervantes-Haus [N41° 38' 53.5" W4° 43' 37.1"]** *(geöffnet Di - Sa 9.30 - 15 Uhr, So 10 - 15 Uhr; https://museocasacervantes.mcu.es)* an der Calle Miguel Iscar, in dem der große Dichter Spaniens bis zu seinem Tode 1616 lebte.

*ALTERNATIVROUTE: Weiterreise von Valladolid auf der A-11/N-122 nach Osten nach **Peñafiel**, 55 km.*

Wer sich sehr für die Burgen und Schlösser Kastiliens interessiert, sollte unbedingt den Weg über **Peñafiel** mit seinem erhaben auf einer Hügelkuppe thronenden, imposanten **Castillo** nehmen.

Verzichtet man darauf, fährt man von Valladolid auf der N-601 über Olmedo (43 km) südwärts Richtung Segovia und zweigt 6 km ostwärts ab auf die VA-343 nach **Coca** (siehe **„Hauptroute"**).

Das romanische **Castillo de Peñafiel [Parkplatz, N41° 35' 47.5" W4° 06' 49.9"]**, die Burg vom „treuen Felsen", so die Übersetzung von Peñafiel, wird von einer mächtigen Mauer mit dreißig Türmen umgeben *(geöffnet 1. Apr. - 30. Sept. Di - So 10.30 - 14 + 16 - 20 Uhr; 1. Okt. - 31. März Di - So 10.30 - 14 + 16 - 18 Uhr)*. In der Mitte der Anlage erhebt sich stolz über der Ebene ein viereckiger Wohnturm. Der Grundriss der Burg von Peñafiel, 211 m lang, aber nur 23 m breit, passt sich perfekt dem Gelände der Hügelkuppe an und wurde von vielen Historikern schon mit der Form eines Schiffes verglichen.

Natürlich rankt sich auch um diese stattliche Ritterburg eine hübsche Legende. Als König Sancho die Burg von den Mauren im 11. Jh. zurückeroberte, soll er auf dem höchsten Punkt des Hügels sein Schwert in den Felsen gerammt und dabei ausgerufen haben: „Ab heute ist dies der treue („fiel") Fels („peña") Kastiliens".

Ein anderes gekröntes Haupt, König Alfonso X., der den Beinamen der Weise trug, hielt sich längere Zeit in Peñafiel auf. Alfonso hatte sich mit seinen

PRAKTISCHE HINWEISE – PEÑAFIEL

Oficina de Turismo [N41° 35' 34.70" W4° 7' 7.92"], Plaza del Coso, 31-32, 47300 Peñafiel, Tel. +34 98 38 31 526; www.turismopenafiel.com.

CAMPING

Camping Riberduero [N41° 35' 22.3" W4° 08' 04.4"], Av. Polideportivo, 51, Tel. +34 983 88 16 37; www.campingpenafiel.com; 1. Apr. – 30. Sept.; südwestlich des Ortes gelegen, Zufahrt von der N-122 bei KM 56; Wiese mit Pinien bestanden; ca. 2 ha – 50 Stpl.; Standardsanitärausstattung. Laden, Restaurant, Bar, Waschmaschine, Trockner, Schwimmbad, Grillstelle. Mietbungalows. V & E für Wohnmobile.

wissenschaftlichen Schriften nicht nur als herausragender Historiker hervorgetan. Er legte in seinen Büchern auch fest, wie seine Untertanen, auch der Klerus und der Adel, ein gottgefälliges Leben zu führen hatten. Nach seiner Überzeugung sollte z. B. die Geistlichkeit nicht mit Falken und Habichten jagen, eine weitverbreitete Leidenschaft der besseren Gesellschaft jener Tage. Ebenso sollte sich der Klerus von den Wissenschaften der Physik und der Jurisprudenz fernhalten. Denn so mancher sei nach dem Studium dieser Wissenschaften vom Teufel verführt worden und wollte fürderhin nach eigenem Gutdünken leben.

Auch für die Herrschenden hielt König Alfonso der Weise gute Ratschläge parat. Ihnen legte er ans Herz, sich in Seide, Gold und Juwelen zu kleiden. Schließlich sollte sie das Volk sogleich erkennen „und nicht erst nach ihnen fragen müssen".

Ebenfalls auf dem Burgberg findet man das **Museo Provincial del Vino de Valladolid** *(geöffnet im Sommer Di - So 10.30 - 14 + 16 - 20 Uhr; im Winter Di - So 10.30 - 14 + 16 - 18 Uhr; www.museosdelvino.es/museos/museo-provincial-del-vino-de-valladolid/?lang=es).*

*ALTERNATIVROUTE: Ab Peñafiel südwestwärts auf der VA-223 bis **Cuéllar** (31 km), weiter nach Südwesten auf der SG-342 bis **Navas de Oro** (26 km) und dort schließlich 8 km westwärts nach **Coca** (siehe **„Hauptroute"**).*

HAUPTROUTE

*ROUTE: Weiterreise von **Medina del Campo** auf der CL-602 ostwärts bis **Olmedo** mit alter Stadtmauer und altem Stadtkern. Man durchquert die weiten Pinienwälder der „Tierra de Pinedas". Ab Olmedo folgt unser Reiseweg für ca. 6 km der Straße N-601 Richtung Madrid und zweigt dann südostwärts Richtung Segovia nach **Coca**, das kelt-iberische Cauca, ab.*

Schon von weitem sieht man die zinnen- und turmgekrönten Mauern der **Burg von Coca [N41° 12' 54.6" W4° 31' 29.2"]** *(geöffnet Mo - Fr 10.30 - 13 Uhr + 16.30 - 18 Uhr, Sa + So 11 - 13 Uhr + 16 - 18 Uhr; www.castillodecoca.com).*

Im 15. Jh. wurde das gewaltige Castillo von Coca auf Anordnung des Bischofs Don Alfonso de Fonseca am Zusammenfluss des Eresma und des Voltoya errichtet. Der geistliche Herr

Die Burg von Coca

galt als prunksüchtig und war Palastintrigen ebenso wenig abgeneigt wie dem Kriegshandwerk.

Die quadratische, trutzige, ganz auf Verteidigung ausgerichtete Burg von Coca mit ihren markanten Ecktürmen und dem zentralen Bergfried wurde zwar im gotischen Stil aus rotem Backstein erbaut, weist aber viele stark arabische Stilelemente auf (Portal mit maurischem Bogen). Die von drei Verteidigungsringen umgebene Festung ist eines der schönsten Beispiele spanischer Militärarchitektur im Mudéjarstil.

Politisch trat die Burg von Coca nie groß in Erscheinung. Sie galt immer als die „stille Burg Spaniens". Vielleicht war sie deshalb so vorzüglich als Zwangsdomizil für unerwünschte, uneheliche Abkömmlinge der Könige geeignet? Verbürgt ist z. B., dass hinter den dicken Mauern von Coca ein außerehelicher Sohn des kastilischen Königs Pedro I. seine Tage verbringen musste, unfreiwillig und gezwungenermaßen versteht sich, um bei Hofe die Kreise ums Thronerbe nicht zu stören.

Coca nimmt für sich in Anspruch, Geburtsort des römischen Kaisers Theodosius zu sein.

In der Pfarrkirche findet man Gräber der Grafen Fonseca, den einstigen Herren von Coca.

Die Stadt liegt übrigens in einem Gebiet ausgedehnter Pinien- und Kiefernwälder, die eigens zur Gewinnung von Harz angepflanzt worden sind.

ROUTE: *Über* ***Navas de Oro*** *(8 km) nordostwärts nach* ***Cuéllar*** *(26 km) in der Tierra de Castros.*

Am östlichen Ortsrand von **Cuéllar** liegt an der Straße nach Valladolid auf einer Anhöhe die **Burg von Cuéllar,** das **Castillo de los Duques de Albuquerque [N41° 24' 3.81" W4° 19' 6.73],** *(geöffnet 1. Juli - 30. Sept. tgl. 10 - 14 + 16.30 - 20 Uhr; 1. Okt. - 30. Juni Di - So 10 - 14 - 16.30 - 19.30 Uhr; www.cuellar.es/castillo-de-los-duques-de-albuquerque/).* Die Burg stammt aus dem Ende des 15. Jh. und wurde von Don Beltrán de la Cueva (siehe auch unter Zamora), Herzog von Albuquerque, erbaut. Als Günstling König Heinrichs IV. hatte de la Cueva den Ort samt Ländereien geschenkt bekommen. Die reichen Einkünfte aus der Pfründe ermöglichten den Bau der Burg.

Auf Wappen an den Wänden ist der Wahlspruch Don Beltráns zu lesen. „Agro dulce" lautet er, was soviel wie „sauersüss" bedeutet. Erfährt man etwas über den bewegten Lebenslauf des Herzogs, lässt sich auch die Bedeutung des Wahlspruchs eher verstehen.

Werden andere Castillos oft umrankt von Geschichten über Eroberungen, Belagerungen und Kriegshandlungen, ist die Burg von Cuéllar eher in Verbindung mit Liebesaffären zu bringen. Don Beltrán war nämlich nicht nur Vertrauter des Königs, sondern auch Liebhaber der Königin. Offiziell war er dreimal verheiratet, immer mit Damen vom Hofe. Und vielleicht war das Leben des Herzogs eine endlose Reihe von sauer-süssen Erfahrungen aus Intrigen und Affären, die ihn veranlassten, den Wahlspruch „Agro dulce" in seinem Wappen zu führen.

Runde Ecktürme unterschiedlicher Dimensionen flankieren die quadratische Burganlage, deren sonst strenge Fassade oben teilweise von einer balkonartigen Arkade aufgelockert und abgeschlossen wird. Die Burg von Cuéllar war im frühen 19. Jh. zeitweise das Quartier von Lord Wellington während des spanischen Unabhängigkeitskrieges.

Bis ins 19. Jh. beherbergte die Burg ein kostbares Waffenarsenal, das sogar in Kreisen des Königshauses in hohem Ansehen stand, sowie eine wertvolle Juwelensammlung, die einstmals Doña Maria Enriquez bei Ihrer Heirat mit Don Beltrán mit in die Ehe gebracht hatte. Nach dem Abzug der plündernden napoleonischen Besatzungstruppen um 1810 waren die Kostbarkeiten dann auf Nimmerwiedersehen verschwunden.

In der Burg ist auch das **Touristenbüro von Cuéllar** eingerichtet, Tel. +34 921 14 22 03.

Sehenswert sind die romanischen Kirchen des Ortes, allen voran **San Esteban**, mit einer beachtenswerten

WOHNMOBIL-STELLPLÄTZE

Cuéllar

Wohnmobil-Stellplatz Área de Autocaravanas de Cuéllar El Castillo [N41° 24' 6.11" W4° 19' 11.81"], Calle del Alamillo, 2. **Zufahrt:** Von der A-601 Ausfahrt 50 (Cuéllar Norte) und ca. 1 km weiter zum westlichen Ortsrand zur Burg von Cuéllar, am Kreisverkehr 1. Ausfahrt zum beschilderten Platz. **Ausstattung:** Ebener, befestigter Platz mit etwas Schatten für 15 Wohnmobilen. Frischwasser, Grauwasser- und Chemikaltoilettenausguss. **Geöffnet:** Ganzjährig. **Gebühr:** Kostenlos. Max. Aufenthalt 48 Stunden. Zum Ortszentrum ca. 10 Min. Fußweg.

Turégano

Wohnmobil-Stellplatz Turégano [N41° 9' 9.30" W4° 0' 28.54"], Esplanade del Silos. **Zufahrt:** Im Ort nahe der Kreuzung der Straße CL-603 Richtung Segovia. **Ausstattung:** Beschilderter Platz für 10 Wohnmobile. Frischwasserhahn und Abwasserausguss. **Geöffnet:** Ganzjährig. **Gebühr:** Kostenlos. Max. 48 Stunden Aufenthalt. Restaurant auf der anderen Straßenseite und andere Geschäfte. Weiterbestand fraglich!

Chorapsis und Grabmälern im Mudéjarstil im Inneren.

ROUTE: Weiterreise ab Cuéllar auf der Straße A-601 26 km südwärts bis ***Navalmanzano****. Dort zweigen wir ostwärts ab und gelangen auf der Landstraße SG-222 über* ***Aguilafuente*** *schließlich nach* ***Turégano****.*

Die hübsche Plaza Mayor des alten Bischofsitzes **Turégano** wird überragt von einer **Burg [N41° 09' 29.0" W4° 00' 18.6"]** *(geöffnet Apr. - Juni tgl. 16.30 - 19.30 Uhr; Juli + Aug. tgl. 17 - 20 Uhr; Sept. tgl. 16.30 - 19.30 Uhr; Okt. tgl. 16 - 19 Uhr; Nov. - März tgl. 16 - 18 Uhr; www.turegano.es)* aus dem ausgehenden 15. Jh., die um die romanische **Kirche San Miguel** herumgebaut wurde.

ROUTE: Der weitere Verlauf unserer Reise geht von Turégano auf der Straße CL-603 zunächst knapp 12 km nordwärts Richtung ***Aranda de Duero****, dann ein kurzes Stück auf der SG-231 weiter Richtung* ***Sepúlveda*** *(sehr schön gelegene Stadt, sehenswerte romanische Kirche El Salvador), aber schon nach 2 km rechts (südwärts) ab auf schmale Gemeindestraßen und über* ***Rebollo*** *(sehr enge Ortsdurchfahrt) nach* ***La Velilla****. 2 km südöstlich von La Velilla endlich erreicht man* ***Pedraza de la Sierra****.*

Das malerische, mittelalterliche **Pedraza de la Sierra [Parkplatz, N41° 07' 49.7" W3° 48' 34.9"]** liegt 1.075 m hoch. Nur mit Pkws gelingt es, durch das Stadttor (Durchfahrtshöhe 2,50 m) in den Ort zu fahren. Unterhalb des Ortes gibt es eine Parkmöglichkeit für größere Fahrzeuge.

Pedrazas **Plaza Mayor [N41° 07' 50.6" W3° 48' 41.5"]** wird zu den schönsten ihrer Art in Kastilien gezählt. Der natursteingepflasterte Dorfplatz wird überragt vom Turm der romanischen **Kirche San Juan** und den wappengeschmückten Arkaden- und Loggienfassaden der Häuser.

In einer der Bodegas unter den schattigen Bogengängen kann man die beschauliche Ruhe des Dorfes genießen.

Ebenfalls an der Plaza Mayor liegen die Restaurants El Yantar de Pedraza (Spezialität Lammbraten, Montag Ruhetag) und das Restaurant El Soportal (Spezialität Spanferkel aus dem Ofen).

Durch das Gassengewirr gehen wir zur **Burg [Pkw-Parkplatz, N41° 07' 56.6" W3° 48' 50.4"]**. Mit ihrem strengen, wuchtigen Äußeren steht sie ganz im Gegensatz zu den anziehenden Gassen und Winkeln Pedrazas. In der 1430 von Don Pedro Fernández de Velasco erbauten Festung saßen nach der Schlacht von Pavia die Söhne des französischen Königs Franz I., Heinrich und Franz von Valois, anstelle ihres Vaters gefangen.

Pedrazas mittelalterliche Plaza Mayor

Die Burg von Pedraza wurde deshalb dafür ausersehen, weil sie als uneinnehmbar galt.

Viel später, zu Beginn des 20. Jh. erwarb der aus dem Baskenland stammende Maler Ignacio Zuloaga die vom Verfall bedrohte Burg und richtete sich hier eine komfortable Residenz ein. Zuloaga war ein großer Liebhaber der kastilischen Landschaft, was er in seinen Bildern immer wieder zum Ausdruck brachte. Allerdings wird Zuloaga auch nachgesagt, dass er mit dem historischen Vermächtnis der Festung wenig zimperlich umging, was zur Folge hatte, dass die Burg in vielen Bereichen nicht authentisch restauriert wurde, was Stil und Materialien anbelangt.

Von der Burg gehen wir zurück zum Stadttor.

In den Ruinen der romanischen Kirche San Miguel, unterhalb von Pedraza beim historischen Äquadukt, wurde das **Zentrum Casa del Águila Imperi-**

PRAKTISCHE HINWEISE – PEDRAZA DE LA SIERRA

Oficina de Turismo [N41° 07′ 52.3″ W3° 48′ 38.9″], Calle Real, 3, 40172 Pedraza, Tel. +34 921 50 86 66; www.pedraza.info. *Geöffnet Mi - So 11 - 14.30 + 15 - 19.30 Uhr.*

RESTAURANT

La Posada de Don Mariano, Calle Mayor, 14, Tel. +34 921 50 98 86; www.hoteldonmariano.com/restaurante/; gediegenes Ambiente in altem Adelspalast, traditionelle Küche mit regionalen Zutaten; Sonntagabends und montags und zweite Hälfte im Juni geschlossen.

WOHNMOBIL-SELLPLATZ

Wohnmobil-Stellplatz Parking Aquaduct Pedraza [N41° 7′ 55.27″ W3° 48′ 23.95″]. Zufahrt: Von der Zufahrtsstraße SG-V-2511 (La Velilla – Cañosa) östlich von Pedraza zum Parkplatz am alten Äquadukt (Parkplatz der Casa del Águila Imperial). **Ausstattung:** Gemischter Parkplatz mit 10 Stellflächen für Wohnmobile. Keine Einrichtungen. Kein Campingleben erlaubt. **Geöffnet:** Ganzjährig. **Gebühr:** Kostenlos. Schöne, ruhige Lage mit Blick hinauf nach Pedraza. Ortszentrum in Gehnähe.

al [Parkplatz, N41° 7' 55.26" W3° 48' 24.05"]eingerichtet *(geöffnet Apr. - Nov. Fr + Sa 10 - 14.30 + 15.30 - 19 Uhr, So 10 - 15 Uhr; https://pedraza.info/patrimonio/casa-del-aguila-imperial/)* eingerichtet. Es ist eine relativ neue Ausstellung, die sich mit der Art und dem Lebensraum des spanischen Königsadlers befasst. Der Lebensraum dieser Adlerart befindet sich in dieser Region der Sierra de Guadarrama.

ROUTE: Der weitere Verlauf unseres Reiseweges führt durch das hübsche Hochtal des Río Cega südwärts. Nach knapp 10 km stoßen wir auf die N-110. Ihr folgen wir nach ***Segovia,*** *das nach weiteren 32 km erreicht wird.*

Kurz vor Segovia liegt an der Zufahrtsstraße Caretera de Valladolid (CL-601a) aus nordöstlicher Richtung, gegenüber vom Parador direkt an der Straßenbiegung, der Aussichtspunkt **Mirador de La Lastrilla [N40° 57' 35.60" W4° 6' 43.50"]**, von dem man einen schönen Blick auf die Stadt genießen kann. Besonders morgens ist der Panoramablick wunderbar.

In **Segovia** (ca. 52.000 Einwohner) folgen wir der Haupteinfallstraße bis zum großen Kreisverkehr (Plaza de la Artillería) vor dem unübersehbaren römischen **Aquädukt (18) [N40° 56' 53.0" W4° 07' 02.8"].** Auf der Plaza del Azoguejo gleich hinter dem Aquädukt liegt auf der rechten Seite ein Büro der **Touristeninformation (19) [N40° 56' 53.0" W4° 07' 05.7"].**

Der „Acueducto romano", eine der schönsten und besterhaltenen Wasserleitungen aus Römertagen überhaupt, ist 728 m lang, an der höchsten Stelle 29 m hoch und verrichtet nach wie vor seinen Dienst. Noch größer wird das Erstaunen wenn man erfährt, dass die 118 Bögen, die das Tal überspannen, aus Steinquadern ohne Mörtel erbaut sind. Genau überliefert ist die Bauzeit nicht. Es wird aber davon ausgegangen, dass der Aquädukt Ende des 1. Jh., Anfang des 2. Jh. zur Zeit der Kaiser Vespasian bzw. Trajan entstanden ist.

Die Geschichte der 1.000 m hoch am Westrand des Guadarrama-Gebirges gelegenen Stadt ist wechselvoll und reicht zurück bis in die kelt-iberische Epoche.

Im 1. Jh. n. Chr. eroberten die Römer die keltische Siedlung und machten Segovia zu einem Militärstützpunkt des römischen Imperiums. Roms Präsenz wird bis auf den heutigen Tag durch den wirklich imposanten Aquädukt eindrucksvoll

Imposant, Segovias Römeraquädukt mitten in der Stadt

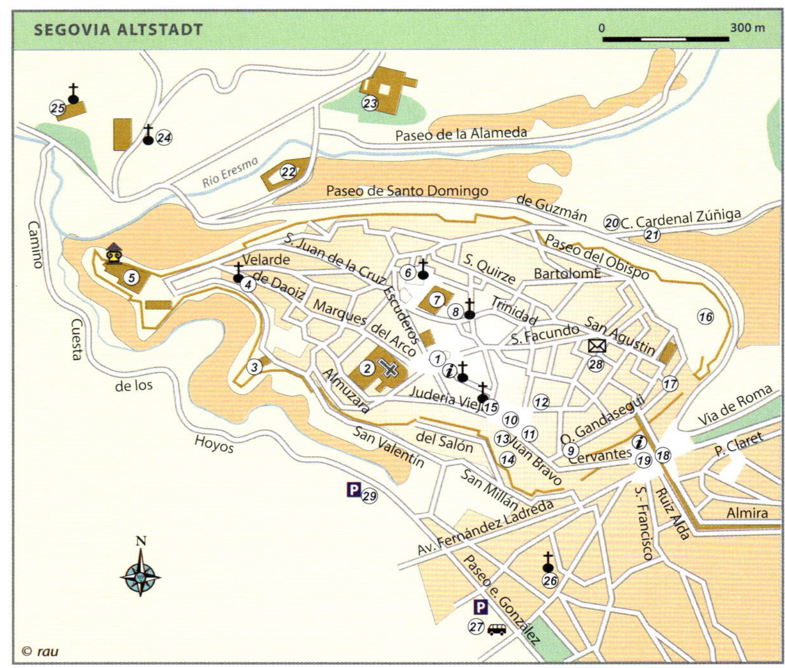

*SEGOVIA – **1** Plaza Mayor, Iglesia San Miguel, Information – **2** Kathedrale – **3** Casa del Sol, Museum – **4** Kirche San Andrés – **5** Alcázar – **6** Kirche San Esteban – **7** Erzbischöfl. Palast – **8** La Trinidad – **9** Casa de los Picos – **10** Plaza San Martín – **11** Torreón de los Lozoya – **12** Museo de Arte Contemporáneo Esteban Vicente – **13** Casa de Siglo XV. – **14** Alhóndiga – **15** Kirche San Martín – **16** Iglesia de San Juan de los Caballeros, Museo Zuloaga – **17** Plaza del Conde de Cheste – **18** Acueducto Romano, Röm. Aquädukt – **19** Plaza del Azoguejo, Information – **20** Monasterio de Santa Cruz la Real – **21** Cueva de Santo Domingo de Guzmán – **22** Casa de la Moneda – **23** Monasterio de El Parral – **24** Iglesia La Vera Cruz – **25** Santuario Virgen de la Fuencisla – **26** Iglesia San Millán – **27** Busbahnhof – **28** Hauptpostamt – **29** Parkplatz*

dokumentiert. Segovia muss damals ein wichtiger Knotenpunkt zweier Handels- oder Heerstraßen gewesen sein.

Die Herrschaft der Westgoten und die Zeit der Mauren, die folgte und in Segovia 200 Jahre dauerte, brachten der Stadt kein Wachstum. Eher verlor sie an Bedeutung. Erst als Kastilien wieder fest in der Hand christlicher Grafen war, begann auch ein neuer Aufstieg Segovias. Alfonso VI. verlieh der neubesiedelten Stadt eine eigene Rechtssprechung.

Im 15. Jh. dann gewann Segovia – nicht zuletzt dank des Trastámara Clans – so stark an Bedeutung, dass die Stadt schließlich Sitz des königlichen Hofes wurde. 1474 ließ sich Isabella, die Katholische, trotz der Fehde mit ihrer Gegenspielerin „La Beltraneja" (siehe auch unter Zamora), hier zur Königin von Kastilien ausrufen und in der San Miguel Kirche krönen.

Zur Zeit Karls V. fiel Segovia in Ungnade. Denn von hier ging der Unmut des spanischen Adels aus, der sich in den „Comunidades" zusammengeschlossen hatte und gegen die vermeintliche Vernachlässigung Spaniens im Kaiserreich Karls V. ankämpfte. Segovia, das sich nach der Proklamation des Kaiserreichs unter Karl V. strikt weigerte, seine Vorrangstellung aufzugeben, war

Segovias Kathedrale beherrscht die Stadtsilhouette

das Zentrum der Comunidades-Bewegung, deren letzter Aufstand 1521 von den kaiserlichen Truppen endgültig niedergeschlagen wurde. Segovia verlor danach rasch an politischer Bedeutung.

Im 18. Jh. dann begann der Stern Segovias nochmals zu glänzen, als unter den Bourbonen das Schloss La Granja, 11 km südöstlich der Stadt, entstand.

Einen größeren **Parkplatz (29) [N40° 56′ 48.6″ W4° 07′ 27.1″]** findet man an der Calle Cuesta de los Hoyos, der süwestlichen Umgehungsstraße. Von hier sind es ca. 15 Minuten zu Fuß zur Plaza Mayor.

Den **Rundgang durch die Ciudad Vieja**, die Altstadt, beginnen wir an der **Plaza Mayor (1)** direkt vor der Kathedrale.

An der Südseite der Plaza Mayor findet sich vor der **Kirche San Miguel** ein Büro der **Touristeninformation [N40° 57′0.83″ W4°7′25.04″]**. San Miguel, ein gotischer, einschiffiger Kirchenbau, wurde im 16. Jh. auf den Mauern einer ehemals romanischen Kirche erbaut. 1474 wurde hier Isabella von Spanien zur Königin von Kastilien gekrönt.

Segovias **Kathedrale (2) [N40° 57′ 02.4″ W4° 07′ 32.6″]** *(geöffnet Kathedrale 1. Apr. - 31. Okt. tgl. 9.30 - 21.30 Uhr; 1. Nov. - 31. März tgl. 9.30 - 18.30 Uhr, Glockenturm Apr. - Okt. um 10.30 Uhr, 12.30 Uhr, 13.30 Uhr, 15 Uhr, englische Führungen 16.30 Uhr, 18 Uhr, 19.30 Uhr; Nov. - März 10.30 Uhr, 12 Uhr, 13.30 Uhr, 15 Uhr, englische Führung 16.30 Uhr; www.catedralsegovia.es)* an der Plaza Mayor entstand 1525 als spätgotischer Bau nach Plänen von Juan Gil de Hontañón. Der Auftrag zum Bau kam von Kaiser Karl V. höchstselbst.

Die alte romanische Kathedrale von Segovia, die sich ehemals neben dem Alcázar befand, wurde im Jahre 1511 beim legendären „Guera de las Comunidades", dem Aufstand der Comunidades, den erbitterten Gegenspielern Karls V., in Brand gesteckt und fast vollständig zerstört.

Um Platz für den neuen Kirchenbau zu schaffen wurden ein ganzes Stadtviertel und ein Klarissinnenkloster abgerissen.

Das gelbe Gestein, aus dem die Kathedrale errichtet ist, unterstreicht die lockere Eleganz des Bauwerks, das man heute sieht, das alle Strenge vermissen lässt.

Nach über dreißigjähriger Bauzeit, wobei große Teile der Hauptfassade, der gotische Kreuzgang und das Chorgestühl der alten Kathedrale wieder verwendet wurden, konnte der nahezu fertiggestellte Kirchenneubau eingeweiht werden. 1614 zerstörte ein Blitz die hohe Turmspitze und dem folgenden Feuer wäre beinahe die ganze Kathedrale zum Opfer gefallen. Der Turm, so wie man ihn heute sieht, wurde nach dem Brand restauriert und ist seitdem 12 m niedriger und nur noch 88 m hoch.

Im Inneren ist man beeindruckt von dem 33 m hoch aufragenden Hauptschiff mit schönen Kreuzgewölben im Chorraum.

Besondere Beachtung verdienen das **Marmor- und Bronzeretabel** des Hauptaltars von Sabatini, sowie diverse Kapellen. Rechts vom Eingang z. B. liegt die **Barmherzigkeitskapelle** (Capilla de Piedad). Dort sieht man hinter einem schön gearbeiteten Gitter eine Altarplastik von Juan de Juni aus dem 16. Jh., die Grablegung Christi darstellend. Und in der von José de Churriguera geschaffenen **Kapelle des Allerheiligsten** (Capilla del Sagrario) beeindruckt die ergreifende Darstellung des sterbenden Christus am Kreuz, von Pereira.

Durch ein sehr schönes Portal im südlichen Querschiff mit der Szene der Kreuzabnahme über dem Durchgang, gelangt man in den **Kreuzgang** und zum dort untergebrachten **Museum** (Eintritt) der Kathedrale. Der Kreuzgang wurde von König Heinrich IV. für die alte Kathedrale gestiftet und nach deren Zerstörung hier wieder aufgebaut.

Im **Kapitelsaal** mit seiner wuchtigen, vergoldeten Kassettendecke sieht man an den Wänden große Gobelins flandrischen Ursprungs. Dargestellt ist in acht Bildern die Geschichte der Königin Zenobia de Pahuira nach Motiven aus der Schule Rubens' (17. Jh.). Des weiteren sind Gemälde, Reliquiare (darunter einer von Benvenuto Cellini, Florentiner Goldschmiedemeister), Prozessionsmonstranzen und das Grabmal des Infanten Don Pedro, der sich von den Mauern des Alcázars zu Tode stürzte, zu sehen.

Von der Kathedrale gehen wir links (nordwestwärts) und gelangen über die Calle del Marqués del Arco und die Calle de Daoiz zum **Alcázar (5) [N40° 57' 08.3" W4° 07' 54.8"]** *(geöffnet 1. Apr. - 31. Okt. tgl. 10 - 20 Uhr; 1. Nov. - 31. März tgl. 10 - 18 Uhr, letzter Einlass 30 Min. vor Schließung; www.alcazardesegovia.com).*

Über die ehemalige Zugbrücke betreten wir die Burg, die im 13. Jh. auf einem hohen Felsvorsprung entstand, der wie ein Schiffsbug aus dem Eresma-Tal aufragt. Das mächtige Adelsgeschlecht der Trastámara baute den Alcázar im 15. Jh. um. Aber selbst damals war die gewaltige Festung noch nicht das romantische Schloss von heute. Erst nach dem Brand von 1862 erhielt der Alcázar seine türmchengeschmückte Silhouette.

Der Palast war Schauplatz einiger bedeutender Ereignisse in Spaniens Geschichte. Hier ehelichte Philipp II. seine habsburgische Gemahlin Anna und 1474 bewirkte hier Isabella ihre Krönung zur Königin von Kastilien.

Die Palastgemächer sind noch mit einigen antiken Möbeln bestückt. Außerdem sind Rüstungen zu sehen. Der große **Saal La Galera** erinnert im Deckenbereich an das Innere eines Schiffes. Daneben liegt der **Thronsaal** mit goldverzierter Kuppel. An den **Tannenzapfensaal** mit seiner herrlichen Holzdecke grenzt der **Königssaal**, der Prunksaal des Alcázar. An den Wänden dort sind die spanischen Könige dargestellt. Eine Wand wird von einem Gemälde des Segovianer Künstlers Carlos Muñoz de Pablos eingenommen, das die Krönung Isabellas darstellt. In der **Kapelle** schließlich fallen schöne Glasfenster auf.

Von der Schlossterrasse hat man einen schönen Blick auf das Tal des Río Eresma, das Kloster El Parral und die Kirche Vera Cruz.

Durch die Calle de Velarde gehen wir stadteinwärts zur **Kirche San Esteban (6) [N40° 57' 07.2" W4° 07' 30.3"]** am gleichnamigen Platz mitten in der Ciudad Vieja, der Altstadt. Ihr hoher Turm und der schöne Arkadengang des romanischen Gotteshauses aus dem 13. Jh. verdienen Beachtung.

Wir gehen um den gegenüber liegenden **Bischöflichen Palast (7)** rechts

Der Alcázar in Segovia

herum. Die schmale Calle del la Trinidad führt uns am mittelalterlichen **Torre de Hércules** aus dem 13. Jh. (Domenikanerkonvent) und an der schlichten romanischen Dreifaltigkeitskirche **La Trinidad (8) [N40° 57′ 04.8″ W4° 07′ 21.3″]** vorbei. Danach nehmen wir die zweite Gasse rechts, überqueren die Serafinstraße bei der Grünanlage der Plaza del Doctor Laguna (Plaza de los Huertos) und stoßen auf die Calle de Colón. Ihr folgen wir ein Stück links, gehen um die **Markthalle** herum und den Treppenweg Grabador Espinosa hinunter zur **Casa de los Picos (9) [N40° 56′ 53.0″ W4° 07′ 14.3″].** Die Hauptfassade dieses Hauses fällt durch die Steinquader in Diamantform auf.

Man kann den Stadtrundgang abkürzen und bereits von hier aus über die Calle de Cervantes hinunter bis zum Aquädukt [N40° 56′ 52.6″ W4° 07′ 04.3″] gehen.

Unser kompletter Spaziergang durch Segovia allerdings führt von der Casa de los Picos über die Calle Juan Bravo Richtung Kathedrale. Nach rund 200 m gelangt man zur **Plaza San Martín (10) [N40° 56′ 55.4″ W4° 07′ 18.3″]**, dem schönsten Platz Segovias. An der Ostseite der Plaza San Martín sieht man den **Torreón de los Lozoya (11) [N40° 56′ 55.5″ W4° 07′ 16.7″]**, den Turm der Familie der Marquis Lozoya aus dem 14. Jh. Links daneben fällt die Fassade der **Casa de Solier** auf. Ihr gegenüber, auf der anderen Seite der Calle Canalejas, schließlich liegt das **Museo de Arte Contemporáneo Esteban Vicente (12) [N40° 56′ 57.0″ W4° 07′ 16.5″],** auch als Museo Esteban Vicente bekannt *(geöffnet Di - Fr 11 - 14 + 16 - 19 Uhr, Sa 11 - 20 Uhr, So 11 - 15 Uhr; www.museoestebanvicente.es)*. Das Museum für zeitgenössische und moderne Kunst, das im Wesentlichen die Arbeiten des spanischen Malers Esteban Vicente zeigt, ist in einem Gebäude eingerichtet, in dem Reste des ehemaligen königlichen Palasts Heinrichs IV. integriert sind, wie z. B. die einstige Kapelle mit wunderschöner Mudéjardecke.

An der südwestlichen Seite der Plaza San Martín sieht man auf der anderen Straßenseite die im obersten Stockwerk loggiengeschmückte **Casa del Siglo XV (13)** oder Haus Juan Bravos. Folgt man der Seitengasse neben dem Juan Bravo Haus, kommt man nach wenigen Metern zur **Alhóndiga (14)**, einem markanten Bau, der im ausgehenden 15. Jh. entstand und damals als Getreidespeicher diente. Heute beherbergt er das Stadtarchiv. Über dem gotischen Portal sieht man das Stadtwappen.

Schräg gegenüber des Juan Bravo Hauses erhebt sich die **Kirche San Martín (15)** aus dem 13. Jh. Die Kirche mit ihrer säulengeschmückten Vorhalle gilt als eines der schönsten romanischen Gotteshäuser der Stadt.

Die Calle Isabella La Católica führt zurück zur Plaza Mayor.

Ganz am Ostrand der Altstadt liegt die ehemalige **Kirche San Juan de los Caballeros (16) [N40° 57' 03.6" W4° 07' 02.8"]**. Sie stammt aus dem 11 Jh. und weist schöne romanische Stilelemente auf. Ende des 19. Jh. erwarb der Künstler Daniel Zuloaga das vom Verfall bedrohte Gemäuer und nutzte es als Atelier. Heute ist hier das **Zuloaga-Museum** eingerichtet.

Einen Straßenzug weiter südlich trifft man auf die hübsche **Plaza del Conde de Cheste (17) [N40° 56' 59.2" W4° 07' 03.7"],** die von einer ganzen Reihe nobler alter Stadtpalais umgeben ist.

Fahrt um Segovias Altstadt

Der Platz mit dem Aquädukt, die **Plaza del Azoguejo (19)**, an der auch ein Büro der **Touristeninformation [N40° 56' 53.0" W4° 07' 05.7"]** liegt, kann Ausgangspunkt für eine Fahrt um die Altstadt sein, vor allem am Spätnachmittag ein lohnendes Unterfangen.

Am Kreisverkehr vor dem Aquädukt folgen wir der nach Norden abzweigenden Straße Paseo de Santo Domingo de Guzmán. Nicht in die fast daneben abzweigende Calle San Juan einbiegen, sie führt hinein in die Altstadt. Der Paseo de Santo Domingo de Guzmán dagegen führt unterhalb der alten Stadtmauer im Osten und Norden um die Altstadt herum.

Als erstes passiert man nach kurzer Zeit das rechts der Straße gelegene **Monasterio de Santa Cruz la Real (20) [N40° 57' 09.0" W4° 07' 11.1"]** *(heute Universität, kann nur von außen besichtigt werden)*. Das Gebäude im gotisch-isabellinischen Stil weist eine schöne Fassade und ein prächtiges platereskes Portal von Juan Guas auf.

Unweit rechts des Klosters, an der Calle del Cardinal Zúñiga, findet man die **Cueva de Santo Domingo de Guzmán (21)**, dem Gründer des ersten Bettelordens.

Noch ein Stück weiter östlich liegt ein Parkplatz und gegenüber, östlich der Straße, auf einem mittelalterlich anmutenden Platz die romanische **Kirche San Lorenzo [N40° 57' 10.1" W4° 06' 51.4"]** mit einem Turm im Mudéjar-Stil.

Wir folgen weiter dem Paseo de Santo Domingo de Guzmán. Schon fast am Ende der Altstadt, die links oberhalb liegt, zweigt rechts der Fahrweg Calle de La Moneda ab, der vorbei an der **Casa de la Moneda (22) [N40° 57' 10.1" W4° 06' 51.4"]** (ehemalige Münzprägeanstalt, nach Plänen von Juan de Herrera erbaut) und über das Flüsschen Eresma hinab zum **Monasterio Santa María del Parral (23) [N40° 57' 21.5" W4° 07' 36.4"],** dem Kloster der Weinlaube, führt *(geöffnet Mi - So 11 - 17 Uhr; www.monjesjeronimos.es)*. Das Kloster wurde im 15. Jh. von Juan Guas für den Hieronimus-Orden erbaut. Sehenswert ist, neben dem Kirchenportal und den Kirchenfenstern, vor allem der ganz prächtig gearbeitete **Altaraufsatz** in der Klosterkirche. Er stammt aus dem 16. Jh. und ist eine Arbeit von Juan Rodríguez, Blas Hernández und Jerónimo Pellicer. Der Hochaltar wird von schön skulptierten Wänden flankiert, die in Nischen die Alabastergrabmäler von Juan Pacheco und seiner Frau Doña María Portocarrero beherbergen.

Abermals zurück zum Paseo de Santo Domingo de Guzmán und weiter nordwestwärts. Die Straße am Fuße der Stadt erreicht die **Kirche San Marcos [N40° 57' 16.5" W4° 08' 00.5"]**. Durch den lichten Auwald am Flüsschen Eresma kann man schon die Mauern des hoch oben aufragenden Alcázar erkennen.

Unweit nördlich von San Marcos liegt das **Kloster der Barfüßigen Karmeliterinnen**. Kurz danach zweigt rechts eine Straße ab. Sie führt hinauf zur spätromanischen **Kirche La Vera Cruz (24) [N40° 57' 20.9" W4° 07' 56.7"]** *(geöffnet Di 16 - 18 Uhr, Mi - So 10.30 - 13.30 + 16 - 18 Uhr)*. Die Kirche stammt aus dem 13. Jh., hat einen eigenartigen zwölfeckigen

Grundriss und wurde von Templerrittern gegründet. In der Mitte des Kirchenraumes sieht man einen Steintisch, auf dem die Waffen der Ritter gesegnet wurden. Der Blick von hier auf Segovia ist vor allem vormittags sehr schön.

Man sollte die Straße, die dem Eresma folgt, noch ein kurzes Stück weiter fahren. Unten am Flusslauf liegt nahe der Brücke der Park (Quelle Fuente La Fuencisla) vor der Wallfahrtskapelle **La Virgen de la Fuencisla (25) [N40° 57' 23.3" W4° 08' 07.2"]** *(geöffnet tgl. 8.45 - 14 + 15.30 - 20 Uhr)*. Blickt man zurück, sieht man hoch über dem Zusammenfluss des Río Eresma und des Río Clamores wieder den mächtigen Alcázar aufragen.

Mein Tipp! Noch ein Stückchen weiter führt ein etwas beschwerlicher Weg hinauf auf einen Hügel. Von dort hat man einen herrlichen Blick auf das abendliche Segovia, vom Alcázar bis zur Kathedrale. Abends beginnen die Mauern und Türme in der untergehenden Sonne rot und gelb zu leuchten.

Am einfachsten fährt man den gleichen Weg zurück bis zum Platz am Aquädukt.

Man kann aber auch das Flüsschen Eresma überqueren und an der Südwestseite der Stadt über die Cuesta de los Hoyos unterhalb der Stadt stadteinwärts fahren. Dabei passiert man den anfangs der Stadtbeschreibung erwähnten **Parkplatz (29) [N40° 56' 48.6" W4° 07' 27.1"]** und später den **Busbahnhof** und den Abzweig der N-110 Richtung Ávila.

Will man von hier aus allerdings zurück zum Aquädukt, ist das eine umständliche Sache und mit einem größeren Umweg über die Avenida Gerardo Diego im Südosten der Stadt verbunden. Der direkte Weg durch die Stadt – vorbei an der linkerhand gelegenen romanischen **Kirche San Millán (26)** – ist für gewöhnlich für die Durchfahrt gesperrt!

Die Kirche San Millán stammt aus dem frühen 12. Jh., liegt im ehemaligen Maurenviertel Segovias und weist ein sehenswertes Hauptportal und schöne Bögen in der Altarapsis auf. Die Kirche ist gewöhnlich nur vormittags geöffnet.

Die traditionelle Küche aus der Gegend um Segovia ist deftig, bodenständig. Eine der Spezialitäten ist „sopa castellana". Zu einer echten Kastilischen Suppe gehören große weiße Boh-

PRAKTISCHE HINWEISE – SEGOVIA

Oficina de Turismo [N40° 57' 0.83" W4° 7' 25.04"], Plaza Mayor, 10, 40001 Segovia, Tel. +34 921 46 03 34; www.turismocastillayleon.com. Auch Infos für die Region Kastilien und León. *Geöffnet 1. Juli - 15. Sept. Mo - Sa 9.30 - 14 + 17 - 20 Uhr, So 9.30 - 17 Uhr; sonst Mo - Sa 9.30 - 14 + 16 - 19 Uhr, So 9.30 - 17 Uhr.*

Oficina de Turismo Segovia [N40° 56' 52.7" W4° 07' 05.4"], Plaza del Azoguejo, 1, am Aquädukt, 40001 Segovia, Tel. +34 921 46 67 20 / 21; www.turismodesegovia.com. *Geöffnet Mo - Sa 10 - 18 Uhr, So 10 - 17 Uhr.*

Feste, Folklore

Fiesta „San Juan y San Pedro", 23. bis 30. Juni, Segovias großes Stadtfest mit turbulentem Jahrmarkt, Tanz- und Musikveranstaltungen. Der hl. Johannes wird in Segovia als Heiratsstifter verehrt. Zu seinen Ehren findet am Morgen des Johannistages nach uralter Tradition die ziemlich lustige, feuchtfröhliche Romería de Juarrillos statt, eine Prozession zur gleichnamigen Kirche.

Romeria de Nuestra Señora de la Fuencisla, 25. September, Fest zu Ehren der Schutzpatronin der Stadt. In einer feierlichen Prozession wird die prunkvoll gekleidete Madonnenstatue von der Wallfahrtskapelle **La Virgen de la Fuencisla** im Eresma-Tal zur Kathedrale getragen.

RESTAURANTS

El Hidalgo, Calle José Canalejas, 5, Tel. +34 921 46 35 29; www.el-hidalgo.com; neben der Kirche San Martín, Restaurant mit dem Ambiente eines Adelspalastes aus dem 13. Jh. Schöner Innenhof.

An der Plaza Mayor findet man verschiedene Restaurants, u. a. das **Mesón Mayor**, Plaza Mayor, 3, Tel. +34 921 46 30 17; www.mesonmayor.com; einfaches, gutes Speiselokal mit Gerichten auch zu erschwinglichen Preisen.
In der Nähe liegt in der Calle Cronista Lecea 11 das Restaurant **José María**, Calle Cronista Lecea, 11, Tel. +34 921 46 60 17; www.restaurantejosemaria.com/; mit beliebter Tapas-Bar, eines der führenden Restaurants in der Stadt, teuer.
In der Calle Cervantes findet sich das Restaurant **Meson Duque**, Cervantes, 12, Tel. +34 921 46 24 87, www.restauranteduque.es; ein angenehmes Haus mit gemütlicher Atmosphäre und guter Küche, mittlere bis gehobene Preislage. Spezialität: Spanferkel vom Rost.
Direkt unterhalb des römischen Aquädukts liegt das **Mesón de Cándido**, Plaza Azoguejo, 5, Tel. +34 921 42 59 11; www.mesondecandido.es; das vielleicht bekannteste Restaurant in Segovia mit einem Hauch von Prominentenkneipe, immer stark frequentiert, vor allem von Besuchern der Stadt, nicht gerade billig. Spezialität: Spanferkel aus dem Ofen.

PARADOR

Parador de Segovia, 106 Zi., Ctra. de Valladolid, s/n (CL-601), Tel. +34 921 44 37 37; https://www.parador.es/de/paradores/parador-de-segovia; Gebäude neueren Datums auf einer Anhöhe nordöstlich der Stadt, beschilderte Zufahrt von der N-601, schöner Blick auf die Stadt, Restaurant, Bar, Terrasse, Garten, Schwimmbad, Sauna. Parkplatz. Keine Haustiere.

CAMPING

Camping El Acueducto [N40° 55′ 52.5″ W4° 05′ 32.9″], Ctra. de la Granja, KM 112, Tel. +34 921 42 50 00; www.campingacueducto.com; 15. März – 15. Okt.; südöstlich Segovia an der Straße CL-601 Richtung La Granja/Madrid, zwischen KM 112 u. 113; neben dem Restaurant „Lago"; leicht geneigtes, gestuftes Gelände mit Schatten; ca. 3 ha – 250 Stpl.; Standardsanitärausstattung. Imbiss, Kiosk, Waschmaschine, Schwimmbad. Mietbungalows. V & E für Wohnmobile.

WOHNMOBIL-STELLPLÄTZE

Segovia

Wohnmobil-Stellplatz Parking Plaza de Toros Segovia [N40° 56′ 26.26″ W4° 6′ 28.42″], Calle Campo Azalvaro. **Zufahrt:** Vom Stadtzentrum am Aquädukt auf der CL-601 ca. 1 km südostwärts Richtung La Granja bis zur Stierkampfarena Plaza de Toros, hier zum Parkplatz der Stierkampfarena. **Ausstattung:** Asphaltierter, gemischter Parkplatz mit 11 Stellflächen für Wohnmobil, teils mit Baumschatten. Frischwasser, Grauwasser- und Chemikaltoilettenausguss. **Geöffnet:** Ganzjährig. **Gebühr:** Kostenlos.

Palazuelos de Eresma bei Segovia

Wohnmobil-Stellplatz Palazuelos de Eresma [N40° 55′ 41.20″ W4° 3′ 24.84″], Calle Cañada. **Zufahrt:** Von Segovia auf der CL-601 (Segovia – Real Sitio de San Ildefonso) bis Peñas del Erizo, hier nordwärts abzweigen und zum Ort Palazuelos de Eresma und zum Platz am südlichen Ortsrand. **Ausstattung:** Beschilderte Parkplätze an den Sportanlagen für ca. 10 Wohnmobile. Frischwasser, Grauwasser- und Chemikaltoilettenausguss. **Geöffnet:** Ganzjährig. **Gebühr:** Kostenlos. Für Frischwasser sind Jetons erforderlich, die im Rathaus zu kaufen sind. Geöffnet Mo - Fr 9 - 14 Uhr.

nen aus La Granja, Schweinsfüße und Schweinsohren. Andere für die Region typischen Köstlichkeiten sind z. B. Spanferkel „cochinillo", die Knoblauchwurst „chorizo" aus Cantimpalos, Lamm- und Wildschweinbraten. Und „soplillos", ein mit Likör getränkter Punschkuchen aus Biskuit ist ein beliebter Nachtisch.

Ausflüge ab Segovia

La Granja de San Ildefonso

11 km südöstlich von Segovia, an der Straße CL-601, liegt in dem etwas verschlafen wirkenden Ort **San Ildefonso**, das **Schloss La Granja de San Ildefonso [N40° 53' 57.8" W4° 00' 26.6"]** *(geöffnet Di - Fr 10 - 16 Uhr, Sa + So 10 - 19 Uhr, letzter Einlass 1 Std. vor Schließung; Eintritt frei mittwochs und sonntags von 15 - 19 Uhr; www.patrimonionacional.es/visita/palacio-real-de-la-granja-de-san-ildefonso)*, **[naher Parkplatz N40° 54' 04.2" W4° 00' 30.8"]**.

Philipp V. ließ La Granja, inspiriert durch den Glanz von Versailles, 1721 erbauen. Schon die Katholischen Könige hatten hier an den bewaldeten Nordwesthängen der Sierra de Guadarrama einen Jagdsitz und einen Gutshof (La Granja = das Gehöft), auf dessen Gelände dann das Schloss nach Plänen des Baumeisters Theodoro Ardemans entstand. Neben den teilweise sehr prunkvoll mit Dekorationen, Deckenmalereien, Möbeln und wunderschönen Lüstern ausgestatteten Palasträumen (z. B. der Thronsaal) ist vor allem die Sammlung flämischer **Wandteppiche** (separates Museum) sehenswert.

Einige der repräsentativen Salons des Schlosses werden auf Führungen von einstündiger Dauer gezeigt. Erklärungen ausschließlich in Spanisch. Es sind auch keine Infoblätter mit Kurzinfos über die einzelnen Räumlichkeiten in fremden Sprachen für die Führungen zu bekommen.

In der angrenzenden **Stiftskirche** sind König Philipp V. und seine Gemahlin Isabel de Farnesio beigesetzt.

Fast noch lohnender und obendrein recht erholsam ist ein Spaziergang durch die **Palastgärten** und den angrenzenden Schlosspark mit schönen Wasserspielen, Kaskaden, Brunnen und Teichen.

8 km südlich Segovia, über die N-603 und Landstraßen zu erreichen, liegt der **Palacio Riofrío [N40° 52' 28.1" W4° 09' 01.1"]** *(geöffnet Di - Fr 10 - 16 Uhr, Sa + So 10 - 19 Uhr, letzter Einlass 1 Std. vor Schließung, Eintritt frei mittwochs und sonntags 15 - 19 Uhr; www.patrimonionacional.es/real-sitio/palacio-real-de-riofrio)*. Isabel de Farnesio, die Witwe König Philipps V. erwarb das hiesige Jagdrevier in der Absicht, in den ausgedehnten Steineichenwäldern einen prächtigen Palast

Das Schloss la Granja de San Ildefonso bei Segovia

als Gegenstück zu La Granja zu erbauen. Das Projekt konnte aber nicht zu Ende geführt werden. Zu sehen ist heute ein im klassizistischen Stil errichtetes Palastgebäude mit schönem Innenhof und großer Treppe. Im Schloss ist ein **Jagdmuseum** untergebracht. In den angrenzenden Eichenwäldern sieht man zahmes Damwild äsen.

Abstecher nach Ávila

*ROUTE: **Ávila** liegt 68 km südwestlich von Segovia. Man erreicht die Stadt über **Villacastin** auf der N-110/AP-51.*

Ávila ist kelt-iberischen Ursprungs. Zeugen aus jener Zeit sind die Stiere und Eber darstellenden Steinplastiken, die hie und da in den Gassen und Plätzen noch zu sehen sind.

1085 wurde Ávila unter König Alfonso VI. von den Mauren zurückerobert. Edelleute und Adelige aus ganz Kastilien ließen sich nun hier nieder. Ávila wurde zur „Stadt der Ritter" („Ávila de los Caballeros").

Die „Junta Santa", die Heilige Vereinigung, ein Zusammenschluss des Stadtadels Kastiliens, deren Versammlungsort die Kathedrale von Ávila war, beteiligte sich maßgeblich an der Befreiung spanischer Städte aus der Maurenherrschaft, und später unter Karl V. am Erhalt der Eigenständigkeit ihrer Gemeinden. Ein Hinweis auf die Bedeutung der Stadt für das spanische Königreich in Zeiten der Reconquista ist ihre monumentale Stadtmauer.

Mit der Verlegung des Hofes nach Toledo unter Karl V. allerdings verlor Ávila an Bedeutung.

Heute ist Ávila mit annähernd 42.000 Einwohner Provinzhauptstadt.

Im 16. Jh. machte Ávila durch das Wirken der **hl. Theresia** (1515 – 1582), der Erneuerin des Karmeliterordens und Schutzpatronin Spaniens, von sich reden. Im Alter von 19 Jahren trat Teresa de Cepeda y Ahumada in den Karmeliterorden ein. Schon bald erregte die junge Nonne durch ihre religiösen Ekstasen Aufsehen als große Mystikerin. Sie reformierte das Klosterleben, das in ihren Augen zu verweltlichen drohte und gründete auf ihren Reisen viele neue Klöster. Zu ihren zahlreichen Schriften zählt „Das Buch des Lebens", eine Autobiografie, die sechs Jahre nach ihrem Tode 1588 erschien. 1622 wurde Theresia von Ávila heilig gesprochen. Sie ist in Alba de Tormes, 23 km südöstlich von Salamanca, beigesetzt. An der Stelle ihres Geburtshauses in Ávila wurde das **Santa Teresa Konvent** erbaut. In der Krypta dort ist das **Museo Teresiano** eingerichtet.

Kulinarische Spezialitäten: Es heißt, dass eine Spezialität der Stadt, die beliebten „Yemas", aus der Zeit der Heiligen Theresia stammen, die sie als Armenspeise verteilte. Die leckeren „Yemas de Santa Teresa" sind eine Süßspeise aus Eidotter.

Schon einmal bei den leiblichen Genüssen, müssen als Spezialitäten der Region auch die berühmten Bohnengerichte aus Ávila oder der „cocido morañego", ein köstlicher Eintopf, erwähnt werden.

Einen großen **Parkplatz [N40° 39' 39.1" W4° 42' 15.9"]** findet man außerhalb der Stadtmauer am Nordwestrand der Stadt.

Die große Sehenswürdigkeit der Stadt ist heute noch die vollständig erhaltene **Stadtmauer** aus dem 11. Jh. Ab 1090 sollen etwa zehn Jahre lang täglich 1.900 Männer an der Mauer gearbeitet haben. Das mit 88 Türmen befestigte imposante Bauwerk umgibt die Stadt vollkommen. Durch die 10 m hohe und 2.447 m lange Mauer gewähren neun Tore Zutritt in die am höchsten gelegene Stadt Spaniens (1.130 m).

Einen guten Blick auf die Stadtmauer hat man von der Umfahrungsstraße am Nordrand der Stadt von der alten Brücke über den Adaja und von den **„Cuatro Postes"** aus **[Parkplatz, N40° 39' 36.3" W4° 42' 40.4"]**, dem Aussichtspunkt an einem von 4 Säulen umgebenen Wegkreuz westlich der Stadt an der Straße nach Salamanca.

Eines der schönsten Stadttore ist die **Puerta de San Vicente [N40° 39' 27.4" W4° 41' 49.1"]** am Nordostrand der Altstadt.

Unweit östlich des Stadttores findet man die außerhalb der Stadtmauer gelegene, sehenswerte **Basílica de San Vicente** *(geöffnet 1. Apr. - 31. Okt. tgl. 10 - 18.30 Uhr; 1. Nov. - 31. März tgl. 10 - 13.30 + 16 - 18.30 Uhr; http://www.basilicasanvicente.es/)*. Die Basilika stammt aus dem 11. Jh., der Zeit also, in der auch die mächtige Stadtmauer entstand. Der Kirchenbau wurde an der Stelle errichtet, an der der Legende zufolge der heilige Vincente zusammen mit seinen ebenfalls heilig gesprochenen Schwestern Sabina und Christeta im Jahre 303 den Märtyrertod erlitten haben sollen.

Ávilas gewaltige Stadtmauer ist noch vollständig erhalten

Die Basilika wird zu den schönsten Gotteshäusern der Provinz Ávila gezählt. An der Südfront sieht man einen schönen Arkadengang. Geradezu prächtig ist das gewaltige **Westportal** mit romanischem Figurenschmuck. Dargestellt sind u. a. Szenen aus dem Leben des hl. Lazarus.

Im Inneren ist vor allem das **Kuppelgewölbe** und das **Grabdenkmal** (Kenotaph) des Kirchenheiligen unter der Kuppel sehenswert. Das Grabmal stammt aus dem 12. Jh., die Steinmetzarbeiten zeigen Szenen aus dem Leben des Heiligen. Das Pagodendach stammt aus dem 15. Jh. und wurde von Adelshäusern aus Ávila gestiftet.

Von der San Vincente Kirche gehen wir auf die Stadtmauer zu und betreten **Ávilas Altstadt** durch das Stadttor **Puerta de San Vicente [N40° 39' 27.4" W4° 41' 49.1"]** und über die Calle López Nuñez. Weiter links sieht man das Renaissancepalais **Palacio de los Verdugos**, das man an den eckigen Fassadentürmen erkennt.

Am besten nimmt man gleich die nächstmögliche Straße links innerhalb der Stadtmauern, die Calle del Tostado, und gelangt so auf die Plaza de la Catedral. Links liegt der **Palacio del Rey Niño** (Hotel), rechts das **Mansión de los Velada**, das heute das sehr komfortable Luxushotel Palacio de los Velada beherbergt.

Gegenüber erhebt sich die **Kathedrale [N40° 39' 21.1" W4° 41' 52.6"]**, die bis an die Stadtmauer heranreicht, *(geöffnet Kathedrale: Juli + Aug. Mo - Sa 10 - 21 Uhr, So 11.45 - 21 Uhr; Apr. - Juni + Sept. + Okt. Mo - Fr 10 - 20 Uhr, Sa 10 - 21 Uhr, So 11.45 - 19.30 Uhr; Nov. - März Mo - Fr 10 - 18 Uhr, Sa 10 - 19 Uhr, So 10 - 17.30 Uhr, letzter Einlass 30 Minuten vor Schließung, Eintritt frei dienstags und mittwochs 8.30 - 9.30 Uhr. Turm: Mo - Do um 12, 13, 17, 18 Uhr, Fr um 12, 13, 16, 17, 18 Uhr, Sa um 12, 13, 17, 18, 19 Uhr, So um 13, 16, 17 Uhr, Eintritt frei Mo - Do 8.30 - 9.30 Uhr; www.catedralavila.es)*.

Die Apsis ihres Chorhaupts und die Ostfassade der Kathedrale sind Teil der Stadtbefestigung. Diese Apsis ist wohl auch der älteste Teil des Gotteshauses, das seine endgültige Fertigstellung mit der Errichtung der Türme an der Westfassade aber erst im 18. Jh. sah. Davor war lange Zeit das Nordportal neben dem dortigen Stadttor Puerta del Peso de la Harina Haupteingang zur Kathedrale. Der Figurenschmuck dort ist aber schon sehr verwittert.

Das aus Granitgestein errichtete Kirchenschiff wirkt schwer und nüchtern. Bis ins 18. Jh. kann die Wirkung auf den Betrachter durchaus eine andere gewesen sein, als die bunten Bleiglasfenster noch vorhanden waren, die durch die weitreichenden Ausläufer des verheerenden Lissabonner Erdbebens von 1755 zerstört worden sind.

Beeindruckend kunstvoll gearbeitet sind das **Chorgestühl** und der mächtige **Hochaltar** aus dem frühen 16. Jh., versehen mit Werken von Juan de Borgoña und Pedro Berruguete.

Eine andere Sehenswürdigkeit der Kathedrale ist an der Rückseite des Altars im **Chorumgang** das **Alabaster-Grabmal** von Alonso de Madrigal, genannt El Tostado, Kardinal und Bischof von Ávila im 15. Jh. Geschaffen wurde das Grabmal, das Bischof Madrigal sitzend und schreibend darstellt, von Vasco de la Zarzas.

Von El Tostado ist bekannt, dass er ein sehr kleiner, aber überaus intelligenter Mann und Autor von über 50 Büchern gewesen ist. Bei einer Audienz bei Papst Eugenius IV. soll der Papst den vermeintlich noch knienden kleinen Kardinal aufgefordert haben sich zu erheben. Worauf Madrigal auf seine hohe Stirn zwischen Haar und Brauen gezeigt haben soll mit den Worten: „Das ist das Maß, nach dem man die Größe eines Mannes misst".

In der Sakristei der Kathedrale ist ein **Kirchenmuseum** *(geöffnet wie Kathedrale, letzter Einlass 30 Min. vor Schließung; www.catedralavila.es/el-museo/)* eingerichtet. Zu sehen sind u. a. ein beachtliches, sehr schön gearbeitetes Chorgitter, ein Porträtgemälde, das El Greco zugeschrieben wird, sowie eine prächtige, fast zwei Meter hohe Prunkmonstranz aus dem Jahre 1571, die aus der Werkstatt von Juan de Arfe stammt.

Vor der Westfassade der Kathedrale sieht man den schönen **Palacio de Valderrábanos**, der heute das gleichnamige Vier-Sterne-Hotel beherbergt.

Man geht rechts am Palacio de Valderrábanos vorbei, durch die Gasse Alemania ein kurzes Stück südwärts bis zur Calle Don Gerónimo (Generalísimo Franco), wendet sich links und folgt der Straße Plaza Calvo Sotelo, wendet sich abermals links und tritt durch das Stadttor Puerta del Alcázar hinaus vor die Stadtmauer auf die Plaza Santa Teresa. An der Ostseite des Platzes sieht man die **Kirche San Pedro [N40° 39' 15.3" W4° 41' 44.4"]**. Die im Grunde romanische Kirche weist eine schöne Fensterrosette auf.

Unter der mächtigen Stadtmauer gehen wir über die Calle San Segundo nordwärts, vorbei am Chorhaupt der Kathedrale, und nehmen die rechts, gegenüber dem Stadttor, abzweigende Gasse Calle los Leales bis zur romanischen Kirche Santo Tomé el Viejo an der Plaza de Italia.

Links der Kirche erstreckt sich die Plaza de los Nalvillos an deren Nordseite das **Mansión de los Deanes [N40° 39' 23.1" W4° 41' 44.2"]** liegt. Das Renaissancepalais stammt aus dem 16. Jh. und war Residenz der Dekane der Kathedrale. Heute beherbergt es das **Museum von Ávila** *(geöffnet Juli - Sept. Di - Sa 10 - 14 Uhr + 17 - 20 Uhr, So 10 - 14 Uhr; Okt. - Juni Di - Sa 10 - 14 Uhr + 16 - 19 Uhr, So 10 - 14 Uhr; https://www.spain.info/de/highlights/provinzmuseum-avila/).* Ausgestellt sind archäologische Funde sowie Volks- und Sakralkunst.

Vom Museum gehen wir zurück zur Calle San Segundo und nordwärts bis zum Ausgangspunkt an der Basilika San Vicente.

Drei weitere bedeutende Kirchen bzw. Klöster liegen außerhalb der Altstadt. Im Norden findet man das **Kloster La Encarnación [N40° 39' 44.8" W4°**

41′ 55.8"]. Hier soll die hl. Theresia zwanzig Jahre lang Nonne gewesen sein, bevor sie die Erneuerung des Karmeliterordens in Angriff nahm.

Südöstlich der Innenstadt, reichlich 10 Minuten Fußweg ab der Stadtmauer, liegt das **Kloster Santo Tomás [N40° 39′ 01.5" W4° 41′ 23.6"]** *(geöffnet Juli - Aug. tgl. 10.30 - 21 Uhr; Sept. - Juni tgl. 10.30 - 14 + 15.30 - 19.30 Uhr; www.monasteriosantotomas.com)*. Die Katholischen Könige gründeten das Kloster im 15. Jh. für den Dominikanerorden, nutzten es aber selbst auch gerne als gelegentliche Residenz. Etwa ab 1483 wurde Santo Tomás auch Hauptquartier des berüchtigten, ideologisch verbohrten Großinquisitors Tomás de Torquemada (Grabmal in der Sakristei). Durch die Gelder der Inquisitionsopfer, Juden, Moslems und unliebsame Christenmenschen, deren Vermögen nach dem für das Opfer aussichtslosen Prozess grundsätzlich an die Kirche fielen, konnte Torquemada den Klosterbau leicht mitfinanzieren.

Die Inquisition, in Spanien bis ins 19. Jh. tätig, war im Grunde eine Folge der Reconquista, der Rückeroberung Kastiliens und des restlichen Spanien für die Reyes Católicos. Nicht nur, dass alles Jüdische und Maurisch-islamische unterdrückt und vertrieben wurde, es wurden auch alle zum Katholizismus Konvertierten mit Misstrauen betrachtet. Streng unterschied man Altchristen und Neuchristen.

Noch im 14. und bis Ende des 15. Jh. (1492) gingen von den jüdischen und moslemischen Spaniern die wichtigsten Impulse im Bereich Architektur, Medizin, Kunst und Wissenschaften aus. Mit dem Verschwinden dieser Volksgruppen wurden auch die Wissenschaften vernachlässigt. Wer sich damit beschäftigte, wurde sofort als Sympathisant der Feinde des Reiches verdächtigt und unweigerlich ein Opfer der Inquisition. Es gab eine Zeit, in der in Adelskreisen Stolz und Kampfesmut weit mehr galten als akademische Bildung. Die Folge – aus Spanien wurde ein stolzes, aber armseliges Land.

Rodrigo Manrique schreibt zu Zeiten Philipps II.: „Tapfer, aber ungebildet zu sein, galt Altchristen als erstrebenswerte Lebensart", die sich im 16. Jh. in den Gestalten der Conquistadores bald personifizierte.

Ein sehenswertes Grabmal findet man in der Klosterkirche von Santo Tomás, den **Sarkophag des Prinzen Juan**, Sohn von Ferdinand und Isabella. Der Thronfolger starb als 19-jähriger Student in Salamanca. Bemerkenswert sind außerdem das **Retabel des Hochaltars** von Pedro Berruguete und die drei ausgedehnten **Kreuzgänge**.

Heute beherbergt das Kloster von Santo Tomás das **Orientalische Museum**.

Am Westrand der Stadt schließlich, etwas flussabwärts (nördlich) der Brücke über den Río Adaja, sieht man die **Kirche San Segundo [N40° 39′ 30.0" W4° 42′ 28.6"]**. Der hl. Segundo, ein Schüler des hl. Petrus, soll hier als Einsiedler gelebt haben. Später im 16. Jh. wurde die Kirche errichtet. Sehenswert ist die Statue des Heiligen, ein Werk Juan de Junis. Jedes Jahr am 2. Mai ist die Kirche San Segundo Ziel einer traditionsreichen **Wallfahrt**.

Zu den sehenswerten Profanbauten in Ávila zählen die Adelspaläste **Torreón de los Guzmanes [N40° 39′ 19.0" W4° 42′ 05.63"]** im Süden der Altstadt an der Plaza General Mola, der **Palacio de Gonzalo Dávila** oder der **Palacio de**

PRAKTISCHE HINWEISE – ÁVILA

Oficina de Turismo, Centro de Recepcíon de Visitantes (CRV) [N40° 39′ 22.29" W4° 41′ 47.57"], Casa de las Carnicerías, Calle San Segunde, 17, 05001 Ávila, Tel. +34 920 35 00 00; www.avilaturismo.com/es/. *Geöffnet im Sommer tgl. 9 - 20 Uhr, im Winter tgl. 9 - 18 Uhr.*

Feste, Folklore

Die Feiern während der **Karwoche** zählen zu den größten Ereignissen im Kirchenjahr der Stadt. Auftakt ist die „Große Prozession des Büßerkreuzweges",

die im Morgengrauen des Karfreitags stattfindet. Dabei wird die Prozessionsfigur (Paso) des „Christus der Hingerichteten" an der Stadtmauer entlang getragen.
Fiestas Santa Teresa, Ávilas großes, jährliches Stadtfest um den 15. Oktober wird zu Ehren der Heiligen Teresa de Ávila gefeiert. Während der Festtage finden zahlreiche Veranstaltungen statt.

RESTAURANTS

El Torreón, Calle del Tostado, 1, Tel. +34 920 21 31 71; man serviert regionale Küche in rustikalem Ambiente, bei der Kathedrale gelegen.
El Molino de La Losa, Bajada de La Losa, 12, Tel. +34 920 21 11 02; www.elmolinodelalosa.com; am Río Adaja, Blick auf die Stadtmauer, mittlere Preisklasse, Dienstagabends geschlossen.
Meson el Rastro, Plaza del Rastro, 1, Tel. +34 920 35 22 25; bodenständige Küche, man serviert u. a. Steaks und leckere Bohnengerichte (judías), mittlere Preislage.
La Posada de la Fruta, Plaza Pedro Dávila 8, Tel. +34 920 25 47 02; www.posadadelafruta.com. Hier können Sie in angenehmer Atmosphäre Gerichte der Region genießen. Hübscher Innenhof.

PARADOR

Parador de Ávila „Raimondo de Borgoña", 57 Zi., Marqués de Canales y Chozas, 2, Tel. +34 920 21 13 40; https://www.parador.es/de/paradores/parador-de-avila; in einem ehemaligen Palast mit schönen Innenhöfen und dem Ambiente eines kastilischen Landadelssitzes, in der Altstadt nahe des nördlichen Stadttors Puerta del Carmen gelegen. Restaurant, Bar, Terrasse, Garten, Parkplatz. Keine Haustiere.

WOHNMOBIL-STELLPLATZ

Wohnmobil-Stellplatz Parking del Palacio de Congresos Ávila [N40° 39′ 39.0″ W4° 42′ 15.7″], Paseo de Santa Maria de la Cabeza. **Zufahrt:** Im Nordwesten von Ávila gelegen, über die Avda. de Madrid zu erreichen, neben dem Palacio de Congresos und der Polizeistation gelegen. Zur Altstadt ca. 700 m. **Ausstattung:** 10 Plätze für Wohnmobile auf dem großen Parkplatz des Kongresszentrums. Keine Einrichtungen. **Geöffnet:** Ganzjährig. **Gebühr:** Kostenlos.

Núñez Vela [N40° 39′ 19.1″ W4° 42′ 11.2″] an der südlichen Stadtmauer.

Abstecher nach El Escorial

ROUTE: Von Segovia auf der AP-61 südwärts. Die Autobahn stößt nach rund 30 km auf die AP-6, der man südostwärts bis zur Ausfahrt 47 folgt. Hier südwärts auf die M-600 ins 7 km entfernte ***San Lorenzo de El Escorial****.*

Schon von weitem bietet sich ein schöner Blick auf den mächtigen **Klosterpalast Real Monasterio de San Lorenzo de El Escorial [N40° 35′ 22.0″ W4° 08′ 58.6″]** *(geöffnet Apr. - Sept. Di - Fr 10 - 16 Uhr, Sa + So 10 - 19 Uhr; Okt. - März Di - So 10 - 18 Uhr, letzter Einlass 1 Stunde vor Schließung; Eintritt frei mittwochs von 10 - 16 Uhr und sonntags von 15 - 19 Uhr; www.patrimonionacional.es/visita/real-sitio-de-san-lorenzo-de-el-escorial).*

Philipp II., Sohn Kaiser Karls V., ließ sich den Klosterpalast 1563 erbauen. Den Anstoß dazu erhielt der König schon sechs Jahre früher. 1557 nämlich gewannen seine Truppen bei St. Quentin eine Schlacht gegen Heinrich II. von Frankreich. Das war am Laurentiustag. Aus frommer Dankbarkeit beschloss Philipp II. den Bau eines Kloster und einer Kirche, die er dem hl. Laurentius (Märtyrer, in Rom gest. 258) weihen wollte und die gleichzeitig Grabkirche seiner Familie werden sollte. Rechtzeitig kam dem König der Einfall, gleich einen Palast mit anzugliedern.

Nach 21-jähriger Bauzeit ging der riesenhafte Komplex seiner Vollendung entgegen. Fast 2.000 Arbeiter waren beschäftigt, den 206 x 161 m messenden Klotz aufzubauen. Wären nicht die Ecktürme und die über 2.500 Fenster als auflockernde Elemente vorhanden, die Strenge, Kälte und Unnahbarkeit der Anlage, vom weißgrauen Baumaterial Granit noch unterstrichen, wäre nicht zu überbieten.

Die Baupläne entwarfen die Architekten Juan de Toledo und Philipps Hofbaumeister Juan de Herrera. Wohl hatten die beiden im Sinn, einen veränderten Baustil zu schaffen, von den schmückenden, plateresken Fassaden abzurücken. Was jedoch dabei herauskam und sehr den Beifall des nüchtern-freudlosen Bauherrn fand, war ein Bauwerk, das nicht besser dem Wesen des frömmelnden Eiferers und pedantischen Bürokraten Philipp II. entsprechen konnte. Der Escorial dokumentiert Macht, aber keinen Funken höfische Eleganz.

Zu besichtigen sind die königlichen **Gemächer des Palacios** mit herrlichen **Wandteppichen** aus Flandern und Madrid. Einige wurden nach Motiven Goyas, Rubens' und El Grecos gearbeitet. Weiter sind die **Gemächer Philipp II.** zu sehen. Das Schlafzimmer des Königs öffnete sich durch ein Portal direkt zum Altarraum der Kirche, um dem Herrscher die Teilnahme am Gottesdienst vom Bett aus zu ermöglichen. Philipp war im Alter, genau wie sein Vater, schwer gichtkrank und starb 1598 im Alter von 71 Jahren.

Unter den zahlreichen Porträts und **Gemälden** in den Gemächern verdient vor allem das Original des Gemäldes „Der Heuwagen" von Hieronymus Bosch, den man in Spanien als El Bosco kennt, Aufmerksamkeit. Eine Replik, ein vom Meister selbst geschaffenes Duplikat, hängt im Prado.

Als nächstes kann man zu den **Nuevos Museos** (neue Museen) gehen. Herrliche Gemälde (Tizian, Ribera, Bosch, Velázquez, El Greco u. a.) und Kunstgegenstände sind hier zu sehen.

Schließlich besichtigt man noch die **Kirche**, pompös wie der ganze Palast. Besondere Beachtung verdient aber das Deckengemälde (Himmel) über dem Chor und Tizians Fresco „Das Martyrium des hl. Laurentius", das den Heiligen auf dem glühenden Rost zeigt, auf dem der Märtyrer der Legende nach zu Tode gemartert wurde.

Streng und nüchtern wirkt die Fassade des Klosterpalastes El Escorial

Anschließend geht man um den **Patio de los Reyes**, den Hof der Könige, herum zum **Panteón de los Reyes**. Eine Treppe aus Marmor führt hinunter in die achteckige Königsgruft. In 26 gleich gearbeiteten, dunklen Marmorsarkophagen ruhen hier, mit wenigen Ausnahmen, die sterblichen Hüllen der gekrönten, spanischen Häupter seit Karl V. Nur die Königinnen, die Söhne hatten, die später auch gekrönt wurden, sind ebenfalls hier beigesetzt. Alle anderen Königinnen, Prinzen und Prinzessinnen, die nie regierten, sind im Pantheon der Infanten beerdigt.

Auf dem Weg zurück Richtung Segovia bietet sich ca. 8 km nördlich von San Lorenzo de El Escorial Gelegenheit zu einem Abstecher westwärts ins **Valle de los Caídos [Parkplatz, N40° 38′ 25.3″ W4° 09′ 04.2″]** *(geöffnet Di - Fr 10 - 16 Uhr, Sa + So 10 - 19 Uhr, Einlass 1 Std. vor Schließung. Eintritt frei mittwochs ganztägig und sonntags von 15 - 19 Uhr; www.patrimonionacional.es/en/visita/benedictine-abbey-holy-cross-valley-fallen)*. Die Zufahrt von der M-600 ist deutlich beschildert.

Ein 150 m hohes Granitkreuz markiert das Denkmal **„Monumento de la Santa Cruz del Valle de los Caídos“**, das zu Ehren der im spanischen Bürgerkrieg Gefallenen – heute darf wohl hinzugefügt werden aller Gefallenen, auch der republikanischen – errichtet wurde.

In den Felsen ist eine unterirdische riesige **Basilika** gehauen. Republikanische Gefangene aus dem Bürgerkrieg wurden zur Zwangsarbeit hierher beordert. Wandteppiche stellen Szenen aus der Apokalypse dar. General Franco und der Gründer der Falange, der Faschistenführer José Antonio Primo de Rivera, waren bis Oktober 2019 vor dem Altar beigesetzt.

Um die andauernde Heldenverehrung für den ehemaligen Militärdiktator durch unverbesserliche Anhänger zu unterbinden, ließ der Regierungschef Pedro Sánchez nach langem gerichtlichen Kampf mit der Franco-Familie den Leichnam in die Familiengruft umbetten.

Das Valle de los Caidos soll heute verstärkt ein Denkmal für das Gedenken an die fast 34.000 Gefallenen des spanischen Bürgerkriegs 1936, für den Frieden und ein Ort der Versöhnung aller Spanier sein.

PRAKTISCHE HINWEISE – SAN LORENZO DE EL ESCORIAL

Oficina de Turismo [N40° 35′ 25.7″ W4° 08′ 50.9″], Calle Grimaldi, 4, 28200 San Lorenzo de El Escorial, Tel. +34 918 90 53 13; https://www.sanlorenzoturismo.es/. *Geöffnet Mo - Sa 10 - 14 + 15 - 18 Uhr, So 10 - 14 Uhr.*

RESTAURANTS

Parrilla Príncipe, Floridablanca, 6, Tel. +34 918 90 15 48; gute Küche, teuer, Terrasse, man vermietet auch **Fremdenzimmer**.

Alaska, Plaza de San Lorenzo, 4, Tel. +34 918 90 43 65; www.restaurantealaska.com; mittlere Preislage, Terrasse. Montag Ruhetag.

CAMPING

Camping-Caravaning El Escorial [N40° 37′ 29.0″ W4° 06′ 00.4″], Ctra. M-600, KM 3,5, Tel. +34 918 90 24 12; www.campingelescorial.com; Jan. – Dez.; nordöstlich der Stadt beschilderte Zufahrt von der M-600 (El Escorial – Guadarrama) bei KM 3,5; weitläufiges ebenes Gelände mit Baumschatten, teils nummerierte Stellplätze (teurer); teils auf unparzellierten Wiesen (billiger); ca. 35 ha – 600 Stpl., davon gut die Hälfte von Dauercampern belegt; Komfortausstattung. Laden, Restaurant, Imbiss, Waschmaschine, Trockner, Schwimmbad, Tennis, Fahrrad- und E-Bikeverleih. Volleyballfeld. WLAN im Receptionsbereich. V & E für Wohnmobile. Mietbungalows.

TOUR 17: SEGOVIA – SORIA – ZARAGOZA

Länge der Tour:	Rund 355 km, ohne Umwege oder Abstecher.
Die Route:	Über die N-110 bis **El Burgo de Osma** – N-122 bis **Soria** – N-122/AP-68 bis **Zaragoza.**
Alternative:	Ab El Burgo de Osma CL-116 bis **Almazon** – N-111/A-2 bis **Sigüenza** – A-2/E-90 über **Calatayud** bis **Zaragoza**.
Reisedauer:	Mindestens ein Tag.
Höhepunkte:	Die Kathedrale in **El Burgo de Osma** – die **Kathedrale in Sigüenza –** ein Stadtspaziergang durch **Soria** *.

ROUTE: Von Segovia auf der N-110, vorbei an ***Riaza,*** *nach Nordosten. Nach rund 144 km wird* ***El Burgo de Osma*** *erreicht.*

El Burgo de Osma ist einer der ältesten Bischofssitze Spaniens, der schon seit der westgotischen Epoche existiert. Der Ort wird überragt vom mächtigen Barockturm der **Kathedrale [Parkplatz, N41° 35′ 12.7“ W3° 04′ 22.4“]** *(geöffnet Juli + Sept. Di - So 10.30 - 13.30 + 16 - 19.30 Uhr; Aug. Mo - So 10.30 - 13.30 + 16 - 19.30 Uhr; Okt. - Juni Di - Fr + So 10.30 - 13 + 16 - 18 Uhr, Sa 10.30 - 13.30 + 16 - 19 Uhr; www.catedralburgodeosma.com)*. Der dreischiffige Kirchenbau selbst stammt aus der Zeit der Gotik. Sehenswert im Inneren ist das filigrane **Chorgitter** von Juan Francés, das Retabel des Hochaltars, ein Werk Juan de Juni, sowie die weiße **Marmorkanzel.** Im linken Querschiff sieht man

CAMPING – RIAZA

Camping de Riaza [N41° 16′ 09.4“ W3° 29′ 49.4“], Ctra. de la Estación, Tel. +34 921 55 05 80; www.camping-riaza.com; 1. Jan. – 31. Dez.; Zufahrt an der N-110 Abzweig bei KM 119; über 1.000 m hoch gelegenes, ausgedehntes, weitestgehend ebenes Wiesengelände mit Baumbestand; ca. 12 ha – 200 Stpl. + Dau.; gute Standardsanitärausstattung. Laden, Imbiss, Restaurant, Waschmaschine, Trockner, Tennis, Freizeiteinrichtungen, WLAN; öffentliches Schwimmbad. Mietbungalows.

das **Alabastergrabmal** von Pedro de Osma, das aus dem 13. Jh. stammt.

Im **Museo Catedralicio-Diocesano/ Kirchenmuseum** *(geöffnet Mo - Fr 11 - 14 + 17 - 20 Uhr, Sa + So 11 - 14 Uhr)* sind kostbare alte Handschriften, die teils aus dem 11. Jh. erhalten sind, zu sehen. Zur Kathedrale gehört ein Kreuzgang, der ebenfalls eine Besichtigung lohnt.

Im alten Stadtkern sieht man u. a. Gassen mit Bogengängen und Fassaden im plateresken Stil. Ein schönes Beispiel dafür ist die von Bischof Acosta gegründete Universität Santa Catalina.

Die Plaza Mayor wurde in ihrer heutigen Form Mitte des 18. Jh. angelegt. Eines der dominierenden Bauwerke dort ist das Bischöfliche Palais.

Ganz in der Nähe liegt die Keimzelle der heutigen Stadt, das römische *Uxama Argalae*.

*ROUTE: Weiterreise auf der N-122 nordostwärts ins 58 km entfernte **Soria**.*

Alternativ zum direkten Weg nach Soria bietet sich der Reiseweg über **Sigüenza** und **Calatayud** nach Zaragoza an.

Falls Sie der im Folgenden beschriebenen Alternativroute über Sigüenza nicht folgen, bitte weiter mit **„Hauptroute“** weiter hinten.

Alternativroute über Sigüenza nach Zaragoza

*ALTERNATIVROUTE: Man verlässt El Burgo de Osma auf der CL-116 nach Südosten bis **Almazán**, 63 km. Hier auf der N-111 südwärts bis **Medinaceli**, 42 km. Weiter auf der A-2/E-90 südwestwärts bis **Alcolea del Pinar**, Ausfahrt 132 (17 km) und auf der CM-110 westwärts nach **Sigüenza** (22 km).*

Das fast 1.000 m hoch gelegene **Sigüenza [Parkplatz am Castillo, N41° 3′ 48.41″ W2° 38′ 33.45″]** wird zu den schönsten alten Städten Kastiliens gezählt.

Besichtigen Sie vor allem die **Kathedrale [N41° 04′ 06.2″ W2° 38′ 30.2″]** *(geöffnet tgl. 10.30 - 19.20 Uhr; www.*

PRAKTISCHE HINWEISE – EL BURGO DE OSMA

Oficina de Turismo [N41° 35′ 13.5″ W3° 04′ 03.4″], Plaza Mayor, 9, 42300 El Burgo de Osma, Tel. +34 975 36 01 16; https://www.turismocastillayleon.com/es/servicios/oficinas-turismo/oficina-turismo-burgo-osma. *Geöffnet Mi + So 10 - 14 + 16 - 19 Uhr.*

RESTAURANT

Virrey Palafox, Calle Mayor, 2, Tel. +34 975 34 02 22; www.virreypalafox.com; ausgezeichnetes Restaurant mit gediegenem Ambiente, Spezialität Fischgerichte. Zum gleichnamigem Hotel gehörend.

CAMPING

Ucero

Camping Cañón del Río Lobos [N41° 43′ 47.1″ W3° 02′ 52.5″], Tel. +34 975 36 35 65; www.campingriolobos.es/; 1. Apr. – 9. Dez.; von El Burgo de Osma rund 17 km auf der SO-920 nordwärts Richtung Ucero; längliches Wiesengelände mit Laubbäumen in einem Taleinschnitt; ca. 3 ha – ca. 80 Stpl.; Standardsanitärausstattung. Laden, Restaurant, Schwimmbad. Mietbungalows.

WOHNMOBIL-STELLPLATZ EL BURGO DE OSMA

Wohnmobil-Stellplatz Parking El Burgo de Osma [N41° 35′ 12.64″ W3° 4′ 22.65″], Calle de Santos Iruela. **Zufahrt:** Von der N-122 (San Esteban de Gormaz – El Burgo de Osma) zum Ort abzweigen und nach 100 m gleich wieder links ab zum Platz. **Ausstattung:** Parkplatz mit 10 Stellflächen für Wohnmobile. Frischwasser. **Geöffnet:** Ganzjährig. **Gebühr:** Kostenlos. Blick zur schönen Kathedrale.

PRAKTISCHE HINWEISE – SIGÜENZA

Oficina de Turismo [N41° 4' 6.69" W2° 38' 30.67"], Calle Serrano Sanz 9, Tel. +34 949 34 70 07; http://visitasiguenza.com/index.php?id=servicios-oficina. *Geöffnet Mo - Do 10 - 14, 17 - 19 Uhr, Fr bis 20 Uhr, Sa 10 - 14, 17 -19 Uhr, So 10 - 14 Uhr.*

PARADOR

Parador de Sigüenza, 79 Zi., Plaza del Castillo, Tel. +34 949 39 01 00; www.parador.es/de/paradores/parador-de-siguenza/; das Firstclass Hotel wurde in den entsprechend restaurierten Gemäuern der historischen Burg von Sigüenza eingerichtet. Elegantes Ambiente, ruhige Lage, Restaurant, Bar, Terrasse, Garten. WLAN. Parkplatz. Keine Haustiere.

catedralsiguenza.es/en/home-2/), die oberhalb der Plaza Mayor aufragt. Mit dem Bau des Gotteshauses war zwar schon im 12. Jh. begonnen worden, aber erst vierhundert Jahre später konnte es vollendet werden. Alle Architekturstile jener Zeitperiode, von der Romanik bis zur Renaissance, haben ihre Spuren hinterlassen, was dem mächtigen, an der Westseite eher einer Festung ähnelnden Bauwerk einen eigenen Reiz verleiht.

Das Kircheninnere wirkt im vorderen Teil des Schiffs schlicht und nüchtern. Dagegen findet man an der **Vierung** mit den beiden herrlichen Alabasterkanzeln sehr schöne Steinmetzarbeiten. Beachtung verdienen im nördlichen Querschiff das Grabmal Dom Fadriques von Portugal im plateresken Stil und im Chorumgang in der **Doncel-Kapelle** rechts das Grabmal des Pagen Isabellas der Katholischen, Don Martín Vázquez de Arca.

Links vom Chor (Nordseite) findet man den Zugang zur **Sakristei**. Sie stammt von Alonso de Covarrubias und weist ein sehr schönes Deckengewölbe und kunstvolle Dekorationen auf. Nebenan liegt eine Kapelle, in der Reliquien aufbewahrt werden.

An der Nordseite der Kathedrale schließt der **Kreuzgang** an. An seiner Nordostecke findet man eine Ausstellung mit flämischen Wandteppichen aus dem 17. Jh.

Neben der Westfassade der Kathedrale liegt das **Diözesanmuseum** *(geöffnet Di - Sa 11 - 14, 16 - 18.30 Uhr; www.catedralsiguenza.es/en/cultural-visit/)* mit Gemälden und Skulpturen spanischer Künstler aus der Zeit vom 12. bis ins 18. Jh.

Durch die Innenstadt und die Calle Mayor kann man hinauf zur **Burg** gehen. Im 14. Jh. war die Festung zwangsläufige Residenz der kastilischen Königin Doña Blanca de Borbón. Zwangsläufig deshalb, weil sie ihr Gemahl Peter der Grausame hierher verbannt hatte. Heute ist nach umfangreichen Resteurierungsarbeiten in der Burg von Sigüenza ein sehr schöner **Parador** eingerichtet s.o. Der Innenhof Plaza de Armas kann besichtigt werden.

ALTERNATIVROUTE: Ab Sigüenza kehrt man zurück zur A-2/E-90 und folgt ihr nordostwärts bis ***Calatayud*** *(94 km).*

Calatayud [Parkplatz mit Stellplatzmöglichkeit und mit V & E, N41° 21' 2.08" W1° 38' 53.38"], nach Zaragoza zweitwichtigste Stadt der Provinz Zaragoza, blickt auf eine glanzvolle Geschichte zurück. Die Stadt am Zusammenfluss des Río Jalón und des Río Jiloca gelegen, nannten die Araber *Zalat-Ayud*. Sie hatten auf den Ruinen des römischen *Bilbilis* ihre Stadt errichtet.

Calatayud ist kunstgeschichtlich interessant, weist es doch eine Anzahl bemerkenswerter Kirchenbauten auf. So sind z. B. die **Stiftskirche Santa María [N41° 21' 14.10" W1° 38' 44.58"]** mit plateresker Fassade oder die **Kirche San Andrés [N41° 21' 18.00" W1° 38' 41.59"]** mit ihrem Mudéjarturm sehenswert. Ein Besuch im **Gemeindemuseum Museo Calatayud [N41° 21' 07.0" W1° 38' 46.6"]** *(geöffnet Mo - Sa 9.30 - 13.30 + 16 - 20 Uhr, So 9.30 - 13.30 Uhr; Eintritt frei; http://www.calatayud.es/turismo/ficha_*

PRAKTISCHE HINWEISE – CALATAYUD

Oficina de Turismo [N41° 21' 14.97" W1° 38' 35.49"], Plaza de España, 50300 Calatayud, Tel. +34 976 88 63 22; www.turismocalatayud.com. *Geöffnet Mo - Sa 9.30 - 13.30 + 16 - 20 Uhr, So 9.30 - 13.30 Uhr.*

RESTAURANT

Posada San Antón, Calle San Antón, 9, Tel. +34 976 89 74 05; sehr gute, auch regionale Küche, noch erschwingliche Preise. Freundliche Atmosphäre.

CAMPING

Saviñan

Camping Saviñan Park [N41° 26' 48.7" W1° 33' 26.3"], Tel. +34 976 82 54 23; www.campingsavinan.com; Jan. – Dez.; Zufahrt von der A-2/E-90 Ausfahrt Nr. 255 El Frasno und auf kleiner Straße Richtung Mores; ca. 3,5 ha – 100 Stpl.; einfache Standardsanitärausstattung. Imbiss, Waschmaschine, Schwimmbad, Tennis. V & E für Wohnmobile.

WOHNMOBIL-STELLPLATZ

Wohnmobil-Stellplatz Calatayud [N41° 21' 2.07" W1° 38' 46.19"], Calle Fernandez Ardavin. **Zufahrt:** Von der Autobahn A-2 zur N-234 Richtung Calatayud abzweigen und noch ca. 1,5 km, und am 2. Kreisverkehr zum Parkplatz Zona Autocaravanas abzweigen. **Ausstattung:** Asphaltierter, teils schattiger Parkplatz mit 6 Stellflächen für Wohnmobile bei Wohnhäusern. Frischwasser, Grauwasser- und Chemikaltoilettenausguss. **Geöffnet:** Ganzjährig. **Gebühr:** Kostenlos. Kein Campingleben erlaubt.

visitar/museo-calatayud) an der Plaza de Santa Teresa, 3 gibt viele Informationen über den Ursprung der Stadt, d. h über das römische Bilbilis, anhand archäologischen Ausgrabungsfunden.

Abstecher zum Kloster von Piedra

*ALTERNATIVROUTE: Von Calatayud auf der A-202 südwestwärts nach **Nuévalos,** 26 km. Rund 2 km weiter südlich liegt das **Kloster von Piedra**.*

Das **Monasterio de Piedra [Parkplatz, N41° 11' 39.6" W1° 46' 59.0"]** ist im 12. Jh. von Zisterziensermönchen aus Poblet gegründet worden. Erhalten sind u. a. Burgfried, Kapitelsaal, Refektorium, Kreuzgang und die Apsis der alten Kirche. Heute ist im Kloster das **Hotel Monasterio de Piedra** eingerichtet; *www.monasteriopiedra.com/hotel.*

Sehr reizvoll ist ein Spaziergang durch den an das Kloster anschließenden Waldpark *(geöffnet Apr., Mai, Okt. tgl. 9 - 20 Uhr; Juni - Aug. tgl. 9 - 21.30 Uhr; Nov. - März tgl. 9 - 19 Uhr; www.monasteriopiedra.com).* Auf markierten Wegen geht es den Río Piedra flussaufwärts zu den Kaskaden **La Trinidad, Iris** und **Cola de Caballo** (Pferdeschwanz-Fall) mit Grotte (Vorsicht auf dem Zugang, Rutschgefahr!).

Weiter nördlich des Klosters liegt der Ort **Nuévalos** am Stausee La Tranquera. Dort findet man diverse Unterkunftsmöglichkeiten (s. u.).

ALTERNATIVROUTE: Bei knappem Zeitplan wird man für die Rückreise

CAMPING – NUÉVALOS

Camping Lago Resort [N41° 13' 6.1" W1° 47' 32.0"], Ctra. Alhama de Aragón-Nuévalos s/n, Tel. +34 976 84 90 38; Mitte Feb. – Anf. Dez.; ca. 700 m nördlich des Ortes gelegen, schön gelegener Terrassenplatz oberhalb des Sees; 9 ha – ca. 100 Stpl.; Standardsanitärausstattung. Laden, Restaurant, Imbiss, Schwimmbad. V & E für Wohnmobile. Platzeinfahrt mit max. 3,5 m Höhe. Mietbungalows.

*den schnelleren Weg nach **Zaragoza** über die Autobahn A-2/E-90 wählen, 89 km.*

*Bei ausreichend zur Verfügung stehender Zeit lohnt der Weg über **Daroca** (N-234, 42 km) und zurück über **Cariñena** auf der A-23 nach **Zaragoza**, 85 km.*

Daroca [N41° 06' 51.1" W1° 24' 47.4"], ein altes malerisches Städtchen mit annähernd 6.700 Einwohnern, ist noch heute von einem mittelalterlichen, etwa 3 km langen, turmbewehrten **Mauerring** umgeben.

Neben einem Spaziergang durch die Gassen der 797 m hoch gelegenen Stadt – bemerkenswert sind die alten Stadttore **Puerta Alta** und **Puerta Baja** und die von Türmen flankierte **Casa de la Cadena** – lohnt ein Besuch ihrer Kirchen.

Erwähnung verdient vor allem die **Stiftskirche Santa María [N41° 06' 55.0" W1° 24' 51.4"]** mit prächtigem Hochaltar und sehr sehenswerten Seitenkapellen, allen voran die **Capilla Los Santos Corporales**. In dieser Reliquienkapelle werden die wundertätigen Hostien aufbewahrt, die der Legende nach hier während eines Maurenüberfalls im 13. Jh. versteckt worden sind und später bei der Wiederentdeckung auf dem Altartuch einen blutroten Abdruck hinterlassen haben sollen.

Der Kirche angeschlossen ist ein **Museum**, das u. a. kostbare Messgewänder, Reliquiare und liturgische Gerätschaften zeigt.

Sehenswert ist ferner die romanische **Kirche San Miguel**.

*ALTERNATIVROUTE: Weiterreise von Daroca auf der A-1506 13 km nach Osten bis zur Autobahn A-23 (Ausfahrt 210). Ihr folgen wir nordostwärts über **Cariñena** (Barockkirche aus dem 18. Jh.) bis **Zaragoza**. Mehr über Zaragoza finden Sie bitte unter Tour 5, Barcelona – Zaragoza.*

Storchennester sieht man sehr häufig auf Reisen durch Nordspanien

HAUPTROUTE

Soria, die Provinzhauptstadt am Río Duero mit annähernd 40.000 Einwohnern ist 1.056 m hoch gelegen.

Einen der sehr wenigen größeren öffentlichen **Parkplätze [N41° 45' 59.8" W2° 27' 20.6"]** findet man am Río Duero.

Die Ursprünge der Stadt Soria liegen im Dunkeln. Erst nach der Rückeroberung von den Mauren durch Alfonso el Batallador, König von Aragonien, tritt die Stadt in das Rampenlicht der Geschichte. Soria wird bald Provinzhauptstadt und Teil des Königreichs Kastilien und erhält das Recht auf eigene Rechtsprechung. 1350 versammelt Juan I. die Cortes in Soria.

Die alte **Burg**, einst Mittelpunkt der Stadt und ein Vorposten der Reconquista, ist heute längst zerfallen.

Lediglich Mauerfragmente und die Türme des Burgtores erinnern heute noch an das Bollwerk gegen die Mauren, an die „Cabeza de Extremadura" (Kopf der Extremadura). Heute findet man hier einen Parador.

Viele spanische Dichter befassten sich mit der Stadt an den Ufern „Unseres Vaters Duero". Béquer, Unamuno und vor allem Antonio Machado beschrieben die Stadt in blumigen Worten.

Machado (1875 – 1939), der aus Sevilla stammende Lyriker, kam nach längerem Frankreichaufenthalt nach Soria, um hier Französischunterricht zu erteilen. Nach einer kurzen, traurigen Ehe mit seiner jungen Frau Leonor, kehrte er nach deren frühen Tod zurück nach Andalusien.

In einem seiner lyrischen Verse schreibt Machado über Soria: „... Dunkle Eichenwälder, raue Steinhalden, kahle Hochflächen, weiße Wege und Pappeln am Fluss, Abend im mystischen, im kriegerischen Soria."

Sehenswert sind in Soria vor allem die herrlichen Kirchenbauten aus der Zeit der Romanik.

Allen voran ist da die **Kirche Santo Domingo [N41° 46' 00.3" W2° 28' 00.8"]** am Ende der Calle La Aduana Vieja zu nennen, die zu den vollkommensten Kirchen in Nordspanien gezählt wird. Sie stammt aus dem 12. Jh. und weist eine wunderschöne **Fassade** mit herrlichem, romanischem Portal mit übereinanderliegenden Figurenbögen auf.

Weiter südlich in der Innenstadt liegt die **Kirche San Juan de Rabanera**. Auch sie stammt aus dem 12. Jh. U. a. sollte man sich die Altarapsis auch außen ansehen.

Zu den sehenswerten Profanbauten zählt der **Stadtpalast [N41° 45' 52.5" W2° 27' 52.1"]** der Grafen Gómara in der Calle de Aguirre. Das Renaissancepalais aus dem 16. Jh. fällt durch seinen Turm an der Ostseite und durch seine Fassade mit den beiden, sehr schön gearbeiteten Bogenreihen in den oberen Geschossen auf.

Noch weiter östlich, schon in der Nähe des Duero, findet man die **Kathedrale San Pedro [N41° 45' 57.3" W2° 27' 31.6"]**. Das platereske Portal stammt aus dem 16. Jh. Dagegen ist der herrliche **Kreuzgang** im reinsten Stil der Romanik des 12. Jh. gebaut. Die Bögen des Umgangs ruhen auf schlanken Doppelsäulen, deren Kapitelle wunderschön skulptiert sind.

Man kann nun noch weiter nach Osten gehen und den Duero überqueren. Flussaufwärts kommt man zum **Kloster San Juan de Duero [Parkplatz, N41° 46' 04.4" W2° 27' 14.6"]** (*geöffnet Juli - Sept. Di - Sa 10 - 14 + 17 - 20 Uhr, So 10 - 14 Uhr; Okt. - Juni Di - Sa 10 - 14 + 16 - 19 Uhr; https://www.spain.info/de/highlights/kloster-san-juan-duero/*). Von dem ehemaligen Kloster des Templerordens ist der **Kreuzgang** noch teilweise erhalten. Im Kapitelsaal ist die mittelalterliche Abteilung des Museo Numantino eingerichtet.

In der **Kapelle San Saturio [Parkplatz, N41° 45' 12.4" W2° 27' 25.9"]** südöstlich der Stadt am östlichen Dueroufer ist ein flämisches Triptychon aus der Mitte des 16. Jh. zu sehen. Bei der Kapelle findet man auch einen Parkplatz.

Nicht versäumen sollte man bei einem Stadtbesuch das **Museo Numantino [N41° 45' 52.0" W2° 28' 13.5"]** (*geöffnet Juli - Sept. Di - Sa 10 - 14 + 17 - 20 Uhr, So 10 - 14 Uhr, sonst Di - Sa 10 - 14 + 16 - 19 Uhr, So 10 - 14 Uhr*) am Paseo del Espolón. Ausgestellt sind in erster Linie archäologische Funde aus kelt-iberischer und römischer Zeit, die im antiken Numantia (Numancia), ca. 7 km nördlich der Stadt, gemacht wurden.

Abstecher ab Soria

Bei ausreichend zur Verfügung stehender Zeit lohnt ein Ausflug nach Nordwesten in die waldreiche Sierra de Urbion zum **Bergsee Laguna Negra de Urbion**, dem Quellsee des Río Duero.

Man fährt zunächst über die N-234 10 km westwärts Richtung Burgos bis **Cidones**. Dort nordwärts, vorbei am Stausee Cuerda del Pozo und am Ort **Vinuesa** (Camping Cobijo im Nadelwald s. u.) und schließlich auf kurvenreicher, oft einspuriger und teils steiler Straße hinauf zum Bergsee **[Parkmöglichkeit N41° 59' 54.22" W2° 49' 35.65"]**.

PRAKTISCHE HINWEISE – SORIA

Oficina de Turismo [N41° 45′ 48.3" W2° 28′ 09.9"], Medinacelli, 2, 42003 Soria, Tel. +34 975 21 20 52; www.sorianitelaimaginas.com.

RESTAURANTS

Neben zahlreichen anderen Restaurants in der Stadt findet man an der Plaza Mayor einige gute Restaurants, wie das **Mesón Castellano** (Plaza Mayor, 2, oder das **Casa Augusto** (Plaza Mayor, 5).

PARADOR

Parador de Soria „Antonio Machado", 67 Zi., Parque del Castillo, Tel. +34 975 24 08 00; www.parador.es/de/paradores/parador-de-soria/; sehr komfortables Haus, neuzeitliches Gebäude in ansprechender ruhiger Lage auf einer Anhöhe, Restaurant. Zu den Spezialitäten des Restaurants zählen u. a. eine köstliche „Sopa de ajo a la soriana", eine Knoblauchsuppe, dann vorzügliche „Alubias", ein Gericht aus weißen Bohnen und nicht zuletzt „Asado de cordero de la tierra", ein herrlicher Lammbraten. Restaurant, Bar, Terrasse, Garten, WLAN. Parkplatz. Keine Haustiere erlaubt.

CAMPING

Camping Fuente de la Teja [N41° 44′ 44.9" W2° 29′ 04.7"], Ctra. de Madrid, KM 223, Tel. +34 975 22 29 67; www.fuentedelateja.com; 1. März – 31. Okt.; südlich der Stadt, zu erreichen von der Ringautobahn SO-20/N-111/A-15 Richtung Madrid; unmittelbar unterhalb der Autobahn gelegen; kleines, überschaubares, von Hecken und einem hohen Betonzaun umgebenes, leicht geneigtes Wiesengelände mit einigen Laubbäumen, nummerierte Stellplätze; 2 ha – 60 Stpl.; einfache Standardsanitärausstattung. Restaurant, Cafeteria, Laden, Imbiss, Schwimmbad.

Abejar
Camping El Concurso [N41° 48′ 59.4" W2° 47′ 17.4"], Tel. +34 975 37 33 61; www.campingelconcurso.com/de/; 1. Apr. – 1. Nov.; 27 km westlich von Soria Abzweig in Abejar von der N-234 (Soria - Burgos), KM 1, Richtung Molinos de Duero, Wiese mit Nadelbäumen; ca. 5 ha – 300 Stpl.; Standardsanitärausstattung. Laden, Restaurant, Schwimmbad. WLAN. Mietbungalows.

Camping Urbión [N41° 50′ 23.72" W2° 46′ 46.11"], Ctra. N-234 Soria - Burgos, Tel. +34 646 24 33 49; www.campingurbion.com; Ostern – Ende Okt.; Zufahrt von der N-234 (Soria - Burgos) bei Abejar Richtung Molinos de Duero abzweigen und nach ca. 2 km zum Platz am Stausee Embalse de la Cuerda del Pozo abzweigen; leicht unebenes Pinienwaldgelände; ca. 11 ha – 250 Stpl.; Standardsanitärausstattung. Laden, Restaurant, Waschmaschine, Schwimmbad, Boots- und Fahrradverleih, Volleyballfeld, Grillstelle. WLAN im Ladenbereich und Restaurant. Mietbungalows.

Vinuesa
Camping Cobijo [N41° 55′ 34.4" W2° 45′ 47.7"], Ctra. Laguna Negra, KM 2, Tel. +34 975 37 83 31; www.campingcobijo.com; 4. Apr. – Ende Okt.; ca. 33 km nordwestlich von Soria und 2 km nördlich von Vinuesa im Waldgebiet der Sierra de Urbion; ca. 8 ha – 380 Stpl.; Standardsanitärausstattung. Laden, Restaurant, Schwimmbad, WLAN. Mietbungalows.

10 Minuten Fußweg hinauf zum von Felswänden umrahmten See.

*HAUPTROUTE: Von Soria auf der N-122/A-15 weiter nach Nordosten bis nach **Tarazona**, 72. km.*

Tarazona (ca. 11.000 Einwohner) entstand auf den Mauern der kelt-iberischen Siedlung *Turiaso*. Die Stadt wird auch „aragonisches Toledo" genannt, ein Hinweis auf die Hinterlassenschaften der Kulturen der Araber, Juden und

Christen, die einst die verschiedenen Stadtviertel bevölkerten. Zeitweise war Tarazona gar Residenzstadt der aragonischen Könige. Sehenswert ist die **Ciudad medieval**, der alte Stadtkern Tarazonas, mit seinen engen Häuserschluchten um die mittelalterliche Residenz der Könige von Aragonien, die heute als Bischofspalais dient.

Viele Baudenkmäler im Mudéjarstil sind erhalten. So die **Kathedrale [N41° 54‘ 14.9“ W1° 43‘ 26.6“]** von Tarazona, mit deren Bau im 12. Jh. begonnen worden war. Sehenswerter **Kreuzgang**.

Der Mudéjarstil wiederholt sich auch am Turm der **Magdalenenkirche [N41° 54‘ 14.3“ W1° 43‘ 43.1“]**, der das ehemalige Judenviertel überragt.

An der **„Alten Börse“**, die heute die Stadtverwaltung beherbergt, beachte man die Renaissancefassade, mit Reliefs aus der Herkules-Sage und einem Fries, auf dem das Krönungsgefolge Kaiser Karls V. dargestellt ist.

Zaragozs Plaza Pilar

*HAUPTROUTE: Steht ausreichend Zeit zur Verfügung, lohnt es sich, auf der Weiterreise nach Zaragoza rund 10 km südöstlich von Tarazona, etwa auf halbem Wege nach **Borja,** von der N-122 südwestwärts zum 4 km entfernten **Monasterio de Veruela** abzuzweigen.*

Das von einer zinnengekrönten Mauer umgebene Kloster **Monasterio de Veruela [N41° 48‘ 46.8“ W1° 41‘ 43.6“]** *(geöffnet Apr. - Sept. Di - So 10.30 - 20 Uhr; Okt. - März Di - So 10.30 - 18 Uhr, Führungen Juli - Sept. Di - Fr um 12 und 17.30 Uhr, Sa + So um 11.30, 12.30, 16 und 18 Uhr, sonst Sa + So 11.30, 12.30 und 16 Uhr; http://monasteriodeveruela.blogspot.com/)* wurde Mitte des 12. Jh. von Pedro de Atarés für den Zisterzienserorden gegründet. Im strengen Stil der Zisterzienser ist auch die Klosterkirche errichtet. Sehr schön sind das Refektorium, der **Kapitelsaal** mit den Grabmälern der Äbte und der **Kreuzgang**.

Der aragonische romantische Dichter des 19. Jh., Gustavo Adolfo Bécquer, hielt sich zeitweise im Kloster auf und verfasste hier einige seiner Werke.

Borja, das alte *Bursao* der Iberer, ist Mittelpunkt eines Weinanbaugebiets.

Sehenswert im Ort sind u. a. die **Stiftskirche Santa María** mit einer Sammlung aragonischer Malereien, die **„Casa de la Conchas“** und die Ruinen einer **Ritterburg**.

*HAUPTROUTE: Rund 13 km östlich von Borja stößt man auf die Autobahn AP-68/E-804 und erreicht nach 45 km **Zaragoza.***

Details über Zaragoza finden Sie bitte unter Tour 5, Barcelona – Zaragoza.

PRAKTISCHE UND NÜTZLICHE INFORMATIONEN VON A BIS Z

ANSCHRIFTEN

Automobilclubs

RACE Real Automóvil Club de España, Calle Eloy Gonzalo, 32, 28010 Madrid, Tel. + 34 (0)915 94 73 00; www.race.es.

RACE Pannenhilfe (auxilio en carretera) in Spanien: Tel. 900 11 22 22, 24-Stunden-Service.

ADAC Notruf Ausland:
+49 (0)89 22 22 22

Jakobsweg

Die **Sankt-Jakobusbruderschaft Düsseldorf e.V.** – bei der man auch Mitglied werden kann – Lützowstr. 245, 42653 Solingen, Tel. +49 (0)20 58 53 81; www.jakobusbruderschaft.de, gibt vielfältige und aktuelle Information über den Jakobsweg heraus, informiert über Pilgerpässe und Pilgerberichte etc.

Webseiten

Generelle Webseite über Spanien: https://www.spain.info/de/, ein vorzügliches Internetportal zu Reiseinformationen der unterschiedlichsten Art des Spanischen Fremdenverkehrsamt.

www.jakobsweg.de ist das offizielle Webportal der deutschen Jakobsweg-Zentrale GmbH in Konstanz. Hier findet man diverse Informationen über den Jakobsweg.

Konsularische Vertretungen

Königlich Spanische Botschaft, Embajada, Lichtensteinallee 1, 10787 Berlin, Tel. +49 (0)30 25 40 070; www.spanischebotschaft.de.

Spanische Generalkonsulate in: Düsseldorf, Frankfurt/M, Hamburg, München, Stuttgart und Dresden.

Botschaft der Bundesrepublik Deutschland, Embajada de la República Federal Alemania, Calle de Fortuny, 8, 28010 Madrid, Tel. +34 (0)34 91 557 90 00; https://spanien.diplo.de/es-de/vertretungen/botschaft.

Deutsche Generalkonsulate in **Barcelona**, Torre Mapfre, Calle de la Marina, 16-18, 08005 Barcelona, Tel. +34 (0)34 932 92 10 00 und in **Málaga**, Calle Mauricio Moro Pareto, 2-5, Edificio Eurocom - Bloque Sur, 29006 Malága, Tel. +34 (0)952 36 35 91.

Paradores

Paradores de Turismo de España S. A., Servicios Centrales (zentrale Reservierungsstelle), Calle José Abascal, 2-4, E-28003 Madrid (España), Tel. +34 915 16 67 00; www.parador.es.

CAMPING

Spanien wartet mit weit über 1.000 Campingplätzen auf. Mindestens 80 Prozent davon liegen an den Stränden des Mittelmeeres. Zwischen der französischen Grenze und Alicante stolpert man von einem Platz zum anderen.

Infos zu spanischen Campingplätzen findet man auch unter: www.camping-spanien.com.

Im Landesinneren, in Kastilien, der Mancha und der Extremadura sind Campingplätze spärlich gesät. Die Ausstattung vieler Plätze dort entspricht nicht immer gehobenen Ansprüchen, besonders im sanitären Bereich. Lediglich um Madrid, am Südrand der Pyrenäen und an der Atlantikküste in Nordspanien trifft man wieder auf ein relativ engmaschiges Campingplatznetz.

Erfreulicherweise wird endlich ernsthaft versucht, das Abwasserproblem vieler Plätze und Gemeinden entlang der Badeküsten in den Griff zu bekommen, damit die gelegentlichen örtlichen Geruchsbelästigungen und Beeinträchtigungen der Strände Vergangenheit werden.

Die **Öffnungszeit** der größten Zahl der Campingplätze ist von Ende April, Anfang Mai bis Mitte, Ende September. Aber auch ganzjährig zur Verfügung stehende Anlagen – besonders im Bereich der Badeküsten des Mittelmeeres – findet man in zunehmendem Maße.

Spanische Campingplätze sind in **vier amtliche Kategorien** eingeteilt – de lujo (Luxus), 1ª, 2ª und 3ª Categoría. Die Bandbreite der Kriterien zur Festlegung der einzelnen Kategorien ist undurchsichtig. Zwar kann man auf einem „1. Kategorie-Platz" mit einem gewissen Komfort und relativ hohem Ausstattungsstandard rechnen, den man aber erstaunlicherweise auch auf einem Platz der 2. Kategorie vorfinden kann. Als grobe Richtschnur ist diese Einteilung aber tauglich.

Die Übernachtungspreise werden frei kalkuliert. Dabei kann es von Platz zu Platz zu erheblichen Unterschieden kommen, auch zwischen Plätzen der gleichen amtlichen Kategorie. Preisunterschiede bestehen oft zwischen Haupt- und Nebensaison.

Ausgesprochen preiswert sind Campingübernachtungen in Spanien schon lange nicht mehr. Für zwei Personen und ein Wohnmobil wird der Übernachtungspreis in der Nebensaison kaum einmal unter EUR 25,- liegen, dazu kommt noch die Mehrwertsteuer von derzeit 10% für touristische Leistungen. Und auf manchem Platz an der Mittelmeerküste sind Hochsaisonpreise von über EUR 60.- (pro Nacht) und darüber keine Ausnahme mehr. Auf katalanischen Plätzen kommt zum Übernachtungspreis eine Art Kurtaxe oder Touristenabgabe pro Tag und pro Person hinzu.

Angesichts solcher Preise wird mancher Gast die Einrichtungen eines Platzes etwas kritischer betrachten. Wer Anlass zu wirklich begründeten Klagen hat, kann diese auf behördlichen Beschwerdeblättern, den „Hojas de Reclamaciones", zu Papier bringen. Sie bestehen aus Original und zwei Kopien. Jeder Beherbergungsbetrieb, auch Campingplätze und natürlich auch Hotels, muss das Blatt vorrätig haben und auf Verlangen ausgeben. Gelegentlich wird das mit windiger Begründung verweigert. Lassen Sie sich nicht darauf ein. Denn, verweigert man die Herausgabe der Blätter, hat der Betreiber des Unternehmens bei Anzeige mit empfindlichen Strafen zu rechnen, so zumindest die offizielle Lesart. Die zuständigen Stellen zur Bearbeitung der Beschwerdeblätter oder Anzeigen sind entweder die Behörden in den Hauptstädten der jeweiligen Provinz oder das Staatliche Ministerium für Tourismus *Secretaria de Estado de Turismo*, Calle Maria Molina 50, Edificio Eurocis, Madrid 6.

Die auf vielen Campingplätzen in Europa bei der Anmeldung verlangte, oder als Ausweisersatz akzeptierte Karte **Camping Key Europe** (früher Camping Carnet International, CCI) wird auf Campingplätzen in Spanien weder verlangt, noch als Ausweisersatz anerkannt. Es wird immer der Reisepass oder der Personalausweis von allen Mitreisenden verlangt!

Auf vielen spanischen Campingplätzen bemüht man sich in zunehmendem Maße, dem Touristen ein immer besseres Angebot im **sanitären Bereich** zu bieten. Warmwasserduschen sind üblich und deren Benutzungsgebühr ist meist im Übernachtungspreis inbegriffen. Ob Duschen aber auch zu jeder Tages- und Nachtzeit Warmwasser spenden ist eine andere Geschichte.

Relativ häufig findet man auf den Plätzen einen **Lebensmittelladen** und ein **Restaurant**. Außer in touristischen Ballungszentren kann aber nur zwischen Juni und etwa Mitte September mit deren Betrieb gerechnet werden.

Stromanschlüsse für Caravans (gewöhnlich gebührenpflichtig) sind fast überall mit unserem Sicherheitssteckern der Europa-Norm kompatibel. Mehr und mehr sind auch CEE-Steckdosen auf den Campinggeländen zu finden.

Immer mehr Spanier finden Geschmack am **Dauercamping**. Wer als Tourist geruhsame Nächte verbringen will, stellt sich besser nicht mitten unter Dauercamper, es sei denn, man will lautstark nächtlichen Spanischunterricht nehmen und ungewollt bis Mitternacht das spanische Fernsehprogramm verfolgen.

Immer mehr Campingplätze gehen dazu über, ihr Glände mit Mobilehomes, Bungalows oder Mietcaravans zu füllen. Geschieht das nicht auf einem separaten Platzteil, wird dadurch oft die Anzahl der

Stellplätze für durchreisende Touristen geschmälert.

Der jährlichen Gästeflut, die im Sommer über die strandnahen Campingplätze hereinbricht, versucht man dadurch Herr zu werden, dass man die Stellplätze oft unverschämt klein hält und somit die Aufnahmekapazität des Platzes erhöht.

Mein Tipp! für Zelturlauber: Nehmen Sie unbedingt Stahlheringe und ein kräftiges Schlagwerkzeug mit. Ein Gummihammer taugt hier nicht. Der nicht selten graslose Boden ist auf vielen Campingplätzen oft hart wie Beton. Aluminiumheringe verbiegen sich da sehr leicht.

Übrigens: Die blauen Campinggaz-Flaschen sind auf vielen Plätzen und auch in Geschäften außerhalb erhältlich.

Im ganzen Lande noch nicht sehr verbreitet ist **Camping auf dem Bauernhof**.

Freies Übernachten wird zwar weitgehend toleriert, falls nicht durch regionale Bestimmungen untersagt, ist aber an Stränden verboten.

Dagegen wird in den allermeisten Provinzen hingenommen, dass Camper auf öffentlichen Park- und Rastplätzen einmal nächtigen. Es kann aber durchaus passieren, dass Sie bei einer Polizeikontrolle unmissverständlich aufgefordert werden, den Standort (Park- oder Rastplatz) zu wechseln und einen Campingplatz aufzusuchen. Solche Aktionen liegen ganz im Ermessen der örtlichen Polizeibehörden.

Wer aber bei einer Übernachtung aus dem Parkplatz einen Campingplatz macht, mit Tischen, Stühlen, Grill und Sonnenschirm vor dem Caravan oder dem Wohnmobil und vielleicht noch mit einem kleinen Abwassersee darunter, wird nicht nur bei der Polizei bestimmt Anstoß erregen.

Hinweis über Angaben zu Campingplätzen

Die in diesem Reiseführer erwähnten Campingplätze (auch die Stellplätze für Wohnmobile) wurden in erster Linie danach ausgesucht, ob sie an oder in der Nähe der beschriebenen Route liegen. Unsere Beschreibungen und Einstufungen von Campingplätzen können gar nicht anders als subjektiv ausfallen. Zu viele Faktoren, die auf Grund individueller Vorstellungen jedes einzelnen Reisenden die unterschiedlichsten Stellenwerte haben können, spielen eine Rolle.

Bei der Auflistung der Campinganlagen (und Stellplätzen für Wohnmobile) in den durch Einrücken und Farbunterlegung kenntlich gemachten **Info-Blocks „Praktische Hinweise"** folgen dem **Platznamen** die **GPS-Koordinaten** in eckigen Klammern, dann die **Telefonnummer** mit integrierter Vorwahl, die **Webadresse** (soweit verfügbar), die **Öffnungszeit** sowie Lokalisierung oder **Zufahrt**.

Bei der **Beschaffenheit des Campingplatzgeländes** wird die Form angegeben, die überwiegt, z. B. ebenes Wiesengelände etc.

Die **Größe des Campingplatzgeländes** wird in Hektar (ha), die **Aufnahmekapazität** in Stellplätzen (Stpl.), wenn möglich unter Berücksichtigung des Dauercamperanteils (Dau.), angegeben.

Es wird versucht, die **Einrichtungen von Campingplätzen**, so wie sie beim Besuch vorgefunden wurden, in etwa zu charakterisieren, wobei der Zustand und die Pflege der Gebäude und Installationen für unsere Beurteilung auch von Bedeutung waren.

Die Übergänge zwischen den vier von uns für unsere Campingplatzbeschreibungen als grobe Anhaltspunkte geschaffenen **Kategorien** – Mindestausstattung, Standardausstattung, Komfortausstattung und umfangreiche Komfortausstattung – sind natürlich fließend.

Mindestausstattung: Einfacher Platz mit bescheidenen, veralteten oder vernachlässigten Einrichtungen, die außer WC's, Kaltwasserwaschbecken und evtl. einigen Kaltduschen keine, oder völlig unzeitgemäße Einrichtungen für Hygiene und Körperpflege aufweisen.

Standardausstattung (mit den Varianten „einfache Standardausstattung" und „gehobene" oder „gute Standardausstattung"): Der Durchschnittscampingplatz mit WC's, Kaltwasserwaschbecken und Duschkabinen innerhalb der Waschräume, evtl. einige davon mit Warmwasser. Ordentlicher Gesamteindruck. V & E-Möglichkeit für Wohnmobile. Einige Stromanschlüsse für Caravans bzw. Wohnmobile.

Komfortausstattung: Außer ausreichend WC's, Waschbecken (mit Warmwasser) und Warmduschen in zeitgemäßen, gepflegten Sanitäranlagen, werden auch Geschirr- und Wäschewaschbecken (oder Waschmaschine) erwartet, ebenso Ausgüsse für Chemikaltoiletten, V & E-Stationen für Wohnmobile, Stromanschlüsse für Caravans in ausreichender Zahl. Das Terrain soll gepflegt, durch Wege erschlossen sein und im Gelände verteilte Müllbehälter und Wasserzapfstellen, ein Restaurant und/oder eine Einkaufsmöglichkeit aufweisen.

Umfangreiche Komfortausstat-tung: Zusätzlich zu den vorgenannten Merkmalen wird erwartet, dass die Anlage und Pflege des Platzes, seine Führung sowie die Ausstattung, Bauweise und Pflege der Sanitäranlagen gehobenen Ansprüchen genügen. Komplette Warmwasserausstattung in allen Sanitärbereichen, zahlenmäßig reichhaltige, moderne Installationen, Sportmöglichkeiten (Tennis, Schwimmbad etc.), Freizeit- und Unterhaltungsmöglichkeiten, Kinderspielplätze u. ä. sollte eine so eingestufte Campinganlage aufweisen.

Thema Stellplätze

Stellplätze für Wohnmobile – offizielle, z. B. von Privatpersonen oder von Gemeinden ausgewiesene Stellplatz-Flächen oder Parkplätze, auf denen Wohnmobile auch nachts stehen dürfen – werden in ganz Spanien immer zahlreicher, mit zunehmender Tendenz.

Besonders zahlreich ist das Angebot an Wohnmobilstellplätzen entlang der Mittelmeerküste. Ein weiterer Schwerpunkt ist in Nordspanien zwischen Pyrenäen und Galicien (Jakobsweg) zu beobachten. Im Landesinneren dagegen ist das Netz an Wohnmobil-Stellplätzen noch dünn, aber mit steigender Tendez.

Wir haben uns bemüht, möglichst alle Wohnmobil-Stellplätze entlang der in diesem Reiseführer beschriebenen Route ausfindig zu machen und zu beschreiben. Allerdings kann keine Gewähr dafür übernommen werden, dass die Auflistung vollständig ist. Zu veränderlich ist da noch die Stellplatzsituation.

Viele der Stellplätze sind im Grunde Stationen zur Entsorgung von Wohnmobilabwässern bzw. zur Aufnahme von Frischwasser, die nicht nur von spanischen Wohnmobilfahrern eben auch als Übernachtungsstellplatz genutzt werden. Mitunter wird auch nur ein Teilstück eines öffentlichen Parkplatzes (oft in der Sektion für Reisebusse) als Stellplatz für Wohnmobile vorgesehen.

Neuere Stellplätze dagegen bieten neben Ver- & Entsorgungsmöglichkeiten (V & E), also Einrichtungen für Frischwasseraufnahme bzw. Wohnmobilabwässerentsorgung, gelegentlich auch sanitäre Einrichtungen, Waschmaschine, Cafeteria etc., sind bewacht oder videoüberwacht und ähneln dann schon mehr einem Campingplatz.

Auf manchen Stellplätzen ist der Aufenthalt begrenzt, oft auf 48 oder 72 Stunden. Und viele Stellplätze sind zwischenzeitlich gebührenpflichtig!

Auf Parkplätzen, auf denen Standplätze für Wohnmobile ausgewiesen sind, ist es manchmal untersagt, ein „Campingverhalten" an den Tag zu legen. Damit ist gemeint, dass z. B. keine Markisen ausgefahren werden dürfen, man keine Stühle und Tische aufstellt, oder einen Grill benutzt.

Vor allem die Existenz der von Gemeinden eingerichteten Wohnmobil-Stellplätzen ist sehr vom Wohlwollen der Gemeindeverwaltung oder den Bedürfnissen der Kommune abhängig. Was vorher noch Stellplatzgelände war, wird nun z. B. Bauland, Wertstoffhof, Gewerbegebiet etc. Es ist also durchaus möglich, dass so mancher in diesem Reiseführer aufgelistete Platz bis zu Ihrer Ankunft wieder aufgehoben ist! Umgekehrt ist es genauso möglich, dass zwischenzeitlich neue Stellplätze geschaffen wurden.

EINREISEBESTIMMUNGEN

Persönliche Dokumente

Staatsangehörige der Bundesrepublik Deutschland und anderer EU-Länder, sowie der Schweiz, Norwegens, Islands und Liechtensteins benötigen bei einem Aufenthalt bis zu drei Monaten als Tourist oder Besucher zur Einreise nach Spanien einen gültigen Personalausweis oder einen Reisepass. Die Personaldokumente dürfen maximal ein Jahr abgelaufen sein.

Jugendliche unter 16 Jahren benötigen einen Kinderausweis, Kinderpass oder Personalausweis. Kinder, die mit Personen reisen, die nicht ihre Eltern sind, benötigen zusätzlich eine Vollmacht der Erziehungsberechtigten.

Bei Aufenthalten, die länger als drei Monate dauern werden (z. B. Überwinterung, Studium), ist zur Einreise nach wie vor ein Visum notwendig.

Einreise per Auto

Kraftfahrzeuge dürfen bis zu einem Aufenthalt von sechs Monaten zollfrei eingeführt werden.

Sind Sie nicht Eigentümer des Fahrzeugs mit dem Sie reisen, müssen Sie eine notariell beglaubigte Vollmacht des Besitzers mitführen.

Nationaler (deutscher, schweizer, österreichischer etc.) Führerschein und nationale Zulassung sind ausreichend.

Das Nationalitätskennzeichen „D" etc. muss am Auto angebracht sein.

Das Mitführen einer internationalen „Grünen Versicherungskarte" (carta verde) ist zwar nicht zwingend vorgeschrieben, ihre Mitnahme ist aber zu empfehlen. Sie wird bei Polizeikontrollen oder bei Unfällen fast immer verlangt.

Sehr zu empfehlen ist der Abschluss einer (zumindest für die Reisedauer gültigen) Vollkasko- und Insassen-Unfallversicherung, da die von spanischen Autohaftpflichtversicherungen abgedeckten Summen wesentlich unter denen bei uns liegen.

Es können 10 Liter Reservekraftstoff zollfrei eingeführt werden.

Haustiere

Für Ihren Hund oder Ihre Katze müssen Sie einen **EU-Heimtierausweis** haben. Ihr Haustier muss durch eine lesbare Tätowierung und seit Juli 2011 mit einem Mikrochip gekennzeichnet sein. Und im Heimtierausweis muss festgehalten sein, dass die Tollwutimpfung gültig ist. Das Tier darf frühestens 21 Tage nach der Impfung einreisen, falls es sich um eine Erstimpfung handelt. Maulkorb- und Leinenzwang für bestimmte Hunderassen, wie Puttbill-Terrier, Rottweiler u. a. sind zu beachten.

Zollbestimmungen (Auszug)

Auf der Reise benötigte persönliche Gegenstände und Lebensmittel, die zum eigenen Gebrauch bestimmt sind, können im privaten Reiseverkehr innerhalb der EU zollfrei eingeführt werden.

Zollfrei im privaten Reiseverkehr sind zum eigenen Verbrauch bestimmte Waren bis zu folgenden Höchstmengen (für Reisende aus EU-Ländern über 17 Jahre): 800 Zigaretten, 400 Zigarillos, 200 Zigarren, 1000 g Rauchtabak, 90 Liter nicht schäumender Wein, 110 Liter Bier, 10 Liter Spirituosen über 22 Volumenprozent, 20 Liter Spirituosen unter 22 Volumenprozent, 10 Liter Spirituosen über 22 Volumenprozent.

Bei Einreise aus oder über Nicht-EU-Ländern gelten geringere Mengen!

Bitte erkundigen Sie sich rechtzeitig vor der Reise nach dem neuesten Stand der Dinge!

ESSEN UND TRINKEN

Die spanische Küche ist eine geradlinige, nicht unbedingt einfache, aber auch nicht raffinierte Küche. Und sie kennt natürlich ihre regionalen Spezialitäten und Besonderheiten.

Ausklammern muss man dabei allerdings die touristischen Ballungszentren an der Mittelmeerküste. Die Gastronomen dort haben sich längst den eisernen Essgewohnheiten ihrer ausländischen Gäste angepasst und servieren eine

Speisenfolge, die sich mit der in Touristenhotels anderer Länder ohne weiteres austauschen ließe.

Zur spanischen Küche gehören Knoblauch (ajo) und Olivenöl (aceite de oliva) wie das Amen zum Gebet.

Und zu einem spanischen Normalmenü gehören drei Gänge, wobei der erste Gang, die Appetithappen **Tapas** (Oliven, Wurstscheibchen, dünne Schinkenstreifen, Sardinen, manchmal auch Tintenfisch gebacken oder Krabben u.v.a.), meist schon mit dem Aperitif genommen wird. Manche Lokale sind für ihre ideenreichen Tapas bekannter als für ihre Speisekarte.

Eine wunderbare Tapasvariante aus Katalonien ist „pan con tomate". So einfach das klingt, so herrlich schmeckt es. Man nimmt eine Scheibe frisches Weißbrot, beträufelt sie mit gutem, feinem Olivenöl, reibt darauf das Fleisch einer reifen Tomate und belegt das Ganze je nach Lust und Laune mit Wurstscheiben oder feinen Schinkenstreifen.

Mit Tapas und vielleicht einem Gläschen Wein zwischendurch kann man auch gut die für uns ungewöhnlich späten Essenszeiten leichter erwarten.

Man nimmt an, dass alles was mit der „Tapaskultur" zusammenhängt, seinen Ursprung im 19. Jh. in Andalusien hatte. Dort war es in den Schenken, Weinstuben und Tavernen Brauch, auf das Weingläschen als Deckel eine Scheibe gesalzener Wurst zu legen. Niemand weiß, ob man damit Fliegen abhalten, den Trinkgenuss anregen oder die Wirkung des Weins reduzieren wollte.

Sicher ist, dass sich diese Gewohnheit weiterentwickelte. Manche Wirte stellten auf das Weinglas als Deckel ein kleines Tellerchen mit Oliven, mit pikanten Wurstscheibchen, mit sauer eingelegten Gürkchen und mit allerlei Apetithappen, die in der Kneipe zu finden waren.

Längst hat sich der Brauch im ganzen Land verbreitet und sich zu einer ideenreichen eigenen Sparte der spanischen Gastronomie entwickelt. Da gibt es Tapas Fritas, Tapas en Pan (auf Brot), Tapas Curadas (eingesalzen), Tapas Embutidos (mit Wurst verschiedenster Sorten), Tapas en Salzón (mit Salzfisch) etc., eine schier endlose Reihe von Variationen.

Wenn das Hauptgericht nicht gerade ein **Eintopfgericht** ist, die in Spanien übrigens sehr geschätzt werden, und als „el cocido" auf der Basis von Fleisch, Kartoffeln und Gemüse in vielen Varianten auftauchen, folgt in der Regel nach den appetitanregenden Tapas eine **Suppe**. Besonders beliebt sind klare Brühen (el caldo) und gebundene Suppen (la sopa), wobei die „sopa de ajo" (Brotsuppe mit viel Knoblauch, Zwiebeln und Ei) und „el gazpacho" aus Andalusien (geeiste Brühe aus pürierten Tomaten, Gurken, Paprika mit Essig, Öl und Knoblauch) herausragende Stellen einnehmen. In den Küstengebieten wird dagegen sehr gerne eine „sopa de pescado", eine Fischsuppe also, serviert.

Sehr gehaltvolle Suppen, die „potajes", kennt man z. B. auch im Hinterland der Mittelmeerküste von València.

Ein ganz vorzügliches Eintopfgericht, die „fabada", wird vor allem in Asturien serviert. Dieser deftige Bohneneintopf wird mit viel Speck und würziger Blutwurst zubereitet. Und warum versuchen Sie dazu nicht ein Gläschen „sidra", den Apfelwein aus Asturien?

Auch Galicien kennt wunderbare Eintopfgerichte wie den „pote". Und in den Küstengegenden Galiciens sollten Sie zulangen, wenn Sie auf der Speisekarte „caldeirada" lesen. Dahinter verbergen sich köstliche Fischsuppen.

Bei den **Hauptgerichten** kommen die regionalen Unterschiede besonders zum Ausdruck. Sehr bekannt ist die aus der reisreichen Levante stammende „paella Valènciana", ein Reisgericht aus der Pfanne, mit Meerestieren, Garnelen, Muscheln, Hühner- und Schweinefleisch, Oliven, Erbsen und viel Safran, der dem Reis die für das Gericht typische gelbe Farbe gibt.

In nördlichen Landesteilen, an den Rias in Galicien und an der Kantabrischen Küste, findet man naturgemäß besonders vielfältige Fischgerichte, z. B. „bacalao a la Vizcaina" (Stockfisch mit Tomatensoße), oder Schellfisch (el besugo), Garnelen (los camarones), Krabben (las gambas) und Thunfisch (el atún).

Und aus Aragonien stammen köstliche Geflügelgerichte mit der für ganz Spanien typischen Soße aus Tomaten und Paprika.

Die katalanische Küche kann ihre Einflüsse aus Frankreich und Italien nicht verleugnen. Wichtiger Bestandteil vieler Gerichte sind die typischen Saucen „samfaina", eine Mischung aus blanchierten Tomaten, Paprikaschoten und Auberginen, und die etwas deftigere „sofrito" aus Knoblauch, Zwiebeln, Tomaten und Petersilie. Und zu Fleisch und Fisch reicht man gerne „ali-oli". Dazu vermengt man Olivenöl und Knoblauch zu einer feinen sämigen Sauce.

In Kastilien wiederum sind Lammbraten (cordero asado), gegrilltes Spanferkel (cochinillo tostado) oder Kutteln nach Madrider Art (callos a la madrileña) Spezialitäten. Und aus der Gegend um Ávila sind Kaninchen in Knoblauch und Kalbfleischgerichte bekannt.

Knoblauch gehört, wie eingangs schon erwähnt, zu den beliebtesten und meistverwendeten Zutaten und Gewürzen. Viel Knoblauch gehört auch in die Suppen, die vorzugsweise aus der abgeschöpften Brühe der cocidos, den Eintopfgerichten, zubereitet werden.

Ein Gedicht ist in der Tonkasserolle gebratenes Lammfleisch, das zuvor mit Schmalz eingerieben wurde und dann während des Bratens immer wieder mit gesalzenem Wasser übergossen wird, bis es schön knusprig ist.

Große Tradition hat fast überall in der spanischen Küche die Kichererbse (garbanzos). Über Jahrhunderte hinweg war sie wichtigster Bestandteil der Alltagskost. Entsprechend vielfältig sind die Rezepte, die noch heute gerne angewandt werden.

Ein Pfeiler deftiger Hausmannskost ist seit vielen Generationen der „cocido", ein Eintopfgericht aus Blutwurst, Fleisch oder Paprikawurst und natürlich Kichererbsen.

Verbreitet hat sich eine einfache, bodenständige Küche entwickelt, in der gerne herzhafte Gerichte aus Bohnen und Linsen zubereitet werden, die, verfeinert mit Blutwürsten aus der Gegend von Burgos oder einer Paprikawurst aus Segovia, eine wunderbare Mahlzeit ergeben.

Viele regionale Spezialitäten aus Kastilien und León, aus der Extremadura und auch aus Andalusien verwenden Spanferkel, Lamm, Zicklein und natürlich Schweinefleisch in der vielfältigsten Art und Weise.

Die iberischen Schweine werden oft noch nach uralter Sitte mit Eicheln und Kastanien gefüttert, was ihrem Fleisch ein raffiniertes Aroma verleiht.

Vor allem aus der Extremadura kommen handfeste Fleischeintöpfe, die „calderates". Ein Gedicht sind „conchifritos", das sind schön scharf angebratene Fleischstückchen.

Und die heute noch betriebene Rinder-, Schaf- und Ziegenwirtschaft bietet beste Voraussetzungen bzw. den Rohstoff für eine Vielzahl von erstklassigen **Käsen**.

Seien Sie ruhig etwas mutig bei der Bestellung und Sie werden feststellen, dass auch die Liebe zu einem Land durch den Magen gehen kann.

Und was trinkt man?

Das beliebteste Tischgetränk ist neben Bier vor allem Wein.

Die Römer brachten die Kultur des Weinanbaus nach Spanien. Heute gibt es in Spanien rund 60 teils sehr bedeutende **Weinanbaugebiete**, die sich auf fast alle Landesteile verteilen.

Vom Oberlauf des Ebro kommt der **Rioja-Wein**. Er hat sich im Laufe der Zeit international Anerkennung erworben.

Aus Katalonien ist der **Tarragona** bekannt. In Katalonien wird auch sektähnlicher weißer Schaumwein produziert. Einer der bekanntesten ist der „Codorniu".

Feine Spezialitäten auf dem Gebiet der Spirituosen sind z. B. der Schlehenlikör „pacharán" aus Navarra, oder der „queimadas", ein Schnaps aus Galicien.

Essenszeiten

An die **Essenszeiten in Spanien** muss man sich erst gewöhnen. Selten isst man vor 15 Uhr zu Mittag. Das

Abendessen wird kaum einmal vor 21 Uhr, eher später serviert. Höchstens in den vom Tourismus stark heimgesuchten Küstenstädten haben einige Wirte ein Einsehen mit den Gewohnheiten ihrer nordischen Gäste.

Mit diesen späten Essenszeiten kommt man nur zurecht, wenn man am späten Vormittag oder am späten Nachmittag eine kleine Zwischenmahlzeit in Form eines Imbisses einlegt. Am besten macht man aus der Not eine Tugend und vertreibt sich die Zeit bis zum Abendessen in einer Bar mit dem Versuch, endlich hinter die vielen Varianten der spanischen Tapas zu kommen.

Mein Tipp! Das Frühstück übrigens, in Hotels in aller Regel zwischen 8 Uhr und 10 Uhr serviert, nimmt der Spanier gewöhnlich quasi im Vorbeigehen ein. Kein Wunder also, dass es in vielen Hotels recht spartanisch ausfällt, der Preis dafür aber mitunter in keinem Verhältnis zum Gebotenen steht. Nächtigt man in einem größeren Ort, hat es nicht allzu eilig und verfügt zumindest über rudimentäre Sprachkenntnisse, ist es oft vernünftiger aus dem Hotel und um die Ecke in die nächste Bar zu gehen und dort seinen Frühstückskaffee für einen Bruchteil des Hotelpreises einzunehmen.

Wer Spanien auf einer Campingreise besucht und sich selbst verköstigen will, braucht um sein leibliches Wohl nicht zu bangen. Das Angebot in den Lebensmittelgeschäften und Supermärkten ist ausgezeichnet.

Mein Tipp! Wenn Sie einkaufen gehen, tun Sie es vormittags und, wo immer möglich, auf dem Markt (mercado) oder in der Markthalle. Außer, dass Sie dort alles an einem Ort vorfinden, hat es den Vorteil, sehr frische Ware zu erhalten. Und wenn Sie dann noch bereit sind, Ihren von zu Hause gewohnten Speisezettel mit den lokalen Spezialitäten zu variieren, können Sie sich ausgezeichnet selbst versorgen.

FEIERTAGE

1. Januar – Neujahrstag
6. Januar – Dreikönigsfest
19. März – regionaler Feiertag in Castilla-La Mancha, Castilla y León, València, Extremadura, Galicien, Madrid, Murcia, Navarra, Baskenland und Melilla.
Gründonnerstag – Kein Feiertag in Katalonien und Kantabrien.
Karfreitag
Ostermontag – regionaler Feiertag in Katalonien, València, Navarra, Baskenland, La Rioja.
23. April – regionaler Feiertag in Barcelona.
1. Mai – Tag der Arbeit.
2. Mai – Erinnerung an den Aufstand im Jahre 1808 gegen die Franzosen.
15. Mai – San Isidro, regionaler Feiertag in der Hauptstadt Madrid.
Pfingstmontag – regionaler Feiertag in Katalonien, València, Alicante, Balearen.
9. Juni – regionaler Feiertag in La Rioja und Murcia.
Fronleichnam – regionaler Feiertag.
24. Juni – regionaler Feiertag in Katalonien.
25. Juli – regionaler Feiertag auf den Balearen, den Kanarischen Inseln, in Galicien, Navarra, Baskenland, La Rioja.
28. Juli – regionaler Feiertag in Kantabrien.
15. August – Mariä Himmelfahrt.
8. September – regionaler Feiertag in Asturien und Extremadura.
11. September – regionaler Feiertag in Katalonien.
15. September – regionaler Feiertag in Kantabrien.
24. September – (nur Barcelona).
12. Oktober – Nationalfeiertag.
1. November – Allerheiligen.
2. November – regionaler Feiertag in Andalusien, Aragon, Asturien, Castilla-La Mancha, Ceuta, Melilla.
9. November – regionaler Feiertag in der Hauptstadt Madrid
7. Dezember – regionaler Feiertag in Andalusien, Aragon, Asturien, Balearen, Kanarische Inseln, Kantabrien, Castilla-La Mancha, Castilla y León, Extremadura, Galicien, Murcia, Ceuta, Melilla.
8. Dezember – Tag der spanischen Verfassung von 1978.
25. Dezember – Weihnachtsfeiertag
26. Dezember – (nur Katalonien, València, Alicante, Balearen).

Außerdem gibt es noch zahlreiche regionale oder örtliche Feiertage, meist in Verbindung mit den Namensfesten der Kirchenpatrone oder Schutzheiligen der Stadt oder des Dorfes.

FESTE UND FOLKLORE

Der Ursprung vieler Feste in Spanien liegt in der religiösen Tradition des Landes begründet. Jede Stadt, jede Gemeinde hat natürlich ihren Schutzpatron, dessen Namens- oder Festtag es gebührend zu feiern gilt.

Und die **„fiestas mayores"**, die großen Feste zu Ehren des Schutzheiligen der jeweiligen Städte und Gemeinden, sind für jeden Spanier ein wichtiger Höhepunkt im Laufe des Jahres. Viele dieser Feiern finden in der Zeit zwischen August und Oktober statt.

Überregionale Bedeutung hat z. B. das Mysterienspiel zu Mariä Himmelfahrt am 15. August in Elche in der Provinz Alicante erlangt.

Andere Feste wiederum haben ihren Ursprung in alten Ernteriten und Hirtenbräuchen. Landesweit bekannt ist z. B. „boda vaqueira", die asturische Hirtenhochzeit.

Der bunte Reigen der jährlich wiederkehrenden spanischen Feste beginnt mit den **Karnevalsumzügen.** Viele davon haben uralte Tradition wie z. B. der Karneval von Lanz in der Region Navarra, in dessen Mittelpunkt zwei mythologische Gestalten stehen, nämlich Ziripot und Zaldico.

Besonders in der **Karwoche** (Semana Santa) vor Ostern finden prunkvolle, feierliche Prozessionen statt (Sevilla, Granada, Murcia, Zamora, Cuenca, Valladolid u. a.). Bei diesen sehr beeindruckenden Umzügen, die oft begleitet werden von kostümierten oder auch vermummten Mitgliedern von Bruderschaften, werden fast immer sog. „pasos" auf riesigen, prächtig geschmückten Podesten mitgeführt. Pasos sind Heiligenfiguren, Christus- und Marienstatuen oder auch Passionsszenen, die von den Gemeindemitgliedern tief verehrt und oft auch als wundertätig angesehen werden und das Jahr über die Altäre in den Kirchen schmücken. Manche der Prozessionen finden zu nächtlicher Stunde bei Fackelschein statt, was sie noch geheimnisvoller erscheinen lässt.

Vor allem in Galicien, an der Kantabrischen Küste und in Andalusien finden alljährlich Wallfahrten, **Romerías**, zu Kirchen oder Kapellen auf dem Lande statt. Bei diesen volkstümlichen Prozessionen werden Trachten getragen und Volkslieder gesungen. Nicht selten sind die Wallfahrer nachts unterwegs und ziehen in einer langen Fackelprozession zur Gedächtnisstätte. In Galicien wiederum fahren die Gläubigen mit geschmückten Booten aufs Meer und in die Meeresarme, den Rías, hinaus.

Zu diesen regionalen kirchlichen Festen kommen weltliche Feste und weitere überregionale Kirchenfeiertage.

Breiten Raum nehmen im ganzen Lande die **Ferias** ein, bunte, turbulente Jahrmärkte und Volksfeste, die fast immer mit viel Folklore, Musik und volkstümlichen Umzügen verbunden sind. Und wenn die offiziellen Feierlichkeiten vorbei sind, dann legt man den gebotenen Ernst ab und vergnügt sich beim Essen, Tanzen, beim Feuerwerk oder beim Stierkampf.

Weit über das Land hinaus sind farbenprächtige „Feria de Abril" von Sevilla oder das Frühjahrsfest in Murcia. Ein großes Volkfest wird jedes Jahr auch in Alcoy (Levante) gefeiert, wenn das Spektakel einer historischen Schlacht zwischen Mauren und Christen nachgespielt wird.

Und natürlich muss in diesem Zusammenhang **Los Sanfermines**, das Fest zu Ehren des Heiligen Fermín in Pamplona, erwähnt werden. Dieses Fest, das jedes Jahr im Juli begangen wird, ist berühmt, ja weltberühmt, kann man sagen. Ernest Hemingway z. B. schildert in seinem Roman „Fiesta" Situationen, Erlebnisse und Eindrücke rund um die Festtage. Spektakulärer Höhepunkt des Sanfermin-Festes ist die Stierhatz durch die Gassen der Altstadt zur Arena.

Corrida de Toros

Was wäre ein spanisches Fest, eine Feria, ohne **Stierkampf**, ohne Corrida de Toros – die in jüngster Zeit allerdings etwas ins Gerede gekommen ist? In Katalonien ist der Stierkampf seit 2012 verboten.

Die Mauren sollen den Stierkampf nach Spanien gebracht haben. Dort blieb das Duell zwischen Mensch und Tier bis ins 18. Jh. ein privilegiertes Schauspiel für den Adel und die Feudalherren.

Später war der „Sport" nicht mehr ganz so hoffähig und so wurde der Besuch eines Stierkampfes zum beliebtesten Zeitvertreib aller Bevölkerungsschichten. Allerdings strebt in letzter Zeit König Fußball mehr und mehr an die Tabellenspitze der beliebtesten Sportart. Und es werden Stimmen der Tierschützer gegen den Stierkampf laut.

Ursprünglich kämpfte der Torero als „rejoneador" vom Pferd aus gegen den Stier, so wie es heute in Portugal der „cavaleiro" noch tut und es in Spanien gelegentlich noch als Demonstration perfekter Reitkunst geschieht. Erst ab dem 18. Jh. trat der Torero oder Matador (vom spanischen *mater = töten*) dem Stier (el toro) zu Fuß gegenüber.

Die Regeln eines Stierkampfes sind bis ins Detail festgelegt. Jede Figur, jede Geste, die Kleidungsstücke der Stierkampfmannschaft (la cuadrilla), jedes Utensil hat einen traditionsreichen Namen. Selbst das Alter und das Gewicht der Stiere ist festgesetzt. Sie dürfen nicht älter als vier Jahre und nicht schwerer als 450 kg sein.

Zartbesaiteten Naturen wird das Zuschauen beim Stierkampf kein großes Vergnügen bereiten. Immerhin fließt Blut, und wer nicht wenigstens versucht, sich die Einstellung der Spanier über den Stierkampf zu eigen zu machen, dem wird das Schauspiel eher als Tierquälerei erscheinen.

Aber wenigstens einmal sollte man einen Stierkampf schon gesehen haben. Die Atmosphäre ist unvergleichlich. Wenn möglich, besucht man beim ersten Mal nicht eine „Novillada". Denn dort geben oft noch wenig geübte Stierkämpfer ihr Können zum Besten.

Stierkämpfe finden am Nachmittag zwischen 17 und 19 Uhr statt. Und nichts beginnt in Spanien so pünktlich wie die Corrida. Scheuen Sie nicht die Mehrausgabe für einen Sitzplatz auf der Schattenseite (sombre) der Tribüne. Auf der billigeren Sonnenseite (sol) wird es auch am Nachmittag noch ganz schön heiß.

Bei jeder Veranstaltung wird nacheinander gegen sechs Stiere gekämpft. Jeder Kampf (la lidia) ist seit altersher in drei Phasen (el tercio oder la suerte) eingeteilt.

Zunächst aber beginnt die Veranstaltung mit dem Einzug (paseo) der Stierkampfmannschaft in die Arena, begleitet von den feurigen Trompetenklängen eines Pasadobles.

Die erste Phase (tercio de varas) beginnt mit der „suerte de capa". Helfer zu Fuß (peones) beginnen, den Stier mit roten Tüchern (capas) zu reizen. Danach beginnt der Matador ebenfalls mit der capa und durch verschiedene Bewegungen die Geschicklichkeit und Kampfeslust des Stieres zu erproben. Jede gelungene Figur, die natürlich auch alle Namen haben, bei der der Torero dem Stier nur unmerklich ausweicht, wird vom Publikum mit einem brausenden „Olé" gefeiert.

Danach erscheint der „picador" zu Pferde. Wenn der Stier den Picador angreift, stößt dieser ihm mit einer Lanze in den Nacken. So wird der Stier zwar geschwächt, aber verständlicherweise noch mehr gereizt. Ist das Tier dann noch nicht wütend genug, wird es mit kleinen schwarzen Banderillas noch mehr gereizt.

In der zweiten Phase (tercio de banderillas) kommt der „banderillero" in die Arena. Dreimal stößt er dem Stier zwei mit bunten Bändern und Widerhaken versehene Stäbe (banderillas) in den Nacken. Dabei muss er möglichst von vorne auf den Stier zugehen.

Die dritte und letzte Phase (último tercio) beginnt mit der „suerte de muleta". Der Matador in seiner enganliegenden Tracht (trajeda luces) tritt mit einem dunkelroten Tuch (la muleta), das an einem Stab befestigt ist und so ausgefaltet bleibt, auf. In der anderen Hand hält er den Degen (el estoque). Mit einer eleganten Geste widmet er den Stier einer schönen Dame, einer anderen Person oder dem Publikum. Und dann beginnt der Todestanz mit dem Stier. Je gefährlicher und gekonnter er mit dem Stier umgeht, je beherzter die Muleta-Figuren (el pase) sind, desto donnernder fällt der Applaus aus und umso frenetischer sind die Olé-Rufe der Zuschauer.

Schließlich versucht der Matador den Stier in eine gewisse Position zu bekommen. Dabei muss das Tier mit gesenktem Kopf stillstehen, die Vorderbeine parallel zusammen. Jetzt versetzt ihm der Matador mit dem Degen den Todesstoß (estocada). Der Degen muss mit einem Stoß zwischen den Schulterblättern hindurch das Herz des Stieres treffen.

Bei einer schwierigeren Variante lässt der Matador den Stier auf sich zukommen und muss dann den Todesstoß (estocada a recibir) bei dem in Bewegung befindlichen Tier ausführen. Der Stier ist in der Regel sofort tot. Ist das nicht der Fall, erhält er mit einem Dolch den Gnadenstoß. Pferde ziehen den Kadaver aus der Arena.

War die Menge mit dem Matador sehr zufrieden, erhält er ein oder gar beide Ohren des Stieres als Siegestrophäe. Der Präsident auf der Tribüne entscheidet, ob der Stier tapfer oder der Torero schlecht war.

Ernest Hemingways Roman „Fiesta" schildert eindrucksvoll die Zeit der Stierkampfsaison in Spanien.

Folklore

In Aragonien ist die **„Jota"** zu Hause. Dieser Tanz drückt viel vom Frohsinn der aragonischen Bevölkerung aus.

An der Kantabrischen Küste ist die Folklore, zumindest im östlichen Teil, stark vom Brauchtum der Basken beeinflusst, das neben Tänzen vor allem zahlreiche Wettkämpfe einschließt. Und im abgeschiedenen Galicien wird bei Volkstänzen noch die Gaita, der Dudelsack, gespielt.

In Katalonien wiederum, die Provinz am Mittelmeer, wird die „Sardana" getanzt, ein Reigen, der manchmal noch am Sonntag, bestimmt aber bei Festen aufgeführt wird.

Ein besonderer katalanischer Brauch sind die „Xiquets". Diese Menschenpyramiden, oft sechs Mann hoch, werden bei Festen vor allem in Valls und in El Vendrell noch „gebaut".

KLIMA UND REISEZEIT

Klimatisch lässt sich die Iberische Halbinsel in drei sich stark unterscheidende Gebiete einteilen.

Der **Norden Spaniens**, von Galicien bis zu den Pyrenäen, mit der Costa Verde und dem Golf von Biscaya, hat **atlantisches Seeklima**, das zwar mild, aber niederschlagsreich ist. Nebel, Dunst und Nieselregen sind hier fast an der Tagesordnung. Dafür ist das Land hier überall grün und vegetationsreich.

Durchschnittstemperaturen – Luft

Ort	Jan.	Feb.	Mrz.	Apr.	Mai	Jun.	Jul.	Aug.	Sep.	Okt.	Nov.	Dez.
Barcelona	9	10	12	15	18	21	25	25	22	18	13	10
Madrid	6	7	10	12	15	21	26	24	20	15	9	5
Málaga	13	14	15	17	19	23	25	27	24	20	16	14
Sevilla	10	12	15	18	20	26	29	30	25	20	16	12
Santiago	10	10	12	13	15	17	18	20	18	16	13	11

Durchschnittstemperaturen – Wasser

Ort	Jan.	Feb.	Mrz.	Apr.	Mai	Jun.	Jul.	Aug.	Sep.	Okt.	Nov.	Dez.
Barcelona	13	12	13	14	16	19	22	24	22	20	16	14
Málaga	15	14	14	15	17	18	21	22	21	19	17	16
Pontevedra	12	12	12	12	14	15	17	17	17	16	14	13
Tarifa	15	15	15	16	17	19	20	21	21	19	17	16

Ganz anders sind die klimatischen Gegebenheiten in **Zentralspanien**. Vor allem die Meseta, die raue Hochebene, etwa zwischen dem Kantabrischen Gebirge im Norden und der Sierra Morena im Süden, mit den Landschaften Extremadura, Kastilien und La Mancha, weist ein ausgesprochen **kontinentales Klima** auf. Die Winter dort sind ungewöhnlich kalt und die Sommer sehr trocken und heiß. Dieser Landstrich ist überaus arm an Niederschlägen, was kaum Landwirtschaft zulässt.

Angenehm ist das Klima das ganze Jahr über in der dritten Zone mit **Andalusien** im Süden und der gesamten **Mittelmeerküste**. Das **mediterrane Klima** sorgt für milde Winter mit nicht übermäßigen Niederschlägen. Auch Herbst und Frühling sind sehr angenehm, wobei im Herbst mit gelegentlich sintflutartigen Regenfällen gerechnet werden muss, wie zurückliegende Jahre gezeigt haben. Die Sommer dagegen sind tagsüber ausgesprochen heiß, erfahren aber nachts oft angenehme Abkühlung.

Für eine Rundreise durch Spaniens Norden, wie sie in diesem Reiseführer beschrieben wird, eignen sich ganz besonders das Frühjahr und der Herbst. Als **beste Reisezeit** sind die Zeitabschnitte von Ende März bis Mitte Juni und dann wieder von Anfang September bis Ende Oktober zu bezeichnen. Neben den angenehmen Lufttemperaturen genießt man dann auch die Vorzüge der Vor- und Nachsaison, wie leere Strände, nicht mehr ganz so stark belegte Campingplätze und weniger Hektik in den Touristenzentren.

Andererseits sind aber gerade in der ersten Frühlingszeit und etwa ab Ende September manche Campingplätze (vor allem in Nord- und Zentralspanien) noch oder schon wieder geschlossen.

Als **Kleidung** genügt für eine Reise nach Spanien im Sommer leichte Sommerkleidung. Bereist man im Frühjahr, Herbst oder gar Winter die zentral- und nordspanischen Regionen, sind warme Wintersachen notwendig. Gerade in der zentralspanischen Hochebene kann es im Winter empfindlich kalt werden.

Obwohl man sich natürlich auch in Spanien längst an die leichte Strandbekleidung an den stark von Touristen frequentierten Stränden der Mittelmeerküste gewöhnt hat und sie zwangsläufig toleriert, sollte man daran denken, dass sich diese Toleranz in anderen Landesteilen vielleicht noch nicht durchgesetzt hat.

Wer Anstoß, Aufsehen und eine Beleidigung der Gefühle, von Anstand und Sitte der breiten Bevölkerungsschichten vermeiden will, sollte sich bei Reisen durchs Land, bei Stadtbesichtigungen und vor allem bei Kirchenbesuchen nicht allzu luftig kleiden. Herren in Shorts und T-Shirts gelten im Stadtbild als unseriös. Und wer glaubt, nur mit Bikinioberteil und knappen Shorts bekleidet eine Kathedrale oder irgendein Provinzstädtchen besuchen zu müssen, provoziert geradezu Unmut, Zurechtweisungen und Anmache. Schultern und Oberarme sollten Damen bei einem Kirchenbesuch immer bedecken. Und ein leichter Wickelrock, den man rasch umlegen kann, wird kaum belasten.

MINIWORTSCHATZ – KLEIN, ABER NÜTZLICH

Allgemeines

Apotheke – farmacia
Arzt – médico
Auf Wiedersehen – adiós, hasta luego, hasta la vista
Ausgang – salida
Bank – banco
bezahlen – pagar
Bitte – por favor
Bitte sehr! – de nada! (Antwort auf Danke)
Brief – carta
Briefkasten – buzón
Briefmarke – sello
Danke (sehr) – (muchas) gracias
Eingang – entrada
Frau, Fräulein – señora, señorita
geöffnet – abierto
Geld – dinero
geschlossen – cerrado
Gibt es ... – hay ...
Guten Abend – buenos tardes

Guten Tag (nachmittags) und
Guten Tag (vormittags) – buenos días
Herr – señor
Ich verstehe nicht – no entiendo
Ja, Nein – si, no
Postamt – oficina de correos
Postkarte – trajeta (postal)
Reisescheck – cheque de viajero
Sprechen Sie deutsch? – habla usted aléman?
Telefonanruf – conferencia
Verzeihung – perdón
Wie heißt .. – Cómo se llama ..
Wie sagt man das auf spanisch? – Cómo se dice esto en español?
Wie viel kostet ...? – cuánto cuesta (vale) ...?
Zahnarzt – dentista
Zimmer – habitación
– Einzel- – - individual
– Doppel- – - doble

Auto

Abschmieren – el engrase
abschleppen – remolcar
Anlasser – el arranque
Auspuff – el escape
Batterie – la bateria
Benzin – gasolina
Bremse – freno
Dieselkraftstoff – gasoleo
Führerschein – carnet de conducir
Gangschaltung – el cambio de marcha
Getriebe – la caja de cambios
Getriebeöl – aceite lubrificante
Keilriemen – la correa del ventilador
Kühler – radiator
Kupplung – embrague
Licht – la luz
Lichtmaschine – la dínamo
Motor – el motor
Öl – aceite
Ölwechsel – cambio de aceite
Parkplatz – aparcamiento
Reifen – neumático
Scheinwerfer – el faro
Sicherheitsgurt – el cinturón de seguridad
Stoßdämpfer – el amortiguador
Stoßstange – el parachoques
Tankstelle – tomar gasonlina
Vergaser – carburado
Wagenheber – gato
Werkstatt – taller
Windschutzscheibe – parabrisas
Wohnwagen – remolque
Wohnmobil – coche cama
Zündung – encendido
Zündkerze – bujia

Essen und Trinken

Bier – cerveza
Brot – pan
Butter – mantequilla
Eier – los huevos
Eiscreme – el helado
Fleisch – la carne
– Schweine- – - de cerdo
– Rind- – - de vaca
– Kalb- – - de ternera
– Hammel- – de cordero
– Lamm- – - de lechal
Forelle – la trucha
Garnelen – los camarones
Gemüse – verdura
Huhn, Hähnchen – la gallina, el pollo
Kartoffeln – patatas
Käse – queso
Kotelett – la chuleta
Krabben – las gambas
Kuchen – el pastel, la torta
Milch – la leche
Paprikaschoten – los pimientos
Rotwein – el vino tinto
Saft – zumo
Sahne – la nata, la crema
Salat – ensalada
Schnecken – los caracoles
Schnitzel – la escalope
Seezunge – el lenguado
Thunfisch – el atún, el bonito
Tintenfisch – el pulpo
Tomaten – los tomates
Wasser – el agua
Weißwein – el vino blanco

Im Lande unterwegs

alcazaba – maurische Burg
alcázar – maurischer Palast
yuntamiento – Rathaus
balneario – Badeort
barrio – Stadtviertel
bodega – Weinkeller, Ausschank
calle mayor – Hauptstraße
casa – Haus
castillo – Burg
ciudad – Stadt
convento, monestario – Kloster
cueva – Höhle
desfiladero – Schlucht

embalse – Stausee
finca – Gut, Gehöft
fuente – Brunnen, Quelle
iglesia – Kirche
mezquita – Moschee
mirador – Aussichtspunkt, -turm
museo – Museum
palacio real – Königlicher Palast
paisaje – Landschaft
playa – Strand
plaza mayor – Stadt-, Marktplatz
plaza de toros – Stierkampfarena
pueblo – Dorf
puerta – Tor, Tür
tapices – (Wand-) Teppiche
techo (artesonado) – (Kassetten-) Decke
tesoro – Schatz, Schatzkammer
torre – Turm
valle – Tal
vega – fruchtbare Ebene
vista – Aussicht

Spanische Spezialitäten

calamares fritos – gebackener Tintenfisch
cochinillo tostado (Kastilien) – gegrilltes Spanferkel
cocido (Kastilien) – Eintopf mit Kichererbsen
cordero asado (Altkastilien) – Lammbraten
el bacalao a la vizcaina – Stockfisch mit Tomatensoße
el lacón con grelos – Schweineschulter mit Weißkohl
gambas al la plancha – geröstete Krabben
la paella valenciana – Reisgericht mit div. Einlagen
la tortilla a la española – Eierkuchen mit Kartoffeln
ternasco (Aragonien) – Ziegenbraten
vieiras, mejillones (Galicien) – Jakobs-, Miesmuscheln

Verkehr

a la derecha – rechts
a la izquierda – links
alto – Halt
alto, collado – Pass
atención – Achtung
calle – Straße
ceda el paso – Vorfahrt achten
cuidado – Vorsicht
desviación – Umleitung
dirección única – Einbahnstraße
girar a la derecha – rechts fahren
obras – Bauarbeiten
paso a nivel – Bahnübergang
paso prohibido – Durchfahrt verboten
peligroso – gefährlich
prohibido adelantar – Überholverbot
prohibido aparcar – Parken verboten
puente – Brücke
río – Fluss
velocidad maxima – Höchstgeschwindigkeit
viraje peligroso – gefährliche Kurve

Zahlen

eins – uno
zwei – dos
drei – tres
vier – cuatro
fünf – cinco
sechs – seis
sieben – siete
acht – ocho
neun – nueve
zehn – diéz
elf – once
zwölf – doze
dreizehn – treize
vierzehn – quatorze
fünfzehn –quinze
sechzehn – diez y seis
fünfzig – cincuenta
hundert – cien/ciento
tausend – mil

Zeit / Wochentage

Montag – lunes
Dienstag – martes
Mittwoch – miércoles
Donnerstag – jueves
Freitag – viernes
Samstag – sábado
Sonntag – domingo
Tag – día
Woche – semana
Monat –mes
Jahr – año
heute – hoy
morgen – mañana
Abend – tarde
Nacht – noche
Stunde – hora
Wie spät ist es? – qué hora es?

MIT DEM AUTO DURCH SPANIEN

Straßennetz

Ganz Spanien wird von einem dichten, gut instand gehaltenen **Straßennetz** von insgesamt über 350.000 km Länge durchzogen. Viele der Fernverbindungsstraßen wurden sehr verbessert und zu autobahnähnlichen Fernstraßen (Autovías) ausgebaut.

Der Anteil an Autobahnen (Autopistas) wurde in den vergangenen Jahren ganz erheblich erweitert, was die Überwindung größerer Distanzen wesentlich erleichtert und beschleunigt.

Mein Tipp! Im Zuge des landesweiten Ausbaus des Fernstraßennetzes werden fast alle größeren Orte und Städte mittlerweile auf Umgehungsstraßen umfahren. Die „alten" Straßen, die wie eh und je in die Städte führen, haben aber in vielen Fällen ihre Straßennummer (die nun auch die Umgehungsstraße führt) behalten, was bei Zufahrtsbeschreibungen zu Irritationen führen kann.

Autobahnen, deren Benutzung in Spanien in den allermeisten Fällen gebührenpflichtig ist (autopistas de peaje), führen bislang entlang der Mittelmeerküste von der französischen Grenze (A-7/E-15) bis Murcia. Zudem gibt es eine Querverbindung (A-68), die die Mittelmeerküste südlich von Barcelona mit den Industriegebieten um Bilbao verbindet. Von dieser Strecke führen Abzweige nach Pamplona, Burgos und Biarritz.

An der Westküste verbindet die Autobahn A-9/E-1 La Coruña mit Vigo und führt weiter durch fast ganz Portugal. Zudem findet man bislang kurze Autobahnteilstücke von Madrid (A-6) Richtung Valladolid, von León (A-66) Richtung Oviedo, zwischen Sevilla und Huelva (A-49) mit Weiterführung an die portugiesische Algarveküste, sowie zwischen Sevilla und Cádiz (A-4/E-5).

Die Gebührenkarten für den jeweiligen Autobahnabschnitt erhält man an den Einfahrten zur Autobahn an den Mautstationen per Knopfdruck oder automatisch aus Automaten. Bezahlt wird an den Mautstellen am Ende des Teilstücks oder an der Ausfahrt. Für Wohnmobile mit Zwillingsreifen werden übrigens höhere Gebühren erhoben!

Die Bezahlstationen sind automatisiert. Nur noch in wenigen Fällen sind die Durchfahrtsfurten mit Angestellten besetzt. Auf welche Weise an den einzelnen Stationen bezahlt werden kann, wird auf großen, schon von weitem erkennbaren Leuchttafeln über der jeweiligen Durchfahrtsfurt angezeigt. Gelegentlich sind einige Durchfahrtsfurten durch Höhenbeschränkungen nur für Pkws passierbar!

Bezahlt werden kann mit Bargeld und mit Kreditkarten. Bankkarten wie Maestro werden aber nicht akzeptiert!

An den Bezahlautomaten zuerst Mautkarte in den ersten Schlitz, der durch Blinken auf sich aufmerksam macht, einschieben. Der geforderte Betrag wird auf einer Leuchttafel an der Zahlbox angezeigt. Dann Kreditkarte (gewöhnlich Chip voraus und Magnetstreifen Unterseite rechts) oder Bargeld in den jeweiligen dafür vorgesehenen, blinkenden Schlitz einschieben. Kreditkarte wird wieder ausgegeben. Die Schranke öffnet sich, grünes Licht. Kreditkarte entnehmen! Nun kann über einem Druckknopf noch eine Quittung angefordert werden.

Beim Bezahlen mit Bargeld öffnet sich die Schranke, sobald der geforderte Betrag beglichen ist. Wechselgeld fällt in eine Schale, die oft nur sehr umständlich erreicht werden kann, zumal wenn man wie in einem Wohnmobil etwas höher sitzt.

Die mit „T", „Télépéaje" oder „VIA-T" gekennzeichneten und oft schön leeren Durchfahrten an den Mautstationen dürfen Sie nicht benutzen. Sie sind Besitzern einer T-Box vorbehalten. Diese Box können Autofahrer erwerben, die in Spanien ein Bankkonto haben.

Infos zu Gebühren auf spanischen Autobahnen erfährt man auf den Webseiten https://www.autopistas.com/planifica-tu-viaje/somos-autopistas/ oder https://www.adac.de/reise-freizeit/maut-vignette/spanien/.

Das **Tankstellennetz** im Lande ist recht dicht, dennoch sollte auf die Mitnahme eines gefüllten Reservekanisters nicht verzichtet werden.

Benzin ist unter den Begriffen *Gasolina* oder *Gasolina sin plomo* (bleifreies Benzin) und Diesel unter *Gasóleo* oder *Diesel* bekannt.

An einer Tankstelle *(Gasolinera)* mit Personal werden Kreditkarten zur Bezahlung meist angenommen. An Tankautomaten kann es vorkommen, dass in Deutschland ausgestellte Kreditkarten nicht akzeptiert werden.

Die gewöhnliche Öffnungszeit an Tankstellen ist werktags von 7 Uhr bis 22 Uhr, an vielbefahrenen Fernstraßen gelegentlich auch von 6 Uhr bis 24 Uhr. Tankstellen an Autobahnen sind 24 Stunden durchgehend geöffnet. Auf dem Lande dagegen sind Tankstellen nachts und an Wochenenden gewöhnlich geschlossen, bzw. es stehen nur Tankautomaten zur Verfügung, die aber oft deutsche Kreditkarten nicht akzeptieren.

Parken in Innenstädten

Manche Städte machen es den Besuchern, die mit dem Auto unterwegs sind, recht schwer, ihr Herz für die jeweilige Stadt zu erwärmen. Die Verkehrs- und Parkplatzsituation, zusammen mit einer oft sporadischen Beschilderung bereiten so ihre Schwierigkeiten.

Fast immer liegen die Sehenswürdigkeiten im alten Stadtkern. Ihn mit dem Auto oder gar einem Wohnmobil, geschweige denn mit einem Caravangespann erreichen zu wollen, ist oft mit so vielen Schwierigkeiten gepflastert, dass man liebend gerne Sehenswürdigkeit Sehenswürdigkeit sein lassen möchte und sein Heil in der Weiterfahrt sucht. Und wenn Sie dann doch bis ins Stadtinnere vorgedrungen sind, beginnt die große Parkplatzlotterie.

Wir haben versucht, zumindest in den größeren Städten die Parkplatzsituation zu schildern, geeignete Parkplätze zu finden und **Angaben zu Parkplätzen mit GPS-Koordianten** zu machen. Es kann allerdings keine Gewähr dafür übernommen werden, dass sich die Situation zum Zeitpunkt Ihrer Reise nicht verändert hat, der Parkplatz also nicht zwischenzeitlich mit einer höhenbegrenzten Einfahrtsbarriere versehen oder evtl. ganz aufgelöst wurde!

Vor der Angabe von Navigationskoordinaten in eckigen Klammern steht gelegentlich das Wort „Parkplatz". Dies besagt, dass sich die Koordinaten auf einen Parkplatz beziehen, der bei oder ganz in der Nähe des angegebenen Ortes, Hauses, Schlosses, Museums o. ä. liegt.

Generell ist das Parken in den Innenstädten während der Geschäftszeiten ein großes Problem. Vor allem in den alten, besuchenswerten Stadtvierteln sind die Gassen und Straßen oft recht schmal und verwinkelt. Parkplätze sind dort so gut wie nicht zu bekommen. Und immer mehr Gemeinden gehen dazu über, ihre enge Altstadt verkehrszuberuhigen und nur für Anwohner zugänglich zu machen. Mit einem großen Wohnmobil oder Caravan parkt man da besser am Rande der Altstadt.

Achten Sie auf evtl. Parkverbotsbeschilderungen, die man nicht ignorieren sollte. Bei Missachtung droht auch dem ausländischen Besucher ein Strafzettel oder gar das Abschleppen.

Es ist festzustellen, dass Verkehrs- und Parkverstöße in Spanien generell mit höheren Bußgeldern belegt werden als bei uns!

Mein Tipp! Vielfach hat man gute Chancen zu einem zentrumsnahen Parkplatz zu kommen, wenn man frühmorgens vor 9 Uhr oder in der Zeit der allgemeinen Siesta zwischen 13.30 und 16 Uhr in der Stadt ist.

Es empfiehlt sich, in Städten, in denen man auch übernachtet, Auto oder Wohnmobil auf dem Campingplatz/ Wohnmobilstellplatz bzw. beim Hotel zu lassen und ggf. zu Fuß oder mit Bus oder Taxi zur Besichtigung aufzubrechen.

Gelbe Linien am Fahrbahnrand, gezackt oder gerade, signalisieren ein Parkverbot und **blaue Linien** gebührenpflichtige Parkzone mit Zeitbegrenzung, **orangefarbige Bordsteinmarkierung**

zeigt Parkplätze für Anwohner an und **weiß eingerahmte Parkplätze** sind, sofern nicht anders beschildert, in der Regel kostenlos.

Verkehrsregeln

Die allgemeinen Verkehrs- und Vorfahrtsregelungen sind denen in Westeuropa üblichen angeglichen.

Die **Höchstgeschwindigkeiten** – falls durch entsprechende Beschilderung nicht abgeändert – betragen:

– Innerhalb geschlossener Ortschaften 50 km/h.

– Außerhalb geschlossener Ortschaften und auf Landstraßen mit zwei Fahrspuren für Pkw und Motorräder 90 km/h, für Busse und Wohnmobile 80 km/h und für Pkw mit Anhänger 70 km/h.

– Auf Schnellstraßen und Straßen mit drei und mehr Fahrspuren für Pkw und Motorräder 100 km/h, für Busse und Wohnmobile 90 km/h, für Pkw mit Anhänger 80 km/h.

– Auf Autobahnen für Pkw und Motorräder 120 km/h, für Busse und Wohnmobile 100 km/h, für Pkw mit Anhänger 80 km/h.

Wer mehr als 20 km/h über die erlaubte Geschwindigkeit fährt, muss mit einer Strafe von bis zu 300,- Euro rechnen.

Auf vielen Straßen sind automatische Blitzer (radares) zur Geschwindigkeitsüberwachung installiert.

Es ist zu empfehlen, dass man sich vor Antritt der Reise nach den neuesten, dann gültigen Höchstgeschwindigkeiten in Spanien und in den Transitländern erkundigt.

Ein auf der Spitze stehendes Dreieck mit rotem Rand auf gelbem Grund und der Aufschrift „Ceda el Paso" bedeutet „Vorfahrt achten".

Vor Kuppen und auf nicht mindestens auf 200 m übersehbaren Straßen besteht Überholverbot!

Es besteht **Anschnallpflicht!** Kinder müssen auf dem Rücksitz des Autos untergebracht werden.

Die **Promillegrenze** liegt bei 0,5. Für Führerscheinneulinge, die den Führerschein erst weniger als zwei Jahre besitzen, liegt die Promillegrenze bei 0,3. Bei Alkoholfahrten sind empfindliche Strafen zu erwarten.

Privatfahrzeuge dürfen nicht abschleppen!

Es müssen Ersatzglühbirnen mitgeführt werden.

Warnwestenpflicht, die Weste (Euronorm EN 471) muss bereits beim Verlassen des Fahrzeugs getragen werden.

Es ist Pflicht, **Verbandskasten** und **Warndreieck** mitzuführen.

Kanus, Gestänge oder andere Gegenstände oder Dachlasten, die über die Rückseite des Fahrzeugs hinausragen, müssen mit einer 50 x 50 cm großen, **rot-weiß diagonal gestreiften Warntafel** markiert sein.

Telefonieren im Auto während der Fahrt ist dem Fahrer nur mit einer Freisprecheinrichtung erlaubt!

Offiziell sollen Verstöße gegen das Verbot während der Fahrt mit dem Handy ohne Freisprechanlage zu telefonieren, angeblich mit einer Geldbuße von 90,- Euro bestraft werden. Den Autofahrern in Spanien scheint das aber ziemlich unbekannt oder egal zu sein. Nirgendwo sonst konnten wir so viele Fahrer während der Fahrt mit dem Handy am Ohr telefonieren sehen, egal ob auf dem Moped, im Lkw, im Lieferwagen oder im Pkw.

Auch das Bedienen von Navigationsgeräten durch den Fahrer während der Fahrt ist verboten.

Bei einem Unfall, ob schuldhaft oder ohne Schuld beteiligt, muss der Fahrer damit rechnen, dass er bis zur gerichtlichen Klärung des Falles inhaftiert und das Auto beschlagnahmt werden kann. Im Falle eines Unfalls mit solchen Folgen also die Versicherungsgesellschaft zu Hause anrufen, die u. U. eine Kautionszahlung veranlasst oder den ADAC-Notruf wählen.

Fotografieren Sie wenn möglich den Schaden und die Unfallstelle von allen Seiten. Die Anschrift von Zeugen kann später nützlich sein. Unterschreiben Sie nichts, auch kein Polizeiprotokoll, das Sie nicht lesen und verstehen können.

Verlangen Sie bei größeren Schwierigkeiten einen deutschsprechenden Anwalt und im äußersten Fall Kontakt mit einem deutschen Konsulat.

Kraftstoffpreise

Super (gasolina) – ca. € 1,29
Super plus – ca. € 1,48
Diesel (gasóleo) – ca. € 1,19
(https://www.benzinpreis.de/international/kontinente/europa).

ÖFFNUNGSZEITEN

Es gibt keine gesetzlichen Ladenschlusszeiten.

Apotheken (Farmacia)

Mo - Fr 9 Uhr - 13.30 Uhr und 17 Uhr - 20 Uhr, Sa 9 - 13.30 Uhr. In Großstädten bleiben viele Apotheken rund um die Uhr geöffnet. Ansonsten gibt es einen Apotheken Nachtdienst, den die Apotheken abwechselnd übernehmen.

Banken

Mo - Sa 8.30 Uhr - 14.00 Uhr

An Samstagen in den Monaten Juni bis September sind Banken allerdings nicht geöffnet. So geschlossen.

Geschäfte

Mo - Fr 9.30 Uhr - 13.30 Uhr + 17 Uhr - 20 Uhr.

Große Supermärkte, Kaufhäuser und Einkaufszentren haben in aller Regel Mo - Sa von 9 Uhr bis 21.00, manche bis 22.00 Uhr durchgehend geöffnet. Kaufhäuser in großen Städten öffnen an einigen Sonntagen im Jahr. Und in touristischen Ballungszentren, vor allem an der Küste, sind Geschäfte oft bis weit nach 22 Uhr und auch sonntags geöffnet.

Postämter

Mo - Fr 9 Uhr - 14 Uhr + 16 Uhr - 19 Uhr. Sa 9 Uhr - 13 Uhr. So geschlossen.

Bars und Discos

Bars sind vor allem von Donnerstag bis Sonntag bis nach Mitternacht geöffnet, Discos von 22 Uhr bis 3 oder 4 Uhr früh. In Großstädten und Touristenhochburgen an der Küste haben viele Lokale bis in die frühen Morgenstunden geöffnet.

Tankstellen

Tankstellen an Landstraßen von 7.00 Uhr - 22.00 Uhr.

Tankstellen an vielbefahrenen Fernstraßen sind gelegentlich auch von 6.00 Uhr - 24.00 Uhr und auch sonntags geöffnet. Tankstellen an Autobahnen sind rund um die Uhr geöffnet.

Sehenswürdigkeiten

Die Öffnungszeiten vieler Sehenswürdigkeiten sind zumindest für den Durchreisenden recht ungünstig. Normalerweise sind sie zwischen 10 und 13 Uhr und dann erst wieder zwischen 16 und 19 oder 20 Uhr geöffnet.

Montags sind vor allem Museen in aller Regel geschlossen!

Mein Tipp! Reisende, die das Rentenalter erreicht haben (65 plus), sollten in Museen, Klöstern, Schlössern etc. beim Kauf der Eintrittskarte ruhig nach Ermäßigungen für „Pensionistas" fragen. Nicht selten werden (gegen Vorlage des Ausweises) z. B. bei staatlichen Einrichtungen reduzierte Eintrittspreise gewährt.

PARADORES

Paradores Nacionales sind staatliche Beherbergungsbetriebe, die meist in alten, stilvoll restaurierten Burgen, Schlössern, Klöstern oder Herrensitzen eingerichtet wurden, landschaftlich sehr schön liegen oder sich an kunstgeschichtlich interessanten Punkten befinden.

Man achtet bei Paradores sehr darauf, dass das Äußere und die Innenarchitektur dem Charakter des Gebäudes, in dem sie eingerichtet sind und den Besonderheiten der jeweiligen Provinz entsprechen. Auch die gepflegte Speisekarte weist Spezialitäten der Region auf.

Eine Übernachtung im historischen Ambiente eines Paradors, die alle mit Sorgfalt geführt werden, ist ein kleines Reiseerlebnis für sich, wenn auch nicht gerade ein billiges. Wegen der knappen Bettenzahl in vielen Paradores und vor allem in der Hochsaison ist vor allem in von Touristen stark besuchten Regionen eine Vorausreservierung empfehlenswert.

Die Aufenthaltsdauer kann in der Hauptreisezeit manchmal begrenzt sein.

POST UND TELEFON

Briefmarken (los sellos) gibt es außer auf Postämtern (Correos) auch in Tabacaleros, den Zigaretten- und Tabakwarenkiosken, die *estancos* genannt werden.

Ein Normalbrief in EU-Länder kostet ca. 1,45 Euro.

Übrigens: Von offizieller Stelle wird davon abgeraten, Brief- und Postdienste in Anspruch zu nehmen, die an der spanischen Küste operierende Unternehmen anbieten. Wer Wert darauf legt, dass seine Urlaubskarten die Lieben zu Hause auch erreicht, bedient sich besser der offiziellen gelben Briefkästen, die mit „Correos y Telégrafos" und dem Posthorn mit Krone gekennzeichnet sind. Auch Beherbergungsbetriebe, die dieses Logo führen sind berechtigt, Postsendungen weiterzuleiten.

In der Regel kann man von Postämtern aus nicht telefonieren! Dafür gibt es eigene Telefonämter und öffentliche Telefonbüros (locutorios). Im Zeitalter der Handys wird dieser Dienst aber nur noch selten genutzt.

Auch öffentliche Telefonzellen (cabinas) werden immer seltener. Die wenigen verbliebenen öffentlichen Telefone können meist nur mit **Telefonkarten** betrieben werden. Man benötigt dazu sog. „trajetas telefónicas" (Telefonkarten), die man in den *estancos* (Tabakläden) oder bei Sparkassen kaufen kann.

Seit in Spanien die Ortsvorwahl bereits in die jeweilige Telefonnummer des Teilnehmers integriert ist, sind Telefonnummern neunstellig und beginnen immer mit einer 9.

Die allgemeine Telefonauskunft in Spanien erreicht man unter 1003.

Die **Landesvorwahlen (prefijos)**
Spanien 00 34 bzw. +34
Deutschland 00 49 bzw. +49
Österreich 00 43 bzw. +43
Schweiz 00 41 bzw. +41

Bei Telefonaten ins Ausland wählt man zunächst 00 zur Herstellung einer internationalen Verbindung und danach die Landeskennzahl, für Deutschland also 49, für Österreich 43 und für die Schweiz 41. Bei Gesprächen nach Deutschland lässt man bei der deutschen Ortsvorwahlnummer die erste Null weg, z. B. für Stuttgart nicht 0711, sondern nur 711 und wählt dann die Teilnehmernummer.

R-Gespräche heißen „cobro revertido" und Gespräche mit Voranmeldung kennt man unter „persona a persona".

STROMSPANNUNG, STECKDOSEN

In Spanien ist eine Stromspannung von 220 V Wechselstrom üblich.

Auf Campingplätzen sind fast überall Europastecker zu finden.

THEMA SICHERHEIT AUF REISEN

Die allerbeste Vorsorgemaßnahme ist die, wirklich sämtliche Gegenstände, sei es Schmuck, hochwertige Kleidung, elektronische Geräte etc. etc., die Sie auf der Urlaubsreise nicht tatsächlich und unbedingt benötigen, zu Hause zu lassen. Das mindert nebenbei nicht nur das Diebstahlrisiko, sondern auch Umfang und Gewicht des Gepäcks.

Sämtliche Gegenstände von einigem Wert, auch wertvolle Kleidungsstücke, selbstverständlich alle Personal- oder Reisedokumente, sowie alles was irgendwie nach Geld aussieht, sollten Sie immer aus dem Auto entfernen und niemals sichtbar im Innenraum liegen lassen! Autoscheiben wurden schon wegen attraktiv aussehender, aber minderwertiger Gegenstände eingeschlagen. Sperren Sie die Sachen notfalls in den Kofferraum, was zwar auch keine Sicherheitsgewähr ist, das Entwenden aber doch etwas erschwert.

Allerdings ist es kaum möglich, „nichts" in einem Wohnmobil zu haben. Und einen bewachten, zentrumsnahen Parkplatz in Barcelona, Tarragona, València, Madrid, Sevilla etc. zu finden, der für Wohnmobile zugänglich wäre, ist auch nach unseren jüngsten Erfahrungen so gut wie nicht möglich. Hier kann der Rat nur lauten, das Wohnmobil auf einem stadtnahen Campingplatz zurückzulassen und mit öffentlichen Verkehrsmitteln, so umständlich das auch sein mag, zur Stadtbesichtigung aufzubrechen.

Auch Campingplätze sind gehalten, Ihren Gästen den Service von Wertschließfächern oder Gästesafes in der Rezeption anzubieten. Nutzen Sie das Angebot, falls vorhanden.

Nehmen Sie, wenn Sie an den Strand gehen, nur das absolut Notwendige mit.

Taschendiebstähle kommen in Großstädten und Touristenhochburgen nicht nur in Spanien vor.

Tragen Sie Halsketten, Schmuck, Foto- oder Videoapparate, teure Smartphones etc. nicht allzu offen und unbesorgt. Verteilen Sie Geld und Dokumente auf mehrere körpernahe Taschen.

Oft sind Situationen mit Gedränge und Geschiebe, z. B. beim Einsteigen in einen Bus oder in einen Zug, in denen der Reisende meist abgelenkt ist gern genutzte Momente für Langfinger.

Und wenn Sie sich müde vom Stadtrundgang endlich gemütlich in den Stuhl eines Straßencafés fallen lassen und sich auf ein kühles Blondes freuen, in dessen Gesellschaft Sie dann Ihre Urlaubspost erledigen wollen, lassen Sie trotzdem ihre Habseligkeiten nicht aus dem Auge. Eine nur rasch auf den Nachbarstuhl gelegte Handtasche oder Kamera kann, eh man es sich versieht, verschwunden sein.

Und wie schon gesagt, diese Hinweise und Tipps gelten natürlich nicht nur für Spanien, sondern für alle touristisch stark frequentierten Länder.

Und fertigen Sie Fotokopien Ihrer Ausweise, Kreditkarte o. ä. an und deponieren sie an einem sicheren Ort.

TRINKGELD

Das Bedienungsgeld ist in Restaurants im Rechnungsbetrag inbegriffen. In Restaurants sind 10 % für den Kellner üblich. Taxifahrer erwarten ein Trinkgeld in Höhe von 10 %.

WÄHRUNG UND DEVISEN

Die altehrwürdige spanische Peseta ist seit dem 1. Januar 2002 durch EURO und Cent ersetzt worden.

Verbreitet sind **Geldautomaten**, an denen man mit Kreditkarte oder Maestro-Karte mit persönlicher Geheimnummer Geld abheben kann.

Kreditkarten der international operierenden Unternehmen werden von allen größeren Hotels und Geschäften, an Tankstellen, bei Autovermietungen oder an den Mautstationen der Autobahnen akzeptiert.

Mein Tipp!, der nicht nur in Spanien, sondern auf Reisen allgemein beachtet werden sollte: Geben Sie Ihre Kreditkarte nicht allzu unbesorgt aus der Hand. Gehen Sie z. B. an einer Tankstelle mit dem Tankwart ins Kassenhäuschen und schauen Sie, was dort mit Ihrer Kreditkarte geschieht. Kontrollieren Sie den Kassenausdruck genau, ob Sie auch wirklich einen Beleg unterschreiben, der tatsächlich Ihren Rechnungsbetrag enthält. Es wäre nicht das erste Mal, dass aus 50 Euro Rechnungsbetrag auf dem zu unterschreibenden Beleg plötzlich auf unerklärliche Weise und durch ein zutiefst bedauertes Versehen 150 Euro geworden sind.

Reiseschecks (Gebühr ca. 1 % des Wertes, wird beim Kauf erhoben, dafür wird bei Verlust Ersatz der Schecks geleistet) werden von den Filialen der Banken in größeren Orten eingelöst und von großen Geschäften, vor allem in Touristikzentren, als Zahlungsmittel akzeptiert.

WICHTIGE RUFNUMMERN

Notruf: 112, allgemeine Notrufnummer (EU-Notruf) Festnetz und Mobilnetz

Notarzt, Unfallrettung: 061 oder **112**

Feuerwehr: 080 oder 085

Polizei: 091

Guardia Civil: 062

Anzeige bei Überfall, Diebstahl oder Unfall: 902 102 112

RACE-Pannendienst: 915 93 33 33, landesweit.

Zentraler Kreditkarten-Sperr-Notruf – 0049 11 61 16

ADAC-Notrufzentralen München: +49 (0)89 22 22 22

ZEITUNTERSCHIED

Zwischen Deutschland und Spanien gibt es keinen Zeitunterschied. Wie bei uns gilt auch dort die mitteleuropäische Zeit (MEZ) mit der Sommerzeitperiode.

Haftungsausschluss

Alle in diesem Reiseführer gemachten Angaben, sowie Reise- und Sicherheitshinweise sind nach den aktuell erreichbaren und dem Verlag zugänglichen Informationen mit Sorgfalt und nach bestem Wissen zusammengestellt. Eine Gewähr für die Richtigkeit und die Vollständigkeit der Angaben sowie eine Haftung für eventuell eintretende oder daraus entstehende Schäden kann nicht übernommen werden. Gesetze und Vorschriften können sich jederzeit ändern, ohne dass der Verlag davon erfährt. Die Entscheidung über die Durchführung einer Reise liegt in der Verantwortlichkeit des Lesers.

Verlag und Autor empfehlen, sich rechtzeitig vor Antritt der Reise nach den neuesten reiserelevanten Vorschriften zu erkundigen.

ZEICHENERKLÄRUNG

Hauptstadt
Etappen-Start-/Endpunkt
Orte
Sehenswürdigkeit
Touristeninformation
Museum, Schloss
Rathaus, öffentl. Gebäude
Busbahnhof, Bahnhof
Parkplatz
Tiefgarage
Flughafen
Postamt
Restaurant
Hotel, Parador, Pousada
Reiseweg, Route

Campingplatz
Womo-Stellplatz
V & E Station
Kirche, Kathedrale
Burg, Kastell
Wandermöglichkeit
archäol. Stätte
Berg, Gipfel
Rast-, Picknickplatz
Grenzübergang
Pass
Strand, Badeküste
Höhle

V & E für Wohnmobile – Einrichtungen für die Versorgung mit Trinkwasser sowie die Entsorgung von Wohnmobilabwässern sind auf dem Campingplatz vorhanden.

Wichtige, am Anfang zu jeder Tour vermerkte Sehenswürdigkeiten sind ihrer Bedeutung entsprechend mit einem, zwei oder drei Sternchen versehen.

* = sehenswert

** = sehr sehenswert

*** = ein „Muss" auf der Reise

INFORMATIONEN ZU GPS-NAVIGATIONSKOORDINATEN

Ein Wort zu den GPS-Daten

Alle unsere GPS-Koordinaten sind im System WGS 84 („World Geodetic System 1984"), einer der beiden internationalen Standards für Koordinatensysteme (neben UTM), erfasst.

Bitte beachten Sie: Die Genauigkeit der Routenführung durch das Navigationssystem hängt auch von der Genauigkeit und Aktualität des in Ihrem Navigationsgerät vorhandenen Kartenmaterials ab.

Prüfen Sie, ob Ihr System über detailliertes Kartenmaterial mit Feindaten für das zu bereisende Land verfügt.

Sollte Ihr System nur einen Teil der europäischen Länder mit Feindaten abdecken oder nur über Basiskarten (wichtigste Orte, wichtigste Fernstraßen) verfügen, MÜSSEN SIE MIT MISSWEISUNGEN UND FEHLBERECHNUNGEN RECHNEN! Oder es muss mit laufenden Neuberechnungen des Weges durch das System ohne konkretes Ergebnis gerechnet werden. Bitte denken Sie bei der Navigation daran. Danke!

Minuten/Sekunden ändern in Dezimalkoordinaten

Alle Navigationsdaten in diesem Buch sind im Format Grad/Minuten/Sekunden angegeben. Falls Sie Navigationskoordinaten in Ihr Navigationsgerät evtl. nur als Dezimalkoordinaten eingeben können, ist das kein größeres Problem.

Koordinaten lassen sich von Grad/Minuten/Sekunden – so wie bei uns dargestellt – relativ einfach „per Hand" in Dezimalkoordinaten umrechnen und müssen dann gewöhnlich auch von Hand in das Navigationsgerät im Auto eingegeben werden.

– Da das Minuten/Sekunden-System in 60er Schritten geht, darf man die Minuten- und Sekunden-Markierungen nicht einfach ignorieren und daraus Dezimalkoordinaten machen, sondern man muss die Daten durch 60 teilen. Umgekehrt ist das auch von Dezimalwerten in Minuten/Sekunden möglich (multiplizieren).

Beispiel: Grad/Minuten/Sekunden-Format: z. B. N39° 29′ 12.6″ wird so zum Dezimalformat: 29 : 60 = 0,48, 12.6 : 60 = 0,21. Das wieder zusammengesetzte Format zeigt nun die Dezimalkoordinate: N 39,4821°.

Oder: E 20° 15′ 34.2″ – entspricht dann E 20,2557° (alle Angaben ohne Gewähr).

Sollten Sie Koordinatenformate konvertieren wollen, können Sie sich eines der **Konvertierungsprogramme** bedienen, die Sie kostenlos aus dem Internet herunterladen können, wie z. B.

GPS Babel http://www.gpsbabel.org (Englisch)

Routeconverter http://www.routeconverter.de (Deutsch)

Garmin POI-Loader http://www8.garmin.com/products/poiloader (Englisch), https://support.garmin.com/de-DE/?faq=lfiKohFF2UAo3eaO9vHYp6 (Deutsch)

Im Reiseführer sind die Koordinaten wie folgt dargestellt:

Beispiel: [N70° 10′ 40.0″ E25° 17′ 49.0″]

Gelegentlich steht vor den Koordinaten das Wort „Parkplatz". Damit wird darauf hingewiesen, dass sich bei oder ganz in der Nähe des Punktes ein Parkplatz befindet. Die Koordinate bezieht sich dann auf den Parkplatz. Vom Parkplatz können es noch ein paar Meter Fußweg bis zum eigentlichen Ziel sein.

Koordinaten in diesem Reiseführer, die in Orten/Städten angegeben sind, sind als Anhaltspunkte zur Orientierung mit Handnavigationsgeräten bei Stadtrundgängen gedacht. Sie bedeuten NICHT, dass diese Ziele (Wegpunkte) auch immer (Ausnahme Campings oder Wohnmobil-Stellplätze) mit dem Auto zu erreichen sind!

Gelegentlich steht vor der Wegpunktnummer das Wort „Parkplatz", **z. B. [Parkplatz, N70° 10′ 40.0″ E25° 17′ 49.0″]**. Damit wird darauf hingewiesen, dass sich bei oder ganz in der Nähe des Wegpunktes ein Parkplatz befindet. Die Koordinate bezieht sich dann auf den Parkplatz. Vom Parkplatz können es noch ein paar Meter Fußweg bis zum eigentlichen Ziel sein.

Obwohl wir bei der Erfassung von GPS-Koordinaten größte Sorgfalt walten lassen, können wir für die Richtigkeit der in unseren Reiseführern angegebenen GPS-Koordinaten sowie für evtl. daraus resultierende Ereignisse durch Missweisungen keine Haftung übernehmen.

Mobil Reisen - Wohnmobilreiseführer und Tourenbücher

Warum Reiseführer aus dem Werner Rau Verlag?

Ein großes, nahezu unübersehbares Reiseführer-Angebot erwartet Sie inzwischen im Handel. Warum sollten also gerade Reiseführer aus dem Werner Rau Verlag die richtige Entscheidung für Sie sein? Eine gute Frage... Gerne gebe ich Ihnen darauf eine Antwort:

Schon seit den 70er-Jahren begeistere ich mich fürs Wohnmobil-Touring und verfasse seit Beginn der 80er-Jahre Reiseführer für alle, die Land und Leute gerne auf eigene Faust entdecken wollen. Die Jahrzehnte lange Reiseerfahrungen in fast allen europäischen und zahlreichen außereuropäischen Ländern, die auf den vielen Reisen gesammelt wurden, fließen nun als Ergebnis ins Konzept meiner Reiseführer ein.

Einfach einsteigen, losfahren und entspannt die Tour genießen! Das wäre doch ideal, war mein Gedanke. Und genau das möchte ich mit meinen „MOBIL REISEN"-Tourenbüchern Ihnen zur Verfügung stellen. Mein Ziel ist es, kompetente und aktuell informative Reiseführer anzubieten.

Zusammen mit bewährten Tourenvorschlägen und Reisetipps bieten meine Reiseführer nicht nur umfangreiche Infos zu den schönsten Reiserouten mit GPS-Koordinaten, sondern zudem eine gelungene Mischung aus zeitgemäßer Informationsvielfalt, Kultur und aktuellen Tipps für täglich neue Reiseerlebnisse. Und natürlich gibt es eine Fülle an Hinweisen zu Campings und zu Wohnmobil-Stellplätzen.

Einer der vielen Vorteile unserer Reiseführer-Reihe ist, dass Sie sich durch die in den Büchern vorgeschlagenen Routen Ihre eigene, ganz individuelle Reise-Tour zusammenstellen können.

Fast alle Tourenvorschläge, jeder mit einer eigenen Übersichtskarte versehen, sind so gewählt, dass sie an einem Tag erlebt werden können. Und alle beschriebenen Touren sind Vorschläge, an die Sie sich aber nicht strikt halten müssen. Sie haben jederzeit die Freiheit, die Auswahl der Touren ganz nach Ihren Vorstellungen zu gestalten. Dabei sind die entsprechenden Info-Tabellen vor den jeweiligen Touren eine große Hilfe. Vor jeder Tour finden Sie darin übersichtliche Informationen, welche die Reisehöhepunkte hervorheben, Länge der Tour nennen und auch die eventuelle Reisedauer beschreiben. Und wenn Sie diese Info-Tabelle überfliegen, wissen Sie schon, ohne viel hin und her zu blättern, was Sie auf der ausgewählten Tour an Reisehöhepunkten, Zeitaufwand und Entfernungen erwartet. Sie können mit unseren Tourenvorschlägen problemlos Ihre persönliche, individuelle Reise ganz nach Ihren Vorstellungen planen.

Rau's Reise- und Tourenbücher mit dem erfolgreichen Konzept ‚Mobile Touring Highlights' sind handliche, praktische Reiseführer mit GPS-Koordinaten, optimal geeignet für individuelles Wohnmobil-, Caravan- und VanCamper-Touring - mit Kompetenz aus erster Hand. Einfach einsteigen, losfahren und genießen!

Zu einigen meiner Wohnmobilführer können Sie beim Verlag ein GPS-Roadbook auf CD bestellen, mit GPS Koordinaten zu wichtigen Wegpunkten und zu fast allen im Reiseführer erwähnten Camping- und Wohnmobil-Stellplätzen.

Vergnügten Reisegenuss wünscht Ihnen
Ihr Werner Rau

Hier geht's direkt zu meiner Webseite www.rau-verlag.de.

REGISTER

Personennamen in kursiver Schrift.

(CP) bzw. (ST) hinter dem Ortsnamen weist darauf hin, dass in oder ganz in der Nähe des Ortes ein im Reiseführer beschriebener Campingplatz und/oder ein Wohnmobil-Stellplatz zu finden ist.

T

U

V

W

X

Z

MOBIL REISEN

NIX WIE RAUS!

Raus Reiseführer – die gelungene Mischung aus kompetentem Reiseführer, Tourenbuch, Camping- und Stellplatzführer.

Erlebnisreiche Touren zum Nachreisen mit Wohnmobil, Caravan oder Van-Camper.

Mobil Reisen: BALTIKUM

Die schönsten Reiserouten, kombiniert zu einer erlebnisreichen Tour durch alle drei baltischen Länder - Litauen, Lettland und Estland. Mit einem Abstecher nach Kaliningrad. Reisetipps in Fülle. Plus Vorschläge zu sechs Radtouren.

Mit Wohnmobil-Stellplätzen und den schönsten Campingplätzen.

336 S., 128 Farbfotos, 31 Karten und Stadtpläne.

ISBN 978-3-926145-89-5. € 19,90.

Mobil Reisen: BRETAGNE

Ein individueller Reiseführer mit Routenvorschlägen, ausgesuchten Touren für eine Reise von Nantes bis ans „Ende der Welt“, der Finistère an die bretonische Atlantikküste. Historisches, Amüsantes, Kulinarisches und natürlich viele praktische Reisetipps. Jetzt mit noch mehr Wohnmobil-Stellplätzen.

Mit vor Ort erfassten GPS-Koordinaten.

336 S., zahlr. Farbfotos, Karten, Stadtpläne, Hotels, Campingplätze sowie viele Infos und Reisetipps.

ISBN 978-3-926145-78-9. € 19,90.

GPS-Roadbook-CD mit Navigationskoordinaten verfügbar!

Mobil Reisen: DÄNEMARK – Mit Insel Bornholm

Handlich und praktisch für erlebnisreiches Van-Camper-, Caravan- oder Wohnmobil-Touring. Auf den 15 attraktivsten Urlaubsrouten zu den schönsten Städten und Küsten in Jütland, Fünen, Seeland und Bornholm. Ausführlicher Teil über "wonderful, wonderful Copenhagen".

Mit vor Ort erfassten GPS-Koordinaten.

312 S., zahlr. Farbfotos, Karten, Stadtpläne, sowie viele Infos, die schönsten Camping- u. Stellplätze.

ISBN 978-3-926145-87-1. € 19,90.

Mobil Reisen: ENGLAND SÜD
Von den weißen Felsen von Dover über lebhafte Seebäder bis hinaus an die abgeschiedene, wilde Küste von Cornwall. Wandern auf den herrlichen Küstenwegen und Klippenpfaden, den Schauplätzen aus Pilcher-Filmen nachspüren, in prächtigen Gärten schwelgen oder lieber gemütlich in einem uralten Pub verweilen, in dem sich schon die Schmuggler früherer Tage die Klinke in die Hand gaben? Dieser Reiseführer sagt Ihnen, wo's lang geht. Mit vor Ort erfassten GPS-Koordinaten. 348 S., zahlr. Farb-Abb., Karten, Stadtpläne, Pubs, sowie viele Infos und die schönsten Campingplätze.
ISBN 978-3-926145-86-4. € 22,90.
GPS-Roadbook-CD mit Navigationskoordinaten verfügbar!

Mobil Reisen: EUROPA NORD
Wohin im nächsten Urlaub? Diese Sammlung der schönsten Wohnmobil-Touren durch Europas Norden gibt jede Menge Tipps. Erleben Sie auf den schönsten Reisewegen Touring Highlights in Dänemarks Jütland, in Englands Süden, in Finnland, in Irland und Nordirland, in Norwegens Fjordwelt und auf den Lofoten, in Schottland und in Südschweden.
Mit einladenden Camping- und Stellplätzen und mit vor Ort erfassten GPS-Koordinaten.
300 Seiten, zahlr. Farbfotos, Karten, Stadtpläne.
ISBN 978-3-926145-82-6. EUR 22,90.

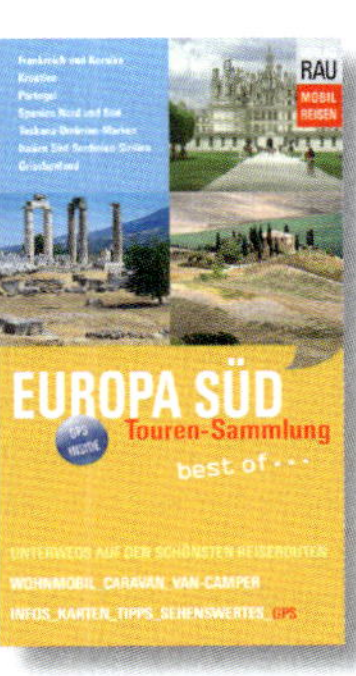

Mobil Reisen: EUROPA SÜD
Auf in den Süden! Mit dieser Sammlung der schönsten Wohnmobil-Touren fällt Ihnen die Auswahl, wohin die nächste Tour gehen soll, bestimmt leichter. Der „best of-Band Europa Süd“ sagt Ihnen wo's langgehen könnte. Anhand der zahlreichen Tourenvorschläge können Sie wählen, ob es Sie lieber nach Frankreich, nach Griechenland, nach Kroatien, nach Spanien, Portugal oder doch eher nach Italien zieht.
Alle Touren sind ausführlich beschriebenen. Und Sie finden dort jede Menge Reisetipps und Infos zu Camping und Stellplätzen und natürlich auch GPS-Koordinaten.
Ca. 320 Seiten, zahlr. Farbfotos, Karten u. Pläne.
ISBN 978-3-926145-90-1. EUR 22,90.

Mobil Reisen: FINNLAND – Mit Åland-Inseln
Das „Land der tausend Seen“ von Helsinki über das Labyrinth des Saimaa-Seengebiets, weiter über Karelien, die einsamen Weiten Lapplands und zurück über den finnischen Schärengarten auf eigene Faust erleben. Anschließend ein Abstecher auf die Åland-Inseln.
Mit einem ausführlich geschilderten **Abstecher zum Nordkap**. Und das Ganze mit vor Ort erfassten GPS-Koordinaten.
264 S., zahlreiche Farbfotos, Karten, Stadtpläne, Hotels, Campingplätze sowie viele praktische Informationen über Land und Leute.
ISBN 978-3-926145-50-5. € 19,90.
GPS-Roadbook-CD mit Navigationskoordinaten verfügbar!

Mobil Reisen: GRIECHENLAND

Aus der Reisepraxis für die Reisepraxis geschrieben. Ein Reisehandbuch mit Routen, Touren und Reisetipps fürs Reisemobil-Touring.
Eine Fülle von Routenvorschlägen führt Sie durch alle Regionen Festlandgriechenlands, von den Badestränden der Chalkidiki-Halbinsel bis in den Süden der Peloponnes-Halbinsel und natürlich zu allen archäologischen Stätten.
Mit vor Ort erfassten GPS-Navigationskoordinaten!
312 S., zahlr. Farbfotos; Karten, Stadt- u. Lagepläne, Stadtspaziergänge, Hotels und die schönsten Campingplätze.
ISBN 978-3-926145-80-2. € 19,90.
GPS-Roadbook-CD mit Navigationskoordinaten verfügbar!

Mobil Reisen: IRLAND – Mit Nordirland

Der ideale Urlaubsführer für alle, die den Charme der "Grünen Insel" auf eigene Faust entdecken wollen. Ausgesuchte Routenvorschläge fürs Wohnmobil-Touring von den südlichen Counties über die imposante Westküste bis hinauf ins abgeschiedene Donegal und durch Nordirland. Ausführlicher Dublin- und Belfast-Teil mit detaillierten Rundgängen. Kultur, Folklore, Tipps zu Pubs, Wandermöglichkeiten.
Mit vor Ort erfassten GPS-Navigationskoordinaten!
408 S., zahlr. Farbfotos, Karten, Stadtpläne, Hotels, viele Infos und die schönsten Campingplätze.
ISBN 978-3-926145-84-0. € 22,90.
GPS-Roadbook-CD mit Navigationskoordinaten verfügbar!

Mobil Reisen: ITALIEN SÜD

Italiens Süden hat viel mehr zu bieten als Sonne, Strand und Meer. Erleben Sie auf den schönsten Reisewegen die süditalienische Region Apulien mit dem hübschen Zentrum der Trullibehausungen und dem imposanten Stauferschloss Castel del Monte, die prächtige Küste der Halbinsel Gargano, sowie die einladendsten Plätze in Kalabrien. Und lernen Sie die Touring Highlights der Basilikata kennen. Natürlich fehlt auch ein Abstecher nach Paestum nicht. Neben jeder Menge an Reisetipps und Sehenswürdigkeiten finden Sie in diesem Tourenbuch eine Vielzahl von Camping- und Wohnmobilstellplätzen sowie vor Ort erfasste GPS-Koordinaten.
240 Seiten. Zahlr. Farbotos, Karten u. Pläne sowie eine Fülle an Tipps.
ISBN 978-3-926145-83-3. € 22,90.
GPS-Roadbook-CD mit Navigationskoordinaten verfügbar!

Mobil Reisen: KORSIKA

Korsika, „Ile de Beauté", die „Insel der Schönheit" besticht durch ihre wunderbare Berglandschaft und ihre herrliche, oft atemberaubende Küstenszenerie. Eine Herausforderung für alle unternehmungslustigen Wohnmobilisten und Caravaner und ein Eldorado für anspruchsvolle Wandertouren.
Hotels, Restaurants, Campingplätze und jede Menge Tipps und Infos.
Mit vor Ort erfassten GPS-Koordinaten.
228 S., zahlreiche Farbfotos., Karten, Stadtpläne.
ISBN 978-3-926145-41-3. € 18,90.
GPS-Roadbook-CD mit Navigationskoordinaten verfügbar!

Mobil Reisen: KROATIEN
Istrien, die Dalmatinische Küste und Kroatiens herrliche Adriainseln auf den schönsten Reisewegen erleben. Dieses praktische Reisehandbuch sagt Ihnen, wo's lang geht. U. a. mit Inseln Cres, Lošinj, Krk, Rab, Pag, Hvar, Korčula u. a., Makarska Riviera, Krka-Wässerfälle, Dubrovnik, Plitvicer Seen, Zagreb, sowie mit einer Fülle an Reisetipps, Infos zu Hotels und jede Menge Campingplätze.
Mit vor Ort erfassten GPS-Koordinaten.
264 S., zahlreiche Farbfotos, Karten, Stadtpläne, Stadtspaziergänge.
ISBN 978-3-926145-81-9. € 18,90.
GPS-Roadbook-CD mit Navigationskoordinaten verfügbar!

Mobil Reisen: LOIRETAL
Komplett überarbeitet, aktualisiert! Noch mehr Womo-Stellplätze! Die schönsten Reisewege durch das Herz Frankreichs, der Landschaft, in der es sich leben lässt „wie Gott in Frankreich“. Nicht umsonst entstanden hier die prächtigsten Schlösser Frankreichs. Aber auch wer weniger das Historische als viel mehr kulinarische Erlebnisse sucht, wird in der Gegend um das Loiretal auf seine Kosten kommen. Und dieser Reiseführer sagt Ihnen wo's lang geht. Mit vielen Wohnmobil-Stellplätzen und mit vor Ort erfassten GPS-Navigationskoordinaten!
288 S., zahlr. Farbfotos, Karten, Stadtpläne, sowie viele Infos und die schönsten Camping- und Wohnmobilsstellplätze.
ISBN 978-3-926145-85-7. € 19,90.
GPS-Roadbook-CD mit Navigationskoordinaten verfügbar!

Mobil Reisen: NORWEGEN – Reisewege zum Nordkap
Komplett überarbeitet! Aktualisiert! Noch mehr Womo-Stellplätze! Neue Touren und zusätzliche Routen! Noch übersichtlicher!
Jetzt mit praktischen „Tourenpaketen“ zum Kombinieren, wie z. B. „Südnorwegen“, „Gletscher, Fjells und Fjorde“ oder „Finnmark und Nordkap“.
Durchgehend farbig und noch mehr Fotos und Karten!
Verlässliche Kompetenz aus langjähriger Reiseerfahrung.
Mit vor Ort erfassten GPS-Koordinaten.
408 S., Stadtrundgänge, Wandervorschläge, viele Farbfotos, Karten, Stadtpläne, Hotels, sowie Reise-Infos in Fülle, dazu über 200 Campingplätze und zahlr. Stellplätze.
ISBN 978-3-926145-77-2. € 22,90.
GPS-Roadbook-CD mit Navigationskoordinaten verfügbar!

Mobil Reisen: OSTSEE-RUNDE
Auf überlegt ausgesuchten Routen und Touren die schönsten Gegenden Pommerns und Masurens, wunderschöne baltische Städte wie Vilnius, Riga und Tallinn, sowie die russische Perle Sankt Petersburg erleben. Reisen Sie über Finnland, Schweden und die dänische Insel Seeland zurück. Dieser Reiseführer hilft – ob Wohnmobil-Cruiser, Van-Camper-Tourer oder Caravaner – sowohl bei der Vorbereitung als auch auf der Reise unterwegs. Ein unvergessliches Reiseerlebnis!
432 S., Stadtrundgänge, zahlr. Farbfotos, Karten, Stadtpläne, sowie viele Infos und die schönsten Camping- und Wohnmobil-Stellplätze.
ISBN 978-3-926145-88-8. € 22,90.

Mobil Reisen: POLEN

Polen bequem auf eigene Faust kennen lernen. Über die Sudeten und über Schlesien, weiter durch die Karpaten, Zentral- und Ostpolen mit einem ausführlichen Teil über die Hauptstadt Warschau, durch Ermland, die Masurische Seenplatte, durchs Lebuser Land und über Pommern schließlich bis zur Ostseeküste. Alles in bequem nachvollziehbaren Reiserouten beschrieben.

Von Michael Moll, 240 S., viele Farbfotos; Karten, Stadt- u. Lagepläne, Stadtspaziergänge, Hotels und die schönsten Campingplätze.

ISBN 978-3-926145-73-4. € 19,90.

Mobil Reisen: PORTUGAL

Gesamt Portugal, vom grünen Norden bis zur sonnigen Algarveküste, vom kargen, ursprünglichen Alto Alentejo bis zu den Seebädern am Atlantik beschreibt dieser Band auf leicht nachvollziehbaren Touren, die einen kompletten Eindruck von diesem überaus interessanten Reiseland vermitteln. Besonders ausführlich die Weinstadt Porto und natürlich Lissabon, eine der schönsten Hauptstädte Europas.

Mit vor Ort erfassten GPS-Koordinaten.

300 S., zahlr. Farbfotos, Karten, Stadtpläne, Hotels, sowie viele Infos und die schönsten Campingplätze.

ISBN 978-3-926145-64-2. € 19,90.

GPS-Roadbook-CD mit Navigationskoordinaten verfügbar!

Mobil Reisen: SARDINIEN

Ein Reiseziel mit ganz unerwarteten Attraktionen – zauberhafte Küstenszenerien, das größte Dünengebiet ganz Italiens, wunderschöne Seegrotten, mystische Nuraghen, geisterhafte alte Minenstädte und einer der spektakulärsten Canyons in Europa.

Dieses Tourenbuch, gespickt mit jeder Menge Reisetipps, führt auf den schönsten Routen und Wohnmobil-Touren durch Sardinien. Mit Wohnmobil-Stellplätzen, Tipps zu Hotels und Restaurants, Campingplätzen. Mit vor Ort erfassten GPS-Navigationskoordinaten!

252 S., zahlr. Farbfotos, Karten, Stadtpläne.

ISBN 978-3-926145-62-8. € 18,90.

GPS-Roadbook-CD mit Navigationskoordinaten verfügbar!

Mobil Reisen: SCHOTTLAND

Schottland auf neuen Wegen erleben. Eine variantenreiche Rundreise – von den Borders bis zu den Highlands, von den Western Isles bis zu den Orkneys. Detaillierte Beschreibung von Edinburgh, Glasgow, allen wichtigen Städten, Schlössern und Landschaften.

Außerdem Essen und Trinken, Whisky, Clans, Tartans und Dudelsäcke, Wandern u.v.m.

336 S., zahlr. Farbfotos., Karten, Stadtpläne, Hotels, sowie viele Infos und die schönsten Campingplätze mit GPS-Koordinaten.

ISBN 978-3-926145-79-6. € 19,90.

GPS-Roadbook-CD mit Navigationskoordinaten verfügbar!

Mobil Reisen: SCHWEDEN - Mit Inseln Öland und Gotland

Komplett überarbeitet, aktualisiert! Noch mehr Wohnmobil-Stellplätze! 22 sorgfältig ausgewählte, vor Ort getestete Reise(mobil)routen und Autotouren durch die schönsten Landschaften, Städte und Regionen. Mit vielen Reisetipps und Informationen über Sehenswertes vom südlichen Schonen bis Lappland. Mit ausführlichem Stockholm-Teil, Stadtrundgänge u. a. durch Helsingborg, Göteborg, Uppsala, Kalmar, sowie die Inseln Öland und Gotland. Mit vor Ort erfassten GPS-Koordinaten. 336 S., zahlr. Farbfotos, Karten, Stadtpläne, Hotels, sowie viele Infos und die schönsten Campingplätze. Mit Wohnmobil-Stellplätzen.
ISBN 978-3-926145-74-1. € 22,90.
GPS-Roadbook-CD mit Navigationskoordinaten verfügbar!

Mobil Reisen: SIZILIEN

Auch ein klassisches Reiseziel lässt sich immer wieder neu entdecken. Dieses neue Tourenbuch schildert kompetent und ausführlich die schönsten Reisewege durch Sizilien.
Mit Wohnmobil-Stellplätzen und mit vor Ort erfassten GPS-Koordinaten. 252 S., zahlr. s/w.- u. Farb-Abb., Karten, Stadtpläne, Hotels, sowie viele Infos und die schönsten Campingplätze.
ISBN 978-3-926145-55-0. € 18,90.
GPS-Roadbook-CD mit Navigationskoordinaten verfügbar!

Mobil Reisen: SKANDINAVIEN

Reiseziel Nordkap

Die große Tour zum Nordkap in bequem zu kombinierenden Reiserouten. Mit neuen Touren und vielen Streckenvarianten durch alle vier nordischen Länder – Dänemark, Norwegen, Schweden und Finnland. Ausführliche Beschreibung der Hauptstädte. Übersichtlich, informativ, kompetent. Mit vor Ort erfassten GPS-Koordinaten.
408 S., zahlr. Farbfotos, Karten, Stadtpläne, Hotels, sowie viele Infos und die schönsten Campingplätze und viele Wohnmobil-Stellplätze.
ISBN 978-3-926145-71-0. € 22,90.
GPS-Roadbook-CD mit Navigationskoordinaten verfügbar!

Mobil Reisen: SPANIEN NORD

Spaniens Norden von den Stränden der Costa Brava über die Pyrenäen, durch das grüne Galicien mit dem Pilgerziel Santiago de Compostela bis ins Herz Kastiliens mit den Hochburgen von Kunst, Kultur und Geschichte wie Salamanca oder Segovia.
Ausführlich: **Der Jakobsweg**. Restaurants, die schönsten Campingplätze und Wohnobil-Stellplätze und mit vor Ort erfassten GPS-Koordinaten. 300 S., zahlr. Farbfotos; Karten und Stadtpläne.
ISBN 978-3-926145-91-8. € 22,90.

Mobil Reisen: SPANIEN SÜD

Eine gelungene Mischung aus Kunst, Kultur, Information und Reisetipps. Ein kompletter Reiseführer, der mehr als nur Routen und Touren bietet. Vom Mittelmeer ins Herz Kastiliens, auf den Spuren der Conquistadores, weiße Dörfer, maurische Paläste und der sonnige Süden Andalusiens PLUS: Madrid City Guide.
Mit vor Ort erfassten GPS-Koordinaten.
312 S., zahlreiche Farbfotos, Karten und Stadtpläne. Stadtspaziergänge, Hotels, Paradores, Campings, Wohnmobil-Stellplätze u. v. m.
ISBN 978-3-926145-69-7. € 22,90.
GPS-Roadbook-CD mit Navigationskoordinaten verfügbar.

Mobil Reisen: TOSKANA - Mit Florenz und Insel Elba

Wiege der Renaissance, altes Zentrum von Kunst, Kultur und Wissenschaft und natürlich Eldorado für Weinliebhaber und ein wahres Paradies für kulinarische Entdecker. Ein Autoführer mit bequem zu kombinierenden Reiserouten durch die gesamte Toskana, mit Elba.
Großer Florenz-Teil sowie alle wichtigen Städte, Landschaften und Sehenswürdigkeiten. Mit vor Ort erfassten GPS-Koordinaten.
300 S., zahlr. Farbfotos, Hotels, Restaurants, Camping- u. Reisemobil-Stellplätze, Kartenskizzen, Stadtpläne und viele Infos.
ISBN 978-3-926145-70-3. € 19,90.
GPS-Roadbook-CD mit Navigationskoordinaten verfügbar.

Mobil Reisen: UMBRIEN, MARKEN
Mit San Marino

Auf den schönsten Reiserouten durch die mittelitalienischen Regionen Umbrien und Marken. Reisen Sie von der sehenswerten Hauptstadt Umbriens Perugia über das prächtig gelegene Orvieto bis an die Ufer des Lago di Bolsena, weiter über die einladenden Höhen der Sibellinischen Berge an die adriatische Küste und in die älteste Republik Europas, San Marino. Mit vor Ort erfassten GPS-Koordinaten.
240 S., zahlr. Farbfotos, Hotels, Restaurants, Camping- u. Reisemobil-Stellplätze, Kartenskizzen, Stadtpläne und viele Infos.
ISBN 978-3-926145-76-5. € 19,90.
GPS-Roadbook-CD mit Navigationskoordinaten verfügbar.

Weitere Titel sind in Vorbereitung!

Fragen Sie im Buchhandel nach unseren aktuellen Neuerscheinungen.

Oder besuchen Sie uns im Internet:

https://www.rau-verlag.de

http://www.mobil-reisen.eu

WERNER RAU VERLAG, Feldbergstraße 54, D - 70569 Stuttgart
www.rau-verlag.de – e-mail: info@rau-verlag.de

Mobil Reisen: SPANIEN NORD

Vorliegend: 5. Auflage 2021/2022